पुस्तकालय : कल और आज

पुस्तकालय : कल और आज

डॉ० अजय कुमार सिंह

अर्जुन पब्लिशिंग हाउस

पुस्तकालय : कल और आज

प्रथम संस्करण, 2011

ISBN 978-81-8330-278-4

प्रकाशक :

अर्जुन पब्लिशिंग हाऊस

4831/24, प्रह्लाद गली,

अंसारी रोड, दरियागंज,

नई दिल्ली—110002

फोन : 23272541, 23257835

फैक्स : 91-011-23257835

e-mail : arjunbooks2001@gmail.com

टाइपसेटिंग :

डिम्पल कम्प्यूटर्स

दिल्ली—110092

प्रिन्टर्स :

रोशन आफसेट प्रिंटर्स

दिल्ली - 53

प्रस्तावना

"पुस्तकालय : कल और आज" नामक पुस्तक में मूल रूप से पुस्तकालय के इतिहास को लिपिबद्ध करने का प्रयास किया गया है। पुस्तक में पुस्तकालय के विकास की गाथा को वर्णित किया गया है। इसमें पुस्तकालय के प्राचीन स्वरूप और आधुनिक स्वरूप को तुलनात्मक रूप से व्यक्त करने का प्रयास किया गया है।

भारत में पुस्तकालयों के होने का प्रमाण प्राचीन काल से ही मिलता है। संस्कृत वाङ्मय के अध्ययन से मालूम होता है कि वैदिक काल में भी पुस्तकालय का अस्तित्व था। ज्ञानी लोग सभा-समितियों में हस्तलिखित पुस्तकें पढ़कर सुनाया करते थे। इसका विकसित रूप हमें बौद्धकाल में मिलता है। कनिष्क ने बौद्ध ग्रन्थों का एक प्रामाणिक संग्रह किया और उन्हें ताम्रपत्रों पर लिखवा कर एक अलग स्तूप में सुरक्षित रखवाया। ईसा पूर्व छठी शताब्दी से ही तक्षशिला विश्वविद्यालय का पुस्तकालय विख्यात है, जहाँ बैठकर वैयाकरण, पाणिनी और कूटनीतिज्ञ चाणक्य ने विद्या अध्ययन किया था। प्रसिद्ध चीनी यात्री फाहियान और ह्वेनसांग ने अपने यात्रा वृतांतों में यहाँ पुस्तकालय होने के प्रमाण प्रस्तुत किये हैं। प्राचीन काल का नालन्दा विश्वविद्यालय का पुस्तकालय तो बहुत ही उच्च कोटि का था।

राजा भोज (ग्यारहवीं शताब्दी) के काल में तो विद्या का बड़ा प्रसार था। मजदूर और जुलाहे भी व्याकरणशास्त्र पर अपनी-अपनी सम्मति देते थे। बड़े-बड़े मन्दिरों में धर्माचार्यों के संरक्षण में बड़े-बड़े पुस्तकालय खोले गये थे। चालुक्य वंश के राजा विशालदेव (सोलहवीं शताब्दी) ने 'भारती भंडार' के नाम से एक विशाल पुस्तकालय स्थापित किया था। अभी भी कई राज्यों में अच्छे-अच्छे संग्रहालय सुरक्षित चले आ रहे हैं। इनमें बड़ौदा, कश्मीर, गुजरात, ट्रावनकोर, मैसूर, अलवर, जयपुर, बीकानेर आदि के पुस्तकालय उल्लेखनीय हैं।

पठान और मुस्लिम शासनकालों में भी पुस्तकालय की तीव्र गति से वृद्धि हुई। उन लोगों ने अरबी और फारसी के अच्छे-अच्छे पुस्तकालय स्थापित किये। जलालुद्दीन खिलजी ने अमीर खुसरों को शाही पुस्तकालय का पुस्तकालयाध्यक्ष चुना था। फिरोज तुगलक स्वयं विद्वान था और विद्वानों का सम्मान करता था। इसने भी दिल्ली में एक पुस्तकालय की स्थापना की थी। बहमनी वंश के मुहम्मद शाह तृतीय ने एक महाविद्यालय की स्थापना की थी, जिसके पुस्तकालय में तीन हजार पुस्तकें थीं।

मुगल शासक अकबर के शासनकाल में विद्या और विद्वानों का काफी महत्त्व था। इनके शाही पुस्तकालय में अरबी, फारसी और संस्कृत की हजारों पुस्तकें थीं। अकबर ने 1582 ई. में महाभारत और 1589 ई. में रामायण का फारसी में अनुवाद कराया। शाहजहाँ के पुत्र दाराशिकोह भी संस्कृत के बहुत बड़े विद्वान थे, जिसने उपनिषद, योगवशिष्ठ, वेराग्यशतक आदि का फारसी में अनुवाद किया था। लेकिन, औरंगजेब के समय पुस्तकालय तथा पुस्तकों को नष्ट किया गया।

आधुनिक भारत में बड़ौदा के महाराजा सर सयाजीराव गाकवाड़ द्वारा 1907 ई. में भारत में पुस्तकालय आन्दोलन का शुभारम्भ किया गया। आज तो पुस्तकालय अपने आधुनिकतम स्वरूप में एक साथ कई उद्देश्यों का निर्वहन कर रहा है।

अपनी उत्पत्ति के आरंभिक दिनों में पुस्तकालय सामाजिक संस्थाओं के रूप में कार्य नहीं करते थे, वे किसी विशेष व्यक्ति समूह की सम्पत्ति माने जाते थे। जनसाधारण की उन तक पहुँच नहीं होती थी। पुस्तकों को तालों के भीतर रखा जाता था। परन्तु आज के युग में प्रजातान्त्रिक शासन प्रणालियाँ, समाज कल्याण सरकारें, मुद्रण कला का प्रादुर्भाव तथा विकास, पेपर तकनीक में उन्नति आदि ऐसे तत्त्व हैं जो सार्वजनिक पुस्तकालयों के प्रादुर्भाव तथा विकास के लिए उत्तरदायी हैं। आज पुस्तकालय केवल पुस्तकों को एकत्रित करने के घर तक ही सीमित नहीं रह गये हैं, बल्कि आज वे पाठकों अथवा उपयोगकर्ताओं द्वारा ज्यादा से ज्यादा ज्ञान तथा बुद्धि प्राप्त करने और कराने की कार्यशाला माने जाते हैं। प्रस्तुत पुस्तक में इस महत्त्वपूर्ण तथ्य को स्पष्ट करने का प्रयास किया गया है।

आशा है पुस्तक पाठकों को लाभान्वित करेगी। पुस्तक प्रकाशन में प्रत्यक्ष व परोक्ष रूप से सहयोग करने वाले सभी सहयोगियों के प्रति मैं अपनी कृतज्ञता प्रकट करता हूँ। साथ ही साथ भावी संस्करण को अधिक उपयोगी बनाने के लिए विज्ञ पाठकों के सुझाव का हार्दिक स्वागत करता हूँ।

—लेखक

अनुक्रम

1

विषय-बोध

पुस्तकालय की परिभाषाएँ

विभिन्न पुस्तकालयविदों ने पुस्तकालय को परिभाषित किया है इनमें से कुछ परिभाषाएँ निम्नवत हैं–

"पुस्तकालय, पुस्तकों तथा अन्य सूचनाप्रद सामग्री का एक व्यवस्थित संग्रह है जो ज्ञान के समस्त क्षेत्र या उसके किसी एक अंश को समाहित करता है, एक पुस्तकालय सभी के लिए अथवा किसी एक समुदाय के लिए प्रतिबन्धित हो सकता है।"

इससे पता चलता है कि पुस्तकालय में ज्ञान तथा सूचनाप्रद सामग्री को व्यवस्थित तरीके से रखा जाता है। यह ज्ञान में वृद्धि के उपयोग के लिए होता है। यह सामग्री सभी विषयों से सम्बन्धित भी हो सकती है जैसे सार्वजनिक पुस्तकालयों में विविध विषयों की सामग्री उपलब्ध होती है, जो सभी के लिए खुली होती है; और इस सामग्री में ज्ञान का कोई एक अंश या हिस्सा हो सकता है जो किसी एक समुदाय के उपयोग के लिए ही होता है जैसे-- Chemical Engineering Company का पुस्तकालय।

पुस्तकालय वह संग्रह है, जहाँ विभिन्न प्रकार की पुस्तकों का संकलन किया जाता है। ये पुस्तकें व्यवस्थित रूप से इसीलिए रखी जाती हैं कि अध्येयताओं को कम समय में विषय सामग्री उपलब्ध हो सके। वर्तमान समय में पुस्तकालयों की महत्ता के सम्बर्धन का कारण विभिन्न क्षेत्रों में बढ़ता शोध कार्य है।

पुस्तकालय शब्द लैटिन भाषा के शब्द (लाइब्रेरिया) से लिया गया है। 'लाइब्रेरिया' उस जगह का नाम है जहाँ पुस्तकें अथवा अन्य मुद्रित तथा लिखित सामग्री सुरक्षापूर्वक रखी जाती है। 'लाइब्रेरिया' शब्द से ही अंग्रेजी शब्द 'Library' का उद्‌भव हुआ है। पुस्तकालय शब्द पुस्तकों के उस संग्रह की तरफ संकेत करता है जिसमें अध्ययन, शोध, सन्दर्भ तथा मनोरंजन के लिए एकत्रित अथवा संग्रहीत सामग्री होती है।

ALA Glossary of Library and Information Science में पुस्तकालय को परिभाषित करते हुए कहा कि, "पुस्तकालय किसी विशेष समूह को भौतिक, वाङ्मय सम्बन्धी और बौद्धिक ज्ञान देने के लिए एक व्यवस्थित सामग्री का संग्रह होता है, जिसमें अनुभवी व प्रशिक्षित कर्मचारी होते हैं जो विशेष समूह को उनकी सूचना-जरूरतों से सम्बन्धित सेवाएँ तथा कार्यक्रम प्रदर्शित करते हैं।"

उपर्युक्त परिभाषा से पता चलता है कि ज्ञान और सूचना सामग्री के व्यवस्थित संग्रह से पुस्तकालय का निर्माण होता है। इस सामग्री में उपस्थित भौतिक, वाङ्मय सम्बन्धी तथा बौद्धिक ज्ञान किसी विशेष समूह को दिये जाना वाला ज्ञान होता है। पुस्तकालय में कार्यरत कर्मचारी पुस्तकालय तथा सूचना विज्ञान में निपुण होते हैं जो विशेष समूह को उनकी इच्छित सूचना सम्बन्धी सेवाएँ तथा कार्यक्रम उपलब्ध कराते हैं।

ऑक्सफोर्ड इंग्लिश डिक्शनरी के अनुसार—"पुस्तकालय एक सार्वजनिक संस्था अथवा स्थापना है, जिसका कार्य है पुस्तकों के संग्रह की देखभाल रखना तथा उनके उन पाठकों के लिए उपलब्ध कराना जिनको उनकी जरूरत हो।"

यहाँ पर पुस्तकालयों को एक सार्वजनिक संस्था का स्थान दिया गया है जिसका आशय है कि पुस्तकालय जनता के लिए हैं तथा जनता द्वारा चलाये जाते हैं और पुस्तकालय का कर्तव्य है कि वह अपने संग्रह की देखभाल करे, उसकी व्यवस्था करे तथा पुस्तकों को उन उपभोक्ताओं/पाठकों को उपलब्ध कराये जिनको उनकी आवश्यकता हो।

डॉ. रंगनाथन ने लोक सम्पर्क तथा प्रचार को महत्ता देते हुए New Oxford Dictionary में दी गई पुस्तकालय की परिभाषा में संशोधन करते हुए कहा है, "पुस्तकालय एक सार्वजनिक संस्था की स्थापना है, जिसका कार्य है पुस्तकों के संग्रह की देखभाल करना तथा उनको उन पाठकों के लिए उपलब्ध कराना जिनको उनकी जरूरत हो और पड़ोस के प्रत्येक व्यक्ति को नियमित रूप से पुस्तकालय जाने तथा 'पुस्तकों के पाठक' में बदलने का कार्य करना है।"

डॉ. रंगनाथन ने भी पुस्तकालय को एक सार्वजनिक संस्था माना है। संग्रह की देखभाल तथा व्यवस्था कर पाठकों को इच्छित सूचना प्रदान करने के साथ-साथ इस बात पर भी जोर दिया है कि प्रचार-प्रसार के द्वारा पड़ोस के सभी मानवों का पुस्तकालय की ओर ध्यान आकृष्ट किया जाये जिससे वे पुस्तकालय में लगातार आकर पुस्तकों का ज्ञान अर्जन करने लगें। यह पुस्तकालय का दायित्व है।

यहाँ पर सार्वजनिक शब्द का आशय उस समुदाय से है जिसकी पुस्तकालय को सेवा करनी है अर्थात् पुस्तकालय उपभोक्ताओं को सेवा प्रदान करे। इसमें सभी तरह के प्रलेख जैसे--पाण्डुलिपियाँ, मुद्रित तथा उत्कीर्ण सामग्री, पुस्तकें, सामयिक प्रकाशन, फोटोग्राफ्स, ग्रामोफोन रिकार्ड्स, टेप रिकार्ड्स, माइक्रोफिल्मस, आदि हैं।

पुस्तकालय की आधुनिक अवधारणा

सामान्यतया पुस्तकालयों के क्षेत्र कार्य में प्रारंभिक काल की अपेक्षा आशातीत वृद्धि हुई है। जनसाधारण की उन तक पहुँच नहीं होती थी। पुस्तकों को तालों के भीतर रखा जाता था। परन्तु आज के युग में प्रजातान्त्रिक शासन प्रणालियाँ, समाज कल्याण सरकारें, मुद्रण कला का प्रादुर्भाव तथा विकास, पेपर तकनीक में उन्नति आदि ऐसे तत्त्व हैं जो सार्वजनिक पुस्तकालयों के प्रादुर्भाव तथा विकास के लिए उत्तरदायी हैं।

पुस्तकालयों की वर्तमान विचारधारा पुस्तकालय की सामाजिक अवधारणा है। आज पुस्तकालय सेवा संस्थाएँ हैं। पुस्तकालय मुद्रित तथा अन्य सूचनाप्रद सामग्री की सुव्यवस्था कर उसे उपभोक्ताओं को प्रदान कराते हैं।

पुस्तकालय विकास के तत्त्व

समाज की राजनीतिक तथा सामाजिक स्थिरता; साक्षरता की ऊँची दर; ऊँचा जीव-स्तर; स्थानीय तथा राष्ट्रीय परम्परायें; स्थानीय, राजकीय तथा राष्ट्रीय सरकारों द्वारा प्रोत्साहन; तथा सुव्यवस्थित पुस्तक व्यापार आदि तत्त्व हैं।

Pierce Butler ने कहा है कि पुस्तकालयाध्यक्ष का मूल तत्त्व है--समाज में निहित ज्ञान का संचयन कर उसका आधुनिक पीढ़ी को सम्प्रेषण करना। यह प्रक्रिया मुद्रित रिकार्ड के द्वारा ही पूर्ण की जाती है। पुस्तकों के द्वारा ही समाज के प्रत्येक व्यक्ति को समाज के संचयित अनुभव सम्प्रेषित होते हैं। इस सब का आशय है कि पुस्तकालय एक ऐसी संस्था है जहाँ पर पुस्तकें तथा अन्य सूचनाप्रद सामग्री उपयोग के लिए अर्जित की जाती है और यही उपयोग पुस्तकालयों का मुख्य उद्देश्य है। आधुनिक पुस्तकालय मुद्रित, दृश्य-श्रव्य सामग्री जैसे--पुस्तकें, हस्तलिखित ग्रंथ,

सामयिक पत्र-पत्रिकाएँ, नक्शे, चार्ट्स, ध्वनि-अभिलेखन सामग्री, चल-चित्र, फिल्म स्ट्रीप्स, स्लाईड्स, मैग्नेटिक टेपूस, रिकार्ड्स, फोनोग्राफ्स, म्यूजिक स्कोर्स, माइक्रोफिल्म-सामग्री आदि का उत्पादन तथा व्यवस्था कर उसे उन उपभोक्ताओं को प्रदान कराते हैं जिनको उसकी जरूरत होती है। प्रलेखों में विद्यमान जानकारी तथा ज्ञान का प्रसारण करते हैं। इस तरह से पुस्तकालयों की वर्तमान विचारधारा है–सेवा प्रदान करना। पुस्तकालयाध्यक्ष को Salesmanship तथा पुस्तकालय-कर्मचारियों को Canvassing Agents की तरह कार्य करना चाहिए ताकि पुस्तकालय एक सेवा संस्था के रूप में परिवर्तित हो सके।

थोड़े में कहा जा सकता है कि आधुनिक पुस्तकालय ज्ञान तथा सूचनाप्रद सामग्री का उत्पादन कर उसे व्यवस्थित करते हैं। इस सामग्री का संरक्षण करने के बजाय उपभोक्ताओं को उपयोग के लिए प्रदान कराते हैं। ये पुस्तकालय सम्भावित पाठकों को नियमित रूप से पुस्तकालयों में जाने वाला बनाते हैं जो स्वतः पुस्तकालय का उपयोग करते हैं। यही पुस्तकालयों की वर्तमान विचाधारा है।

पुस्तकालय के प्रकार

वैश्विक स्तर पर विभिन्न प्रकार के बढ़ते शैक्षिक स्रोतों के परिणामस्वरूप विभिन्न प्रकार के पुस्तकालयों का गठन किया गया। इस दृष्टि से पुस्तकालयों के कई निर्धारित प्रकार प्रचलित हो गये हैं। किन्तु किसी पुस्तकालय को स्थापित करने से हमें उसका उद्देश्य पूर्व निर्धारित करने वालों की पठन-सम्बन्धी अभिरुचि, शैक्षणिक स्तर, आयु सीमा, वित्तीय संसाधन कई तत्त्वों के आधार पर होता है। अतः पाठकों की प्रकृति में पायी जाने वाली विविधता उद्देश्यों की पृथकता के आधार पर विविध तरह के पुस्तकालय स्थापित हो रहे हैं। यह बिन्दु अधिक स्पष्ट करने के आधार पर तय होता है, जिसको दृष्टि में रखकर पुस्तकालय-विशेष की स्थापना की जाती है।

अतः संचय की विविधता तथा पाठकों की विभिन्न कोटियों के अनुरूप पुस्तकालय को विभक्त किया जाता है। इस प्रकार, प्रत्येक स्थानों पर पुस्तकालयों के विविध रूप हैं, जिनमें विद्यालय, महाविद्यालय, विश्वविद्यालय पुस्तकालय, शोध पुस्तकालय, सार्वजनिक पुस्तकालय एवं विशिष्ट पुस्तकालय मुख्य हैं। सभी प्रकार के पुस्तकालयों के उद्देश्य सामान्य हैं। यहाँ विश्व के लिपिबद्ध विचार को संग्रहित तथा सुरक्षित रखा जाता है ताकि उन्हें वर्तमान और भविष्य के पाठकों हेतु उपलब्ध कराया जा सके। विभिन्न प्रकार के पुस्तकालयों को नीचे लिपिबद्ध किया जा रहा है।

सार्वजनिक पुस्तकालय—सार्वजनिक पुस्तकालय के अंतर्गत राष्ट्रीय पुस्तकालय, राज्य केन्द्रीय पुस्तकालय तथा सम्भागीय पुस्तकालय, जिला केन्द्रीय पुस्तकालय, प्रखण्डीय पुस्तकालय, पंचायत पुस्तकालय, ग्रामीण पुस्तकालय तथा ग्रामीण वितरण केन्द्र अथवा ग्राम पेटिकाएँ हैं।

शैक्षणिक पुस्तकालय—इसके अंतर्गत शोध संस्थान, विश्वविद्यालय पुस्तकालय, महाविद्यालय पुस्तकालय तथा विद्यालय पुस्तकालय आते हैं।

पुस्तकालय सलाहकार समिति—भारत सरकार ने सार्वजनिक पुस्तकालयों के मात्र पाँच प्रकार राष्ट्रीय पुस्तकालय, राज्य पुस्तकालय, जिला पुस्तकालय, प्रखण्ड पुस्तकालय तथा पंचायत पुस्तकालय बनाए हैं।

विशेष पुस्तकालय—विशेष पुस्तकालय के अंतर्गत शोध पुस्तकालय, वाणिज्य पुस्तकालय, विभागीय पुस्तकालय, चिकित्सा पुस्तकालय, नेत्रहीनों हेतु पुस्तकालय, कारागार या जेल पुस्तकालय, नाविकों हेतु पुस्तकालय, दृश्य-श्रव्य पुस्तकालय, समाचार-पत्र पुस्तकालय (वाचनालय), बाल पुस्तकालय, संगीत पुस्तकालय तथा अन्य पुस्तकालय आते हैं।

उपरोक्त पुस्तकालयों को आगे वर्णित किया जा रहा है।

सार्वजनिक पुस्तकालय

सार्वजनिक पुस्तकालय का आशय है धर्म, जाति, वर्ण, लिंग, आयु, राष्ट्रीयता की चारदीवारी से मुक्त सभी के लिए समान रूप से पुस्तकालयी सुविधा उपलब्ध होना। इन पुस्तकालयों को जनता द्वारा जनता के हित में संचालित जनता को (University of the masses) या प्रजातंत्र की शिक्षणशालाओं (Training Schools of Democracy) के नाम से सजाया जाता है। सार्वजनिक पुस्तकालयों का लक्ष्य है जनसमुदाय को प्रबुद्ध नागरिक बनाने हेतु प्रेरित करना, उसकी प्रगति हेतु पाठ्य-सामग्री संचयित करना एवं उसके संरक्षण और वितरण की व्यवस्था करना। स्पष्ट है कि प्रजातन्त्र को सुदृढ़ बनाने के लिए सफल पुस्तकालय-प्रणाली अत्यंत जरूरी है। पुस्तकालय जनता को नवीनतम सूचनाएँ प्रदान कर, स्वस्थ्य जनमत बनाने में सहयोग करते हैं तथा पाठकों में अध्ययन के प्रति रुचि पैदा करते हैं। आधुनिक समय में सार्वजनिक ग्रंथालय विश्व भर में महत्त्वपूर्ण भूमिका निभा रहे हैं। पूरे विश्व में सार्वजनिक पुस्तकालयों का पुस्तकालय पद्धति के रूप में नियोजित विकास हुआ है। इस तरह सम्पूर्ण राष्ट्र में पुस्तकालय सेवा उपलब्ध कराने का प्रयास हो रहा है। सार्वजनिक पुस्तकालयों को नियोजित वृद्धि करने का सुझाव दिया, जिससे

कि वे एक प्रणाली के रूप में संगठित होकर सम्पूर्ण देश को पुस्तकालय सेवा प्रदान करने में समर्थ हो सके। सार्वजनिक पुस्तकालय पाठकों की सेवा करते हैं। अतएव अन्य पुस्तकालयों की तुलना में इनका ज्यादा महत्त्व है। वे शासन एवं समाज दोनों के द्वारा चलाये जा सकते हैं। साधनों की प्रचुरता एवं पाठकों की माँग के आधार पर ये अपनी सेवाओं में उल्लेखनीय वृद्धि कर सकते हैं। कई सार्वजनिक पुस्तकालय प्रौढ़, ग्रामीण, महिला आदि पाठकों को पुस्तकालय सेवा प्रदान कर रहे हैं।

सार्वजनिक पुस्तकालय के कार्य

सार्वजनिक पुस्तकालय के कार्य निम्नवत हैं–

1. लोकहितकारी सामग्री का विशेष प्रचार पाठकों की सर्जनात्मक शक्ति विकसित करने के उद्देश्य से करना एवं उन्हें अपनी सभ्यता, संस्कृति, कला एवं साहित्य का ज्ञान कराना।
2. नागरिकों को छुट्टी के समय का सर्जनात्मक चिन्तन तथा मनोरंजन में प्रयोग हेतु प्रेरित करना तथा उपयुक्त वातावरण तैयार करना।
3. ज्ञान के क्षेत्र में आविष्कार, अन्वेषण शोधों पर प्रकाश डालने वाली अद्यतन पाठ्य-सामग्री का विशेष रूप में संग्रहण करना तथा जिज्ञासु पाठकों को ज्ञान की विभिन्न नवदिशाओं से परिचित कराना।
4. समुदायों एवं नागरिकों के लिए आयोजित शैक्षणिक तथा सांस्कृतिक कार्यक्रमों तथा क्रियाकलापों में हाथ बँटाना।
5. पाठकों की सहायता हेतु पुस्तक, पत्र-पत्रिका, नक्शे, मानचित्र, ग्रामोफोन रिकार्ड, माइक्रोफिल्म आदि के रूप में उपलब्ध सामग्री पुस्तकालय में जमा करना। जमा की गई सामग्री को व्यवस्थित रूप में पाठकों के प्रयोगार्थ प्रस्तुत करना तथा उनके अर्जित ज्ञान में उत्तरोत्तर वृद्धि की दिशा में प्रयास करना।
6. विभिन्न प्रचार कार्यक्रमों एवं प्रसार कार्यक्रमों हेतु पुस्तकालय सेवाओं को उपयोगी और सार्वजनिक बनाना। पिछले वर्षों में दिल्ली सार्वजनिक पुस्तकालयों को उनके विभिन्न प्रसार कार्यक्रमों ने पुस्तकालय सेवाओं को अत्यधिक लोकप्रिय बनाया है।
7. बाल, युवा, वृद्ध, नर-नारी के रूप में पुस्तकालय में आने-जाने वाले पाठकों को स्वशिक्षा हेतु सुविधाएँ एवं मौका प्रदान करना।
8. ज्ञान अन्वेषण एवं शोधकार्य में जुटे पाठकों को विशेष सहायता मुहैया करना।

9. राष्ट्र की गतिविधियों के सम्बन्ध में पाठकों को उचित जानकारी प्रदान कर उन्हें जागरूक बनाना तथा इस तरह राष्ट्र अथवा राज्य के लिए स्वस्थ जनमत तैयार करने में मदद करना।
10. सभी पाठक वर्गों को सामूहिक एवं निजी मदद प्रदान करना तथा आय, रुचि के आधार पर उनको लाभदायी सामग्री प्रदान करना।

राबर्ट डी.ली. ने उक्त उद्देश्यों को सहज एवं संक्षिप्त रूप में निम्नानुसार प्रस्तुत किया–

1. प्रबुद्ध नागरिकों तथा जन-जीवन की प्रगति हेतु पुस्तकों तथा अन्य सम्बन्धित अध्ययन-सामग्री का संग्रह, संरक्षण तथा संचालन कर जरूरी सहायता प्रदान करना।
2. जन-समुदाय की सेवा करना।
3. बालक, युवक, नर-नारियों में स्व-शिक्षा की भावना पैदा करना।

राष्ट्रीय पुस्तकालय

राष्ट्रीय पुस्तकालय सार्वजनिक पुस्तकालय में महत्त्वपूर्ण स्थान रखता है। **मैकॉलविन** ने इसे पुस्तकालयों का पुस्तकालय (Library of Libraries) निरूपित किया है।

राष्ट्रीय पुस्तकालय पूरे राष्ट्र को पुस्तकालय सेवा उपलब्ध कराते हैं। बड़े देशों में राष्ट्रीय पुस्तकालय की कुछ क्षेत्रीय इकाइयाँ भी होती हैं। उदाहरणार्थ भारत के कोलकाता स्थित राष्ट्रीय पुस्तकालय की तीन क्षेत्रीय इकाइयाँ चेन्नई, मुंबई और दिल्ली में स्थित हैं।

राष्ट्रीय पुस्तकालय के कार्य

एशिया तथा प्रशांत क्षेत्र में राष्ट्रीय पुस्तकालयों के विकास के सम्बन्ध में मनीला में सन् 1964 में आयोजित गोष्ठी में राष्ट्रीय पुस्तकालय के निम्नवत् कार्य निरूपित किये गये हैं।

1. अन्य तरह की सामग्री एकत्रित करना।
2. राष्ट्र के पुस्तकालयों का मार्गदर्शन।
3. राष्ट्र में प्रकाशित प्रत्येक स्थायी संग्रहागार के रूप में कार्य करना।
4. ग्रन्थसन्दर्भ सूची सम्बन्धी सेवाएँ मुहैया करना।

5. पुस्तकालय सहयोग संबंधी गतिविधियों हेतु संगठन-केन्द्र का कार्य करना।
6. शासन को प्रत्येक प्रकार की पुस्तकालय सेवाएँ प्रदान करना।

अन्य कार्य

राष्ट्रीय पुस्तकालयों के अन्य कार्यों में प्रकाशनों एवं प्रचार-प्रसार कार्यक्रमों के द्वारा देश में पुस्तकालयों के प्रति रुचि जाग्रत करने का प्रयास करना तथा राष्ट्र में प्रकाशित समस्त साहित्य की मासिक या वार्षिक सूची का प्रकाशन करना। कापीराइटर अधिनियम के पालन में राष्ट्र के प्रकाशनों से प्रत्येक प्रकाशन की तीन बिना शुल्क वाली प्रतियाँ प्राप्त करना।

प्रान्तीय पुस्तकालय

प्रत्येक राज्य अथवा प्रान्त में कार्यरत मुख्य पुस्तकालय राज्य पुस्तकालय के नाम से जाना जाता है। इस पुस्तकालय को स्थापित तथा सर्वोच्च करने का दायित्व राज्य शासन का होता है। राज्य का मुख्य पुस्तकालय होने के कारण इसे राज्य की सीमा में कार्यरत सार्वजनिक पुस्तकालयों में सर्वोच्च स्थान प्राप्त होता है। इन सभी का मुख्य कार्य राज्य के प्रत्येक सार्वजनिक पुस्तकालयों का मार्ग प्रशस्त करना तथा राज्य के प्रत्येक पाठकों को पुस्तकालय सेवा प्रदान करना है।

प्रान्तीय पुस्तकालय के कार्य

सार्वजनिक पुस्तकालय सलाहकार समिति (भारत सरकार) के अनुरूप राज्य पुस्तकालय के निम्नांकित कार्य हैं–

1. राष्ट्र की पंचवर्षीय योजनाओं से जुड़ी सूचनाओं के सम्बन्ध में प्रचार-केन्द्र के रूप में कार्य करना।
2. राज्य के जिला व अन्य पुस्तकालयों द्वारा अपेक्षित समस्त तकनीकी एवं अन्य सूचनाएँ प्रदान करने वाले केन्द्र के रूप में कार्य करना।
3. बालकों सम्बन्धी पुस्तकालय कार्यों को विकसित करना।
4. राज्य की सीमा में तथा बाहर पुस्तकों के आगत-निर्गत हेतु अन्तःपुस्तकालीय लेन-देन केन्द्र के रूप में कार्य करना।
5. सन्दर्भ सामग्री रचना के रूप से संचित करना तथा उच्चकोटि की पुस्तकालय सेवाएँ उपलब्ध करना।

6. पुस्तक प्रदर्शनियाँ तथा (पुस्तकालयाध्यक्षों के) व्यापारिक सम्मेलन आयेजित करना।
7. राज्य के शासकीय, अशासकीय प्रकाशनों को व्यापक पैमाने पर जमा करना।
8. राज्य के पुस्तकालयों में उपलब्ध रचना के आधार पर एक संघ-सूची (Union Catalogue) बनाना।
9. जिला व अन्य पुस्तकालयों को समय-समय पर नई तथा प्रारंभिक सामग्री उपलब्ध कराना।
10. विद्वानों एवं शोधकर्ताओं के उपयोगार्थ सामान्य एवं विशिष्ट वाङ्मय सूची का प्रस्तुतीकरण करना।

संभागीय पुस्तकालय

राज्य पुस्तकालय के अधीन या राज्य पुस्तकालय के अभाव में संभागीय पुस्तकालय कार्य करते हैं। उदाहरणार्थ मध्य प्रदेश में राज्य पुस्तकालय न होकर पाँच संभागीय पुस्तकालय हैं, जिसे केन्द्रीय पुस्तकालय कहा जाता है। ये भोपाल, इन्दौर, ग्वालियर, जबलपुर एवं रीवा में स्थित हैं। ग्रंथालयों के अधीन जिला पुस्तकालय कार्य करते हैं।

जिला पुस्तकालय

जिले का सर्वाधिक महत्त्वपूर्ण पुस्तकालय जिला पुस्तकालय होता है। इसका कार्य शहरी तथा ग्रामीण दोनों क्षेत्रों को पुस्तकालय सेवा मुहैया कराना होता है। ग्रामीण क्षेत्रों को पुस्तकालय सेवा प्रदान करने के उद्देश्य से जिला पुस्तकालय कतिपय विशेष व्यवस्थाएँ करता है। उदाहरणार्थ चलित पुस्तक इकाइयाँ अथवा वितरण केन्द्रों की स्थापना करता है। शहरी क्षेत्रों में पुस्तकालय सेवा को वृहत बनाने के उद्देश्य से प्रमुख नगरों में जिला पुस्तकालय की शाखाएँ भी कार्य करती हैं।

पंचायत पुस्तकालय

पंचायत पुस्तकालय सेवाओं के ढाँचे में प्रखण्ड पुस्तकालय से निम्नतर इकाई है। यह पुस्तकालय किसी पंचायत-विशेष की सीमा में रह रहे पाठक-वर्ग को पुस्तकालय सेवाएँ प्रदान करने का कार्य करता है। प्रखण्डीय पुस्तकालयों की तरह इनका उद्देश्य भी पाठ्य-सामग्री के प्रति अध्ययनार्थियों की रुचि जाग्रत कराना है। रुचि जाग्रत करने के उद्देश्य से वे कुछ उपयोगी प्रसार सेवाओं का सहारा लेते हैं।

खण्ड पुस्तकालय

पुस्तकालय सेवा से दूरवर्ती क्षेत्रों के व्यक्ति लाभ ले सकें, इस उद्देश्य से सभी प्रखण्ड में पुस्तकालय शुरू किये जाते हैं। ये पुस्तकालय साधारणतया प्रखण्ड विकास अधिकारी तथा जिला पुस्तकालयाध्यक्ष की देख-रेख में अपना कार्य करते हैं। इन पुस्तकालयों का कार्य अपने क्षेत्र के पाठकों में पुस्तकों के प्रति रुचि जाग्रत करना एवं उन्हें पुस्तक, पत्र-पत्रिकाओं आदि के रूप में साहित्य प्रदान करना होता है। ये पुस्तकालयों के प्रचार एवं प्रसार कार्यक्रमों के द्वारा पुस्तकालय सेवा को लोकप्रिय बनाते हैं, विशिष्ट पाठक वर्गों को विशिष्ट सेवाएँ प्रदान करते हैं। इस पुस्तकालय का विशिष्ट उद्देश्य पाठकों को राष्ट्र में एवं विशेषकर उनके अपने क्षेत्र में हो रहे विकास कार्यक्रमों से परिचित कराना होता है।

ग्राम्य पुस्तकालय

साक्षरता अभियान की सफलता हेतु यह आवश्यक है कि राष्ट्र का एक भी निरक्षर व्यक्ति ऐसा न बचे, जिसको साक्षर बनाने हेतु प्रयत्न न किया हो। भारत की ज्यादातर जनता ग्रामों में निवास करती है एवं कृषि ही भारतीय जनता की आजीविका का साधन है, इसलिए कृषकों में साक्षरता का प्रचार करना अत्यंत जरूरी है, जिससे वे राष्ट्र के निर्माण में अपनी भूमिका को पहचान सकें एवं उन्नत कृषि के विविध साधनों को अपना सकें। ग्रामीण पुस्तकालयों का संचालन पंचायत पुस्तकालय या खण्ड पुस्तकालय द्वारा किया जाता है। पुस्तकालय पद्धति के ढाँचे में ग्रामीण पुस्तकालय सबसे छोटी इकाई है। इस दिशा में कुछ अभिनव प्रयोग भी किये गये हैं। ये हैं–

1. वितरण केन्द्रों की स्थापना, 2. भ्रमणशील ग्रामीण पेटिकाओं का परिभ्रमण। भ्रमणशील ग्रामीण पेटिकाएँ मध्य प्रदेश के 1300 से अधिक ग्रामों में रखी गई हैं जिनसे वे उन्नत कृषि के विविध साधनों को अपना सकें। ग्रामीण पेटिकाओं में परिभ्रमण के गांव में किसी पेटिका में रखे साहित्य का उपयोग हो जाने पर अन्य पेटिका द्वारा उसे बदल दिया जाता है।

रिसर्च पुस्तकालय

ज्ञान की किसी शाखा विशेष की नई दिशाएँ क्या हैं–इसकी सूचना शोध संस्थान के ग्रंथ से प्राप्त होती है। **क्लैप** के अनुसार, "ये वे पुस्तकालय हैं, जो जिज्ञासुओं को उनकी इच्छित सामग्री उपलब्ध कराते हैं तथा उस सामग्री को उपयोग हेतु उन्हें प्रदान करते हैं।" इन पुस्तकालयों को केवल गिने-चुने व्यक्तियों

द्वारा ही उपयोग किया जाता है, किन्तु इससे इनका महत्त्व और बढ़ जाता है। ये पुस्तकालय विशेष का गहन अध्ययन करने वाले शोधकर्ताओं के हेतु हैं, अतएव इन पुस्तकालयों में विषयक-विशेष से जुड़ी सभी प्रकार की यथासम्भव सामग्री उपलब्ध विशद रूप से संग्रहीत की जाती है। शोधकर्ता को सामग्री के चुनाव की सुविधा हो, इसका सूचीकरण एवं वर्गीकरण भी बारीकी से किया जाता है। विविध शोध-संस्थानों के पुस्तकालय सामग्री अन्तर्राष्ट्रीय स्तर पर उपलब्ध करते हैं, जिससे शोधकर्ताओं के कार्य में सामग्री का व्यवधान न पड़े। इन पुस्तकालयों में सन्दर्भ सेवा प्रदान करने की व्यवस्था होती है। इसी प्रकार से प्रसिद्ध पुस्तकालयों की ग्रंथ सन्दर्भ सूचियाँ, कई प्रकाशित शोधपत्रों की माइक्रोफिल्म सामग्री में भी उपलब्ध रहती हैं। भारत में इण्डियन स्टेटिस्टीकल इन्स्टीट्यूट, कोलकाता; इन्स्टीट्यूट ऑफ मेडिकल एजुकेशन एण्ड रिसर्च, चंडीगढ़; बिड़ला इन्स्टीयूट ऑफ टेक्नालाजी एण्ड साइन्स; एग्रीकल्चरल रिसर्च इन्स्टीट्यूट, दिल्ली; इण्डियन इन्स्टीट्यूट ऑफ साइन्सेज बैंगलौर; इण्डियन इन्स्टीट्यूट ऑफ साइन्स, धनबाद; टाटा इन्स्टीट्यूट ऑफ सोशल साइन्सेज, मुम्बई आदि संस्थाओं से सम्बद्ध है, जो विशेष पाठ्यक्रमों का संचालन भी करते हैं। अतएव इन पुस्तकालयों का शैक्षणिक महत्त्व है।

शैक्षिक पुस्तकालय

कोई भी शिक्षा संस्था एक उत्तम साधन सम्पन्न पुस्तकालय के बिना अधूरी है। **श्री फ्रासिस केपल** के अनुसार "राष्ट्र की उच्च शिक्षा प्रदान करने वाली संस्थाओं का स्तर कुल संस्थाओं में कार्यरत पुस्तकालयों में पुस्तकों, पत्र-पत्रिकाओं तथा शोध-सामग्री की पर्याप्तता के आधार पर निश्चित किया जाता है।"

एक पुस्तकालयाध्यक्ष के अनुसार "पुस्तकालय किसी भी शैक्षणिक संस्था का महत्त्वपूर्ण अंग है। उससे उसका हृदय निरूपित किया जा सकता है, क्योंकि उसकी शक्ति एवं प्रभाव सम्बन्धित संस्था के सामान्य स्वास्थ्य, उत्पादन शक्ति तथा उत्तरोत्तर विकास पर प्रत्यक्ष रूप से अपना प्रभाव डालते हैं।"

शैक्षणिक पुस्तकालयों के सम्बद्ध में अभिव्यक्त उक्त दो मतों से स्पष्ट हो जाता है, कि शिक्षण-संस्थाओं में पुस्तकालयों की उपादेयता विवाद से परे है। इनका प्रधान कार्य शिक्षार्थियों के द्वारा कक्षाओं में अर्जित ज्ञान को पूर्ण तथा विकसित करना तथा उसमें चिन्तन की मौलिक शक्ति करना है। इन पुस्तकालयों की पुस्तकों से, छात्रों तथा प्राध्यापकों को लाभ होता है। फलस्वरूप ऐसे पुस्तकालय में उन्हीं विषयों से संबंधित सामग्री होती है, जिनका पठन-पाठन संस्था द्वारा होता है अथवा जिनका

सम्बन्ध पाठ्यचर्या संबंधित विषयों को सशक्त करने से होता है। अतएव जनरुचि विषयों पर नाममात्र की ही सामग्री संकलित की जाती है।

विद्यालय पुस्तकालय

शैक्षणिक पुस्तकालयों में सबसे अधिक महत्त्वपूर्ण स्थिति विद्यालय पुस्तकालय की है। क्योंकि विद्यालय पुस्तकालय ही छात्र के प्रारंभिक शैक्षणिक जीवन में अध्ययन के प्रति रुचि जाग्रत कराते हैं। एक बार रुचि जाग्रत हो जाने पर सामान्यतया रुचि सुप्त नहीं होती। विद्यालय पुस्तकालय द्वारा लाभकारी सेवाएँ आदि प्राप्त होती रहें तो विद्यार्थी एवं अध्यापक दोनों अपना ज्यादा समय रचनात्मक या सृजनात्मक कार्यों में लगा सकते हैं। विद्यालय के ग्रंथालय को किसी ने द्वितीय अध्ययन कक्ष (Second Classroom) का दर्जा दिया है, जो बड़ा ही उपयुक्त है।

अपने इस रूप में पुस्तकालय विद्यार्थियों में मौलिक चिन्तन की प्रवृत्ति विकसित करने, अपनी शक्तियों का देश के निर्माण में प्रयोग करने, आत्म निरीक्षण करने, जीवन के उद्देश्य में किसी सीमा तक सफल हो सकता है, यह उससे सम्बद्ध पुस्तकालय को देखकर बताया जा सकता है। यदि पुस्तकालय साधन सम्पन्न होगा, तो विद्यालय के छात्र अपना सामान्य ज्ञान बढ़ा सकेंगे एवं देश के इतिहास और संस्कृति के विषय में भी यथेष्ट जानकारी प्राप्त कर सकेंगे। किन्तु यह खेद का विषय है कि हमारे देश में विद्यालयों में पुस्तकालयों की स्थिति अभी विशेष अच्छी नहीं है। वास्तव में विद्यालयों में अच्छे पुस्तकालयों का न होना उच्च शिक्षा अधिकारियों की रूढ़िवादिता एवं उपारदर्शिता का द्योतक है। इन पुस्तकालयों को समुचित आर्थिक सहायता प्राप्त नहीं होती तथा इन्हें कुशल तथा प्रशिक्षित कर्मचारी भी प्राप्त नहीं होते। पुस्तकालय विद्यालय के किसी एक सीलन भरे कमरे में स्थित होता है। उनके लिए उचित स्थान एवं सामग्री नहीं होती। वास्तव में विद्यालयों में पुस्तकालयों की उपयोगिता को स्मरण रखते हुए उसके लिए पृथक भवन होना चाहिए, जो नयनभिराम फर्नीचर से युक्त हो। पुस्तकें काँचदार अलमारियों में इस तरह नियोजित हों, कि दूर से ही छात्र आकर्षित होकर पुस्तकालय में चला आये। इन पुस्तकालयों का दायित्व छात्रों में प्रारम्भ से ही अध्ययन के प्रति रुचि उत्पन्न करना है, अतएव अच्छे जीवन में साज-सज्जा का महत्त्व काफी ज्यादा है। पठन-सामग्री के अलावा विद्यालय पुस्तकालय में दृश्य-श्रव्य संसाधन, सुन्दर चित्रावलियों एवं अन्य उपकरणों को भी जगह मिलनी चाहिए।

विद्यालय पुस्तकालय के कार्य

विद्यालय पुस्तकालय के प्रमुख कार्य निम्नानुसार हैं–

1. छात्रों में समाज एवं राष्ट्र के प्रति जागृति पैदा करना तथा समाज और राष्ट्र के प्रति उनके क्या दायित्व हैं, इससे उन्हें परिचित कराना।
2. विद्यार्थियों को पुस्तकालय द्वारा दी जाने वाली सेवाओं से अवगत कराना एवं उनमें जिज्ञासा की प्रवृत्ति पैदा करना।
3. विद्यालय के पाठ्यक्रमों को ध्यान में रखते हुए लाभदायी तथा रुचिपूर्ण सामग्री प्रदान करना, जिससे छात्रों की पाठ्यक्रम में रुचि उत्पन्न हो सके तथा उन्हें आन्तरिक ज्ञान भी मिल सके।
4. समय-समय पर सामयिक विषयों की विविध तरह की प्रतियोगिताओं का आयोजन करके छात्रों में पढ़ने के प्रति रुचि पैदा की जा सकती है।
5. छात्रों में उद्देश्यपूर्ण एवं अध्ययन की प्रवृत्ति विकसित करना। विद्यालय में पढ़ाये गये पहलुओं पर अतिरिक्त किन्तु रोचक सामग्री अगर छात्रों को पुस्तकालय से प्राप्त होती रहे तो यह प्रवृत्ति विकसित हो सकती है। छात्रों में लाभकारी साहित्य चुनने की आदत डालनी चाहिए। यह कार्य व्यक्तिगत कार्य सम्पर्क द्वारा सम्भव हो सकता है।
6. पुस्तकें, पत्र-पत्रिकाएँ तथा दृश्य-श्रव्य सामग्री संचित करना तथा पाठकों को उपलब्ध कराना। सामग्री ऐसी हो जो पाठकों को राष्ट्र के इतिहास और संस्कृति के बारे में ज्ञान कराये, जिससे उनके सामान्य ज्ञान में वृद्धि हो। सामग्री का चुनाव पाठ्य को ध्यान में रखकर किया जाना चाहिए।

विद्यालय पुस्तकालय अपने दायित्वों को ठीक तरह से निभा सके, इसके लिए यह आवश्यक होगा कि–

1. प्रभारी को पर्याप्त जन कर्मचारी, वित्त तथा संग्रहणीय सामग्री दी जानी चाहिए। इनके बिना पुस्तकालय को अत्याधुनिक नहीं बनाया जा सकता।
2. पुस्तकालय को स्वतन्त्र कक्ष या भवन प्रदान किया जाये। अगर कक्ष उपलब्ध हो तो वह विद्यालय भवन में सबसे बड़ा होना चाहिए।
3. पुस्तकालय कार्य में प्रशिक्षित अध्यापक को पुस्तकालय का प्रभारी बनाया जाए।
4. प्रभारी को केवल पुस्तकालय कार्य ही दिया जाए। इस कार्य को अध्यापन कार्य के समान ही गुरुता देनी चाहिए।

5. अंशकालिक शिक्षक पुस्तकालयाध्यक्ष के स्थान पर पूर्णकालिक प्रशिक्षित पुस्तकालयाध्यक्ष की नियुक्ति की जा सके, तो यह अच्छा होगा।

महाविद्यालय पुस्तकालय

विश्वविद्यालय पुस्तकालय तथा महाविद्यालय पुस्तकालयों के कार्यों की समग्रता होते हुए भी, दोनों में काफी अन्तर है, जितना कि विश्वविद्यालय एवं महाविद्यालय में। विश्वविद्यालय पुस्तकालय का प्रमुख कार्य शोध की प्रवृत्ति विकसित करना एवं शोध के लिए जरूरी साधन जुटाना तथा महाविद्यालय पुस्तकालय का मुख्य कार्य शैक्षणिक कार्य को मदद प्रदान करना है।

यह शत-प्रतिशत सत्य है कि महाविद्यालय पुस्तकालय भी विश्वविद्यालय ग्रंथालय की तरह महाविद्यालय की समस्त शैक्षणिक गतिविधियों का प्रधान केन्द्र होता है। **लायन्स** के अनुसार—महाविद्यालय पुस्तकालय का कार्य सन्दर्भ सेवा द्वारा शैक्षणिक कार्यों में मदद प्रदान करना, उनके विकास में योगदान देना तथा शैक्षणिक स्तर को उन्नत करने के उद्देश्य से विभागीय सदस्यों में पुस्तकालय सेवा सुलभ कराना एवं छात्रों को उपयोगी एवं ज्यादा पुस्तकें पढ़ने हेतु प्रेरित करना है। अमरीका के विद्यालय एवं शोध पुस्तकालय संघ द्वारा महाविद्यालय एवं निर्धारित कार्यक्रम के अनुरूप महाविद्यालय पुस्तकालय का कार्य विद्यार्थियों में सत्साहित्य के अध्ययन एवं शोध के प्रति रुचि जाग्रत करना है, ताकि यह रुचि आजीवन बनी रहे। इसके अतिरिक्त उन्हें शैक्षणिक समुदायों हेतु सिद्धान्त तथा व्यवहार में बौद्धिक सामग्री के प्रमुख केन्द्र के रूप में कार्य करना चाहिए।

महाविद्यालय पुस्तकालय के कार्य

श्री विलियम एम. रेडल तथा **फ्रांसिस एल.डी. गुउरिच** ने महाविद्यालय पुस्तकालय के निम्नलिखित कार्य निरूपित किये हैं—

1. विद्यार्थियों द्वारा अध्ययनार्थ चुने हुए पाठ्यक्रमों के लिए पुस्तकें तथा प्राध्यापकों को अध्यापन कार्य हेतु अध्ययन सामग्री मुहैया कराना।
2. सहायक अध्ययन हेतु पुस्तकें उपलब्ध कराना एवं इस तरह की पुस्तकों के उपयोग हेतु प्रेरित करना।
3. अध्ययन के सम्पूर्ण क्षेत्रों से जुड़े स्तरीय पुस्तकों का विशाल संग्रह करना एवं पाठक के प्रयोग अनुसार उन्हें सुविधापूर्वक सुलभ करना।

4. छात्र पुस्तकालय सामग्री का उचित हिस्सा बन सकें, इस कार्य में उन्हें प्रशिक्षित करना तथा शैक्षणिक कार्यक्रमों में पूर्णतया हिस्सा लेना।

विश्वविद्यालय पुस्तकालय

हर विश्वविद्यालय में भली-भाँति व्यवस्थित तथा साधन-सम्पन्न पुस्तकालय का होना जरूरी है। विश्वविद्यालय पुस्तकालय को उसकी उपयोगिता के आधार पर, विश्वविद्यालय शिक्षा आयोग ने सन् 1949 में प्रस्तुत अपने प्रतिवेदन में विश्वविद्यालय के प्रत्येक कार्यों का हृदय निरूपित किया है। आयोग ने विश्वविद्यालय तथा महाविद्यालय में पुस्तकालय की महत्त्वपूर्ण भूमिका को स्वीकारते हुए, विचार व्यक्त किया था कि विश्वविद्यालय एवं महाविद्यालयों में अध्ययनार्थ नवीन विषय प्रारम्भ करने की अनुमति तब तक प्रदान नहीं की जानी चाहिए, जब तक पुस्तकालय हेतु कर्मचारी, पत्र-पत्रिकाओं की संख्या के सम्बन्ध में विश्वविद्यालय संतुष्ट न हो। इसके साथ पुस्तकालय का स्थान भी होना जरूरी है। पुस्तकालयों को कम महत्त्व देना अथवा महत्त्व न देना विश्वविद्यालय या महाविद्यालय का उद्देश्य तनिक मात्र भी नहीं होना चाहिए। पुस्तकालय महाविद्यालय या विश्वविद्यालय में आर्कषण का प्रमुख केन्द्र होना चाहिए।

राउण्ड विल्सनलुई तथा **मारिस एफ. टावर** के अनुसार विश्वविद्यालय के उद्देश्यों की पूर्ति पुस्तकालय पर निर्भर करती है। यूनिवर्सिटी पुस्तकालय पर अपनी किताब में इस बिन्दु पर प्रकाश डालते हुए उन्होंने कहा है विश्वविद्यालय पुस्तकालय पुस्तकों, मूल प्रतियों, पत्रिकाओं अन्य सामग्रियों को संग्रहीत तथा व्यवस्थित कर विश्वविद्यालय के प्रसार कार्यक्रम में भी हाथ बँटाता है। सन्दर्भ सेवाओं एवं वाङ्मय सूचियों के द्वारा प्रोफेसरों एवं शोधार्थियों की सामग्री जुटाने में करता है।

विश्वविद्यालय पुस्तकालय के कार्य

कोठारी शिक्षा आयोग ने विश्वविद्यालय पुस्तकालय के निम्न कार्य बताये हैं—

1. पुस्तकों, विद्यार्थियों और विद्वानों को समीप लाना तथा ऐसी परिस्थितियां पैदा करना, जिनमें बौद्धिक जिज्ञासा उत्तेजित हो, अन्वेषण की प्रवृत्ति जाग्रत हो तथा अध्ययन आनन्ददायक हो सके।
2. विश्वविद्यालय के द्वारा विशेष अध्ययन हेतु जरूरी या क्षेत्रीय महत्त्व के विषयों में शोधकार्य करने हेतु जरूरी साधन तथा सुविधाएँ प्रदान करना।

3. विश्वविद्यालयों द्वारा चयनित विशिष्ट अध्ययन क्षेत्रों में हुए विकास के सम्बन्ध में सूचित करना।
4. विश्वविद्यालयों से सम्बद्ध प्राध्यापकों को सम्बन्धित विषय क्षेत्रों में हुए विकास के सम्बन्ध में सूचित करना।
5. पुस्तकालय में ऐसा साहित्य संग्रहीत करना जिसका प्रयोग शैक्षणिक कार्यक्रमों एवं प्रयोगशील रिसर्च में किया जा सके। ऐसे साहित्य के द्वारा ही प्राध्यापकों एवं छात्रों की आवश्यकताओं की पूर्ति की जा सकती है।
6. शिक्षण संस्था में पढ़ाये जाने वाले विभिन्न विषयों के विभागाध्यक्षों की मदद से पुस्तकालय के विकास के लिए समन्वित कार्यक्रम बनाना, जिससे उसका उचित प्रयोग हो सके।
7. केन्द्रीय पुस्तकालय के विभागीय पुस्तकालय एवं अध्ययन-गोष्ठी पुस्तकालयों (Seminar Libraries) के बीच सम्पर्क-सूत्र का कार्य करना तथा शोधार्थियों को यथेष्ट सहायता देना।

विशिष्ट पुस्तकालय

विलफ्रेड एशवर्थ द्वारा सम्पादित पुस्तक 'हैण्डबुक ऑफ स्पेशल लाइब्रेरियनशिप एण्ड इन्फार्मेशन वर्क' के अनुसार–विशिष्ट पुस्तकालय ऐसा पुस्तकालय है, जिसमें किसी विशिष्ट विषय या विषयों पर ही पठन सामग्री उपलब्ध हो।

इस प्रकार के पुस्तकालयों का औचित्य इसलिए है, कि सार्वजनिक अथवा शैक्षणिक पुस्तकालय सामान्य पाठकों की साधारण आवश्यकताओं को पूरा कर पाते हैं। इनमें कई विषयों पर साहित्य संग्रहीत किया जाता है। अतएव ऐसे पाठकों के लिए जिन्हें कुछ विषयों पर अधुनातन साहित्य चाहिए, ये विशेष पुस्तकालय कार्य करते हैं। उक्त पाठक वर्ग के अतिरिक्त राष्ट्र में कुछ ऐसे पाठक वर्ग भी होते हैं, जो अपनी विशेष परिस्थितियों, सीमाओं एवं विवशताओं के कारण सामान्य पुस्तकालयों का या तो प्रयोग नहीं कर पाते या उन्हें उनमें अपने अनुकूल सामग्री नहीं मिल पाती। इन पाठकों को विशेष तरह की अध्ययन सामग्री तथा सेवाएँ विशिष्ट पुस्तकालयों द्वारा मुहैया की जाती है। कई बार कुछ सार्वजनिक पुस्तकालय विशेष अनुभाग की स्थापना कर कतिपय वर्गों को सेवाएँ प्रदान करने की चेष्टा करते हैं। किन्तु पुस्तकालय की सेवाओं को वर्ग-विशेष के ज्यादा अनुकूल तब ही बनाया जा सकता है, जब उनके लिए स्वतन्त्र पुस्तकालय हो। विशेष पुस्तकालयों के निम्नांकित भेद हैं—

शोध पुस्तकालय

विशिष्ट पुस्तकालयों के वर्ग में हम अन्वेषण पुस्तकालयों को सम्मिलित कर सकते हैं जो किसी ऐसी अन्वेषण संस्था के अंग के रूप में कार्य करते हों, जिसका उद्देश्य वैज्ञानिक शोध बढ़ाना हो। ये पुस्तकालय अपने विषय से सम्बन्धित अन्य पुस्तकालयों का पथ प्रदर्शन करते हैं। उन्हें प्रलेखन जैसी विशिष्ट सेवाएँ देते हैं। कई विशिष्ट अनुसंधानात्मक-पुस्तकालय ऐसे भी होते हैं, जिनका लाभ कुछ व्यक्ति ही उठा सकते हैं। परमाणु ऊर्जा अनुसन्धान केन्द्र, मुम्बई का पुस्तकालय एक उदाहरण है।

वाणिज्य पुस्तकालय

वाणिज्य पुस्तकालय तीन तरह के होते हैं, व्यावसायिक, व्यापारिक एवं औद्योगिक। पुस्तकालयों को अगर हम मोटे तौर पर देखें, तो उनमें अधिक अन्तर नहीं दिखाई पड़ता। इन पुस्तकों को स्थापित करने का उद्देश्य राष्ट्र के औद्योगिक, व्यापारिक एवं वाणिज्यिक क्षेत्र में कार्यरत व्यक्तियों को उनके कार्यों में सहायता देना होता है। पुस्तकालय के द्वारा उन्हें नई वैज्ञानिक उपलब्धियों के विषय में सूचना मिल जाती है, जिसका उपयोग वे अपने संस्थान के विकास में कर सकते हैं। पुस्तकालयों द्वारा प्रदत्त जानकारी के द्वारा इन संस्थानों के संचालन का कार्य भी हो जाता है। उधर पुस्तकालयों द्वारा प्रदत्त साहित्य से यह पता चल जाता है कि किसी व्यवसाय उत्पादन हेतु किस क्षेत्र में ज्यादा माँग है अतः उस उत्पादन को जरूरत वाले क्षेत्रों में बेचकर व्यापार बढ़ाया जा सकता है।

वास्तव में द्वितीय विश्वयुद्धोत्तर विश्व में तकनीकी क्षेत्रों में महान् बदलाव हुए और तब आवश्यक समझा गया कि औद्योगिक संस्थानों को तकनीकी क्षेत्रों में बदलावों की सूचना पुस्तकालय या सूचना-सेवा के द्वारा मिल जाया करे।

वर्तमान समय में कई व्यापारिक प्रतिष्ठान राष्ट्रीय एवं वर्तमान स्तर पर व्यवसायी रहे हैं, तथा इन्होंने अपने संगठन पुस्तकालय एवं सूचना केन्द्र स्थापित कर लिये हैं। आल इंडिया टेक्सटाइल इण्डस्ट्रीज रिसर्च एसोसिशन, कोलकाता स्थित प्लाईवुड रिसर्च इन्स्टीटयूट आदि इस प्रकार का राष्ट्रीय संगठन है। विविध वाणिज्य प्रतिष्ठानों में औद्योगिक, व्यापारिक एवं व्यावसायिक क्षेत्रों की नवीनतम गतिविधियों से परिचित होते रहने हेतु पुस्तकालय स्थापित करने की प्रवृत्ति विकसित हो रही है।

व्यावसायिक पुस्तकालय

सर्वप्रथम व्यावसायिक पुस्तकालय सन् 1914 में इंग्लैण्ड में शुरू हुआ। इस पुस्तकालय का उद्देश्य किसी व्यवसाय विशेष के विकास तथा विस्तार में अंशदान देना है। ये पुस्तकालय व्यावसायिक-संगठनों के संघीय कार्यालय में स्थित होते हैं। इन पुस्तकालयों में कई प्रकार की सूचनाएँ एवं सामग्री एकत्रित की जाती है जो व्यवसाय विशेष के विकास एवं विस्तार के लिए आवश्यक होती है। इन पुस्तकालयों से व्यवसाय विशेष पर हो रही खोजों से जुड़ी पूरी जानकारी प्राप्त हो सकती है। भारत में इस प्रकार के पुस्तकालयों की संख्या अत्यल्प है। सर्वोच्च न्यायालय और उच्च न्यायालयों के कानून विषयक पुस्तकालय, अखिल भारतीय पुस्तकालय संघ के ग्रंथालय का चैम्बर ऑफ कॉमर्स का पुस्तकालय व्यावसायिक पुस्तकालय की कोटि में आते हैं।

औद्योगिक पुस्तकालय

औद्योगिक पुस्तकालय किसी औद्योगिक प्रतिष्ठान से सम्बद्ध रहता है, अतएव उसका कार्य सम्बन्धित उद्योगों के विकास तथा विस्तार हेतु सभी जरूरी सूचनाएँ और सामग्री का संग्रह करना और आवश्यकता के मुताबिक सम्बन्धित व्यक्तियों को प्रदान करना है। इस तरह के पुस्तकालय लगभग बड़े औद्योगिक प्रतिष्ठानों से सम्बद्ध रहते हैं। भारत में कतिपय उद्योगों से सम्बन्धित प्रलेखन केन्द्र भी कार्य कर रहे हैं, जो विभिन्न देशों में हुए शोध एवं नवीन सिद्धान्तों के सम्बन्ध में उद्योगपतियों को सूचनाएँ प्रदान करते हैं। इन सूचनाओं के आधार पर ही विभिन्न उद्योगों के स्वामी अपने उद्योगों में चल रही अन्तर्राष्ट्रीय स्तर की प्रतियोगिता में सफल हो सकते हैं। इन पुस्तकालयों से प्राप्त होने वाली सूचनाओं के द्वारा प्रबन्धकों को कच्चे माल स्थानान्तरित करने, स्थानापन्न माल की तलाश करने, माल की किस्म में गुणात्मक सुधार करने आदि में सहायता मिलती है। औद्योगिक क्षेत्र के वैज्ञानिकों को इन पुस्तकालयों से बड़ी सहायता मिलती है। भारत में लोहा और इस्पात, वस्त्र-उद्योग, चीनी उद्योग, जूट उद्योग आदि में ये पुस्तकालय कार्य कर रहे हैं।

व्यापारिक पुस्तकालय

व्यापारिक पुस्तकालयों का उद्देश्य किसी व्यापारिक क्षेत्र से सम्बन्धित लाभकारी सूचनाएँ संकलित करना होता है, ताकि सम्बन्धित व्यापारियों को उनसे लाभ मिल सके। इन सूचनाओं के आधार पर व्यापारी को भविष्य में अपने व्यापार को नियोजित

करने तथा सम्भावित हानियों से बचाने का मौका मिल जाता हैं, जिससे वह राष्ट्रीय एवं अन्तर्राष्ट्रीय स्तर पर व्यापार कर सके। अतएव यह जरूरी है कि व्यापारी को व्यवसाय-विशेष से सम्बन्धित देश-विदेश की घटनाओं के सम्बन्ध में सूचनाएँ मिलती रहें। यह उल्लेखनीय है कि ये पुस्तकालय अगर उचित ढंग से अपनी सेवाएँ संचालित करें, तो कोई देश बड़ी मात्रा में विदेशी मुद्रा प्राप्त कर सकता है। बीमा निगम, फर्टिलाइजर कार्पोरेशन ऑफ इण्डिया आदि के पुस्तकालय व्यापारिक पुस्तकालयों की कोटि में आते हैं।

मंडलीय पुस्तकालय

मंडलीय पुस्तकालय केन्द्रीय, राज्य या स्थानीय सरकार के प्रशासनिक विभागों से संबद्ध होते हैं। इनका मुख्य लक्ष्य विभाग के अधिकारियों तथा कर्मचारियों को सुचारू रूप से प्रशासन चलाने में मदद करना है। भारत सरकार के योजना आयोग का पुस्तकालय, वित्तविभाग का पुस्तकालय, लोकसभा या सरकार के विविध मन्त्रालयों से सम्बद्ध पुस्तकालय विभागीय पुस्तकालय की श्रेणी में आते हैं। इन पुस्तकालयों में ऐसी सामग्री संग्रहीत की जाती है, जिसके द्वारा विभाग विशेष को सही निर्णय लेने में सुविधा हो तथा वह विविध समस्याओं का अध्ययन एवं विश्लेषण ठीक तरह से कर सके। अतः यह पुस्तकालय विभागीय अधिकारियों को नीति निर्धारित करने में सहायता प्रदान करते हैं। भारत में इस तरह के पुस्तकालय बहुत अधिक नहीं हैं। किन्तु जो विभाग राष्ट्रीय महत्त्व के हैं, उनमें ये पुस्तकालय जरूर हैं।

चिकित्सालय पुस्तकालय

उपचार पुस्तकालयों में उपचार सम्बन्धी पुस्तकें, पत्र-पत्रिकाएँ आदि एकत्रित की जाती हैं। उपयोगकर्ताओं की दृष्टि से इनके निम्न प्रकार हो सकते हैं–

1. चिकित्सालय पुस्तकालय।
2. चिकित्सक विषय सम्बन्धी शोध पुस्तकालय।
3. मेडिकल कौंसिल तथा मेडिकल सोसाइटियों के पुस्तकालय।
4. विश्वविद्यालय एवं उपचार महाविद्यालयों के पुस्तकालय।
5. चिकित्सा विभाग का पुस्तकालय।
6. व्यावसायिक चिकित्सा पुस्तकालय।
7. औद्योगिक चिकित्सा पुस्तकालय।

चिकित्सा पुस्तकालय

चिकित्सा पुस्तकालय में पुस्तकालय मरीजों के मनोरंजन हेतु खोले जाते हैं। सामान्यतया यह चिकित्सालय से ही सम्बद्ध रहते हैं। ब्रिटिश रेड क्रास का (बीमारों के लिए पुस्तकें) यह नारा काफी लोकप्रिय हुआ। प्रथम विश्वयुद्ध नामक उपचार के लोकप्रिय हो जाने से चिकित्सालय पुस्तकालयों की संख्या में काफी बढ़ोत्तरी हो गई। चिकित्सालय प्रणाली द्वारा मरीज को विशिष्ट प्रकार की पुस्तकों को पढ़ने हेतु दिया जाता है। इस तरह उसके ठीक होने में यह चिकित्सा पद्धति सहयोग देती है। आजकल इस बात का ध्यान रखा जाता है कि चिकित्सालय में जिस प्रकार के मरीजों की चिकित्सा के लिए प्रबन्ध हो, उन्हीं के अनुकूल पुस्तकें रखी जायें। ऐसे पुस्तकालयों में चिकित्सा मनोचिकित्सा की सहायता से की जाती है। इलाज की यह प्रक्रिया अप्रत्यक्ष की जाती है।

दृष्टिहीनों का पुस्तकालय

इस तरह के पुस्तकालयों में दृष्टिहीनों हेतु तैयार की गई ब्रेल से संचित सामग्री होती है। इन पुस्तकालयों द्वारा अन्धों के ज्ञानवर्द्धन हेतु साहित्य प्रदान किया गया है। कई स्थानों पर धार्मिक प्रतिष्ठान, चर्च एवं नेत्रहीनों हेतु स्थापित कल्याणकारी संगठनों द्वारा ये पुस्तकालय विशेष रूप से चलाये जाते हैं। अमेरिका जैसे कतिपय राष्ट्रों में सार्वजनिक पुस्तकालय अंधों हेतु पुस्तकालय सेवा का संचालन करते हैं। भारत में राष्ट्रीय स्तर पर शिक्षाविभाग नेत्रहीनों हेतु एक विशेष पुस्तकालय सेवा प्रदान करता है। दृष्टिहीनों के कल्याणकारी संगठनों द्वारा भी भारत में दृष्टिहीनों के लिए पुस्तकालय सेवा संचालित की जाती है।

कारागार का पुस्तकालय

ये पुस्तकालय जेल में स्थित कैदियों को पुस्तकालय सेवा प्रदान करते हैं। जेलों के अलावा सुधार-गृहों में भी पुस्तकालय होते हैं। इनका उद्देश्य कल्याणकारी होता है तथा इसमें ऐसा साहित्य संग्रहीत किया जाता है, जिसके द्वारा कैदियों का स्वस्थ व्यक्तित्त्व निर्मित हो सके तथा वे छूटने के बाद आदर्श नागरिक बन सकें।

नाविक पुस्तकालय

नाविक पुस्तकालय नाविकों को साहित्य प्रदान करना है। इन पुस्तकालयों की नाविकों के जीवन में विशिष्ट भूमिका होती है। क्योंकि यदि उन्हें पुस्तकालय सेवा

प्राप्त हो तो वे देश-विदेश के सम्बद्ध जानकारी प्राप्त कर सकते हैं। ये पुस्तकालय उन्हें सांसारिक गतिविधियों से परिचित कराते हैं तथा मानसिक विकास करने में अंशदान देते हैं। इन पुस्तकालयों में मनोरंजन साहित्य के अतिरिक्त जलवाष्प, भोजन, वस्त्र, देश-विदेश के रीति-रिवाज, स्वास्थ्य आदि से संदर्भित साहित्य उपलब्ध रहता है। डॉ. एस. आर. रंगनाथन ने "फाइव लॉज ऑफ लाइब्रेरी साइंस" में पुस्तकालयों का महत्त्व निरूपित किया है।

बाल पुस्तकालय

इन पुस्तकालयों का उद्देश्य बालकों में पठन-पाठन के प्रति रुचि उत्पन्न करना होता है। कुछ बाल ग्रंथालयों में कौतुकालय भी होते हैं, जिनसे बालकों की कल्पना शक्ति बढ़ सके। ये पुस्तकालय स्वतन्त्र रूप से भी कार्य करते हैं और किसी सार्वजनिक पुस्तकालय के हिस्से के रूप में भी। भारत में दिल्ली सार्वजनिक पुस्तकालय में स्वतन्त्र बाल पुस्तकालय विभाग है। इन पुस्तकालयों में बालकों को साहित्य प्रदान करने के अलावा अन्य कई सामुदायिक कार्यक्रमों द्वारा प्रेरणा दी जाती है।

ज्ञातव्य है कि इन पुस्तकालयों का महत्त्व 19वीं शताब्दी में ही स्थापित हो गया था। यहीं से बालकों की आवश्यकताओं, रुचियों, योग्यताओं एवं क्षमताओं के अनुकूल साहित्य पुस्तकालयों में संचित किया जाने लगा। पश्चिमी देशों में बाल पुस्तकालयों का काफी विकास हुआ है।

दृश्य-श्रव्य पुस्तकालय

इस तरह के पुस्तकालयों में चलचित्र, ग्रामोफोन रिकार्ड एवं इन विषयों से सम्बन्धित पत्र-पत्रिकाएँ संचित की जाती हैं। अमेरिका जैसे देशों में सार्वजनिक पुस्तकालयों में भी दृश्य-श्रव्य विभाग होता है और वह चलचित्र, ग्रामोफोन रिकार्ड प्रदान करता है।

अखबार पुस्तकालय

अखबार पुस्तकालय समाचार-पत्र प्रकाशित करने वाले संस्थानों में सन्दर्भ पुस्तकालयों के रूप में कार्य करते हैं। इन पुस्तकों में ऐसी सामग्री एकत्रित की जाती है, जिनसे किसी भी विषय की आवश्यक सूचना प्राप्त की जा सके। भारत में टाइम्स ऑफ इण्डिया प्रेस, स्टेट्समैन प्रेस आदि पुस्तकालय इस प्रकार के पुस्तकालयों के उदाहरण हैं।

2

पुस्तकालय क्रांति : उद्भव एवं विकास

पुस्तकालयों के बढ़ते महत्त्व तथा राष्ट्रीय एवं वैश्विक स्तर पर उसके पड़ने वाले प्रभाव के कारण विभिन्न राष्ट्रों में पुस्तकालय विषयक अवधारणाओं में जो परिवर्तन हुआ उससे शोध तथा अनुसंधान के क्षेत्र में द्रुतगति से विकास हुआ, पुस्तकालय क्षेत्र में होनेवाली क्रांति को इस अध्याय में क्रमिक रूप से वर्णित किया जा रहा है।

इंग्लैण्ड में पुस्तकालय क्रांति

सार्वजनिक पुस्तकालय के क्षेत्र में इंग्लैण्ड में सन् 1850 में प्रस्तावित प्रस्ताव को पारित किया। सार्वजनिक पुस्तकालय आन्दोलन को अग्रसर करने में कागज के आविष्कार, मुद्रण के आविष्कार, प्रजातन्त्र के आगमन, साक्षरता अभियान तथा औद्योगिकीकरण का महत्त्वपूर्ण योगदान रहा है। इंग्लैंड में सार्वजनिक पुस्तकालय कानून लागू कराने तथा पुस्तकालय आन्दोलन को तीव्र करने में ब्रिटिश म्यूजियम के तत्कालीन सहायक पुस्तकालयाध्यक्ष एडवर्ड्स, ब्रिटिश पार्लियामेंट के सदस्य विलियम एवर्ट तथा जोसेफ ब्राथर्टन के साथ-साथ थॉमस ग्रीनवुड के प्रयत्न विशेष रूप से प्रशंसनीय रहे हैं।

इंग्लैण्ड की पुस्तकालय क्रांति को सन् 1850 से पहले पुस्तकालय-अभियान तथा सन् 1850 के पश्चात् पुस्तकालय-अभियान दो चरणों में स्पष्ट किया जा रहा है—

(अ) सन् 1850 से पहले पुस्तकालय अभियान—सन् 1850 से पूर्व इंग्लैंड में जो पुस्तकालय थे उन्हें नीचे वर्णित किया जा रहा है—

(1) निजी पुस्तकालय—ये पुस्तकालय लोगों की व्यक्तिगत सम्पत्ति होते थे। ये पुस्तकालय जनता के लिए न होकर पुस्तकालयों के मालिकों तक ही सीमित होते थे। इनमें निहित ज्ञान तथा जानकारी का स्वतन्त्र प्रवाह नहीं था।

(2) अभिदान पुस्तकालय—ये पुस्तकालय सामाजिक कार्यकर्ताओं द्वारा स्थापित किये जाते थे। मित्र तथा संबंधी आपसी सहयोग से पुस्तकों का संग्रह कर लेते थे तथा उन्हें एक स्थान पर पढ़ने के लिए उपलब्ध कराते थे। इन पुस्तकालयों का संचालन दान तथा चन्दे आदि की मदद से किया जाता था।

(3) संस्थागत पुस्तकालय—संस्थागत पुस्तकालय शैक्षणिक, धार्मिक, सामाजिक, राजनीतिक तथा व्यावसायिक संस्थाओं के द्वारा से स्थापित किये जाते थे। इन पुस्तकालयों का प्रयोग सम्बन्धित संस्था के सदस्य ही कर सकते थे। मठों तथा गिरिजाघरों के पुस्तकालय भी इसी में सम्मिलित थे।

उपरोक्त सभी पुस्कालयों का प्रयोग उनसे जुड़े संस्था सदस्यों द्वारा ही किया जाता था इस प्रकार के पुस्तकालय साधारण जनता के लिये सुलभ नहीं थे। 18वीं शताब्दी के मध्य में पुस्तकालय शुल्क पुस्तकालय, पुस्तक क्लब तथा रीडिंग सोसाइटी के नाम से प्रकाश में आये। पुस्तकालयों को व्यावसायिक आधार पर भी स्थापित किया गया। इन पुस्तकालयों को लाभ के लिए बड़े-बड़े पुस्तक विक्रेता चलाया करते थे और इन्हें 'संचरित पुस्तकालय' कहा जाता था। सन् 1725 में सर्वप्रथम एडिन वर्ग में Allon Ramsay नामक पुस्तक विक्रेता ने इस तरह के पुस्तकालय की स्थापना की। 18वीं शताब्दी के अन्त तक ऐसे पुस्तकालयों की संख्या हजारों तक पहुँच गई।

(ब) सन् 1950 के पश्चात् पुस्तकालय अभियान

(क) The Public Libraries Act, 1850—14 अगस्त, 1850 को यह कानून लागू किया गया। यह कानून इंग्लैंड तथा वेल्स पर ही लागू होता था।

कानून की विशिष्टताएँ

इस कानून की प्रमुख विशिष्टताएँ निम्नवत हैं—

(*i*) यह कानून राष्ट्रात्मक न होकर अनुज्ञात्मक था। 10,000 या उससे ऊपर जनसंख्या वाले नगरपालिका क्षेत्रों को इस कानून के अधीन रखा गया। कानून को अपने क्षेत्र में लागू करने के लिए पालिका अधिकारियों को इसका प्रस्ताव

पालिका सदस्यों से पारित कराना होता था, प्रस्ताव उपस्थित सदस्यों के 2/3 सदस्यों की सहमति से स्वीकार किये जाने का अधिनियम में प्रावधान था।

(*ii*) इन पुस्तकालयों के संचालन के लिए वित्त की व्यवस्था पालिका द्वारा वसूल किये जा रहे सम्पत्ति कर पर पुस्तकालय अधिभार लगा कर की जाती थी। इस राशि को पुस्तक क्रय पर खर्च नहीं किया जा सकता था बल्कि यह भवन, प्रकाश, फर्नीचर, पंखों तथा वेतन आदि पर ही व्यय की जा सकती थी।

(*iii*) पुस्तकालय उपयोग निःशुल्क रखा गया।

इस अधिनियम को लोगों ने अधिक दिलचस्पी से नहीं अपनाया। सन् 1852 तक केवल छः शहरों में सार्वजनिक पुस्तकालय खोले गये।

प्रमुख त्रुटियाँ

कुछ निम्नलिखित त्रुटियों के कारण यह कानून प्रभावी नहीं हो सका।

(*i*) पुस्तकों की खरीद के लिए अधिनियम में कोई प्रावधान न था।

(*ii*) 2/3 मत के अलावा एक बार अधिनियम अस्वीकार हो जाने पर फिर से प्रस्ताव लाने के लिए दो साल का वक्त व्यावहारिक नहीं था।

(*iii*) वित्तीय साधन मात्र सम्पत्ति कर पर अधिभार था और कोई वित्त का साधन न था।

(*iv*) कानून लागू करने के लिए जनसंख्या को आधार बनाया गया।

इस कानून के निर्माण के पश्चात् प्रशासन और जनता ने पुस्तकालय की आवश्यकता को अनुभव किया।

(ख) 1853 का कानून—इस कानून के द्वारा The Public Libraries Act, 1850 का कार्यक्षेत्र आयरलैण्ड तथा स्कॉटलैण्ड तक बढ़ा दिया गया।

(ग) 1855 का कानून—सन् 1855 में दूसरा पुस्तकालय कानून लागू किया गया, जिसकी प्रमुख विशेषताएँ इस प्रकार थीं—

(*i*) पुस्तकालय अधिभार की राशि आधा पैनी से बढ़ाकर एक पैनी कर दी गई।

(*ii*) इस आमदनी को अब पुस्तक खरीद तथा समाचार पत्रों की खरीद पर भी खर्च किया जा सकता था।

(*iii*) जनसंख्या 10,000 से घटा कर 5,000 कर दी गई।

(घ) 1892 का कानून—इस कानून के अधीन पुस्तकालय उपकर में वृद्धि की गई जिससे पुस्तकालयों का तीव्र विकास हो सके।

(ङ) 1898 का कानून—सन् 1898 के कानून में यह प्रावधान किया गया कि पुस्तकालय सम्पत्ति को दूषित करने वालों पर जुर्माना लगाना चाहिए।

(च) 1900-1909 के अन्तराल में 208 स्थानीय निकायों ने पुस्तकालय कानून लागू किये और 366 पुस्तकालय भवनों का निर्माण किया गया।

(छ) 1913 कार्नेगी ट्रस्ट की स्थापना—सन् 1913 में कार्नेगी यूनाइटेड किंगडम ट्रस्ट की स्थापना की गई जिसने इंग्लैंड पुस्तकालय संघ की मदद से सार्वजनिक पुस्तकालय सेवा स्थापित करने की कोशिश की। इससे उपनगरीय तथा ग्रामीण क्षेत्र भी पुस्ताकालय सेवा के अधीन आ गये।

(ज) 1915 प्रो. एडम्स की रिपोर्ट—पुस्तकालय प्रबन्ध में उत्पन्न हुई खामियों को नियंत्रित करने के लिए कार्नेगी ट्रस्ट द्वारा ऑक्सफोर्ड विश्वविद्यालय के प्रो. एडम्स की पुस्तकालय व्यवस्था का सर्वेक्षण करने हेतु चयन किया गया। प्रो. एडम्स ने अपनी रिपोर्ट सन् 1915 में पेश की जिसमें उन्होंने लिखा "अधिकांश पुस्तकालय अपने रख-रखाव पर ही इतनी धनराशि खर्च कर रहे हैं कि उनके मुख्य उद्देश्य पुस्तकालय सेवा और पुस्तक खरीदने हेतु धनराशि बचती ही नहीं। अनेक पुस्तकालयों में व्यर्थ की मदों जैसे भवन निर्माण आदि पर 10,000 पौंड से भी अधिक व्यय किये गये जिनके रख-रखाव के लिए ही पैनी दर से वसूल किये गये धन का सारा हिस्सा व्यय हो जाता है और अनेक पुस्तकालयों में तो पुस्तक खरीद के लिए धन बचता ही नहीं। जहाँ दान दाताओं द्वारा दी गई मदद से बड़े भवनों का निर्माण हो गया; इन भवनों में कमी करनी पड़ी। अनेक मामले तो ऐसे सामने आये जिनकी आमदनी, इन सुन्दर भवनों के योग्य पुस्तकालय निर्माण करने, योग्य पुस्तकालयाध्यक्ष उपलब्ध कराने के लिए अपर्याप्त थी।"

प्रो. एडम्स की इस रिपोर्ट के परिणामस्वरूप ही सन् 1919 में एक पुस्तकालय कानून लागू किया गया।

(झ) 1919 की सामूहिक पुस्तकालय संविदा—इस कानून को 23 दिसम्बर, 1919 को राजकीय मान्यता प्रदान की गई।

सामूहिक संविदा की विशिष्टताएँ

(*i*) स्थानीय निकाय तथा परिषद् को पुस्तकालय प्राधिकरण का स्थान दिया गया।

(*ii*) पुस्तकालयों के भवन, वित्त, कर्मचारी, पुस्तकों आदि की जरूरत के मुताबिक व्यवस्था करना निकायों का दायित्व निर्धारित किया गया।

(*iii*) पुस्तकालय सेवा को काउन्टी तक पहुँचाने की व्यवस्था की गई।

(*iv*) इस कानून द्वारा इंग्लैंड तथा वेल्स में पुस्तकालय उपकर की सीमा हटा दी गई।

सन् 1927 तक 96% लोगों को पुस्तकालय सेवायें प्राप्त होने लगी थीं।

(ञ) सन् 1923 में इंग्लैंड के शिक्षा बोर्ड के माध्यम से सर फ्रेडरिक कैनियन की अध्यक्षता में 'पुस्तकालयों' के लिए एक समिति का निर्माण किया गया।

उद्देश्य

इस समिति के निम्नलिखित उद्देश्य थे–

(*i*) पुस्तकालय अधिनियमों के अधीन स्थापित पुस्तकालयों तथा अन्य साधनों द्वारा स्थापित पुस्तकालयों के पारस्परिक सम्बन्धों का अध्ययन।

(*ii*) पुस्तकालय अधिनियमों में दिये गये पुस्तकालयों के प्रावधानों की उपयुक्तता का अध्ययन।

(*iii*) राष्ट्र की सामान्य शिक्षा में पुस्तकालयों के योगदान का अध्ययन।

सर कैनियन ने अपनी रिपोर्ट सन् 1927 में प्रकट की और कहा कि इंग्लैंड तथा वेल्स में 96% लोगों को पुस्तकालय सेवाएँ प्राप्त हो रही हैं। उन्होंने वाचनालयों पर होने वाले व्यय को अतिरिक्त खर्च बताया। उसकी मुख्य अनुशंसाएँ निम्न तरह हैं–

(*i*) पुस्तकालयों में सहभागिता तथा सहकारिता में वृद्धि की जानी चाहिए।

(*ii*) पुस्तकालय सेवा में सुधार तथा प्रोन्नति के लिए पुस्तकालयों में प्रशिक्षित पुस्तकालयाध्यक्षों का चुनाव तथा वर्तमान कार्यरत पुस्तकालयाध्यक्षों को प्रशिक्षित किया जाए।

(*iii*) सार्वजनिक पुस्तकालयों का विशिष्ट पुस्तकालयों के साथ समन्वय किया जाए।

(*iv*) पुस्तकालय व्यवसाय में अच्छे व योग्य व्यक्तियों को आकर्षित करने के लिए उनको उचित वेतन दिया जाये तथा उनके पद की गरिमा में वृद्धि की जाए।

(*v*) एक केन्द्रीय पुस्तकालय बनाया जाये जिसके अधीन क्षेत्रीय आधार पर पुस्तकालयों का एक समूह बनाया जाये।

(*vi*) सरकारी पुस्तकालयों के साथ-साथ वांछित सेवार्थी संस्थाओं को भी सार्वजनिक पुस्तकालय खोलने के लिए प्रेरित किया जाये।

(*vii*) छात्रों के केन्द्रीय पुस्तकालय का संबंध ब्रिटिश म्यूजियम से किया जाये।

कैनियन समिति के माध्यम से दी गई सिफारिशों में से बहुत-सी सिफारिशों को व्यावहारिक रूप दिया गया। इस समिति द्वारा पुस्तकालय को शिक्षा के उपयोगी माध्यम के रूप में स्वीकृत किया गया है। इसीलिए ब्रिटेन के सार्वजनिक पुस्तकालयों के इतिहास में कैनियन समिति की रिपोर्ट एक बदला हुआ बिन्दु था।

(ट) मैक, कोलविन रिपोर्ट, 1941—सन् 1941 में पुस्तकालय संघ के अपने मानद सचिव मैककोलविन जो वैस्टमिनिस्टर के सिटी पुस्तकालय के अध्यक्ष थे, उन को इंग्लैंड के सार्वजनिक पुस्तकालयों की वर्तमान स्थिति तथा उनकी भविष्य की जरूरतों का सर्वे करने के लिए चुना गया। सन् 1942 में उन्होंने अपनी रिपोर्ट प्रस्तुत की। उन्होंने रिपोर्ट में निम्नलिखित अनुशंसाएँ दीं—

(*i*) एक ऐसे विभाग का निर्माण किया जाये जो पुस्तकालय भवनों के प्रस्ताव, ऋण आदि के प्रस्तावों का परीक्षण तथा विश्लेषण करे, पुस्तक खरीदने के मापदण्ड निश्चित करे, पुस्तकालय कर्मचारियों की योग्यतायें तथा वेतन निश्चित करे।

(*ii*) सार्वजनिक पुस्तकालयों का अनुदान भी उच्च शिक्षा के पुस्तकालयों के समान होना चाहिए।

(*iii*) राष्ट्र में पुस्तकालय सेवा के विकास तथा उसके अनुरक्षण के लिए केन्द्रीय स्तर पर एक प्राधिकरण होना चाहिए।

इस रिपोर्ट ने सरकारी रिपोर्ट न होते हुए भी इंग्लैंड के सार्वजनिक पुस्तकालयों के विकास के लिए विशेष योगदान दिया है।

(ठ) राबर्ट्स रिपोर्ट—राबर्ट सिडनी की अध्यक्षता में इस समिति की स्थापना की गई। राबर्ट ब्रिटेन के शिक्षा मन्त्री थे। समिति ने अपनी रिपोर्ट 1959 में प्रकट की जिसमें निम्नलिखित अनुशंसाएँ दी गईं—

(*i*) सार्वजनिक पुस्तकालय तथा अन्तःपुस्तकालय सहयोग के लिए अधिनियमों में और प्रावधान किये जाएँ।

(*ii*) सार्वजनिक पुस्तकालयों की देख-रेख का दायित्व शिक्षामंत्री पर होना चाहिए।

(*iii*) पेरिस को पुस्तकालय प्राधिकरण का अधिकार नहीं दिया गया।

(*iv*) पुस्तकालयों में योग्य तथा प्रशिक्षित व्यक्तियों का चुनाव किया जाए।

(*v*) काउन्टी, काउन्टी वारोज, मैट्रोपोलिटन वारोज और लंदन शहर को पुस्तकालय प्राधिकरण बनाए रखने की सिफारिश की गई।

(ड) सार्वजनिक पुस्तकालय तथा म्यूजियम संविदा, 1964—इस कानून को पारित करने का श्रेय सार्वजनिक पुस्तकालय सेवा के मानक तथा अन्तः पुस्तकालय सहकारिता पर गठित किए गए दो कार्यकारी दलों को जाता है, जिन्होंने अपनी रिपोर्ट सन् 1962 में प्रकट की। सार्वजनिक पुस्तकालय तथा

म्यूजियम कानून अप्रैल, 1965 को लागू किया गया। इस अधिनियम के द्वारा शिक्षा तथा विज्ञान विभाग के सचिव को सार्वजनिक पुस्तकालय सेवा की प्रोन्नति, विकास तथा अधीक्षण के लिए उत्तरदायी बनाया गया। व्यापक पुस्तकालय सेवा प्रदान करना स्थानीय निकायों का कर्तव्य हो गया। अन्तः पुस्तकालय सहकारिता को महत्त्व दिया गया।

(ढ) थॉमस पैरी कमीशन—विश्वविद्यालय अनुदान आयोग के माध्यम से विश्वविद्यालय पुस्तकालयों की वस्तु स्थिति की जानकारी, उनके विकास की सम्भावनाओं तथा राष्ट्रीय पुस्तकालय ब्रिटिश म्यूजियम के साथ उनके भावी सम्बन्धों की सम्भावनाओं का पता लगाने के लिए थॉमस पैरी की अध्यक्षता में एक आयोग बनाया गया। इस आयोग ने सन् 1967 में अपनी रिपोर्ट प्रकट करते हुए सरकार का ध्यान पुस्तकालय व्यवस्था और निर्माण की ओर खींचा और एक शिखर पुस्तकालय 'ब्रिटिश राष्ट्रीय पुस्तकालय' की अनुशंसा की।

(ण) डॉ. एफ. एस. डायटन समिति—डॉ. एफ.एस. डायटन की अध्यक्षता में ब्रिटिश म्यूजियम लाइब्रेरी, नेशनल लैंडिंग लाइब्रेरी फॉर साइन्स एण्ड टेक्नोलॉजी और साइन्स म्यूजियम लाइब्रेरी के कार्य तथा निर्माण की समीक्षा के लिए ब्रिटिश सरकार के शिक्षा सचिव ने एक समिति बनाई। इस समिति ने राष्ट्रीय पुस्तकालय प्राधिकरण की स्थापना की अनुशंसा की। सरकार ने इस समिति की अनुशंसाओं के आधार पर नया कानून लाने पर विचार किया। नये कानून में पुस्तकालय सेवा में सन्दर्भ सेवा, ऋण पुस्तकालय सेवा तथा वाङ्मय सेवा को शामिल करने का प्रावधान किया गया। इस नये निर्माण को 'ब्रिटिश लाइब्रेरी' कहा गया। ब्रिटिश लाइब्रेरी एक्ट, 1972 में पारित हुआ और सन् 1973 में कार्यान्वित किया गया।

ब्रिटिश लाइब्रेरी का उद्देश्य—ब्रिटिश लाइब्रेरी का लक्ष्य राष्ट्रीय तथा अन्तर्राष्ट्रीय स्तर के पुस्तकालयों का एकीकरण कर एक पुस्तकालय तंत्र का निर्माण करना था। ब्रिटिश लाइब्रेरी के मुख्यतया तीन भाग आदान, वाङ्मय सेवा एवं सन्दर्भ विभाग थे।

वर्तमान सन्दर्भ तथा आदान विभागों की जगह मानविकियों तथा समाज सेवा विज्ञान, विज्ञान, तकनीकी तथा उद्योग विभाग स्थापित किये गये हैं। ब्रिटिश लाइब्रेरी के प्रबन्धन के लिए ब्रिटिश लाइब्रेरी बोर्ड का निर्माण किया गया है।

सेवा क्षेत्र

ब्रिटिश लाइब्रेरी की आधुनिक सेवा का क्षेत्र केन्द्रीय प्रशासन, मानविकी तथा समाज विज्ञान, रौध तथा विकास, वाङ्मय तथा सेवाएँ, विज्ञान, प्रौद्योगिकी एवं व्यवसाय हैं।

सन् 1850 में बने सार्वजनिक पुस्तकालय अधिनियम का पुस्तकालयों की प्रगति में विशिष्ट सहयोग रहा। सन् 1919 के कानून द्वारा काउन्टी कौंसिल को भी राष्ट्रव्यापी सार्वजनिक पुस्तकालय तन्त्र का विकास करने के लिए लागू कर दिया गया था। परन्तु कुछ विकसित टाऊन पुस्तकालय इस तन्त्र से अलग रहे। Museum and Library Act of England and Wales, 1964 तथा Local Government Act, 1972 लागू हुआ। इन कानूनों ने सार्वजनिक पुस्तकालयों में पुस्तकालय सेवाओं के विकास के आदर्शों को खास प्रभावित किया है।

संयुक्त राज्य अमेरिका में पुस्तकालय क्रांति

विकसित राष्ट्रों के क्रम में अमेरिका का महत्त्वपूर्ण स्थान है। यही वजह है कि पुस्तकालयों की उन्नति में वह आगे रहा है। अमेरिका में सार्वजनिक पुस्तकालयों की स्थापना और विकास में Andrew Carnegie का विशेष योगदान रहा है। इसके अलावा रॉकफलर फाउन्डेशन फोर्ड फाउन्डेशन तथा जनरल एजुकेशन बोर्ड आदि ने भी सार्वजनिक पुस्तकालयों को हृदय से दान देकर पुस्तकालय आन्दोलन को गतिमान बनाया। अमेरिका के पुस्तकालय इतिहास को नीचे वर्णित किया जा रहा है–

1. उपनिवेश काल–उपनिवेश काल में दूसरे देशों से अमेरिका में आकर बसे व्यक्ति अपने संग विविध प्रकार की पुस्तकें भी लेकर आये। अतः उस समय के पुस्तकालय व्यक्तिगत थे। इच्छुक व्यक्ति ही इन पुस्तकों का उपयोग कर सकते थे। पुस्तकें घर पर पढ़ने के लिए जारी नहीं होती थी। उस समय के कुछ मुख्य पुस्तकालय प्लाईमाउथ कॉलोनी के विलियम ब्रेवस्टर, कोनेक्टीकट कॉलीन के गवर्नर विनथ्रोप, फलेडे लाफिया कॉलोनी के जेम्स लॉगन आदि के थे।

अमेरिका में सार्वजनिक पुस्तकालयों की स्थापना का श्रेय बोस्टन के एक व्यापारी को जाता है जिसने अपनी वसीयत में सन् 1963 में लिखा था कि मेरे मरणोपरांत मेरी सम्पत्ति में से 300 पौंड का बोस्टन के टाऊन हाऊस में एक हाल का निर्माण करने तथा उसमें सार्वजनिक पुस्तकालय खोलने में जाये। यह पुस्तकालय उस समय का पहला पुस्तकालय था।

थॉमस ब्रे जो आंग्ल के पादरी थे, ने कॉलोनीवासियों के धर्म साहित्य अध्ययन के लिए साहित्यिक केन्द्र खोले। ये साहित्यिक केन्द्र एक तरह के सार्वजनिक

पुस्तकालय ही थे। सन् 1955 से लेकर अब तक कई केन्द्रों की स्थापना की जा चुकी है। इन पुस्तकालयों में धार्मिक पुस्तकों का ही संग्रह किया गया।

2. सामाजिक पुस्तकालय—17वीं शताब्दी में कुछ सामाजिक पुस्तकालय, पुस्तकालय क्लब की तरह स्थापित किये गये। इन पुस्तकालयों का उद्देश्य था—लोगों की ज्ञान विषयक जरूरतों को पूरा करना। ये पुस्तकालय या तो व्यक्तिगत थे अथवा दान से संचालित थे। अमेरिका में भी इंग्लैंड की तरह चन्दा पुस्तकालय और पुस्तक क्लब कहलाए थे जिनको सार्वजनिक पुस्तकालय कहा जाता था। सन् 1793 में फ्रेंकलिन ने एक कम्पनी 'Library Company of Phieladelphia' बनाई। अमेरिका में सामाजिक पुस्तकालयों का निर्माण करने वाली इसी कम्पनी को माना जाता है क्योंकि पुस्तकालय क्षेत्र में रुचि रखने वालों को इस कम्पनी का सदस्य फ्रेंकलिन ने ही बनाया था।

निःशुल्क सार्वजनिक पुस्तकालय सेवा की ओर सबसे पहले ध्यान न्यूयार्क राज्य के गवर्नर डेविट क्लिंटन का गया और उन्होंने राज्य की विधान सभा को जिला स्कूल पुस्तकालय बनवाने की सलाह दी। सन् 1835 में न्यूयार्क विधान सभा में निशुल्क सार्वजनिक पुस्तकालय कानून बनाया गया जिसके तहत सन् 1876 तक 21 राज्यों में इस प्रकार के पुस्तकालय की स्थापना हो गई।

3. व्यावसायिक पुस्तकालय—अमेरिका में सन् 1790 से सन् 1825 तक बहुत से सामाजिक पुस्तकालय जैसे—न्यूपोर्ट का रेड वुड पुस्तकालय, न्यूयार्क सोसाइटी लाइब्रेरी आदि प्रचलित हो चुके थे। परन्तु सार्वजनिक पुस्तकालय कानून ने इसकी गति को मंद कर दिया। इन सामाजिक पुस्तकालयों में धार्मिक पुस्तकों के अतिरिक्त इतिहास, साहित्य, व्याकरण तथा जीवनियों से सम्बन्धित पुस्तकें भी उपस्थित थीं। औद्योगिक क्रान्ति से प्रभावित होकर नये-नये व्यावसायिक घरानों, बड़े उद्योगों व कारखानों के वैज्ञानिकों तथा श्रमिकों हेतु उनके व्यवसाय से सम्बन्धित ज्ञान का साहित्य प्रदान करने के लिए व्यावसायिक पुस्तकालय स्थापित करने पड़े। व्यापारियों तथा व्यापारिक संघों ने अपने कर्मचारियों के लिए व्यावसायिक पुस्तकालय स्थापित किए। मैकेनिक्स पुस्तकालय तथा एपरेन्टिस पुस्तकालय भी सामने आये।

पुस्तकालय संविदा (1833)

पहले सार्वजनिक पुस्तकालय की स्थापना का श्रेय सन् 1833 में न्यू हैम्पाशायर राज्य की पीटर बर्ग नगरपालिका को माना जाता है। अमेरिका में सबसे पहले मैसाच्यूसेट्स राज्य की विधान सभा ने बोस्टन शहर की नगरपालिका को सार्वजनिक पुस्तकालय

संचालन के लिए कर लगाने की अनुमति प्रदान की। अगले साल न्यू हैम्पाशायर राज्य ने भी अपने शहरों और कस्बों की नगरपालिकाओं को सार्वजनिक पुस्तकालय स्थापित करने की स्वीकृति दे दी। सन् 1859 में Boston Public Library Act पारित कर पुस्तकालय को सर्वसाधारण के लिए निःशुल्क खोल दिया। इसी तरह Maine में, Vermount में 1865 में तथा न्यूयार्क में सन् 1872 में पुस्तकालय कानून बनाये गये।

इन अधिनियमों का उद्देश्य नगरपालिका के नागरिकों को निःशुल्क पुस्तकालय सेवा उपलब्ध करना था। प्रायः सभी अधिनियमों में प्रावधान किया गया कि अतिरिक्त कर की आय को पुस्तकालय मद में अलग से संग्रह किया जाये। अमेरिका में केन्द्रीय सरकार की ओर से पुस्तकालय अधिनियम की ओर कोई ध्यान नहीं दिया गया। सबसे पहले सन् 1956 में राष्ट्रीय स्तर पर पारित किये गये पुस्तकालय अधिनियम के अन्तर्गत ग्रामीण क्षेत्रों के पुस्तकालयों की स्थापना की गई। इसमें सन् 1964 में संशोधन किया गया तथा इसके कार्यक्षेत्र में नगरों को भी शामिल कर लिया गया। सन् 1966 में इस अधिनियम का नाम विस्तृत कर Library Service and Construction Act रखा गया। सन् 1907 में संघीय सरकार ने National Commission on Library and Information Science की स्थापना की।

राष्ट्रीय आयोग के प्रमुख कार्य

राष्ट्रीय आयोग के प्रमुख कार्य पुस्तकालयों के विकास के लिए कांग्रेस, राष्ट्रपति, राज्यों तथा स्थानीय निकायों को परामर्श देना है। पुस्तकालय उपभोक्ता का समय-समय पर सर्वेक्षण करना। पुस्तकालय सेवा में सुधार लाने तथा उसे कारगर बनाने के लिए अमेरिकी कांग्रेस को सलाह देना और उसकी त्रुटियों से परिचय कराना तथा पुस्तकालय सेवा विकास की भावी योजनाएँ तैयार करना है।

पुस्तकालय संघ और पुस्तकालय अभियान प्रादुर्भाव

अमेरिका में पुस्तकालयों के विकास का श्रेय American Library Association को जाता है। ALA की स्थापना सन् 1876 में की गई। सन् 1876 में ही Melvil Dewey ने दशमलव वर्गीकरण पद्धति का पहला संस्करण निकाला था। इस तरह सन् 1876 अमेरिकी पुस्तकालयों के इतिहास का एक स्वर्णकाल था। मेलविल ड्यूई (Melvil Dewey) ही ALA के संस्थापक-सचिव थे। American Library Association ने ज्ञान तथा सूचना प्राप्त करने, वैज्ञानिक तथा वित्तीय साधन, बौद्धिक स्वतन्त्रता एवं जनजागृति के कार्यों को प्राथमिकता दी।

ALA के द्वारा सन् 1948 में 'पुस्तकालय अधिकारों का विधेयक' स्वीकार किया गया और इसका प्रकाशन ALA Bulletin, जुलाई-अगस्त 1948 में किया गया। संघ ने 'पढ़ने की स्वतन्त्रता' को भी स्वीकार किया। संघ के सलाना सम्मेलन में लगभग 7500 सदस्य हिस्सा लेते हैं। ALA के अलावा, विशिष्ट पुस्तकालय संघ, चिकित्सा विज्ञान पुस्तकालय संघ तथा अमेरिकन पुस्तकालय-अध्ययनशालाओं का संघ आदि अन्य राष्ट्रीय संघ भी अमेरिका में पुस्तकालय आन्दोलन को गतिमान करने में सक्रिय हिस्सा ले रहे हैं।

अमेरिका के प्रमुख पुस्तकालय—वर्तमान में सयुक्त राज्य अमेरिका के प्रत्येक प्रान्त में नगरपालिका पुस्तकालय, राज्य पुस्तकालय, कानून सन्दान पुस्तकालय, विद्यालय मण्डल में सार्वजनिक पुस्तकालय तथा काउन्टी पुस्तकालय हैं।

इनके अलावा संयुक्त राज्य अमेरिका में शैक्षणिक, अनुसंधान तथा विशिष्ट पुस्तकालय भी सेवारत हैं, जैसे National Library of Medicine (USA) (1836), राष्ट्रीय कृषि पुस्तकालय आदि।

अमेरिका में प्राथमिक विद्यालयों से ही पुस्तकालय सेवा शुरू हो जाती है। समस्त महाविद्यालयों में प्रशिक्षित पुस्तकालयाध्यक्ष सेवा प्रदान करते हैं। विश्वविद्यालय पुस्तकालय तो विश्वविद्यालय का हृदय माना जाता है। अतः विश्वविद्यालयों में बहुत बड़े तथा उत्तम पुस्तकालय हैं।

सार्वजनिक पुस्तकालय व्यक्तियों तथा समूहों दोनों को पुस्तकालय सेवा उपलब्ध कराते हैं। 'वरिष्ठ नागरिकों' को भी सार्वजनिक पुस्तकालय सेवा उपलब्ध कराई जाती है। चल पुस्तकालयों का भी प्रावधान है। आज अमेरिका में लगभग 7600 सार्वजनिक पुस्तकालय केन्द्र मौजूद हैं। लगभग 21500 प्रशिक्षित व्यक्ति कार्य कर रहे हैं।

न्यूयार्क सार्वजनिक पुस्तकालय विश्व का सबसे विशाल सार्वजनिक पुस्तकालय केन्द्र है। संसार के सबसे बृहद पुस्तकालय लाइब्रेरी ऑफ कांग्रेस की स्थापना सन् 1800 में की गई। संयुक्त राज्य अमेरिका में पुस्तकालयों के विकास में Library Service Act, 1956 का महत्त्वपूर्ण योगदान रहा है।

भारत में पुस्तकालय क्रांति

प्रयोजन—पुस्तकालय-आन्दोलन का मुख्य उद्देश्य सर्वसाधारण में ज्ञान-विज्ञान का प्रचार करना है और इसका मुख्य साधन पुस्तकालय हैं। अतः ज्यादा से ज्यादा

पुस्तकालयों की स्थापना तथा उनके सफल संचालन की व्यवस्था करना ही आधुनिक पुस्तकालय-आन्दोलन का उद्देश्य है। प्रचीन काल से ही भारत विज्ञान में बहुत आगे रहा है। अतः ज्ञान-विज्ञान के केन्द्र 'पुस्तकालय' का विकास तथा प्रसार करना ही पुस्तकालय-आन्दोलन का लक्ष्य है। आजादी के पश्चात् देश में पुस्तकालय आन्दोलन में तीव्रता आई। यह आन्दोलन अथवा अभियान जनप्रिय होते गये। लोगों ने पुस्तकालय की स्थापना में रुचि ली तथा नगरों में ही नहीं बल्कि गाँवों में भी बड़ी संख्या में पुस्तकालय की स्थापना हुई। यह स्थिति प्राचीन काल में नहीं थी, जिसका कारण मुद्रण प्रणाली का न होना था। दूसरी बात यह थी कि उस समय पुस्तकें सर्वसाधारण की न होकर व्यक्तिगत थीं, जिनके पास पुस्तकें थीं वे ही विद्वान समझे जाते थे। पुस्तकों को वे निधि समझते थे। पुस्तकों के आदान-प्रदान में बहुत संकोच था, परन्तु वर्तमान में इस विषय में बड़ी उदारता है। यद्यपि पुस्तकालय बड़ी मात्रा में खुलते जा रहे हैं, परन्तु उनसे ज्यादा लाभ नहीं हो रहा है, क्योंकि उनमें से अधिकांश का संचालन जनता की पृष्ठपोषकता में होने के कारण उनका संचालन तथा उपयोग वैज्ञानिक पद्धति से नहीं होता।

विकासशील भारत में भी पुस्तकालयों की दशा विशेष अच्छी नहीं है। कतिपय पुस्तकालय तो ऐसे हैं कि वहाँ पर वांछित सामग्री की काफी कमी है। मात्र पुस्तकें अलमारियों की शोभा बनी रहती हैं, पर छात्र उन पुस्तकों का उपयोग कर किस तरह आनन्द और शिक्षा प्राप्त कर सकते हैं, वह उन्हें नहीं बतलाया जाता। यही वजह है कि बहुत कम छात्र पुस्तकालयों का उपयोग करते हैं। अतः पुस्तकालयों और पुस्तकों का ज्यादा से ज्यादा उपयोग कराना भी पुस्तकालय-आन्दोलन की मुख्य जिम्मेवारी होती है। इसके लिए समय-समय पर पुस्तकालय में विभिन्न तरह की प्रदशनियों का आयोजन कर पाठकों का ध्यान पुस्तकालय की विशिष्टिता की ओर आकृष्ट करना होगा जिससे उनमें पुस्तकालय में आकर पढ़ने की रुचि पैदा हो। साथ ही पुस्तकों के चुनाव में काफी सतर्कता रखनी होगी, पुस्तकालय के उद्देश्य की सफलता तथा सार्थकता काफी हद तक इसी पर आधारित होती है। पुस्तकें ऐसी हों, जो ज्ञानवर्धक के साथ-साथ मनोरंजन करने वाली भी हों।

उपरोक्त दोनों कार्य बहुत कुछ पुस्तकालयाध्यक्ष की योग्यता पर ही निर्भर करते हैं। परन्तु हमारे यहाँ पुस्तकालयाध्यक्ष के निर्वाचन पर महत्त्व नहीं दिया जाता। ग्रामीण पुस्तकालयों की बात तो छोड़िये, शहरों तथा स्कूलों, कालेजों के पुस्तकालयों में भी इस पर उचित ध्यान नहीं दिया जाता। हम यह मानते हैं कि हमारे राष्ट्र में

प्रशिक्षित पुस्तकालयाध्यक्ष का बहुत कमी है। इस कमी को दूर करना भी पुस्तकालय-आन्दोलन का कार्य है। ग्रामीण पुस्तकालयों के पुस्तकालयाध्यक्षों के ऊपर बहुत बड़ा उत्तरदायित्व है। गाँवों में शिक्षित लोगों की संख्या सीमित है, उनमें पढ़ने की रुचि नहीं के बराबर रहती है। ऐसे लोगों में पुस्तकें पढ़ने की रुचि उत्पन्न करना और उन्हें पुस्तकालय के प्रति आकर्षित करना अवश्य ही विशेष जिम्मेदारी का कार्य है। इसके लिए यह नितांत अनिवार्य है कि पुस्तकालय अध्यक्ष में कौशल तथा अनुभव हो। पुस्तकालय को विश्वविद्यालय का पूरक कहा गया है। जो चीज विश्वविद्यालय के बँधे-बँधाये पाठ्यक्रम में नहीं सीखी जा सकती, उसे सीखने का सौभाग्य पुस्तकालय में सरलता से प्राप्त किया जा सकता है। सोवियत रूस में निरक्षरता-निवारण के लिए आरम्भ में पुस्तकालय की ही सहायता ली गई थी। हमारे राष्ट्र में भी मानव-शिक्षा के विस्तार में पुस्तकालयों से मदद लेना लाभदायक सिद्ध होगा। किन्तु पुस्तकालय की इस उपयोगियों की ओर अभी तक ध्यान नहीं दिया गया है, न तो सरकार की ओर से और न जनता की ओर से।

जब तक ग्रामवासियों की अशिक्षा दूर नहीं होती, तब तक पुस्तकालय-आन्दोलन पूर्ण रूप से सफल तथा सार्थक नहीं हो सकता। अतः निरक्षरता-निवारण के लिए पुस्तकालय को एक आवश्यक साधन बनाना होगा, क्योंकि पुस्तकालय प्रौढ़ों में प्राथमिक और माध्यमिक स्तर की शिक्षा का विस्तार जितनी आसानी से कर सकता है, उतनी आसानी से अन्य कोई भी संस्था नहीं कर सकती। कोई भी इच्छुक पाठक पुस्तक पढ़ने से वंचित न रह जाये, इसकी व्यवस्था करना भी पुस्तकालय-आन्दोलन का उत्तरदायित्व है। उपरोक्त सभी उद्देश्यों को पूर्ण करने के लिए सबसे पहले पुस्तकालय-आन्दोलन को राष्ट्रीय आन्दोलन की मर्यादा प्रदान करनी होगी, जिससे राष्ट्र में साहित्य तथा ज्ञान-विज्ञान का समुचित प्रसार हो सके, राष्ट्र का सांस्कृतिक स्तर ऊँचा उठ सके और राष्ट्र के ज्ञान-भंडार में वृद्धि हो सके।

भारत में प्राच्य काल पुस्तकालय क्रांति

प्रशासनिक स्तर पर पुस्तकालय के प्रति उदासीनता तथा जनता की अशिक्षा और पुस्तकालयों में रुचि न लेने की वजह से दूसरे देशों की तुलना में आज का भारत पुस्तकालय आन्दोलन में काफी पीछे है। भारत के लिए पुस्तकालय कोई नवीन चीज नहीं है। प्राचीन काल में ऋषि मुनि ही चलते-फिरते पुस्तकालय थे। लिखावट के आविष्कार के पूर्व भारत में कविताप्रधान साहित्य का पूरा विकास हो चुका था और

मौखिक रूप से पिता से पुत्र और गुरु से शिष्य के पास आता रहा। लेखन के क्षेत्र में कागज का आविष्कार भी नहीं हुआ था। कुछ भी लिखने के लिए ताड़ के पत्ते, ताम्रपत्र तथा केले की छाल का प्रयोग किया जाता था जो एक प्रकार से पांडुलिपियाँ ही थीं।

चीनी यात्री फाहियान ने, जो चन्द्रगुप्त द्वितीय के समय 396 ई. से 414 ई. तक भारत में रहा, अपनी पुस्तक में उसने लिखा है कि उन्हें पटना के एक मठ से महायान साहित्य पुस्तकें प्राप्त हुई। दूसरे चीनी यात्री ह्वेनसांग, जो महाराज हर्षवर्द्धन के समय 626 ई. से 644 ई. तक यहाँ रहे, भारतीय साहित्य का अध्ययन करने के लिए कुछ समय तक नालंदा विश्वविद्यालय में निवास किया था।

संस्कृत साहित्य के अध्ययन से मालूम होता है कि वैदिक काल में भी पुस्तकालय का आस्तित्त्व था। ज्ञानी लोग सभा-समितियों में हस्तलिखित पुस्तकें पढ़कर सुनाया करते थे। इसका विकसित रूप हमें बौद्धकाल में मिलता है। कनिष्क ने बौद्ध ग्रन्थों का एक प्रामाणिक संग्रह किया और उन्हें ताम्रपत्रों पर लिखवा कर एक अलग स्तूप में उन्हें सुरक्षित रखवाया।

नालन्दा विश्वविद्यालय का स्थान भारत में विशेष महत्त्वपूर्ण है। वहाँ के पुस्तकालय में विभिन्न प्रकार की प्रस्तकें प्राचीन काल में ही रखी गई थीं। 'इत्सिंग' ने इस पुस्तकालय का नाम 'धर्मगंजा' लिखा है। पुस्तकालय में इतनी पुस्तकों की भरमार थीं कि वे एक जगह ठीक तौर से और आसानी से नहीं रखी जा सकती थीं, इसलिए पुस्तकालय तीन विभागों में बाँट दिया गया था—(1) रत्नोदधि, (2) रत्नसागर तथा (3) रत्नरंजक। इनमें से हर में छात्र एक साथ बैठकर पढ़ते या नकल करते थे। कुछ विदेशी भी यहाँ आकर पुस्तकों की नकल किया करते थे। पुस्तकालय की पुस्तकों का वर्गीकरण विषय के आधार पर था। पुस्तकें दीवारों में ईंट या पत्थर की बनी अलमारियों में बेशकीमती कपड़ों में लपेट कर रखी जाती थीं। यदि कोई पुस्तक पुरानी हो जाती तो तुरंत उसकी नकल करा ली जाती थी। उस वक्त वहाँ के छात्रों के कामों से मुख्य काम पुस्तकों का नकल करना था।

पुस्तकालय का भवन नौ मंजिला था और हर भवन में तीन सौ कमरे थे। खम्भे और गुम्बज सर्प की आकृति में सजे थे। शहतीरें सूर्यप्रकाश के सप्तवर्णीय रंगों से रँगी हुई थीं। छत के खपड़े शीशे की तरह चमकते थे, जिनमें चमक होती थी और पल-पल में हजारों रंग खिलते थे। नालन्दा हस्तलिखित पुस्तकों का अपूर्व भंडार था और इसकी प्रसिद्धि दूर-दूर तक फैली हुई थी। चीन, जापान, तिब्बत आदि राष्ट्रों के विद्वान यहाँ शिक्षा प्राप्त करने आते और अपनी ज्ञान-जिज्ञासा शांत कर तथा पुस्तकों

की नकल करके अपने-अपने राष्ट्रों में लौटकर सभ्यता और शिक्षा का प्रचार करते थे। इतना ही नहीं यहाँ के भी बहुत-से विद्वान आमंत्रित होकर विदेशों में ज्ञान और शिक्षा का प्रचार करने जाते थे।

विक्रमशिला के सबसे बड़े विद्वान हिस्सालपुर जिला-निवासी 'अतिश दीपंकर' आमन्त्रित होकर तिब्बत गये थे। ईस्वी सन् के पूर्व छठी शताब्दी से ही तक्षशिला विश्वविद्यालय का पुस्तकालय विख्यात है, जहाँ बैठकर वैयाकरणी पाणिनी और कूटनीतिज्ञ चाणक्य ने विद्या अध्ययन किया था। इस पुस्तकालय में वेद-वेदांग, ज्योतिष, कृषि, गणित आदि विषयों की पुस्तकें थीं। ये सभी मुस्लिम आक्रान्ताओं द्वारा जलायी तथा तहस-नहस कर दी गई।

विक्रमशिला विश्वविद्यालय वर्तमान में हिस्सालपुर जिले के कहलगाँव स्टेशन के पास गंगा के किनारे एक पहाड़ी पर स्थित था। इस विश्वविद्यालय में भी एक विशाल और बेशकीमती पुस्तकालय था जिसकी प्रशंसा आक्रमणकारी यवनों ने भी की है। 'इत्यिसंग' भी इस पुस्तकालय में आया था और उसने अपने भ्रमण-वृतान्त में इसकी मुक्तकंठ से प्रशंसा की है। वह यहाँ से तकरीबन दो सौ हस्तलिखित पुस्तकें ले गया था। बख्तियार खिलजी नामक आक्रमक ने इन सभी को तहस-नहस कर जला डाला। यहाँ के बहुत-से विद्वान अपने साथ बहुत-सी पुस्तकें लेकर नेपाल गए जहाँ पर अभी भी ताम्रपत्र पर लिखी पुस्तकों का विशाल संग्रह है।

नालन्दा के पतन के पश्चात् औदन्तपुरी में एक बड़े पुस्तकालय की स्थापना हुई थी। इसमें भी हस्तलिखित पुस्तकों का बहुत बड़ा संग्रह था। राजा भोज (ग्यारहवीं शताब्दी) के काल में तो विद्या का बड़ा प्रचार था। मजदूर और जुलाहे भी व्याकरणशास्त्र पर अपनी-अपनी सम्मति देते थे। बड़े-बड़े मन्दिरों में धर्माचार्यों के संरक्षण में बड़े-बड़े पुस्तकालय खोले गये थे। चालुक्य वंश के राजा विशालदेव (सोलहवीं शताब्दी) ने 'भारती भंडार' के नाम से एक विशाल पुस्तकालय स्थापित किया था। अभी भी कई राज्यों में अच्छे-अच्छे संग्रहालय सुरक्षित चले आ रहे हैं। इनमें से विशेषकर बड़ौदा, कश्मीर, गुजरात, ट्रावनकोर, मैसूर, अलवर, जयपुर, बीकानेर आदि के पुस्तकालय उल्लेखनीय हैं।

जैन-धर्मावलम्बियों ने भी अपनी संस्कृति तथा विद्या के प्रसार के लिए बड़े-बड़े पुस्तकालय स्थापित किये थे। गुजरात और काठियावाड़ में उनके कितने ही पुस्तकालय असंख्य ग्रन्थों के लिए विख्यात थे। पाटन, जैसलमेर, सूरत, बड़ौदा, ग्वालियर, अहमदाबाद के पुस्तकालयों में हजारों की संख्या में पुस्तकें थीं। पाटन में आज भी तेरह हजार हस्तलिखित पुस्तकें मौजूद हैं।

पठान और मुस्लिम-शासनकालों में भी पुस्तकालय की तीव्र गति से वृद्धि हुई। उन लोगों ने अरबी और फारसी के अच्छे-अच्छे पुस्तकालय स्थापित किये। जलालुद्दीन खिलजी ने अमीर खुसरो को शाही पुस्तकालय का पुस्तकालयाध्यक्ष चुना था। फिरोज तुगलक स्वयं विद्वान था और विद्वानों का सम्मान करता था। इसने भी दिल्ली में एक पुस्तकालय की स्थापना की थी। बहमनी वंश के मुहम्मद शाह तृतीय ने एक महाविद्यालय की स्थापना की थी, जिसके पुस्तकालय में तीन हजार पुस्तकें थीं।

मुगल कालीन भारत में भी शिक्षा के प्रचार-प्रसार पर विशेष बल दिया गया। इस काल के शासकों में अकबर ने विशेष योगदान दिया। इनके शाही पुस्तकालय में अरबी, फारसी और संस्कृत की हजारों पुस्तकें थीं। अकबर ने सन् 1582 ई. में महाभारत और सन् 1589 ई. में रामायण का फारसी में अनुवाद कराया। शाहजहाँ के पुत्र भी संस्कृत के बहुत बड़े विद्वान थे, जिन्होंने उपनिषद, योगवशिष्ठ, वैराग्यशतक आदि का फारसी में अनुवाद किया था।

औरंगजेब के समय पुस्तकालय तथा पुस्तकों को काफी नष्ट किया गया और पुस्तकें जलायी गईं। तभी से पुस्तकालय-आन्दोलन का भारत में ह्रास का काल आरम्भ हुआ और दिनोंदिन ह्रास ही होता गया।

वर्तमान भारत में पुस्तकालय क्रांति

बड़ौदा के महाराजा सर सयाजीराव गायकवाड़ द्वारा सन् 1907 ई. में भारत में पुस्तकालय आन्दोलन का शुभारम्भ किया गया। बड़ौदा के महाराजा ने पुस्तकालय-आन्दोलन की रूपरेखा निश्चित करने के लिए अमेरिका के सुप्रसिद्ध पुस्तकालयशास्त्री मिस्टर बोरडन को अपने यहाँ बुलाकर, उन्हें अपने राज्य के पुस्तकालय विभाग का अध्यक्ष बनाया। उन्होंने एक निश्चित योजना के अनुसार वहाँ पुस्तकालयों की स्थापना की। हर शहर तथा महत्त्वपूर्ण गाँवों में पुस्तकालयों की स्थापना की गई। भ्रमणशील पुस्तकालयों द्वारा घर-घर पुस्तकें पहुँचायी जाने लगीं। आज बड़ौदा राज्य में सार्वजनिक पुस्तकालयों की संख्या हजारों में है। पुस्तकालय की स्थापना के साथ-साथ पुस्तकालय-संचालन की शिक्षा देने तथा पुस्तकालय-साहित्य के प्रकाशन की भी व्यवस्था की गई।

पुस्तकालय की बढ़ती आवश्यकता के कारण इसका महत्त्व इन्दौर तथा मैसूर में बड़ौदा से फैला। भारतीय राज्यों में सबसे पहले पंजाब ने इस आन्दोलन को अपनाया। सन् 1916 ई. में पंजाब-विश्वविद्यालय ने अमेरिका के एक दूसरे पुस्तकालयशास्त्री मिस्टर डिक्सन को अपने यहाँ बुलाया। श्री डिक्सन ने

विश्वविद्यालय-पुस्तकालय को संगठित करने के साथ-साथ समस्त प्रान्त में पुस्तकालय-आन्दोलन का सूत्रपात किया। सन् 1929 ई. में वहाँ पुस्तकालय के निर्माण के लिए संघ की स्थापना हुई और एक त्रैमासिक पत्रिका 'मॉडर्न लाइब्रेरियन' का प्रकाशन शुरू हुआ। उसी साल दिसम्बर में लाहौर में पंजाब सरकार की ओर से एक अखिल भारतीय पुस्तकालय-सम्मेलन भी बुलाया गया।

मद्रास वर्तमान में चेन्नई में इस आन्दोलन का आरम्भ सन् 1928 ई. में हुआ। मद्रास में इस आन्दोलन ने बहुत ही प्रभावशाली तथा व्यवस्थित स्वरूप धारण किया है, जिसका श्रेय डॉ. एस.आर. रंगनाथन को है। उनके प्रयत्न से मद्रास में सन् 1933 ई. में "सार्वजनिक पुस्तकालय-अधिनियम" धारा सभा के समक्ष प्रकट किया गया जो सन् 1949 ई. में स्वीकृत हुआ। इसके अनुसार राज्य केन्द्रीय पुस्तकालयों, जिला केन्द्रीय पुस्तकालयों, शाखा पुस्तकालयों तथा वितरण केन्द्रों का निर्माण किया गया। वर्तमान समय में यहाँ एक राज्य केन्द्रीय पुस्तकालय, 568 शाखा पुस्तकालय तथा 680 वितरण केन्द्र, 13 जिला पुस्तकालय कार्य कर रहे हैं। मद्रास तथा कोयम्बटूर में तीन चल पुस्तकालय कार्य करते हैं। इनमें से 6 जिला तथा 10 शाखा पुस्तकालय तो स्वयं की इमारत में है। कानून द्वारा लगाये गये पुस्तकालय-कर से नौ लाख रुपये की सालाना आय होती है; पर इस मद में लगभग उन्नीस लाख सालाना व्यय होता है।

सन् 1931 में आंध्र प्रदेश में तेलगू भाषा में 17 पुस्तकों का प्रकाशन हुआ। संघ के मुख पत्र के रूप में "आन्ध्र पुस्तकालय" नामक पत्रिका का प्रकाशन होता है। सन् 1955 ई. में आन्ध्र राज्य का अलग निर्माण होने के बाद वहाँ भी सार्वजनिक पुस्तकालय अधिनियम लागू हुआ। सन् 1954 ई. में हैदराबाद में भी डॉ. रंगनाथन द्वारा प्रस्तुत प्रारूप के आधार पर कानून स्वीकृत तथा लागू हुआ; पर सन् 1956 ई. में राज्यों के पुनर्निर्माण होने के कारण हैदराबाद का काफी हिस्सा आन्ध्र में मिला दिया गया। परिणामस्वरूप सन् 1960 ई. में दोनों पुराने कानूनों का एकीकरण कर नया कानून लागू किया गया।

मुम्बई—आजादी के पश्चात् जब बड़ौदा राज्य को मुंम्बई में मिला लिया गया तो बड़ौदा के पुस्तकालयों की देखभाल के लिए एक पुस्तकालय अधिकारी का चुनाव हुआ और परिणामस्वरूप सम्पूर्ण राज्य में पुस्तकालयों का विकास हुआ। मुम्बई, मारवाड़, पूना और अहमदाबाद में एक-एक "राज्य केन्द्रीय पुस्तकालय" की स्थापना हुई। सन् 1950 ई. में मुम्बई में पुस्तकालय संघ की स्थापना हुई। परन्तु मुम्बई और गुजरात के अलग हो जाने के बाद वहाँ के पुस्तकालय-विकास के नक्शे में भी परिवर्तन आ गया। वर्तमान में वहाँ मुम्बई पुस्तकालय संघ के अलावा महाराष्ट्र लाइब्रेरी एसोसिएशन, मारठवाड़ा लाइब्रेरी एसोसिएशन तथा विदर्भ पुस्तकालय संघ

अपने-अपने क्षेत्रों में ''महाराष्ट्र राज्य पुस्तकालय संघ'' के अधीन कार्य कर रहे हैं। महाराष्ट्र सरकार की तरफ से सन् 1967 ई. में महाराष्ट्र राज्य पुस्तकालय विधेयक को मान्यता मिली जिसके अनुसार मुम्बई तथा नागपुर स्थित केन्द्रीय पुस्तकालयों, क्षेत्रीय पुस्तकालयों तथा अन्य जिला केन्द्रों में जिला पुस्तकालयों, अनेक नगर पुस्तकालयों, ताल्लुक पुस्तकालयों तथा अन्य पुस्तकालयों को वित्तीय सहायता दी जा रही है।

पंजाब में पुस्तकालय-निर्माण का बेहतर कार्य हुआ। भारत और पाकिस्तान के विभाजन के पश्चात् वहाँ एक नये पुस्तकालय संघ की स्थापना सन् 1948 में हुई जिसने पुस्तकालय आन्दोलन को अग्रसर करने में महती भूमिका निभायी। और आन्दोलन को आगे बढ़ाया है। वहाँ पुस्तकालय-विकास की योजना के कार्यान्वयन के लिए एक ''केन्द्रीय पुस्तकालय समिति'' का निर्माण किया गया है। चंडीगढ़ में ''राज्य केन्द्रीय पुस्तकालय'' तथा अम्बाला, जालंधर में ''जिला केन्द्रीय पुस्तकालय'' का संचालन कार्य चल रहा है।

बंगाल में सन् 1931 ई. में पुस्तकालय संघ की स्थापना हुई है जो एक सक्रिय संस्था है। इसकी ओर से काफी पुस्तकें प्रकाशित हो चुकी हैं और 'ग्रंथागार' नामक मासिक पत्रिका का नियमित प्रकाशन हो रहा है। सन् 1981 में बंगाल में ''बंगाल पब्लिक लाइब्रेरी एक्ट'' स्वीकृत हो चुका है।

उत्तर प्रदेश में सन् 1956 में पुस्तकालय संघ का निर्माण हुआ जिसकी शाखा-प्रशाखा के रूप में ज्यादातर जिलों में जिला पुस्तकालय संघ का निर्माण हो चुका है। उड़ीसा में सन् 1944 ई. में, मध्य प्रदेश में सन् 1957 ई. में, गुजरात में सन् 1953 में और मैसूर तथा राजस्थान में 1962 में पुस्तकालय संघ का निर्माण हुआ है।

केरल— सन् 1942 में पुस्तकालय संघ का निर्माण ट्रावनकोर-कोचीन में हुआ था, पुनः राज्य-पुनर्गठन के बाद वहाँ 'केरल ग्रन्थशाला संगम' की स्थापना हुई, जो उस राज्य के पुस्तकालयों के निर्माण तथा प्रशासन में विशेष भूमिका निभाता है।

दिल्ली में सन् 1953 ई. में पुस्तकालय संघ का निर्माण हुआ जिसके माध्यम से त्रैमासिक पत्रिका 'लाइब्रेरी हेराल्ड' का प्रकाशन हो रहा है।

भारतीय प्रशासन और यूनेस्को की सहायता से स्थापित दिल्ली पब्लिक लाइब्रेरी पुस्तकालय के क्षेत्र में एक अनोखा प्रयास है। सात लाख की वार्षिक आय वाले इस पुस्तकालय की सदस्यता हेतु कोई शुल्क नहीं लिया जाता है। पुस्तकालय की ओर से, पुस्तकालय से दूर बसी जनता तक पुस्तकालय-सेवा भ्रमणशील-विभाग की मोटरवाहन द्वारा पहुँचाई जाती है। भारत में यह प्रथम पुस्तकालय है जहाँ श्रव्य-दृश्य-विभाग,

समाज-शिक्षा-विभाग, भ्रमणशील-विभाग, शिशु-विभाग आदि की सेवाएँ निःशुल्क तथा निर्बाध पद्धति द्वारा लोगों को मिलती हैं। बिहार में आधुनिक पुस्तकालय-आन्दोलन का सूत्रपात सन् 1936 ई. में बिहार-निर्माता डॉ. सच्चिदानन्द सिन्हा के माध्यम से हुआ। डॉ. सिन्हा के निर्देशन में श्री अयोध्या प्रसाद पुस्तकालयाध्यक्ष, (पटना सचिवालय) तथा श्री राय मथुरा प्रसाद के प्रयत्न से 15 अक्तूबर, 1936 ई. को बिहार प्रान्तीय पुस्तकालय सम्मेलन की स्थापना हुई, जिसका पहला अधिवेशन फरवरी 1937 ई. में श्री मन्नु लाल लाइब्रेरी और दूसरा अधिवेशन गया में हुआ।

तीसरा अधिवेशन सन् 1945 ई. में वैशाली में, चौथा अधिवेशन सन् 1948 ई. में दरभंगा में हुआ। संस्था एक तरह से सन् 1951 ई. तक निष्क्रिय ही रही। सन् 1951 में हिन्दी साहित्य के सुप्रसिद्ध विद्वान श्री जगन्नाथ प्रसाद मिश्र, एम. एल. सी. की अध्यक्षता में राज्य संघ का पाँचवाँ अधिवेशन हिस्सालपुर में हुआ जिसके पश्चात् से ही पटना विश्वविद्यालय के पुस्तकालयाध्यक्ष राय साहब, श्री इन्द्रदेव नारायण सिंह, श्री विद्यानारायण शास्त्री (हिस्सालपुर), श्री अनुज शास्त्री (हिस्सालपुर), श्री तपेश्वर सिंह (आरा), प्रो. श्री नागेश्वर प्रसाद सिंह नागेश (गया) आदि के सक्रिय योगदान से यह आन्दोलन बिहार के गाँव-गाँव तक पहुँचा। सभी जिलों में इसकी शाखा-प्रशाखा के रूप में जिला पुस्तकालय संघ, सब-डिविजनल पुस्तकालय संघ तथा थाना पुस्तकालय संघ की स्थापना हुई।

इस आन्दोलन ने सरकार का ध्यान भी अपनी ओर आकृष्ट किया और सरकार ने शिक्षा-विभाग के अधीन पुस्तकालय अधीक्षक का चुनाव किया। पहले तथा दूसरे पंचवर्षीय योजना काल में हर जिले में जिला केन्द्रीय पुस्तकालय तथा मुख्य सब-डिविजनों में "सब-डिविजनल पुस्तकालय" स्थापित किये जा चुके हैं। प्रशिक्षित पुस्तकालयाध्यक्षों की कमी दूर करने के लक्ष्य से पुस्तकालय अधीक्षक की ओर से स्नातकों के लिए तीन महीने का एक शिविर पटना में तथा प्रवेशिका उत्तीर्ण के लिए एक महीने का चारों प्रमंडल में एक-एक प्रशिक्षण शिविर चलाया जाता है जिसमें शिक्षक पुस्तकालयाध्यक्ष को भी सम्मिलित किया जाता है। हिस्सालपुर, मिथिला तथा पटना विश्वविद्यालय में बी.लिब., एस. सी. की पढ़ाई भी शुरू हो गई है।

सन् 1953 ई. में रहीमपुर ग्राम (खगड़िया) में प्रोफेसर जगन्नाथ प्रसाद मिश्र, एम.एल.सी. की अध्यक्षता में संघ का छठा अधिवेशन हुआ जिसमें राज्य के कोने-कोने से 600 प्रतिनिधियों ने भाग लिया। सन् 1955 ई. के मई माह में पूर्णिया में संघ का सप्तम अधिवेशन हुआ, जिसमें अखिल भारतीय पुस्तकालय संघ के अध्यक्ष श्री बी.एस. केशवन ने भी हिस्सा लिया। आठवाँ अधिवेशन सन् 1956 ई. में गया में नवाँ अधिवेशन

सन् 1957 में बेतिया में तथा दसवाँ अधिवेशन सन् 1959 ई. में बिहटा (पटना) में हुआ। इसी मध्य संघ के प्रधानमंत्री श्री इन्द्रदेव नारायण सिन्हा का अकस्मात देहान्त हो गया और उनके देहान्त के पश्चात् ही अवनति आरम्भ हो गई और यह संस्था धीरे-धीरे राजनीतिज्ञों के चंगुल में फंस गई। अच्छे-अच्छे कार्यकर्ता संस्था से अलग हो गये। अब केवल सरकारी अनुदान पर इसका साइनबोर्ड ढोया जा रहा था। सन् 1980 ई. में स्व. श्री नीतीश्वर प्रसाद सिंह, भू. शिक्षा-राज्य मंत्री (बिहार), डॉ. बेचन (प्राचार्य), डॉ. राम शोभित प्रसाद सिंह, पुस्तकालयाध्यक्ष, सिन्हा लाइब्रेरी (पटना), मारवाड़ी-महाविद्यालय (हिस्सालपुर) श्री अनुज शास्त्री (हिस्सालपुर), डॉ. रामसागर मिश्र (मुजफ्फरपुर), श्री रामजी प्रसाद (नालन्दा) आदि के अथक प्रयत्न से बिहार-राज्य-पुस्तकालय संघ पुनः शुरू हो गया है।

इसका तेरहवाँ अधिवेशन-सिन्हा लाइब्रेरी, पटना में 5-6 अप्रैल, 1980 में हुआ, जिसका उद्घाटन वाराणसी हिन्दू विश्वविद्यालय के पुस्तकालय-विज्ञान विभागाध्यक्ष श्री पी.एन. कौल के कर कमलों द्वारा हुआ। संघ का चौदहवाँ अधिवेशन नालंदा जिले के सिलाव में श्री रामजी प्रसाद महामंत्री, नवादा जिला संघ तथा श्री कामेश्वर सिंहजी के प्रयत्न से डॉ. बेचन की अध्यक्षता में पूर्ण हुआ, जिसका उद्घाटन बिहार विधान सभाध्यक्ष, श्री राधानन्दन झा जी ने किया। इस अवसर पर उपाध्यक्ष श्री अनुज शास्त्री की अध्यक्षता में 'बिहार में पुस्तकालय विधेयक' पर एक सेमिनार का आयोजन किया गया, जिसका शुभारम्भ काशी हिन्दू विश्वविद्यालय के तत्कालीन पुस्तकालय-विज्ञान-विभागाध्यक्ष श्री पृथ्वीनाथ कौल जी ने किया और मुख्य मेहमान के रूप में राजा राममोहन राय पुस्तकालय प्रतिष्ठान, कोलकाता के सचिव डॉ. वरुआ ने अपने विचार तथा सुझाव प्रस्तुत किये। इसका पन्द्रहवाँ अधिवेशन भगवान पुस्तकालय जिला केन्द्रीय पुस्तकालय, हिस्सालपुर में आयोजित हुआ। संघ की शाखा-प्रशाखा के रूप में प्रायः ज्यादातर जिलों में जिला पुस्तकालय संघ तथा अनुमंडल स्तर पर संघ की स्थापना हो चुकी है। कुछ जिला संघ तो काफी सक्रिय हैं। राज्य पुस्तकालय संघ से अभी तक लगभग दो हजार ग्रामीण पुस्तकालय सदस्य के रूप में सम्बन्धित हो चुके हैं।

3

पुस्तकालय वर्गीकरण की उत्पत्ति एवं विकास

वर्गीकरण का आशय

विचारधाराओं तथा गुणों के आधार पर ही वर्गीकरण किया जाता है। सामान्यतः वर्ग शब्द का अर्थ सदृश्य वस्तुओं के समूह अथवा विभागों से है। वर्गीकरण शब्द की व्युत्पत्ति लैटिन भाषा के शब्द क्लासिस (Classis) से हुई है। इस शब्द का प्रयोग सर्वप्रथम प्राचीन रोम साम्राज्य में आई क्रांति के कारण महत्त्व तथा धन के आधार पर व्यक्तियों के विभाजन के लिए इस शब्द को प्रयुक्त किया गया था। प्राचीन-काल में द्विभाजन तथा (Dichotomy system) प्रचलित थी, अतः विभाजन केवल दो समूहों में ही किया जाता था। कालांतर में ज्ञान के विस्तार के साथ-साथ इस शब्द का व्यापक अर्थ में प्रयोग होने लगा। वर्तमान समय में इस शब्द का प्रयोग वस्तुओं एवं सत्ताओं को उनमें निहित समान गुण, धर्म अथवा विशेषताओं के आधार पर वर्गों में विभाजित करने के लिए किया जाता है।

अर्थात् बहुत-सी वस्तुओं में से एक जैसे गुण, धर्म या विशेषताओं को व्यक्त करने वाली वस्तुओं को एक साथ रखना और जो भिन्न प्रकार के गुण, धर्म या विशेषताओं को व्यक्त करती हों, उन्हें छांटकर पृथक करना, उक्त आधार पर वस्तुओं एवं सत्ताओं को उनके वर्गों में विभाजित किया जा सकता है। वर्गीकरण का मुख्य उद्देश्य किसी भी कार्य को व्यवस्थित तरीके के साथ करना होता है।

वर्गीकरण की परिभाषाएँ

विभिन्न विद्वानों ने वर्गीकरण को अपने-अपने शब्दों में परिभाषित किया है। इनमें से कुछ विद्वानों की परिभाषाओं को नीचे वर्णित किया गया है।

कटर के अनुसार—"पुस्तक-वर्गीकरण अपरिवर्तित अथवा समान विषयों पर लिखित पुस्तकों को एकत्रित करने का कार्य सम्पन्न करता है।"

ह्यूम के अनुसार—"पुस्तक-वर्गीकरण साहित्य में ज्ञान के अन्वेषण की एक यान्त्रिक क्रिया है, जिससे समय की बचत होती है। पुस्तकें विषय-वस्तु हैं और उनमें से ज्ञान को न्यूनतम समय लगाने वाली युक्ति से खोजकर प्राप्त कर लेना वर्गीकरण का मुख्य उद्देश्य है।"

जेवन्स के विचार में—"पुस्तक-वर्गीकरण की प्रक्रिया में तर्क-शास्त्रीय नियमों के अनुसरण को तर्कसंगत विवेकशून्यता कहा है, तथापि उसने वर्गीकरण को पुस्तकालयों में संग्रहीत एवं सुरक्षित ज्ञान की कुंजी माना है।"

रिचर्डसन के अनुसार—"पुस्तक-वर्गीकरण के तहत अधिकतम प्रयोग में लाई जाने वाली पुस्तकों को उन वर्गों में एक साथ रखना है, क्योंकि उसको एक साथ ज्यादा प्रयोग में लाया जाता है।"

वर्गीकरण की सहायता से पुस्तकालयी पुस्तकों को फलकों पर क्रमानुसार व्यवस्थित करता है तथा उनको न्यूनतम समय में पाठकों को उपलब्ध कराता है। ज्ञान को सूक्ष्मतम विषयों के वर्गों तक विभक्त करने में वर्गीकरण से सहायता प्राप्त होती है। साथ ही वर्गीकरण अनुसन्धान-कार्य को भी गतिशील बनाता है।

हॉक्स के शब्दों में—"पुस्तक-वर्गीकरण एक ऐसी व्यवस्था है जिसके द्वारा पुस्तकों का आकलन संबंध प्रकरणों, विषयों तथा विज्ञान के आधार पर, उनकी घटती हुई सादृश्यता के अनुक्रम में लगभग तार्किक क्रम से अथवा विषय-विशिष्टता के अभाव में उसके रूप विधान के शब्दों में फलकों पर व्यवस्थित किया जाता है, क्योंकि इस प्रकार की व्यवस्था का प्राथमिक उद्देश्य है—लाभकारी अध्ययनीय पुस्तकों को अधिकाधिक लाभोपलब्धि की नजर से एक ही स्थान पर क्रमानुसार एकत्रित करना।"

मान के अनुसार—"पुस्तक-वर्गीकरण साधारणतया एक सदृश वस्तुओं को एक साथ व्यवस्थित करना है और ज्यादा स्पष्ट रूप से वस्तुओं के सादृश्य अथवा असादृश्य के आधार पर उनको क्रम से रखने की व्यवस्था है।"

सामान्यतः वर्गीकरण वस्तुओं की समूहीकरण और पृथक्करण की प्रक्रिया है;

लेकिन पुस्तक-वर्गीकरण इसके अलावा कुछ और भी है; यह एक प्रकार से कुछ पुस्तकों को बाह्य आकार के साथ सामंजस्य रखते हुए ज्ञान का वर्गीकरण है।

सेयर्स के अनुसार—"पुस्तक-वर्गीकरण पुस्तकों को फलकों पर क्रमबद्ध स्थिति में व्यवस्थित करना है, अथवा पुस्तकों को पाठकों के लिए अधिकतम उपयोगी बनाने की प्रक्रिया है।"

ब्लिस ने पुस्तकालय वर्गीकरण की परिभाषा करते हुए कहा है "कि पुस्तकों का वर्गीकरण ज्ञान का संगठन है। यह विभिन्न प्रकार से उपयोगी एवं सम्भावित आवश्यकताओं के लिए पुस्तकों को एकत्रित करने एवं प्रतिस्थापित करने की क्रिया है।"

मिल के दृष्टिकोण में—"पुस्तक-वर्गीकरण साहित्य में ज्ञान के अन्वेषण के लिए समय को बचाने की यान्त्रिक क्रिया है।"

मेरिल के शब्दों में—"पुस्तक-वर्गीकरण पुस्तकों को उनके समुचित स्थान पर क्रमवत व्यवस्थित करने की कला है।"

डॉ. रंगनाथन—की पुस्तकालय-वर्गीकरण की परिभाषा उपयोगिता, कार्य एवं उद्देश्य की नजर से अत्यन्त आधुनिक एवं पूर्ण है। डॉ. रंगनाथन के शब्दों में, ''पुस्तकालय वर्गीकरण किसी पुस्तक के विशिष्ट विषय के नाम को क्रमिक संख्याओं की अधिमान्य कृत्रिम भाषा में अनुवाद करना और दुबारा पुस्तक की विषय-वस्तु के अतिरिक्त कुछ अंगों का प्रतिनिधित्व करने वाले क्रमिक संख्याओं द्वारा उसी विषय से सम्बन्धित अनेक पुस्तकों को एक इकाई के रूप में अलग करना है।''

इस प्रकार यह कहा जा सकता है कि विषयों का वर्गीकरण उनके गुणों की समानता के आधार पर करना चाहिए। वर्गीकरण मानव के प्रत्येक क्षेत्र में किसी न किसी रूप—चेतन अथवा अचेतन रूप में प्रयोग में लाया जाता है। इस प्रक्रिया का प्रयोग क्रमबद्ध व्यवस्था के लिए होता है, जिसमें व्यतिक्रम और अव्यवस्था की शंका बिल्कुल न रहे। व्यावहारिक रूप से वर्गीकरण का प्रयोग जब पुस्तकालय व्यवस्था के क्षेत्र में करते हैं तो इसका उद्देश्य पुस्तकालय में संकलित पठनीय सामग्री का विधिवत, विषयों के शब्दों में क्रमबद्ध स्थिति में आंकलन करना है और सूचना पुनर्प्राप्ति की सुविधा प्रदान करना है। पठनीय सामग्री की सुव्यवस्था एवं अधिकाधिक प्रयोग तथा पुस्तकालय की उपादेयता बढ़ाने की नजर से इसका अद्वितीय महत्त्व है। पुस्तक वर्गीकरण या पुस्तकालय वर्गीकरण वस्तुतः एकार्थी पद और विषय है; इस प्रकार इन शब्दों या पदों के प्रयोग से भ्रम नहीं होना चाहिए। पुस्तकालय वर्गीकरण

में तर्कशास्त्र के विभाजन के नियमों एवं मूलभूत दार्शनिक सिद्धान्तों का अनुसरण हुआ है, किन्तु इनका योगदान सीमित ही रहा है। उन सिद्धान्तों और नियमों को समग्र रूप से पुस्तकालय वर्गीकरण का आधार मानना ज्यादा उपयोगी एवं सुविधाप्रद सिद्ध नहीं, क्योंकि पुस्तकालयों में ज्ञान का वर्गीकरण पुस्तकों में निहित ज्ञान के शब्दों में होता है, जो किसी वर्णन के रूप में होते हैं। पुस्तकालय-वर्गीकरण योजना में उल्लिखित तमाम वर्गों का संबंध उनके उपवर्गों से ठीक वैसे ही रूप में नहीं होता, जैसा कि एक प्रजाति का उसकी उपजाति के साथ होता है।

पुस्तकालय वर्गीकरण के वर्ग पुस्तकों और प्रलेखों के वर्ग होते हैं, जिनकी विशेषता का आधार उनकी विषय-सामग्री होती है। इसमें पुस्तकों तथा प्रलेखों का बाह्य आकार प्रमुख रूप से उनके वर्गों को प्रभावित करता है, जिनके विषय आपस में अतिव्यापी होते हैं। पुस्तकालय वर्गीकरण में व्यावहारिक पहलू तथा उद्देश्य की पूर्ति के दृष्टिकोण से अन्तर्वेश और कृत्रिम आधारों का प्रयोग किया जाता है। इस प्रकार पुस्तकालय वर्गीकरण कृत्रिम वर्गीकरण होता है। यद्यपि पुस्तकालय वर्गीकरण पद्धतियों में वैज्ञानिक एवं तर्कशास्त्रीय वर्गीकरण के सिद्धान्तों तथा मौलिक आधारों का भी समुचित प्रयोग किया गया है।

वर्गीकरण के तथ्य :

वर्गीकरण के मुख्यतः चार तथ्य महत्त्वपूर्ण हैं–

1. संसार की कोई ऐसी वस्तु नहीं है जिसमें कोई गुण न हो। सादृश्य एवं असादृश्य के ही आधार पर वर्गीकरण किया जाता है। वस्तुओं की विशेषताओं से ही सादृश्य और असादृश्य का आभास होता है, जो इनके समूहों अथवा वर्गों में आंकलन करने में मदद करते हैं।
2. वर्गीकरण किसी पदार्थ का ही किया जाता है। जितनी भी वस्तुएँ एवं विचार हैं, उनकी समष्टि को पदार्थ अथवा द्रव्य कहते हैं जो इनका सामूहिक नाम है। प्रत्येक का वर्गीकरण किया जाता है।
3. वर्गीकरण एक मानसिक प्रक्रिया है। हम गुणों और विशेषताओं को मन के भाव से तय करते हैं, जो स्वतः प्रवृत्त होने लगता है। इस प्रकार वर्गीकरण मानसिक प्रक्रिया द्वारा ही सम्भव हो सकता है।
4. वर्गीकरण किसी न किसी उद्देश्य की पूर्ति हेतु किया जाता है। तर्कशास्त्रियों और दार्शनिकों में प्रचलित वर्गीकरण, पदार्थ का ज्ञान उपलब्ध करने के लिए होता है और पुस्तकालय वर्गीकरण पुस्तक-व्यवस्था एवं संगठन के लिए

प्रयुक्त होता है, जिससे पुस्तकालयों में संकलित पाठ्य-सामग्री इस्तेमाल में लाई जाए और पुस्तकालय लोकप्रिय हों।

पुस्तकालय वर्गीकरण के आदर्श सिद्धान्तों का इतिहास

पुस्तकालय वर्गीकरण के आदर्श सिद्धान्तों को बहुत पहले ही स्वीकार कर लिया गया था। यह सिद्धान्त बहुत उपयोगी सिद्ध हुये हैं। इन सिद्धान्तों ने पुस्तकालय वर्गीकरण को वैज्ञानिक आधार प्रदान किया तथा वर्गीकरण पद्धतियों से निर्माताओं ने इन सिद्धान्तों का उपयोग किया।

आदर्श सिद्धान्तों का उद्देश्य

पुस्तकालय वर्गीकरण के आदर्श सिद्धान्तों के प्रमुख उद्देश्य निम्नवत हैं–

1. आदर्शमूलक सिद्धान्त के वर्गीकरण के सिद्धान्तों के विकास में तथा इन्हें वैज्ञानिक आधार प्रदान करने में सहायक हो सकते हैं।
2. आदर्शमूलक सिद्धान्तों की सहायता से किसी भी पद्धति के नियमों एवं अनुसूची की व्याख्या वैज्ञानिक आधार पर की जा सकती है।
3. इन सिद्धान्तों की मदद से भी प्रणाली का मूल्यांकन किया जा सकता है।
4. आदर्शमूलक सिद्धान्त किसी भी वर्गीकरण पद्धति को वैज्ञानिक आधार प्रदान करते हैं। किसी भी वर्गीकरण पद्धति का निर्माण आदर्शमूलक सिद्धान्तों के निर्देशानुसार होना चाहिये तथा इन सिद्धान्तों की सहायता से वर्तमान में जो पद्धतियां हैं उनका पुनर्निर्माण एवं संशोधन किया जा सकता है।
5. किन्हीं दो वर्गीकरण पद्धतियों का तुलनात्मक अध्ययन इन सिद्धान्तों की सहायता से किया जा सकता है।

कतिपय पुस्तकालयाविदों द्वारा प्रतिपादित आदर्शमूलक सिद्धान्तों को नीचे वर्णित किया जा रहा है–

1. ई. सी. रिचर्डसन

रिचर्डसन ने पुस्तकालय वर्गीकरण के सिद्धान्तों को व्यवस्थित स्वरूप प्रदान किया तथा वर्गीकरण के सिद्धान्तों को व्यवस्थित करने वाले प्रथम व्यक्ति के रूप में इनकी पहचान होती है। सन् 1901 में उनकी वर्गीकरण : सैद्धान्तिक एवं प्रायोगिक (Classification : Theoretical and Practical) नामक पुस्तक प्रकाशित हुई जो पुस्तकालय वर्गीकरण के क्षेत्र की अद्वितीय पुस्तक मानी जाती

है। रिचर्डसन के सिद्धान्तों का प्रभाव ब्लिस और सेयर्स के कार्यों पर आसानी से देखा जा सकता है। रिचर्डसन ने पुस्तकालय वर्गीकरण को एक सुदृढ़ आधार प्रदान किया।

वर्गीकरण के सिद्धान्त

इसके अंतर्गत पुस्तकालय वर्गीकरण निम्नांकित सिद्धान्तों पर निर्भर होना चाहिये।

1. "जहां तक संभव हो सभी वस्तुओं को क्रम में व्यवस्थित किया जाये" क्योंकि कोई भी व्यक्ति पुस्तकालय की तरह सभी वस्तुओं को अपने मस्तिष्क में एकत्रित नहीं रख सकता। अतः उन्हें व्यवस्थित करने के लिए Principle of Complexing, Order of History, Order of Evolution या अन्य सभी प्रकार के सिद्धान्तों को इच्छानुसार प्रयोग किया जा सकता है।
2. जहां तक संभव हो पुस्तकालय वर्गीकरण का यह क्रम सूक्ष्म स्तर तक होना चाहिये।
3. इस प्रकार की प्रणाली का मूल्य इनकी उपयोगिता के क्रम में बढ़ना चाहिये।
4. इन्हें अंकन की मदद से व्यवस्थित करना चाहिये तथा अंकन का आधार दशमलव होना चाहिये जिससे उसके कई उपविभाजन किये जा सकें। मिश्रित अंकन अधिक उपयोगी होते हैं।
5. पद्धति के साथ पूर्ण व विशिष्ट अनुक्रमणिका होनी चाहिये। अनुक्रमणिका पुस्तकालय वर्गीकरण में सहायता कर सकती है। परन्तु इसे सिद्धान्त के रूप में नहीं माना जा सकता।

2. डब्ल्यू. सी. बी. सेयर्स

डब्ल्यू. सी. बी. सेयर्स द्वारा सबसे पहले वर्गीकरण के लिए उपसूत्र शब्द का प्रयोग किया गया। इन्होंने सभी प्रचलित विधियों या पद्धतियों को व्यवस्थित स्वरूप प्रदान किया। सेयर्स द्वारा सन् 1918 में पुस्तकालय वर्गीकरण का परिचय और सन् 1926 में मेन्यूल ऑफ क्लासीफिकेशन का प्रथम संस्करण प्रकाशित किया। इसका दूसरा संस्करण सन् 1955 तथा इस ग्रन्थ का पुनः मुद्रण संस्करण सन् 1959 में प्रकाशित किया गया।

सेयर्स ने पुस्तकालय वर्गीकरण के क्षेत्र हेतु कुल 29 उपसूत्र दिये जिन्हें निम्नवत बिंदुओं के अंतर्गत वर्णित किया गया है—

(1) परिभाषा

इसमें पुस्तकालय वर्गीकरण की परिभाषा, विषयों का वर्गीकरण, सामान्य वर्गीकरण, वर्ग तथा वर्गीकरण पद्धति आदि की परिभाषा की प्रक्रिया को रखा गया है।

(2) विभक्तिकरण

सेयर्स के द्वारा प्रतिपादित नियमों के अनुसार विभक्तिकरण होना चाहिये। विभक्तिकरण करते समय विशेषताओं का प्रयोग किया जाना चाहिए। जब किसी अन्य सिद्धान्त का प्रयोग किया जाता है तो उससे पहले प्रयुक्त होने वाले सिद्धान्त का पूर्ण रूप से प्रयोग होना चाहिये।

(3) पुस्तक वर्गीकरण

पुस्तक वर्गीकरण एक समान होना चाहिये तथा जिन विधियों में व्यवस्थापन विषयों के अनुसार हो उनमें रूप वर्ग की व्यतस्था होनी चाहिये अर्थात् पुस्तकों को उसी रूप के तहत रखना चाहिये जिस रूप में वह लिखी गई हों। पुस्तक वर्गीकरण को प्रदर्शित करने के लिये अंकन का प्रयोग किया जाना चाहिये।

(4) पुस्तक वर्गीकरण पद्धति

पुस्तक वर्गीकरण पद्धति मुद्रित रूप में होनी चाहिये जिसमें सभी समान विषयों को साथ दिया हो, इसमें प्रस्तावना तथा अनुसूचियों के उपयोग के आवश्यक निर्देश आरंभ में दिये जाने चाहिये।

(5) अंकन

किसी शब्द या शब्दों को प्रदर्शित करने के लिए जिन संकेतों का उपयोग किया जाता है, उसे अंकन कहते हैं तथा अंकन सामान्य रूप से संक्षिप्त होने चाहिये। सामान्यतया अंकन दो प्रकार के होते हैं : शुद्ध अंकन और मिश्रित अंकन। पुस्तकालय वर्गीकरण में प्रयुक्त अंकन ऐसा होना चाहिये जिसमें जरूरत होने पर नये विषयों को समायोजित किया जा सके।

(6) शब्दावली

इस सिद्धान्त के अनुसार पुस्तकालय वर्गीकरण हेतु जो शब्दावली काम में ली जाये वह स्पष्ट होने के साथ-साथ प्रसिद्ध एवं प्रौद्योगिकी मानक शब्दावली का प्रयोग किया जाना चाहिये।

3. हेनरी ई. ब्लिस

हेनरी ई. ब्लिस का "Organisation of Knowledge and the Systems of the Science" महत्त्वपूर्ण कार्य है। इन्होंने सबसे पहले बिब्लियोग्राफिक वर्गीकरण नामक वर्गीकरण पद्धति का विकास किया जो वैज्ञानिक, दार्शनिक व तार्किक आधार पर निर्भर है। इन्होंने विविध ढंगों से प्रकृति और समाज का अध्ययन किया। उनकी वर्गीकरण पद्धति वैज्ञानिक शिक्षा कन्सोस पर निर्भर है।

ब्लिस ने सन् 1910 में अपनी बिब्लियोग्राफिक वर्गीकरण पद्धति में बदलाव तथा सन् 1935 में इस वर्गीकरण पद्धति को 20 खण्डों में प्रकाशित करने की योजना तैयार की जिसके चार खण्ड प्रकाशित हो चुके हैं। इन्होंने पुस्तकालय वर्गीकरण हेतु 32 सिद्धान्तों का प्रतिपादन किया है। इनके द्वारा प्रतिपादित सिद्धान्त इस प्रकार हैं।

वर्गीकरण के सिद्धान्त

ब्लिस के अनुसार पुस्तकालय वर्गीकरण के निम्नवत सिद्धान्त हैं–

(1) वर्गीकरण

समस्याओं के आधार पर विषयों को व्यवस्थित किया जाना चाहिये। उसके मध्य गहन संबंध होना चाहिये।

(2) वैकल्पिक स्थिति

संपूर्ण व्यस्थापन हमेशा संभव नहीं है। अतः ऐसी स्थिति से बचने हेतु वैकल्पिक व्यवस्थापन की व्यवस्था का प्रावधान किया जाना चाहिये।

(3) वैज्ञानिक एवं शैक्षणिक

ब्लिस ने विज्ञान और शिक्षा प्रक्रिया पर सोचा और कहा कि मानव ज्ञान इससे प्रभावित होगा और सुव्यवस्थित परिणाम प्राप्त होंगे। उन्होंने वर्गीकरण पद्धति का अध्ययन किया।

(4) सबआर्डिनेशन

उप विभाग विशिष्ट से सामान्य होना चाहिये अर्थात् विषय आपस में एक दूसरे पर निर्भर होते हैं। उसी प्रकार जैसे विशिष्ट विज्ञान पर निर्भर है। उसी प्रकार जीव-विज्ञान भौतिक एवं रसायन विज्ञान पर निर्भर है।

(5) अंकन

अंकन सहयोग का कार्य करता है तथा इसमें क्रम निर्धारित नहीं करना चाहिये। निश्चित अंकन में प्रयोग करना चाहिये। अंकन सामान्य तथा सभी गुणों से युक्त होने चाहिये।

पुस्तकालय वर्गीकरण को वैज्ञानिक आधार प्रदान करने में इन आदर्शमूलक सिद्धान्तों का महत्त्वपूर्ण योगदान रहा है। इन आदर्शमूलक सिद्धान्तों के बिना पुस्तकालय वर्गीकरण के वर्तमान स्वरूप की कल्पना भी नहीं की जा सकती है।

4. डॉ. एस. आर. रंगनाथन

डॉ. एस. आर. रंगनाथन ने सन् 1933 में द्विबिन्दु वर्गीकरण पद्धति का प्रथम संस्करण प्रकाशित किया। रंगनाथन ने अपनी वर्गीकरण पद्धति में उपसूत्रों और नियमों के संकेत तो दिये परन्तु उनके उपयोग का प्रावधान नहीं दिया। इन्होंने पुस्तकालय वर्गीकरण को वैज्ञानिक आधार प्रदान करने के हेतु सार्वभौमिक दशमलव वर्गीकरण लाइब्रेरी ऑफ कांग्रेस तथा विषय वर्गीकरण का अध्ययन किया और परिणामस्वरूप उन्होंने उपसूत्र और नई शब्दावली दी और उन्होंने इसे सन् 1937 में वर्गीकरण के सिद्धान्त के रूप में प्रकाशित किया जिसका आख्या प्रोलेगोमेना टू लाइब्रेरी क्लासीफिकेशन रखा। इसमें रंगनाथन के 28 उपसूत्रों को शामिल किया तथा इनका द्विबिन्दु वर्गीकरण पद्धति में उपयोग का ढंग भी बताया। इन्हीं विचारों से प्रभावित होकर रंगनाथन ने द्विबिन्दु वर्गीकरण पद्धति का दूसरा संस्करण सन् 1939 में प्रकाशित किया जो इन उपसूत्रों पर निर्भर था।

सन् 1957 में रंगनाथन ने प्रोलेगोमेना टू लाइब्रेरी क्लासीफिकेशन का दूसरा संस्करण प्रकाशित किया जिसमें 35 उपसूत्रों के अलावा 21 अभिधारणा और 11 सिद्धान्त भी थे। इसके पश्चात् सन् 1967 में इस पुस्तक का तृतीय संस्करण प्रकाशित हुआ। इस पुस्तक में निम्न महत्त्वपूर्ण पक्षों को सम्मिलित किया गया।

11 विधि,
43 उपसूत्र,
18 सहायक अनुक्रम के सिद्धान्त,
13 अभिधारणा,
9 पक्ष अनुक्रम के सिद्धान्त।

रंगनाथन द्वारा प्रकाशित "प्रोलेगोमेना टू लाइब्रेरी क्लासीफिकेशन" के तृतीय संस्करण में निम्न महत्त्वपूर्ण नियम, उपसूत्र, अभिधारणा आदि को सम्मिलित किया गया है जिनके बारे में संक्षिप्त सूचना इस प्रकार है :

1. पक्ष अनुक्रम का सिद्धान्त

डॉ. एस. आर. रंगनाथन ने पक्ष अनुक्रम के लिए गाय बछड़ा का सिद्धान्त, प्रभावित कार्यशीलकर्ता उपकरण का सिद्धान्त, भित्ति चित्र का सिद्धान्त तथा समष्टि अंग के सिद्धान्त का प्रतिपादन किया।

2. अभिधारणा

रंगनाथन ने मूलभूत वर्गों के लिए 12 अभिधारणाओं Postulate of Level, Postulate Facet Sequence, Postulate of First Facet, Postulate of Concreteness, Postulate of Facet Sequence within a Round, Postulate of Facet Sequence within Last Round, Postulate of Level Cluster, Postulate of Basic Facet, Postulate of Isolate Facet, Postulate of Rounds for Energy, Postulate of Rounds for Personality and Matter and Postulate of Rounds for Space and Time को प्रतिपादित किया।

3. विधि

पुस्तकालय वर्गीकरण के क्षेत्र में प्रमुख दो विधियो-आधार विधि एतं मूल विधि को नीचे वर्णित किया जा रहा है।

(क) आधार विधि—इसके अंतर्गत रसाकर्षण की विधि, अर्थनिर्णय की विधि, निष्पक्षता की विधि, सममिति की विधि तथा स्थान विभिन्नता की विधि प्रमुख हैं।

(ख) मूल विधि—इस विधि के अंतर्गत यह सिद्धान्त प्रतिपादित किया जाता है कि पुस्तकालय वर्द्धनशील संस्था है, पुस्तक उपयोग हेतु है, हर पाठक को उसकी पुस्तक, हर 'पुस्तक' को उसका पाठक मिले तथा समय बचाओ।

4. उपसूत्र

डॉ. एस. आर. रंगनाथन ने उपसूत्रों को निम्नांकित तीन हिस्सों में विभक्त किया है :—

1. वैचारिक कार्यों के उपसूत्र—इसके अंतर्गत निम्नवत उपसूत्र आते हैं—

(i) अनुरूपता अनुक्रम का उपसूत्र,

(ii) निश्चेष्टता का उपसूत्र,

(iii) अनन्यता का उपसूत्र,

(iv) सहायक अनुक्रम का उपसूत्र,

(v) अनुरूपता का उपसूत्र,
(vi) विस्तार ह्रास का उपसूत्र,
(vii) संक्रमण का उपसूत्र,
(viii) अधीनस्थ वर्ग का उपसूत्र,
(ix) समकक्ष वर्ग का उपसूत्र,
(x) पृथक्करण का उपसूत्र,
(xi) संबद्धता का उपसूत्र,
(xii) निधारयता का उपसूत्र,
(xiii) स्थायित्व का उपसूत्र,
(xiv) संलग्नता का उपसूत्र।

2. शाब्दिक स्तर के कार्यों का उपसूत्र—रंगनाथन ने शाब्दिक स्तर के लिए निम्नांकित चार उपसूत्रों का प्रतिपादन किया है :

(i) प्रचलन का उपसूत्र,
(ii) शिष्टता का उपसूत्र,
(iii) सन्दर्भ का उपसूत्र,
(iv) परिगणन का उपसूत्र।

5. सहायक अनुक्रम के सिद्धान्त

पुस्तकों के प्रबंध के लिए सहायक अनुक्रम के 18 निम्न सिद्धान्तों का प्रतिपादन किया गया है—

(i) स्थानीय समीपता का सिद्धान्त,
(ii) तल के ऊपर की ओर का सिद्धान्त,
(iii) ऊपर से तल की ओर का सिद्धान्त,
(iv) बायीं ओर से दायीं ओर का सिद्धान्त,
(v) दायीं से बायीं ओर का सिद्धान्त,
(vi) परिधि के साथ-साथ घड़ी की सूई की दिशा का सिद्धान्त,
(vii) परिधि के साथ-साथ घड़ी की सूई के विपरीत दिशा का सिद्धान्त,
(viii) परिधि के केन्द्र की ओर का सिद्धान्त,
(ix) केन्द्र से परिधि की ओर का सिद्धान्त,
(x) एक स्थल से वर्गों की दूरी का सिद्धान्त,
(xi) परवर्ती काल का सिद्धान्त,

(xii) परवर्ती विकास का सिद्धान्त,
(xiii) परिमाण या मात्रा वृद्धि का सिद्धान्त,
(xiv) परिमाण या मात्रा ह्रास का सिद्धान्त,
(xv) जटिलता वृद्धि का सिद्धान्त,
(xvi) प्रामाणिक अनुक्रम का सिद्धान्त,
(xvii) साहित्यिक मांग का सिद्धान्त,
(xviii) वर्णानुक्रम का सिद्धान्त।

6. अंकन के उपसूत्र

रंगनाथन ने अंकन स्तर हेतु 21 उपसूत्रों का प्रतिपादन किया है जो निम्नलिखित हैं :

(i) सहविस्तृता का उपसूत्र,
(ii) असहविस्तृता का उपसूत्र,
(iii) सामान्य स्मृति का उपसूत्र,
(iv) वर्णानुक्रम स्मृति का उपसूत्र,
(v) अनुसूचित स्मृति का उपसूत्र,
(vi) व्यवस्थित स्मृति का उपसूत्र,
(vii) मौलिक स्मृति का उपसूत्र,
(viii) पंक्ति में बहिर्वेशन का उपसूत्र,
(ix) पंक्ति में अन्तर्वेशन का उपसूत्र,
(x) शृंखला में बहिर्वेशन के उपसूत्र,
(xi) शृंखला में अन्तर्वेशन के उपसूत्र,
(xii) समानार्थक संबंधी उपसूत्र,
(xiii) भिन्नार्थक संबंधी उपसूत्र,
(xiv) सापेक्षिता का उपसूत्र,
(xv) एकरूपता का उपसूत्र,
(xvi) पदानुक्रम का उपसूत्र,
(xvii) अपदानुक्रम का उपसूत्र,
(xviii) मिश्रित अंकन का उपसूत्र,
(xix) शुद्ध अंकन का उपसूत्र,
(xx) पक्षात्मक अंकन का उपसूत्र,

(xxi) अपक्षात्मक अंकन का उपसूत्र।

पुस्तक वर्गीकरण के लिए रंगनाथन ने निम्नलिखित तीन उपसूत्रों का विकास किया :–

(i) संग्रहाक के उपसूत्र,

(ii) सुस्पष्टता का उपसूत्र,

(iii) पुस्तांक के उपसूत्र।

5. जेम्स ब्राउन

इन्होंने सन् 1890 में दो पुस्तकालय वर्गीकरण प्रणालियों का विकास किया जो असफल हो गई। इन्होंने पहली वर्गीकरण पद्धति सन् 1894 में जोन हेनरी क्वीन के सहयोग से बनाई जिसे क्वीन-ब्राउन वर्गीकरण पद्धति के नाम से जाना जाता है जबकि इनकी दूसरी वर्गीकरण पद्धति सन् 1897 में जडजेस्टेबल वर्गीकरण के नाम से प्रकाशित हुई। ब्राउन ने इन दोनों वर्गीकरण पद्धतियों के असफल हो जाने के पश्चात् सन् 1906 में तीसरी वर्गीकरण पद्धति का निर्माण किया जिसे विषय वर्गीकरण के नाम से जाना जाता है जो सफल हो गई। इस वर्गीकरण पद्धति का दूसरा संस्करण सन् 1914 में व तीसरा संस्करण सन् 1939 में प्रकाशित हुआ।

ब्राउन ने एक स्थान सिद्धान्त को अपनाया तथा इसके लिए उन्होंने मूर्त विचारों का उपयोग किया तथा उन मूर्त विचारों के साथ प्रलेखों के समूह बनाने का प्रयास किया। इन्होंने विज्ञान तथा उसके उपयोग को जोड़ने का प्रयत्न किया। ब्राउन ने सुझाव दिया कि हर विषय को उस विज्ञान के साथ रखना चाहिये जिस पर वह आधारित हो जैसे तकनीकी को शुद्ध विज्ञान के साथ रखना चाहिये लेकिन विषय वर्गीकरण में कई विषयों में नए विषयों का व्यवस्थापन असंतोषजनक है जैसे (Technology) को शुद्ध विज्ञान के साथ रखना चाहिये लेकिन विषय वर्गीकरण में कई विषयों का व्यवस्थापन साथ रखना उचित नहीं लगता।

4

सूचीकरण का उद्भव एवं विकास

सूचीकरण प्रक्रिया आज की नवीन प्रणाली न होकर हजारों वर्ष पूर्व से किसी न किसी रूप में अपनायी जाती रही है। प्रसूचियों के निर्माण का उद्देश्य सामान्यतया अध्येयताओं को सुविधा प्रदान करना तथा पुस्तकों को क्रमानुसार व्यवस्थित करना है। पुस्तकों की सबसे प्राचीन तालिका जो सुमेरियन पटिक्का के रूप में नीपूर में प्राप्त हुई है, 2000 ईसा पहले बनी मानी गई है। इसका भी प्रमाण उपलब्ध है कि ईसाई युग के पूर्व मिडिल ईस्ट के एक पुस्तकालय मन्दिर में यह सूची उपलब्ध थी जिसे पत्थर की पट्टियों पर खोदकर एक कक्ष की दीवारों में जड़ दिया गया था। लेकिन इन तालिकाओं का उद्देश्य स्पष्ट नहीं होता है, क्योंकि आधुनिक प्रसूचियों से ये मिलती-जुलती नहीं है।

सर्वत्र किसी न किसी रूप में प्राचीनकाल की प्रसूचियों या ग्रन्थों की सारणियों के अवशेष मिलते हैं। बेबीलोनिया के पुस्तकालयों से पूर्व मिस्र पुस्तकालयों का प्रादुर्भाव हुआ है फिर भी मिस्र के पुस्तकालयों के अवशेष बेबीलोनिया की तुलना में अधिक मिलते हैं। पश्चिमी सभ्यता का प्राचीनतम एवं सर्वप्रथम निर्मित विशाल प्रसूची का रूप जिसे माना जा सकता है उसे कैलीमैकस ने सिकन्दरिया पुस्तकालय के लिए प्रस्तुत किया था। इन प्रसूचियों को **"पीनेक्स"** कहते हैं, जिनकी रचना कैलीमैकस ने लगभग ईसा पूर्व के 350 सदी में की थी जो इसकी विद्वत्ता तथा लोकप्रियता का आधार है। इस समय सूची की व्यवस्था का अनुक्रम लेखकों के नाम से अनुवर्णिक क्रम में था। इसमें लेखकों की जीवनी और रचनाओं की सारणी का

वर्णन था। मिस्र के **एडफी** नामक स्थान पर वहाँ के प्राचीन मन्दिरों की दीवारों पर ग्रन्थों की प्रसूचियों को खोद कर प्रस्तुत किये जाने के भी प्रमाण मिले हैं।

मध्यकालीन पुस्तकालयों के ग्रन्थों की प्रसूचियों की प्रथा का प्रमाण उपलब्ध है परन्तु उन्हें सूची योग्य नहीं माना जा सकता हैं। विशिष्ट प्रकार की प्रसूचियों का नौवीं सदी में जर्मनी में निर्माण किया गया था। प्रसूचियों के निर्माण के 11वीं और 12वीं सदी तक विकास होने के कोई भी प्रमाण नहीं पाये जाते। अंग्रेजी मठों के पुस्तकालयों में 13वीं शताब्दी के अन्तकाल में संघात्मक सूची का संकलन किये जाने का प्रयत्न किया गया है। रजिस्ट्रम लिबरोरम अंगलिएई सहकारी सूचीकरण का एक जीवित उदाहरण है।

पुस्तकों के प्रादुर्भाव के फलस्वरूप पुस्तकों के अस्तित्त्व-पत्र अथवा सूची को प्रस्तुत करना मठों में साधारण-सी बात बन गई थी। इंग्लैण्ड में 14वीं शताब्दी में धार्मिक संस्थाओं में नव आगन्तुक संन्यासियों के लाभ हेतु उपलब्ध ग्रन्थों की पूर्ण सारणी उनके स्थान के निर्देश सहित प्रस्तुत करने के दो प्रयत्न मुख्य रूप से किये थे। इन प्रयत्नों में वर्तमान युक्तियों को अपनाने का प्रयत्न किया गया है। इसके बाद शैक्षणिक संस्थाओं की प्रसूचियों में विकास किया गया है। प्रसूचियों के आरम्भिक काल के इतिहास का निरूपण इस अध्याय का उद्देश्य नहीं है। **डी. एम. नॉरिस** ने आरंभिक प्रसूचियों के सन्दर्भ में–"History of Cataloguing and Cataloguing Methods" में अपना विचार स्पष्ट किया।

आधुनिक सूचीकरण का प्रारंभ

सन् 1850 ई. को जहाँ **नॉरिस** ने अपने अध्ययन को समाप्त किया है, उसे वर्तमान सूची तथा सूचीकरण कला तथा प्रविधि का आरम्भ कहा जा सकता है। इसके पश्चात् ही कुछ अत्यन्त महत्त्वपूर्ण पुस्तकालयों की प्रसूचियाँ प्रकाशित की गई हैं तथा वर्तमान सूचीकरण प्रक्रिया एवं विधि को उन्नत बनाने तथा सर्वत्र एकरूपता स्थापित करने के प्रयत्न का श्रीगणेश हुआ है। इस दिशा में अत्यन्त महत्त्वपूर्ण सिद्धान्त एवं प्रयोग का प्रतिपादन अनेक ग्रन्थालयियों तथा सूचीकरण विशेषज्ञों ने किया है। सूची जिस आकार अथवा रूप में उपयोग होती है, वह एक कौशल है जिसके वसूलों और विधियों को जाना नहीं गया था। प्राच्य सूचीकरण का कोई प्रभाव आधुनिक सूचीकरण पर दिखाई नहीं पड़ता है। सैद्धान्तिक दृष्टिकोण से प्राचीन प्रसूचियों के संकलन का अनुकरण अवशेष नहीं रहा है। मध्यकालीन युग में वर्तमान सूचीकरण जैसी कोई वस्तु नहीं थी और न तो उत्थानकाल में कोई विधि वर्गीकरण

काल से ही प्राप्त हुई। मात्र ग्रन्थों को उनके प्रणेता के नाम से निर्दिष्ट करने की युक्ति पश्चिमी जगत ने ग्रीक से सीखी है। अतः सूचीकरण कला तथा प्रविधि वर्तमान युग की देन है। प्रसूचियों के अनेक प्रकारों में अनुलेखक सूची का प्रचलन तथा प्रयोग व्यापक रूप से पुस्तकालयों में रहा है, जो 13वीं तथा 14वीं शताब्दी में प्रारम्भ की गई थी।

अनुलेखक के वर्णक्रमानुसार आंकलन पद्धति को 16वीं शताब्दी में शुरू किया गया था, लेकिन कहीं-कहीं पर **अनुवर्ग सूची** तथा सर्वानुवर्णी सूची का भी प्रयोग होता रहा है। सामान्य प्रयोग के लिए सूची नियमावली का अभाव रहा है और प्रसूचियों के निर्माण के लिए कुछ विशिष्ट पुस्तकालयों ने अपने प्रयोग के लिए कुछ निश्चित सूचीकरण नियमावलियों को बना लिया था। प्रसूचियों को बनाने में एकरूपता और सार्वभौमिकता स्थापित करने के लिए जल्द ही राष्ट्रीय तथा अन्तर्राष्ट्रीय स्तर पर प्रयत्न किये गये हैं।

1. ब्रिटिश म्युजियम की प्रसूचियाँ—ब्रिटिश म्युजियम की प्रसूचियाँ जिनका संकलन **मैटी, हारपर** तथा **असाइकफ** ने दो खण्डों में "Librorum impressorum qui in Musco Britannico adservantur Catalogus" के नाम से किया था। इतिहास के नजरिये से यह पहली सामान्य बृहतर अनुलेखक सूची है। इसका दोबारा संशोधन 1807-10 के मध्य किया गया और 1813-19 के मध्य सात खण्डों में इसका संशोधित संस्करण प्रकाशित किया गया। सन् 1834 में ब्रिटिश म्युजियम के ट्रस्टियों ने तत्कालीन अध्यक्ष **बेकर** को नई अनुलेखक सूची की योजना प्रकाशित करने के लिए आदेश दिया जिसका पहला भाग सन् 1841 में प्रकाशित हुआ।

सर अन्थनी पनिज्जी जो सन् 1830 में अतिरिक्त सहायक पुस्तकालयी के पद पर चुने गये थे, कालान्तर में उन्हें प्रधान पुस्तकालयी का पद ग्रहण किया, जिन्हें इस नई सूची के संकलन के कार्य का निरीक्षण करने का कार्यभार प्रदान किया गया। इससे एक बड़ी भारी विवादग्रस्त समस्या पैदा हुई थी। फलस्वरूप पनिज्जी के ज्ञापन देने पर इस नई सामान्य सूची के प्रकाशन का कार्य सन् 1881 तक बिल्कुल बन्द रहा और इस मध्य जाँच आयोग के माध्यम से तमाम जाँच कार्य चलता रहा। इन प्रसूचियों का पुनः प्रकाशन शुरू हुआ और प्रकाशन कार्य सन् 1900 तक जारी रहा। सन् 1881 से सन् 1905 तक की प्रकाशित सूची 95 भागों की है और इसके 15 अनुपूरक खण्ड हैं। इन सूची की प्रतियाँ शीघ्र ही अलभ्य हो गईं।

इस सामान्य सूची का दोबारा प्रकाशन सन् 1930 में नये शीर्षक "British Museum General Catalogue of Printed Books" से शुरू किया गया। जिसे

सन् 1954 में 51 खण्डों के प्रकाशन के बाद बन्द कर दिया गया और इस तरह मात्र A से DEZW तक अक्षरों का प्रकाशन हो पाया। नये संस्करण का प्रकाशन 'ऑफसेट लीथोग्राफी' के द्वारा पूर्ण करने का कार्य सन् 1958 में सार्वभौमिक अध्ययन के अस्तित्व पत्र के रूप में उपलब्ध किये जाने के उद्देश्य से शुरू किया गया। इस तरह से प्रकाशित ब्रिटिश म्युजियम की सूची बहुत उपादेय सिद्ध हुई है।

इसमें सन् 1955 तक के संग्रह के संलेख प्रस्तुत किये गये हैं। 52वें खण्ड के प्रकाशन का कार्य सन् 1959 में प्रारंभ किया गया और दोबारा 1-55 खण्डों का प्रकाशन किया जा रहा है। सन् 1966 तक खण्डों का क्रम 263 तक प्रकाशित हो चुका था। जिसमें WORK तक के अक्षरों का समावेश उपलब्ध है और इसमें 40 लाख संलेखों का वर्णन किया गया है जो ब्रिटिश म्युजियम की आखिरी सूची है। इसके अलावा प्राच्य प्रकाशित ग्रन्थों तथा पाण्डुलिपियों की पृथक प्रसूचियाँ उपलब्ध हैं। ब्रिटिश म्युजियम की प्रसूचियाँ बहुत बड़ी एवं संसार की सबसे पहली सूची है जो ग्रन्थात्मक साधन के रूप में प्रयोग में लाई जा सकती है। अनुलेखक प्रसूचियों का सर्वोत्तम नमूना ब्रिटिश म्युजियम की ही प्रसूचियाँ हैं।

2. बोडेलियन पुस्तकालय सूची—बोडेलियन पुस्तकालय सूची प्रारम्भिक सूचीकरण प्रवृत्तियों और सूचीकरण नियमावलियों पर निर्भर होने के कारण विशेष वर्णनीय हैं। इस पुस्तकालय की प्रथम वर्गीकृत सूची, जो प्रकाशित सूची रही है, उसका प्रकाशन सन् 1605 ई. में किया गया था। इसका संकलन एवं निर्माण **बोडले** के निर्देशन में **थामस जेम्स** ने किया था।

इस सूची का दूसरा संस्करण सन् 1620 में पुनः प्रकाशित किया गया था जिसे लेखकों के कुलनाम के अनुसार अनुवर्णिक क्रमानुसार आंकलित किया गया था। यह पहली सामान्य पुस्तकालय सूची रही है। इसका भी श्रेय जेम्स को ही है। जबकि इस सूची में सूचीकरण तथा संकलन के लिए किसी नियम का उपयोग नहीं किया गया है लेकिन इसमें अनेक सिद्धान्तों का अनुसरण किया गया है।

जेम्स ने सन् 1635 ई. में एक विषय-सूची बनायी जो सन् 1620 की सूची का एक परिशिष्ट रहा है। सन् 1674 में तीसरी अधिकृत सूची का प्रकाशन किया गया जिसका संकलन हॉइड ने किया था। इसमें सूचीकरण की कुछ नियमावलियों का वर्णन किया गया है, जिनको अपनाया गया है। सन् 1738, सन् 1849 तथा सन् 1859 में दूसरी प्रकाशित प्रसूचियों का प्रकाशन किया गया जिसमें ब्रिटिश म्युजियम की नियमावलियों को अपनाया गया है। इस सूची का स्वरूप गार्डबुक की तरह है।

सन् 1882 में बोडेलियन पुस्तकालय के लिए एक विशिष्ट नियमावली का संकलन **निकोलसन** ने किया था। सम्पूर्ण नवीन सूची का प्रकाशन सन् 1923 में किया गया और नवीं नियमावली का भी प्रकाशन सन् 1933 में किया गया। सन् 1878 में **निकोलसन** ने वर्गीकृत सूची का संकलन शुरू किया था। इसे कालान्तर में खत्म कर विषय-सूची के कुछ विभागीय पुस्तकालयों के लिए बनाया गया। बोडेलियन पुस्तकालय वस्तुतः ऑक्सफोर्ड विश्वविद्यालय, ब्रिटेन का केन्द्रीय पुस्तकालय है जिसके अनेक विभागीय पुस्तकालय हैं। इसकी प्रसूचियाँ अब संघ सूची की तरह मार्क टेप्स के रूप में तैयार की जा रही हैं।

3. लन्दन पुस्तकालय की प्रसूचियाँ—लन्दन पुस्तकालय की सूची जो अनुलेखक सूची थी और वर्णक्रमानुसार व्यवस्थित थी सबसे पहले सन् 1847 में प्रकाशित की गई। प्रमुख सूची का नया संस्करण दो खण्डों (1913-14) के अनुपूरक भाग सहित सन् 1920, सन् 1929 और सन् 1953 में क्रमशः प्रकाशित किया गया। इस सूची की पद्धति सर चार्ल्स हरबर्ट राइट माध्यम से बनाई गई पद्धति पर आधारित है और इसकी मुख्य योजना ब्रिटिश म्युजियम की योजना तथा व्यवस्था से प्रभावित है। पृथक रूप से विषयों की अनुक्रमणिकाएँ चार खण्डों में उपलब्ध हैं जिनका प्रकाशन सन् 1909 से सन् 1955 के मध्य किया गया है। यह सूची मुख्यतः अनुलेखक सूची है जिसके संलेखों को लेखक और शीर्षक के अनुवर्णिक क्रम में व्यवस्थित किया गया है।

सन् 1841 में इस पुस्तकालय की स्थापना थॉमस के द्वारा की गई थी जिसका मुख्य कारण था ब्रिटिश म्युजियम की सेवाओं से कार्लाइल सन्तुष्ट नहीं थे। इस पुस्तकालय की स्थापना में कार्लाइल को तत्कालीन कुछ प्रसिद्ध एवं प्रभावकारी लोगों से मदद एवं सहयोग मिला जिसमें ग्लैस्टोन, क्लेरण्डन तथा हाटन आदि मुख्य थे।

4. प्रसियन राज्य पुस्तकालयों की प्रसूचियाँ—इस राष्ट्रीय पुस्तकालय ने "Gesamt-Catalog der Preussischen bibliothenken" का प्रकाशन सन् 1931 में शुरू किया जो सहकारी सूचीकरण का सर्वोत्तम नमूना है। यह संघ सूची मुख्य रूप से अनुलेखक सूची है, जिसकी वर्णानुक्रम व्यवस्था है जिसमें प्रसियन पुस्तकालयों, बेवेरियन राज्य पुस्तकालय, म्युनिख और राष्ट्रीय पुस्तकालय, वियना की संकलित रचनाओं को शामिल किया गया है। इस सूची में ब्रिटिश म्युजियम की सामान्य सूची की विधि के अनुसार संकलित रचनाओं को शामिल किया गया है। सन् 1944 में युद्ध के कुपरिणाम से इसका प्रकाशन समाप्त हो गया जो सन् 1936 से "der deutcher gesamt.-Katalog" के नाम से विख्यात था।

5. संयुक्त राज्य पुस्तकालयों की प्रसूचियाँ—सर्वानुवर्ण प्रसूचियों के संबंध में अमेरिका में ऐसे नमूने उपलब्ध हैं जिसमें मुख्य रूप से बोस्टन एथेनियम पुस्तकालय की पाँच खण्डों की सूची है जिसे कटर ने 1874-1882 के मध्य बनाया था। इन्डेक्स कैटलॉग ऑफ दी लाइब्रेरी ऑफ यू. एस. सरजन जनरल्स ऑफिस जिसका नियोजन तथा श्रीगणेश तत्कालीन सरजन लाइब्रेरियन बिलिंग्स ने सन् 1880 में किया था, तथा पियबॉडी इन्स्टीट्यूट, बाल्टीमोर लाइब्रेरी कैटलॉग जिसका संकलन 13 खण्डों में 1883-1905 के मध्य किया गया आदि सर्वानुवर्णी प्रसूचियों के अनुकरणीय नमूने हैं जिनके अधीन विश्लेषणात्मक संलेखों तथा प्रति निर्देशों की भरमार है।

इन प्रसूचियों के अलावा दूसरे लोक पुस्तकालयों की प्रसूचियाँ भी उत्तम प्रकार की हैं। जिनमें कारनेगी पिट्सबर्ग; जनरल कैटलॉग ऑफ दी बुक्स ऑफ डेटरायट जिसका संकलन सन् 1888 में किया गया तथा न्यूयार्क स्टेट लाइब्रेरी की सूची जिसका प्रकाशन सन् 1856 में हुआ है। संयुक्त राष्ट्र की सर्वानुवर्णी प्रसूचियों के अलावा दूसरी प्रसूचियाँ जो उन्हीं युक्तियों के अनुसार पुस्तकालयियों के माध्यम से बनाई गई हैं, उसके नमूने ग्रेट ब्रिटेन में मिलते हैं जिनमें प्रमुख रूप से बर्निंघम रिफ्रेन्स लाइब्रेरी कैटलॉग तथा लिवरपूल रिफ्रेन्स कैटलॉग हैं जिनका प्रकाशन सन् 1872 में किया गया जो प्रोफेसर जीवट के माध्यम से उत्पादन नियमानुसार संकलित किया गया था।

अन्य सर्वानुवर्णी प्रसूचियों के नमूने लिवरपूल पब्लिक लाइब्रेरीज कैटलॉग नान-फिक्शन—चार खण्डों की 1925-1959, ब्रिस्टल पब्लिक लाइब्रेरी, ऐनुयल कैटलॉग—पाँच खण्डों की सन् 1962 में प्रकाशित तथा संयुक्त राष्ट्र की मेट्रोपोलिटन म्युजियम ऑफ आर्ट न्यूयार्क कैटलॉग और कोलम्बिया युनिवर्सिटी लाइब्रेरी सर्विस डिक्शनरी कैटलॉग आदि बहुत लोकप्रिय नमूने हैं।

6. अमेरिकन लाइब्रेरी एसोसिएशन की प्रसूचियाँ—शार्प ने कहा था कि "प्रकाशित प्रसूचियों का कोई विकासात्मक वर्णन तब तक पूरा नहीं माना जा सकता जब तक कि किसी न किसी रूप में ए. एल. ए. प्रसूचियों का सन्दर्भ नहीं दिया जाता जिसके संस्करण समय-समय पर सन् 1893 से प्रकाशित होते रहे हैं। इस कथन में पर्याप्त मात्रा में सत्य है। सचमुच ये प्रसूचियाँ किसी पुस्तकालय अथवा किसी सामूहिक पुस्तकालयों के संकलन का प्रतिनिधित्व नहीं करतीं, बल्कि प्रकाशित सूची के पृष्ठों के एक सर्वोत्तम पुस्तकालय सूची के नमूने का कार्य करती हैं जिसमें विधियों, प्रविधियों तथा विन्यास व्यवस्था का अनुसरण आदि सूचीकारों का

प्रकाशन 1893-1941 के मध्य में समय-समय पर प्रकाशित किया है और सन् 1904 के संस्करण को न्यूयार्क स्टेट लाइब्रेरी और लाइब्रेरी ऑफ काँग्रेस ने ए. एल. ए. पब्लिशिंग बोर्ड के तत्त्वधान में दो भागों में "A. L. A. Catalog: 8,000 volumal for a popular library, with notes." के नाम से प्रकाशित किया है। पहला भाग अनुवर्ग सूची के रूप में है जिसके वर्गीकरण का आधार डेसमल क्लासीफिकेशन है और दूसरा भाग सर्वानुवर्णी सूची के रूप में है। ए. एल. ए. सूची को प्रथम सामान्य ग्रन्थ चुनाव का साधन कहा जा सकता है, जिसका निर्माण अमेरिकी लोक पुस्तकालयों के सहयोग से किया गया है।

इस सूची के अवलोकन तथा अध्ययन से यह स्पष्ट होता है कि पुस्तकालयों के संग्रह की बढ़ोत्तरी के कारण प्रकाशित प्रसूचियों को अतिथि नहीं रखा जा सकता और मूल सूची के प्रकाशन के उपरान्त हमेशा अनुपूरक खण्डों को प्रकाशित किया गया है जिससे नये संग्रह का ज्ञान प्राप्त किया जा सके। इस प्रक्रिया में बहुत ज्यादा धन और समय तथा परिश्रम की आवश्यकता पड़ती है। 20वीं शताब्दी के प्रारम्भ में प्रकाशित प्रसूचियाँ खर्चीली महसूस होने लगीं और मितव्ययिता तथा प्रसूचियों को अतिथि रखने के लिए पत्रक प्रसूचियों का प्रचलन प्रचुर मात्रा में प्रयुक्त किया जाने लगा। अतः शोधकर्ताओं तथा पुस्तकालयों में सुविधा तथा व्यवस्था के दृष्टिकोण से सूचीकरण प्रक्रिया अनिवार्य है।

5

पुस्तकालय विज्ञान के पाँच सिद्धान्त

पुस्तकालय पुस्तकों का वह संग्रह स्थल है, जहाँ पर विभिन्न प्रकार की पुस्तकों को सूचियों के अंतर्गत व्यवस्थित करके रखा जाता है। वस्तुतः पुस्तकों की बढ़ती उपयोगिता तथा इसके बढ़ते महत्त्व के कारण व्यतिक्रम होना स्वाभाविक था। इसी व्यतिक्रम से बचने के लिए पुस्तकालय के लिए सिद्धान्तों का प्रतिपादन करना अनिवार्य था। इस समस्या को समाप्त करने के लिए विभिन्न पुस्तकालयविदों ने प्रयास किया, जिससे डॉ. रंगनाथन का विशेष महत्त्व है। पुस्तकालय विज्ञान से संबंधित जिन सूत्रों का प्रतिपादन सन् 1928 में उन्होंने किया, उन्हें क्रमागत रूप में वर्णित कर स्पष्ट किया जा रहा है।

प्रथम सिद्धान्त-पुस्तकें उपयोगार्थ हैं

पुस्तकालय में सबसे महत्त्वपूर्ण बात यह होती है कि सभी पुस्तकें इस तरह से संकलित की जाएँ कि उनके उपयोग पर प्रश्नचिह्न न रहा हो, जैसे—उपनिषद् का पहला सदाचार सिद्धान्त सदा सच बोलिए। इस सिद्धान्त की सत्यता असंदिग्ध है।

पुस्तकों को आलमारी की शोभा न समझकर अध्ययन की विषय-वस्तु के रूप में स्वीकार करना चाहिए। वे प्रकाशित सामग्रियों की ढेर नहीं अपितु मानव मस्तिष्क की सर्जनात्मक वृत्ति की प्रतिफल है, जो विभिन्न आयामों से हमें ज्ञान प्रदान करती हैं। वे मानव की ही तरह जीवित हैं और ये लेखक के व्यक्तित्त्व को अनन्तकाल तक जीवित बनाये रखती हैं। उनमें 'तमसो मा ज्योतिर्गमय' के अनुसार अन्धकार से

प्रकाश की ओर ले जाने की अद्भुत शक्ति विद्यमान है। पुस्तकें मनुष्य के महानतम अध्याय तथा कभी धोखा न देने वाली मित्र हैं।

अतः यह उचित ही है कि पुस्तकें इस उद्देश्य से पुस्तकालय में संग्रहीत की जायें कि व्यक्ति उन्हें पढ़ने के लिए उत्साहित हों। यदि समुचित उपयोग ही न हो सके तो पुस्तकों के बड़े-बड़े संग्रहागारों से किसी उद्देश्य की पूर्ति नहीं होती। इस सिद्धान्त की उपयोगिता सर्वविदित है। इसमें कोई भी विवादग्रस्त पक्ष नहीं है। विगत वर्षों में भारत तथा दूसरे राष्ट्रों में इस सिद्धान्त ने अधिक से अधिक मान्यता प्राप्त की है फिर भी इस सिद्धान्त की समस्त अपेक्षाओं को समझकर अभी भी पुस्तकालयों का नियोजन नहीं किया जाता। पुस्तकालयों में अभी भी अबाध प्रवेश प्रणाली अमल में नहीं आ रही है। इसके अलावा पुस्तकों का उपयोग अधिक से अधिक बढ़ाने की दृष्टि से प्रचार के साधन नहीं अपनाये जा रहे हैं।

अनिवार्य शर्तें

पहले सिद्धान्त की सफलता के लिए अग्रलिखित बिन्दुओं को ध्यान में रखना अनिवार्य है–

1. पुस्तकालय स्थल–पुस्तकालय के लिए स्थान चुनाव उस कुशल व्यवसायी की तरह करना चाहिए, जो अधिक से अधिक ग्राहकों को अपनी दुकान की ओर आकर्षित करना चाहता है। आपने देखा होगा कि काफी हाउस आमतौर पर छात्रावासों के पास अथवा किसी औद्योगिक क्षेत्र के बीचों-बीच होते हैं। इसी प्रकार पुस्तकालय का स्थान भी इस प्रकार चुना जाना चाहिए जिससे कि अधिक व्यक्ति उपयोग कर सकें। जहाँ काफी आवाजाही रहती हो, ऐसा स्थान पुस्तकालय के लिए आदर्शतम स्थान है। पुर्तगाल की राजधानी लिस्बन के एक बगीचे में पुस्तकालय है। इस पुस्तकालय में सर्वप्रथम पुस्तक संख्या 1,000 थी। कालान्तर में यह बढ़ती गई और उनमें बहुत से उपयोगी विषयों पर पुस्तकें समाहित हो गईं। पुस्तकालय सुबह 10 से शाम 6 बजे तक खुला रहता है। आँकड़े बताते हैं, कि प्रथम वर्ष में ही इस पुस्तकालय का 25,000 पाठकों ने उपयोग किया।

2. प्रचार विधियों का उपयोग–पुस्तकालयी सेवा का लाभ सभी लोग उठा सकें इसके लिए यह अनिवार्य है कि इसके महत्त्व तथा सुविधाओं के प्रचार एवं प्रसार में पुस्तकालय अध्यक्ष महत्त्वपूर्ण भूमिका अदा करे। उसे पुस्तकालय में खरीदी जाने वाली नवीन पुस्तकों के विषय में भी प्रचार विधियों का प्रयोग करना चाहिए, जिससे पाठकों को पुस्तकालय में उपलब्ध नई पुस्तकों के विषय में जानकारी प्राप्त हो सके।

नई पुस्तकों का प्रदर्शन किया जाना चाहिए। विशिष्ट पुस्तकालयों को लेखों तथा प्रकाशनों के सार संक्षेप में तैयार करके पाठकों को प्रदान करने चाहिए।

3. पुस्तकालय भवन—इस सिद्धान्त के अनुसार यह व्यवस्था बनाई गई है कि पुस्तकालय भवन को नगर के मध्य में रखा जाए ताकि किसी भी पाठक के लिए समस्या उत्पन्न न हो। डॉ. रंगनाथन के अनुसार पुस्तकालय भवन के लिए नगर में ऐसा स्थान चुनना, जो रेलवे स्टेशन अथवा ट्रामलाइन से एक मील से ज्यादा दूर हो, जिसके आधा मील के अन्दर कोई रिक्शा स्टैण्ड न हो, तथा सबसे नजदीक महाविद्यालय व छात्रावास कम से कम तीन मील की दूरी पर हों, दूरदर्शितापूर्ण होगा।

4. पुस्तकालय नियम—पुस्तकालय नियमावली इस प्रकार की होनी चाहिए जिससे पाठक स्वतंत्र रूप से पुस्तकों को उपयोग कर सकें।

5. सामग्री—सामग्री मनमोहक होनी चाहिए। पुस्तक रैक बहुत ऊँचे नहीं होने चाहिए। वे 7 फुट से ऊँचे नहीं होने चाहिए ताकि फर्श पर खड़े पाठक रैक के अन्तिम खाने तक आसानी से पुस्तक ले सकें। अध्ययन कक्ष मनमोहक तथा कुर्सियाँ इस तरह की होनी चाहिए कि पाठक लम्बे समय तक आसानी से बैठ सकें। शोध कार्य के लिए अलग व्यवस्था होनी चाहिए।

किसी भी पुस्तकालय में निधानियों की व्यवस्था पुस्तकों की उपयोगिता के आधार पर बनाए जाती थी। समस्या यह थी कि किस प्रकार न्यूनतम व्यय में अधिकतम पुस्तकों का संग्रह किया जाये। उस समय रैक छत से लगे रहते थे। अलमारियों में दरवाजे, ताले लगे रहते थे। फर्नीचर सस्ता तथा काम चलाऊ होता था, पाठकों के लिए फर्नीचर आरामदेह हो, यह विचार उस समय रखा ही नहीं जाता था। लेकिन पहले सिद्धान्त के प्रभावशील होने के उपरान्त अब परिस्थितियाँ बदलने लगी हैं।

6. पुस्तकालय का कार्यकाल—पुस्तकालय का कार्यकाल अध्येयताओं के समय को ध्यान में रखकर किया जाना चाहिए। दिन में जब नागरिक कार्यालयों में कार्य करते हों, ऐसे समय में यदि पुस्तकालय खुला रहे तो नागरिक पुस्तकालय के उपयोग से वंचित रह जायेंगे। अतएव पुस्तकालय प्रातः से रात्रि तक खुला रहना चाहिए। डॉ. रंगनाथन ने पुस्तकालय-कार्यकाल पाठकों की सुविधा के आधार पर न निर्धारित करने के दुष्परिणाम के रूप में दृष्टांत दिया है। सन् 1806 में एक छात्र पुस्तकालय के उपयोग के लिए लालायित रहते हुए भी उसका उपयोग न कर सका। तब वह उसके द्वार पर "तुम पर लानत है जो कि ज्ञान की कुंजी ले गये हो, तुम स्वयं तो प्रवेश कर नहीं पाए, दूसरों के मार्ग में भी रुकावट डालते हो।" यह लिख

कर चला गया। इस सिद्धान्त के प्रकाश में यह उचित ही है, कि पुस्तकालय न केवल प्रातः से रात्रि तक खोले जायें बल्कि रविवार व अन्य छुट्टी के दिन भी खोले जाएं।

7. पुस्तकालय कर्मचारियों का सहयोग—पाठकों के प्रति कर्मचारियों को सहानुभूतिपूर्ण होना चाहिए तथा उन्हें पाठकों की सहायता के लिए हमेशा तैयार रहना चाहिए।

8. अबाध प्रवेश—पुस्तक संग्रह में पाठकों का अबाध प्रवेश होना चाहिए जिससे पाठक अलमारियों तक जा सकें और उपयोगी पुस्तक चुन सकें।

द्वितीय सिद्धान्त-पुस्तक सर्व प्राप्त हो

पुस्तकालय पुस्तकों का संग्रहालय है उनका उद्देश्य क्या है? पहला सिद्धान्त इस सवाल का जवाब देता है 'उपयोग'? अब सवाल उठता है पुस्तकों का क्या उपयोग है। पुस्तकें जानकारी प्रदान करती हैं तथा शिक्षित करती हैं, वे शान्ति प्रदान करती हैं तथा स्वस्थ मनोरंजन का अभूतपूर्व साधन भी हैं। पहले हम उनकी शैक्षणिक महत्ता पर विचार करें। यदि पुस्तकें शिक्षा के साधनों की रूप हैं तो हर मानव के लिए पुस्तक सिद्धान्त के मूल में प्रत्येक व्यक्ति का मूलभूत अधिकार है। पुस्तकें शिक्षा और ज्ञान का अनिवार्य और महत्त्वपूर्ण माध्यम हैं। हर एक पाठक को अपनी जरूरत और उपयोगिता की पुस्तकें प्राप्त करने के मौलिक अधिकार प्राप्त हैं। इस सिद्धान्त ने "पुस्तकें कुछ इने-गिने लोगों के लिए हैं" सिद्धान्त को पूर्णतया खंडित कर दिया है।

इस सिद्धान्त के प्रभावशील होने के बाद नए वैज्ञानिक तौर-तरीकों की जानकारी सुदूर स्थानों तक पहुँचने लगी है और शहरी और ग्रामीण उद्योग विश्व की नवीनतम प्रविधियों का उपयोग अपने उद्योगों में करके राष्ट्रीय उत्पादन में वृद्धि कर रहे हैं। विपणन के क्षेत्र में पुस्तकों के प्रचार से अनेकानेक सुधार हो गये हैं। प्रौढ़ शिक्षा का गाँवों में प्रचार हो गया है और ग्रामीणों की सामाजिक मान्यताओं में विशेष परिवर्तन होने लगे हैं। प्रारंभिक काल में ग्रामीण क्षेत्रों में पुस्तकों को पहुँचाना काफी दुष्कर कार्य था, परंतु आज पुस्तकालय सेवा ग्राम पेटिकाओं अथवा भ्रमणशील पुस्तकालयों के द्वारा गाँवों तक फैल गई है। पुस्तकालय सेवा लोगों तक पहुँचाने के कार्य में जिला अधिकारी, जिला संगठन, तहसीलदार, ग्राम पंचायत तथा सहकारी संस्थाएँ शामिल हैं। पुस्तकालय सेवा का संगठन करना स्वयं में एक समस्या है, क्योंकि इस बात पर विशेष ध्यान दिया जाता है कि ग्रामीण क्षेत्रों के अध्येता भी इसका लाभ उठाने से वंचित न रहें।

सामान्य पाठक वर्ग के अतिरिक्त कुछ ऐसे पाठक भी होते हैं जिन्हें पुस्तकें उपलब्ध कराना सामाजिक जिम्मेदारी है। विशिष्ट पाठकों में बालक, कैदी, रुग्ण, वृद्ध, अन्ध, दैहिक रूप से असहाय, मानसिक रूप से असहाय, जहाजी आदि अनेक हो सकते हैं। भारत की सन् 1991 की जनसंख्या (Census) विवरणिका में 7,40,000 जहाजी बतलाये गये हैं—ये जहाजी अधिकतर समुद्रों पर ही रहते हैं। इन्हें प्रवास में मनोरंजन के लिए पुस्तकें प्राप्त होना आवश्यक हैं। इसी प्रकार कैदी, रुग्ण, मानसिक और दैहिक रूप से असहाय, जिनके पास मनोरंजन का कोई स्रोत नहीं होता, उनके लिए पुस्तकें ही एकमात्र मनोरंजन की स्रोत होती हैं।

बालकों के आत्म विकास के लिए पाठ्य पुस्तकों का ज्ञान विशेष सहायक नहीं होता अतएव उन्हें भी विविध जीवन निर्माणकारी साहित्य प्राप्त होना चाहिए। इसी प्रकार अन्धों के मनोरंजन के लिए ब्रेल पुस्तकों का उपलब्ध होना आवश्यक हो गया है। संसार के अनेक देशों में राजतंत्र की समाप्ति और लोकतंत्र की स्थापनों की वजह से भी पुस्तकों की उपयोगिता में काफी वृद्धि हुई है। क्योंकि लोकतंत्र का अस्तित्त्व बनाये रखने हेतु देश के नागरिकों का पढ़ा-लिखा होना आवश्यक है। शिक्षित नागरिक ही अपने कर्तव्य को भली-भांति समझते हैं। पुस्तकालय विज्ञान का यह सिद्धान्त क्रान्ति को एक कदम और आगे बढ़ाने में पहले सिद्धान्त का अनुगमन करता है।

यदि पहले सिद्धान्त ने "पुस्तकें संरक्षाणार्थ हैं" संबंधी विचारधारा को बदला तो दूसरे सिद्धान्त ने "पुस्तकें कुछ ही के लिए हैं" संबंधी विचारधारा को बदल दिया। यदि पहले सिद्धान्त का क्रान्तिकारी उद्घोष "पुस्तकें उपयोगार्थ है" तो दूसरे सिद्धान्त को क्रान्तिकारी उद्घोष "पुस्तकें सबके लिए हैं।" यदि पहले सिद्धान्त का दृष्टिकोण पुस्तकों के पक्ष में है तो दूसरे सिद्धान्त का दृष्टिकोण पुस्तकों के उपयोगकर्ताओं के पक्ष में है। यदि पहला सिद्धान्त पुस्तकालय में जीवन-संचार करता है, तो दूसरा सिद्धान्त पुस्तकालय को राष्ट्रव्यापी संस्था के रूप में स्थापित करता है। यदि पहला सिद्धान्त अनेक पुस्तकालय खोले जाने पर बल देता है तो दूसरा सिद्धान्त नये पुस्तकालयों की रचना करता है तथा नये प्रकार के पुस्तकालय सभ्यता को जन्म देते हैं। यदि पहले सिद्धान्त को अपनाने के संबंध में असहमति थी तो दूसरे के संबंध में व्यापक प्रतिक्रिया है। अतएव दूसरे सिद्धान्त द्वारा प्रद्वेलित क्रान्ति अधिक पर्याप्त है तथा वह मानवता को ध्येय के अधिक निकट लाती है।

पुस्तकालय में निरर्थक तथा निष्प्रयोज्य सामग्रियों के स्थान पर वे साभग्री उपस्थित होनी चाहिए जो पाठकों के लिए उपयोगी हो। पुस्तकालयाध्यक्ष तक पुस्तक चुनाव-समिति के व्यक्तियों को उन विषयों की सम्पूर्ण जानकारी ज्ञात होनी चाहिए

जिन पर पाठक पुस्तकें चाहते हैं। पुस्तकों का चुनाव सभी प्रकार के पाठकों को दृष्टि में रखते हुए करना चाहिए। इस सिद्धान्त से यथार्थ में यह निर्धारित करने में सहायता मिलती है कि पुस्तकालय कौन-सी पुस्तकें खरीदे। उदाहरण--स्वयं किसी विद्यालय के पुस्तकालय में न केवल पाठ्य-पुस्तकें होनी चाहिए बल्कि अन्य उपयोगी सन्दर्भ एवं उपयोगी पुस्तकें भी होनी चाहिए, जिससे पाठ्य-पुस्तकों के अध्ययन को सुचारू रूप से पूरा किया जा सके। इसी तरह सार्वजनिक पुस्तकालय में सामान्य रुचि की पुस्तकों के साथ-साथ ज्ञान बढ़ाने के लिए पुस्तकें भी होनी चाहिए। विविध व्यक्तियों की रुचि में भेद पाया जाता है।

अतएव ज्ञान की शिक्षित शाखाओं पर उपयोगी पुस्तकें पुस्तकालय में होनी चाहिए। बच्चों के लिए मोटे अक्षरों वाली पुस्तकें संग्रहीत की जानी चाहिए। हर व्यक्ति को उनकी अभिरुचि की पुस्तक मिले। यह सिद्धान्त सामान्यतः कहने में जितना सरल है, व्यावहारिक रूप से उसे कार्यान्वित करना उतना ही कठिन है। इस सिद्धान्त का पालन तब ही हो सकता है जब राज्य, पुस्तकालय प्राधिकारी, पुस्तकालय कर्मचारी और स्वतः पाठक अपने-अपने उत्तरदायित्व को समझें। डॉ. रंगनाथन ने राज्य पुस्तकालय प्राधिकारी, पुस्तकालय कर्मचारियों और स्वयं पाठकों के उत्तरदायित्व को निम्नवत रूपों में स्पष्ट किया है।

राज्य उत्तरदायित्व के घटक

राज्य उत्तरदायित्व के प्रमुख घटक निम्नवत हैं--

(अ) क्रमबद्ध संगठन--यह स्पष्ट है कि दूसरे सिद्धान्त की पूर्ति के लिए पर्याप्त धन चाहिए। इस दृष्टि से पुस्तकालयों के कार्यों में सहयोग और संगठन अत्यन्त आवश्यक है कि फिजूलखर्ची को रोका जा सके। राज्य का यह उत्तरदायित्व है कि वह राज्य के पुस्तकालयों को पुस्तकालय पद्धति के रूप में संगठित करे। पुस्तकालय पद्धति के द्वारा विभिन्न पुस्तकालय संगठन में बँध जाते हैं तथा अपने उद्देश्यों की पूर्ति इस तरह कर सकते हैं--(1) स्थानीय पुस्तकालय की अधिकतम सीमा निर्धारित करके, (2) अन्तःपुस्तकालयीन उधार, आदि के द्वारा, (3) राज्य द्वारा केन्द्रीय अभिकरणों की स्थापना द्वारा।

(ब) वित्त--सफल पुस्तकालय पद्धति की स्थापना के लिए वित्तीय संसाधनों की अधिकता अनिवार्य है। वित्त-व्यवस्था के मुख्य साधन राज्य तथा केन्द्रीय शासन द्वारा पुस्तकालयों को प्राप्त होने वाले अनुदान, पुस्तकालय कर तथा वैयक्तिक और

संस्थानिक सहायता हैं। पुस्तकालय कर लगाने के लिए पुस्तकालय अधिनियम में इस प्रकार का नियम होना चाहिए।

(स) पुस्तकालय कानून–पुस्तकों के मुक्त उपयोग तथा पुस्तकालयों को नियोजित करने के लिए पुस्तकालय कानून अत्यन्त जरूरी है।

(1) पुस्तकालय प्राधिकारी का उत्तरदायित्व–राज्य अथवा प्रशासन का दायित्व पुस्तकालयों हेतु वित्तीय संसाधनों और भवन का प्रबन्ध करना है। पुस्तकालय को सुचारू रूप से चलाना तथा पाठकों की आकांक्षा की संतोषजनक पूर्ति के कार्य निम्नवत हैं–

(अ) प्रशिक्षित कर्मचारियों का चयन–पुस्तकालय के लिए ऐसे कर्मचारियों का चुनाव करना चाहिए जो भली प्रकार शिक्षित तथा प्रशिक्षित हों। कर्मचारियों का वेतन पर्याप्त होना चाहिए तथा कार्य के परिमाण के अनुसार उनकी संख्या निश्चित की जानी चाहिए।

(ब) उपयोगी पुस्तकों का चुनाव–पुस्तकों का चुनाव करते समय चुनावकर्ता को यह निर्णय कर लेना चाहिए कि पुस्तक विशेष का कितना उपयोग हो सकेगा अथवा पुस्तकालय के पाठकों के लिए वह पुस्तक उपयोगी होगी भी या नहीं। वित्तीय संसाधनों की अपर्याप्तता के कारण पुस्तक चुनाव में विशेष सावधानी आवश्यक है। चुनावकर्ता के लिए आवश्यक है कि वह पाठकों के निकट संपर्क बनाए रखे और उसे अभिरुचियों के संबंध में जानकारी हो। उसे पुस्तकालयाध्यक्ष के परामर्श को विशेष महत्त्व देना चाहिए।

(2) प्रशासन का उत्तरदायित्व–राज्य का उत्तदायित्व बनता है कि वह अपने सभी नागरिकों को बिना किसी विभेद के शिक्षा की सुविधा प्रदान करे। पुस्तकालय स्वशिक्षा के माध्यम के रूप में राज्य शासन को अपना कर्तव्य पूरा करने में सहयोग देते हैं। अतः यह अनिवार्य है कि राज्य सुव्यवस्थित पुस्तकालयों की स्थापना करे, तथा स्थापित पुस्तकालयों को संरक्षण दे। राज्य पुस्तकालयों के लिए वित्तीय व्यवस्था करके तथा उन्हें एक वैधानिक व्यवस्था के अधीन रखकर अन्य पुस्तकालयों में शामिल करके राज्य पुस्तकालयों के प्रति अपना उत्तरदायित्व पूरा कर सकता है। वित्त पुस्तकालय अधिनियम विशेष महत्त्व के हैं। बिना वित्तीय संसाधनों के पुस्तकालय न तो स्थापित हो सकते हैं और न ही उनका विकास और संचालन ही हो सकता है। जनता पुस्तकालय न तो स्थापित हो सकते हैं और न ही उनका विकास और संचालन ही हो सकता है। जनता पुस्तकालयों से लाभ उठाती है।

अतः जनता पर नाममात्र का पुस्तकालय कर लगाकर वित्तीय व्यवस्था की जा सकती है। विभिन्न राष्ट्रों के पुस्तकालय विधानों में पुस्तकालय कर का प्रावधान किया गया है। भारत के भी 10 राज्यों में पुस्तकालय विधान प्रारम्भ होते हैं। पुस्तकालय कर के अलावा राज्य शासन को अन्य अनुदानों द्वारा पुस्तकालय सेवा को असरदार बनाये रखने का प्रयास करना चाहिए इसके अलावा यह भी आवश्यक है कि पुस्तकालयों का गठन इस प्रकार किया जाये कि वे आपस में सहयोग करें, और पाठकों की अपेक्षाएँ पूर्ण करें। राज्य के सभी पुस्तकालय वैधानिक व्यवस्था में बँध जाने पर एक इकाई के रूप में कार्य करने लगते हैं।

(3) पाठकों का कर्तव्य—पाठकों का उत्तरदायित्व यह है कि वे पुस्तक का प्रयोग करते समय अन्य पाठकों का ध्यान तथा पुस्तकालय के नियमों का अनुपालन करें। निर्धारित संख्या में ही पुस्तकें प्राप्त करें तथा निर्धारित समय व्यतीत होने से पहले ही उन्हें वापस कर दें। वे सन्दर्भ ग्रन्थ, विलुप्त साहित्य तथा कला पर प्रकाशित महंगी पुस्तकें तथा पत्र-पत्रिकाओं का उपयोग पुस्तकालय में ही करें।

(4) पुस्तकालय कर्मचारियों का कर्तव्य—पुस्तकालय सेवा उस समय काफी प्रभावी होती है जब पुस्तकालय के कर्मचारियों की कार्यकुशलता अच्छी होती है, जबकि इसके विपरीत होने पर पुस्तकालय पर पड़ने वाला प्रभाव नकारात्मक होता है। कर्मचारियों के द्वारा पाठकों में रुचि न लिए जाने की स्थिति में राज्य तक पुस्तक कर्मचारियों को पुस्तकों तथा पाठकों से नजदीक सम्पर्क बनाए रखना चाहिए जिससे कि वे आवश्यकतानुसार दोनों पक्षों को मिला सकें। पुस्तकालय कर्मचारियों को निपुणतापूर्वक सन्दर्भ सेवा पाठकों को प्रदान करनी चाहिए जिससे कि उनको अपनी सामान्य जिज्ञासाओं की पुष्टि के लिए अधिक समय न देना पड़े। पाठकों को वाङ्मय सूचियों (Bibliographies) की भी पूर्ण जानकारी होनी चाहिए। इन सूचियों के द्वारा वे पाठकों को उसकी रुचि के विषय पर उपलब्ध साहित्य की जानकारी तत्काल करा सकते हैं।

तृतीय सिद्धान्त—प्रत्येक पुस्तक को उसका पाठक मिले

यह पहले सिद्धान्त के अनुरूप है, किन्तु एक अर्थ में यह दूसरे सिद्धान्त को सम्पूर्णता प्रदान करता है। जबकि दूसरा सिद्धान्त प्रत्येक पाठक को उपयोगी पुस्तक प्रदान करवाने के लिए वचनबद्ध है, तीसरा सिद्धान्त प्रत्येक पाठक को उसके उपयोग की पुस्तक दिलवाने हेतु कृत संकल्प है।

पुस्तकालय में किसी भी पुस्तक के उपलब्ध होने का उस समय तक कोई महत्त्व नहीं जब तक पाठक द्वारा उसका अध्यपन न किया जाये। कई पुस्तकों के नये संस्करण कभी भी उपयोग में नहीं आते। कुछ पुस्तकों को धूल झाड़ने वाले कर्मचारी के अलावा और कोई भी हाथ नहीं लगा पाता। पुस्तकों का संपूर्णता से उपयोग न हो पाने का कारण यह भी होता है कि उनके अंदर वह विषय सामग्री नहीं होती, जिनकी पाठक को आवश्यकता होती है। किन्तु पुस्तकें स्वतः तो पाठकों तक पहुँच नहीं सकतीं। पुस्तकें निर्जीव हैं, अतएव यह पुस्तकालयाध्यक्ष का कर्तव्य हो जाता है कि वह पाठकों को उनके उपयोग की पुस्तकें दिलवाएँ। इस उद्देश्य की पूर्ति के लिए जिन साधनों तथा विधियों को अपनाना होता है, उन्हें नीचे स्पष्ट किया जा रहा है--

(अ) सूची प्रविष्टियाँ—सूची-कार्डों पर किसी प्रमाणिक सूची कल्प के आधार पर बनी सूची प्रविष्टियाँ बनानी चाहिए। विशेषतः पुस्तक माला प्रविष्टियाँ और अन्तर्निर्देशन प्रविष्टियाँ। सूचीकरण चुनाव करने में पाठकों की काफी सहायता करता है। ये सूचियाँ पुस्तकालय की कुंजी की तरह हैं। सूचियाँ निर्मित करने के लिए प्रशिक्षित कर्मचारियों की आवश्यकता होती है, अतएव इस नियम की पूर्ति तब हो सकती है जब पुस्तकालय प्राधिकारी पुस्तकालयों में उचित मात्रा में प्रशिक्षित कर्मचारी उपलब्ध कराएँ।

(ब) खुली प्रवेश प्रणाली—द्वितीय सिद्धान्त की पूर्ति में खुली प्रवेश प्रणाली विशेष महत्त्वपूर्ण होती है। खुली प्रवेश प्रणाली के द्वारा पाठक को यह सुविधा उपलब्ध होती है कि वह पुस्तकालय से अपने व्यक्तिगत पुस्तकालय की तरह पुस्तकें चुन सकते हैं। इस पद्धति के अन्तर्गत पाठक को यह छूट रहती है कि वह आलमरियों तक जाकर स्वयं पुस्तकें बिना किसी रुकावट के छाँट सकें। जिन पुस्तकालयों में पुस्तकों को अलमारियों में बन्द रखा जाता है, उसकी सुविधा पाठकों को प्राप्त नहीं होती। ऐसे पुस्तकालयों का उपयोग कम होता है तथा अनेक पुस्तकें वर्षों तक अलमारियों में बन्द पड़ी रहती हैं।

इस संबंध में श्री ए. थिरुमलैमुकतुस्वामी ने एक बड़ी अच्छी कल्पना की है—उनके अनुसार यदि पुस्तकें जीवित होतीं तो वे ऐसे पुस्तकालयाध्यक्षों का उपहास करतीं, जो अपने कर्तव्य का पालन नहीं करते, और उसकी खलनायक के रूप में भर्त्सना करतीं, क्योंकि वह पाठकरूपी प्रेमी को पुस्तकरूपी प्रेमिका से मिलने नहीं देता। पुस्तकालय की इमारत का चुनाव करते समय एक कुशल व्यापारी के समान सावधानियाँ बरतनी चाहिए। पुस्तकालय की इमारत आकर्षक हो ताकि वह ज्यादा

से ज्यादा पाठकों को अपनी ओर खीच सके। कोई दुकानदार अलमारियों में सामान बन्द कर देने पर अच्छी बिक्री की आशा नहीं कर सकता। इसी तरह के आदर्श पुस्तकालयों को अपने समक्ष रखकर खुली प्रवेश पद्धति व्यवहार में लानी चाहिए।

कुछ लोगों का मानना है कि खुली प्रवेश प्रणाली में पुस्तकों की सुरक्षा संदिग्ध रहती है, परंतु फिर भी इसे व्यवहार में लाना अनिवार्य है। वास्तव में कुछ पुस्तकों की हानि तो निषिद्ध प्रवेश पद्धति में भी होती है। प्रैट-इन्स्टीट्यूट की पुस्तकालयाध्यक्षा कुमारी इसाबेल एलीलार्ड के द्वारा किये गये एक सर्वेक्षण का यह परिणाम निकला कि खुली प्रवेश पद्धति वाले पुस्तकालयों में चोरियों की संख्या बन्द प्रवेश पद्धति वाले पुस्तकालयों की अपेक्षा बहुत अधिक नहीं थी।

(स) निधानी व्यवस्थापन—पुस्तकालयों में पुस्तकें सुव्यवस्थित होनी चाहिए। निधानियों पर पुस्तकें विषयवार वर्गीकृत, सुव्यवस्थित होनी चाहिए। वर्गीकरण किसी प्रामाणिक वर्गीकरण पद्धति के अनुसार होना चाहिए। पुस्तकालय द्वार पर पुस्तकें, तथा प्राचीन पुस्तकों के नये संस्करण प्रदर्शित करने के लिए फलक होना चाहिए, जिससे पाठक नई पुस्तकों की ओर आकर्षित हो सकें। इसके अलावा कुछ विशेष शीर्षक जैसी-उपयोगी पुस्तकें शीर्षक के अन्तर्गत प्रदर्शित की जानी चाहिए।

(द) प्रचार—प्रचार-प्रसार आगन्तुकों को पुस्तकालयों की तरफ आकर्षित करने की महत्त्वपूर्ण प्रविधि है। ये स्रोत प्रचार के साधन कहे जाते हैं। पुस्तकालय में किन विषयों की उपयोगी पुस्तकें हैं इसका ज्ञान इन साधनों के द्वारा हो जाता है। ये साधन हैं, प्रेस, समाचार फलक, पुस्तकालय बुलेटिन, पुस्तक प्रदर्शनी, रेडियो, पोस्टर, पाठकों से वार्तालाप। इन विधियों के उचित और सामयिक उपयोग से पाठक पुस्तकों की ओर मोहित होते हैं और इस तरह प्रत्येक पुस्तक को अपना पाठक मिलने में सहायता मिलती है।

(य) सन्दर्भ सेवा—इस प्रकार खुली प्रवेश पद्धति पुस्तकों का निधानियों पर विषयवार व्यवस्थापन तथा वैश्लेषिक सूचीकर ये विधियाँ प्रत्येक पाठक को उसकी पुस्तक प्राप्त कराने में बहुत सहायक हो सकती हैं, किन्तु ये विधियाँ वैज्ञानिक होते हुए भी यांत्रिक हैं। खुली प्रवेश प्रणाली होने पर भी समान्य पाठक स्वयं के लिए उपयोगी पुस्तकों का चुनाव नहीं कर सकेगा क्योंकि पुस्तकालय का यांत्रिक संगठन कितना ही अच्छा क्यों न हो वैयक्तिक परामर्श और निर्देशन के बिना अपने लिए उपयोगी पुस्तक चुन पाना आसान नहीं है। सूची कार्ड भी सामान्य पाठक के लिए विशेष सहायक नहीं हो सकते।

पुस्तकालय को भौतिक संगठन के साथ कुछ ऐसे कर्मियों की व्यवस्था करनी चाहिए जो पाठकों को निजी रूप से सेवा प्रदान कर सकें। इस प्रकार के कर्मचारी जिन्हें सन्दर्भ कर्मचारी कहा जाता है तीसरे सिद्धान्त की सफलता के लिए पुस्तक प्राप्त करने में सहायता मिलती है।

(र) लोकप्रिय विभागों की स्थापना—सम्भावित पाठकों को वास्तविक पाठकों के रूप में बदले बिना तीसरा सिद्धान्त पूर्णतया सफल नहीं हो सकता। पुस्तकालय से लाभ उठाने को प्रेरित करने के लिए उन्हें पुस्तकालय की ओर आकर्षित करना होगा। ऐसे पाठकों को आकर्षित करने के लिए पुस्तकालयों में सामान्यतया समाचार-पत्र तथा पत्रिका कक्ष होते हैं। समाचार-पत्रों तथा पत्रिकाओं में सामान्यतः हर व्यक्ति की रुचि होती है। अतएव पुस्तकालय में जाने के लिए वे अभ्यस्त हो जाते हैं और पुस्तकालय में संग्रहीत अन्य सामग्री से लाभन्वित होने लगते हैं।

तीसरा सिद्धान्त सम्भावना नियम पर आधारित है जिसका अर्थ यह है कि जितने अधिक व्यक्ति पुस्तकालय में आयेंगे, उतनी ही पाठक संख्या में वृद्धि होगी और तब प्रत्येक पुस्तक को अपना पाठक खोजने में कठिनाई नहीं होगी।

(ल) पुस्तक चुनाव—पुस्तकालय के सभी उपयोगकर्ता अथवा पाठकों की अपेक्षा और व्यक्तिगत रुचियों की पूर्ति में पुस्तक चयन सिद्धान्त की महत्त्वपूर्ण भूमिका होती है। पाठकों की रुचियों तथा आवश्यकताओं के विषय में जानकारी के प्रमुख स्रोत हैं—पाठकों के सुझाव, सन्दर्भ-सेवी कर्मचारियों द्वारा नोट किये हुए सुझाव, सन्दर्भ-सेवी कर्मचारियों के नोट्स, मुख्य स्थानीय पुस्तक व्यवसायी, राष्ट्रीय तथा स्थानीय महत्त्व की घटनाएँ तथा स्थानीय समुदायों के प्रमुख व्यक्तियों से परिचय।

(व) प्रसार-सेवाएँ—विशुद्ध प्रचार के उपर्युक्त साधनों को व्यवहार में लाने के साथ पुस्तकालय अब कुछ इस तरह के कार्य भी करते हैं जिनसे पाठक उनकी ओर आकर्षित हों। यह कार्य प्रसार-सेवा के तहत आता है। प्रसार सेवाओं का उद्देश्य पुस्तकालय को ऐसे सामुदायिक केन्द्र के रूप में बदल देना है जिसका लक्ष्य सामान्य नागरिकों को पाठकों में परिवर्तित करना, साहित्य पढ़ने की इच्छा जाग्रत करना तथा पाठकों और पुस्तकों के मध्य सम्पर्क स्थापित कराना है।

प्रसार सेवाओं के प्रमुख कार्य

प्रसार सेवाओं के प्रमुख कार्य निम्नवत हैं—

1. पठन केन्द्रों की स्थापना—इन केन्द्रों का उद्देश्य किसी विषय विशेष के अध्ययनार्थियों को एक सूत्र में बाँधना तथा उन्हें उस विषय पर पुस्तकालय में सामग्री उपलब्ध करना है।
2. अन्य भाषाओं से उपयोगी पुस्तकों का प्रादेशिक भाषाओं में अनुवाद करवाना और उन्हें पाठकों को पढ़कर सुनाना।
3. अनपढ़ों को पुस्तकें पढ़कर सुनाना।
4. पुस्तकालय में सार्वजनिक भाषाओं का आयोजन।
5. पुस्तकालय कर्मचारियों तथा पाठकों के मध्य सौहार्द की भावना विकसित करने के उद्देश्य से पुस्तकालय में बुद्धिजीवियों के विभिन्न संगठनों की बैठकें आयोजित करना।
6. पुस्तकालय में पुस्तक प्रदर्शनियों का आयोजन।
7. पुस्तकालय में कहानियाँ सुनाना तथा नाटकों का मंचन करना।
8. महापुरुषों की जयन्ती, उत्सव, पर्वों आदि पर आयोजन करना।

अतः उपरोक्त कार्यों के आधार पर पुस्तकालय का लाभ उठाया जा सकता है।

चतुर्थ सिद्धान्त—पाठक के समय की सदुपयोगिता

चौथे सिद्धान्त का उद्देश्य यह है कि पाठकों के समय का सदुपयोग हो तथा उन्हें समय व्यर्थ किये बिना ही अपनी आवश्यकता की पुस्तकों की प्राप्ति हो सके। जबकि पहले तीन सिद्धान्त अधिकतम व्यक्तियों द्वारा पुस्तकों के अधिकतम उपयोग से सम्बन्धित हैं, यह नियम पाठकों का समय बचाने के उद्देश्य से बनाया गया है। द्वितीय सिद्धान्त के कारण पुस्तकालय प्रशासन में अनेक सुधार हुए हैं।

पाठक का समय बचाओ सिद्धान्त का अर्थ यह है कि पाठक के पुस्तकालय में प्रवेश होने के समय से, पुस्तकालय छोड़ने के समय तक ऐसी विधियों का उपयोग करना चाहिए जिससे कि उसका समय बर्बाद न हो।

पाठक का समय बचाने के लिए निम्न बातों का ध्यान देना चाहिए जैसे—व्यवस्थापन, खुली प्रवेश पद्धति, सूचीकरण, संग्रहागार प्रदर्शक, सन्दर्भ सेवा, ग्रन्थ सन्दर्भ सूची, पुस्तकालय का स्थान, निर्गमन प्रणाली तथा केन्द्रीय सूचीकरण आदि।

1. सूची प्रविष्टियाँ—पुस्तकालयों में अनेक ऐसी पुस्तकें होती हैं, जिनमें कुछ विषयों पर उपयोगी लेख होते हैं अथवा जिन पर पाठक की रुचि के विषय पर उपयोगी सामग्री कुछ पृष्ठों तक ही सीमित होती है। पाठक का दृष्टिकोण यह रहता है कि

उसे पुस्तकालय में विषय विशेष पर उपलब्ध सम्पूर्ण साहित्य के विषय में जानकारी दी जाये। उदाहरण के तौर पर पाठक तुलसीदास पर साहित्य चाहता है। पुस्तकालय में केवल तुलसीदास पर केन्द्रित करके लिखी पुस्तकों के अलावा कुछ पुस्तकें ऐसी होंगी जिनमें प्रसंगवश तुलसीदास पर चर्चा की पुस्तकों का पुस्तकालय में वैश्लेषिक सूचीकरण किया जाना चाहिए।

2. स्वतः व्यवस्थापन—स्वतः पुस्तक व्यवस्थापन विषयानुसार प्रामाणिक वर्गीकरण के अनुसार होना चाहिए। सन्दर्भ को काउण्टर के पास जगह देनी चाहिए। इसके अलावा जिन विषयों की पुस्तकें पाठक प्रायः उपयोग करते हों, उन्हें संग्रहागार में पहले रखा जाना चाहिए, अन्य पुस्तकें जिनका यदा-कदा उपयोग होता है, उन्हें कक्ष के शेष भाग में व्यवस्थित किया जा सकता है। इस पद्धति से पुस्तकों का व्यवस्थापन करने से पाठक का समय बचता है।

3. सन्दर्भ-सेवा—पाठकों का समय बचाने के लिए उन्हें पुस्तकालय द्वारा सन्दर्भ-सेवा दी जानी चाहिए। पुस्तकालय में विभिन्न तरह की ग्रन्थ सन्दर्भ सूचियाँ तथा सन्दर्भ ग्रन्थों के आधार पर पाठकों को उसकी रुचि के विषय पर जानकारी दी जा सकती है। इस प्रकार की सेवा अध्ययन और अनुसन्धान कार्यों में बहुत सहायक होती है। सन्दर्भ-सेवा दो तरह की होती है— सत्वर सन्दर्भ-सेवा तथा व्याप्त सन्दर्भ-सेवा। सत्तवर सन्दर्भ-सेवा के प्रमुख उद्देश्य निम्नवत हैं—

(क) पाठकों को पुस्तकालय में सूची तथा ग्रन्थ सन्दर्भ सूचियों का उपयोग करने के लिए प्रशिक्षित करना तथा उन्हें वर्गीकरण और फलक व्यवस्थापन के विषय में जानकारी देना।

(ख) सामान्य जिज्ञासाओं की पुष्टि करना—व्याप्त सन्दर्भ-सेवा : व्याप्त सन्दर्भ-सेवा का उद्देश्य वाङ्मयात्मक स्रोत, अमुद्रित सामग्री, समाचार-पत्र, पत्रिकाओं के नवीन अंक, समाचार-सार, मुद्रित ग्रन्थ, संचित सन्दर्भ, अभिलेखों के आधार पर पाठकों को अनुसन्धान-कार्य में सहायता देना है। इस कार्य में विषय विशेषज्ञों की सलाह एवं प्रलेखन केन्द्रकों की सहायता का विशेष महत्त्व है।

(ग) पाठकों को पुस्तकालय के विभिन्न भागों के विषय में सूचना देना तथा उन्हें विषय विशेष के सन्दर्भ कक्ष प्रभारी से अवगत कराना।

4. खुली प्रवेश पद्धति—जिन पुस्तकालयों में खुली प्रवेश पद्धति नहीं है, उनमें पाठकों को पुस्तकें चयन के लिए सहारा लेना पड़ता है। उन्हें सूची से एक स्लिप में पुस्तक का वर्णक नोट करके पुस्तकालय कर्मचारी को देना होता है तथा कर्मचारी के पुस्तक लाने तक उन्हें प्रतिक्षा करनी होती है। इसके अतिरिक्त सूची

से चुनी गई पुस्तक हो सकती है,जो पाठक की आकांक्षा को पूरा न करे। अतएव उसे दूसरी दफा सूची से अन्य पुस्तक का चुनाव करना होता है। स्पष्ट है कि खुली प्रवेश पद्धति पाठकों का समय बचाने के लिए आवश्यक है।

5. पथ-प्रदर्शन—पाठकों का मार्ग निर्देशन करने के लिए संग्रहागार के शुरू में पुस्तक व्यवस्थापन योजना दर्शाने के लिए एक चार्ट होना चाहिए, जिससे पाठक को यह जानकारी हो सके कि पुस्तकालय में किस विषय की पुस्तक कक्ष के किस हिस्से में उपलब्ध है। इसके अलावा अलमारियों और निधानियों के शीर्षों पर विषय पट्टी तथा फलकों से पाठकों को विषय विशेष से सम्बन्धित पुस्तकों को प्राप्त करने में सुविधा होती है।

उपरोक्त विवेचन से स्पष्ट होता है कि सन्दर्भ सेवा पुस्तकालय की वह व्यवस्था है जो पाठकों को सूचना प्राप्त करने में सहयोग प्रदान करती है।

6. निर्गमन पद्धति—सुसंगठित पुस्तकालयों में ऐसी वैज्ञानिक निर्गमन पद्धति का उपयोग करना चाहिए, जिसे पुस्तकों के आदान में पाठकों का अधिक समय नष्ट न हो। वर्तमान समय में खाता समय जैसी पद्धति का बहिष्कार कर दिया गया है क्योंकि इस प्रकार की प्रणालियों में बहुत-सी प्रविष्टियाँ आवश्यक होती हैं और पाठकों का बहुत समय नष्ट होता है। पाठकों का समय बचाने की दृष्टि से द्विकार्ड पद्धति विशेष उपयोगी सिद्ध हुई है।

7. सन्दर्भ ग्रन्थ सूची—पुस्तकालयों में सभी विषयों पर सन्दर्भ ग्रंथ सूची का होना अनिवार्य होता है। पत्रिकाओं में प्रकाशित लेखों के आधार पर विषयवार वर्गीकृत सूचियाँ पाठक को उपलब्ध होने पर, उसे विषय विशेष पर विभिन्न पत्र-पत्रिकाओं में प्रकाशित लेखों के संबंध में शीघ्रता से ज्ञान हो जाता है। सम्प्रति, एक ही विषय पर आधारित अनेक पत्र-पत्रिकाएँ लिखी जाती हैं। ऐसे में पाठक के समक्ष स्वयं की रुचि की पुस्तक प्राप्त करने में समस्या उत्पन्न हो जाती है। अतः ग्रन्थ सन्दर्भ सूचियों से पुस्तकों के चुनाव और अनुसंधान-कार्य में पाठकों को सहायता मिलती है और उनका समय भी बचता है।

8. केन्द्रीय सूचीकरण व्यवस्था—कर्मचारियों का समय बचाने की दृष्टि से यह आवश्यक है कि सूचीकरण केन्द्रीय स्तर पर हो जिससे किसी केन्द्रीय संस्था से पुस्तकालयों को पुस्तकों के तैयार सूची कार्ड प्राप्त होते रहें। इससे सूचीकरण पर कर्मचारियों को समय नष्ट नहीं करना पड़ता तथा वे शेष समय पाठकों की सहायता में लगा सकते हैं।

9. पुस्तकालय की स्थिति—पाठकों का समय बचाने की दृष्टि से पुस्तकालय भवन ऐसे स्थान पर स्थित होना चाहिए, जहाँ अधिकतम पाठक, 10 मिनट के अन्दर

पहुँच सकें। इस उद्देश्य की पूर्ति के लिए पुस्तकालयों की अधिक से अधिक शाखाएँ खोलनी चाहिए तथा ग्रामीण क्षेत्रों में मोटरवाहन द्वारा प्रत्येक ग्राम पुस्तकालय केन्द्र और कृषि क्षेत्रों तक पुस्तकें पहुँचाने की व्यवस्था करनी चाहिए।

10. पुस्तकालय कर्मचारी—पाठकों के समय की सदुपयोगिता और बचत को दृष्टिगत रखते हुए जरूरी हो जाता है कि पुस्तकालय की आवश्यकतानुसार सन्दर्भ-सेवा हो। पुस्तकालय की कार्य पद्धति ऐसी होनी चाहिए कि कर्मचारी कम समय में अधिक कार्य कर सकें तथा अधिक से अधिक पाठकों की सहायता कर सकें।

पंचम सिद्धान्त—पुस्तकालय संवर्द्धनशील संस्था है

पुस्तकालय में पुस्तक, पाठक तथा कर्मचारी तीन संवर्द्धनशील तत्त्व हैं। यह कहना असंगत होगा कि वर्तमान पुस्तकालय पुस्तक, पाठक, कर्मचारी नामक तीन तत्त्व हैं। इन तीन तत्त्वों को नीचे विवेचित किया जा रहा है।

1. पुस्तकें : पुस्तकालयों में नित्य पुस्तकों की संख्या बढ़ोत्तरी होती रहती है। नवीन पुस्तकों के आगमन से संग्रह-कक्ष पुस्तकों को आसानी से संग्रहीत नहीं कर पाते हैं। इस दृष्टि से संग्रह कक्ष, पुस्तक रेक, पुस्तक रेक के शेल्फ के शीर्षक आदि पर विचार करना अनिवार्य है। संग्रह कक्ष का आधार पाँचवें सिद्धान्त को दृष्टिगत रखकर निश्चित किया जाना चाहिए। संग्रह कक्ष में इतना स्थान होना चाहिए कि पुस्तकें आसानी से संग्रहीत की जा सकें। भवन निर्माण करते समय पुस्तक संग्रह कक्ष के निकट पर्याप्त स्थान छोड़ा जाना चाहिए जिससे आवश्यकतानुसार संग्रह कक्ष के आकार में वृद्धि की जा सके। पुस्तकों के रेक इस प्रकार से बने होने चाहिए कि आवश्यकतानुसार एक स्थान से दूसरे स्थान पर उन्हें ले जाया जा सके अथवा उनके आकार में वृद्धि की जा सके। अलमारियों के शीर्षक पट्ट भी इस प्रकार होने चाहिए कि उन्हें सुविधापूर्वक एक से निकालकर दूसरे स्थान पर लगाया जा सके।

पुस्तक संग्रह कक्ष के अतिरिक्त पत्र-पत्रिका कक्ष में भी विस्तार के लिए पर्याप्त स्थान होना चाहिए। इसी प्रकार सूची कक्ष में भी इतना स्थान होना चाहिए कि आगामी वर्षों में पुस्तकालय में आने वाली पुस्तक के कार्ड अच्छी तरह व्यवस्थित किये जा सकें।

अतः पुस्तकालय वर्गीकरण में रंगनाथन का पाँचवाँ सिद्धान्त विशेष महत्त्वपूर्ण है। अतएव पुस्तकालय वर्गीकरण पद्धति में यह योग्यता होनी चाहिए कि वह नूतन-पुरातन सूची विषयों की पुस्तकों को वर्गांक प्रदान कर सके। प्रो. **बारविक**

सेयर्स के अनुसार—वर्गीकरण प्रणाली लचीली, विस्तरित तथा अधिकतम सीमा तक उदार होनी चाहिए जिससे वृद्धि सिद्धान्त का पालन हो सके।

2. कर्मचारी : पुस्तक एवं पाठकों की संख्या में नियमित बढ़ोत्तरी होने पर अधिक कर्मचारियों की आवश्यकता पड़ती है। अतः पुस्तकालय प्राधिकारी को आवश्यकतानुसार अधीनस्थ पुस्तकालयों को अधिक कर्मचारी देते रहना चाहिए। कर्मचारी प्रशिक्षित, योग्य, रुचिवान, कर्तव्यनिष्ठ होने चाहिए। प्रत्येक कर्मचारी से उसकी शिक्षा, शारीरिक क्षमता तथा स्वभाव के अनुसार कार्य लेना चाहिए। कर्मचारियों के स्थानांतरण का प्रभाव पाठकों की सुविधाओं को प्रभावित करे, इसकी भी व्यवस्था रखनी चाहिए।

3. पाठक : वर्तमान समय में पुस्तकालय की व्यवस्था में बढ़ती संख्या को नियोजित तरीके से स्थान देने की एक प्रमुख समस्या है। इस दृष्टि से दूसरी आवश्यक बात यह है कि पुस्तकों के आदान-प्रदान के लिए रिक्त पद्धति जैसी सुगम पद्धति अपनायी जानी चाहिए, जिससे अधिक से अधिक पाठकों से आदान-प्रदान किया जा सके। इसके अतिरिक्त खुली प्रवेश प्रणाली का उपयोग करना चाहिए।

निष्कर्षतः पुस्तकालय विज्ञान के पाँच सिद्धान्त अपने व्यापक प्रभाव के कारण पुस्तकालय विज्ञान के मूलभूत सिद्धान्त के रूप में स्थापित हो चुके हैं। श्री के. शिवरामन के अनुसार, "पुस्तकालय विज्ञान के पाँच सिद्धान्त भारत तथा दूसरे राष्ट्रों में पुस्तकालयों और पुस्तकालय-कार्य से सम्बन्धित व्यक्तियों के लिए आचरण-संहिता के रूप में कार्य कर रहे हैं। इन सिद्धान्तों ने पुस्तकालय विज्ञान के विकास एवं पुस्तकालय-सेवाओं के उन्नयन की दिशा में एक नई रचनात्मक दृष्टि प्रदान की है।"

6

पुस्तकालय सूचना एवं प्रलेखन का उद्भव एवं विकास

प्रलेखन को अंग्रेजी भाषा में (Documentation) कहते हैं। इस शब्द का प्रयोग सर्वप्रथम एक अन्तर्राष्ट्रीय आर्थिक सम्मेलन (International Economic Conference) के अवसर पर अपने एक व्याख्यान में पाल ऑटलेट (Paul Otlet) ने किया था, जिसका अभिप्राय प्रलेखों के लेन-देन, विकास प्राप्ति व प्रस्तुतीकरण से था। इसी परिप्रेक्षय में सन् 1920 में इस पद का प्रयोग नीदरलैण्ड इन्स्टीट्यूट फॉर डाकूमेन्टेशन के प्रसंग में किया गया और हाइमन्स (E. Hymans) ने इसे परिभाषाबद्ध करते हुए यह स्पष्ट किया कि इसी परिप्रेक्ष्य में सन् 1920 में इस पद का प्रयोग नीदरलैण्ड इन्स्टीट्यूट फॉर डाकूमेन्टेशन के प्रसंग में किया गया और हाइमन्स (E. Hymans) ने इसे परिभाषाबद्ध करते हुए यह स्पष्ट किया कि "प्रलेखन" (documentation) उसे कहते हैं जिसके द्वारा सुव्यवस्थित प्रसार कार्य सबसे अबाध गति से सम्बन्ध होते हैं। सर्वप्रथम सन् 1929 में (Aslib) ने प्रलेखन पद का उपयोग व्यवस्थित परिभाषा के रूप में किया। सन् 1930 में "डाकूमेन्टेशन यूनिवर्सलीज" में भी इसको स्पष्ट किया गया। पाल ऑटलेट ने प्रलेखन की प्रथम कृति "ट्रेट ही डाकूमेन्टेशन" (1934) में इसकी व्याख्या की है। "इन्टरनेशनल इन्स्टीट्यूट ऑफ बिब्लियोग्राफी" को सन् 1931 में "इन्टरनेशनल इन्स्टीट्यूट फॉर डाकूमेन्टेशन" नाम दिया गया, जिसे पुनः सन् 1937 में बदल

कर "इन्टरनेशनल फडेरेशन फॉर डाकूमेन्टेशन" कर दिया गया। अतः "डाकूमेन्टेशन" पद का उपयोग 20वीं सदी के दूसरे दशक से अधिक किया जाने लगा।

प्रलेखन के क्षेत्र में बढ़ती आवश्यकताओं के परिणामस्वरूप किसी भी दशा में यह अनिवार्य हो गया था कि प्रलेखन की दिशा में महत्त्वपूर्ण कार्य किया जाए, परिणामतः विभिन्न विकासशील देशों ने इस क्षेत्र में महत्त्वपूर्ण कार्य किया। यूनेस्को के प्रयास के अधिकांश विकासशील देशों में प्रलेखन केन्द्रों की स्थापना की गई है। प्रलेखन के क्षेत्र में सारांशकरण एवं अनुक्रमणिकाकरण में स्थानीय, राष्ट्रीय तथा अन्तर्राष्ट्रीय पत्रिकाओं की भूमिका अद्वितीय रही है।

प्रलेखन का आशय एवं परिभाषाएं (Meaning and Definition of Documentation)—आधुनिक समय में प्रलेखन का क्षेत्र सीमित न होकर काफी व्यापक हो गया है। शोध प्रक्रिया में किस प्रकार सन्दर्भों का उल्लेख तथ्यों के समर्थन में किया जाता है और किस प्रकार शोध-आलेखों एवं कृतियों की प्रमाणिकता के लिए वांछित प्रलेखों एवं प्रमाणों का उल्लेख किया जाना चाहिए, आदि भी प्रलेखन के अभिप्राय को अभिव्यक्त करते हैं। लेकिन यहाँ पर सूचना-विज्ञान, ग्रन्थालय सेवा-व्यवस्था तथा प्रलेखन तथा सूचना-सेवाओं के परिप्रेक्ष्य में परिभाषाओं का उल्लेख किया गया है, जिससे इसके उद्देश्य तथा अभिप्राय स्पष्ट हो सके।

प्रलेखन की परिभाषाएँ

प्रलेखन की प्रमुख परिभाषाएँ निम्नवत हैं–

कतिपय विद्वानों द्वारा प्रलेखन को विभिन्न तरीके से परिभाषित किया गया है। कुछ परिभाषाएँ निम्नलिखित हैं–

ऐसलिब (Aslib) द्वारा 1945 में मान्य की गई परिभाषा–"विशिष्ट प्रकार के ज्ञान को अभिलेखबद्ध करना, सुव्यवस्थित करना तथा उसे सम्प्रेषित एवं प्रसारित करना, अन्य शब्दों में वैज्ञानिकों एवं अनुसंधित्सुओं के लिए सूक्ष्म सामग्रियों को संग्रहीत करना, सुव्यवस्थित करना तथा सुलभ करना ही, प्रलेखन है।"

एस.सी. ब्रडफोर्ड (S.C. Bradford) के अनुसार– "नवीन निरीक्षणों एवं ज्ञान के सभी अभिलेखों के संग्रह तथा विषयानुसार वर्गीकृत करने एवं आवश्यकतानुसार आविष्कारक तथा अनुसंधानकर्ताओं के उपयोग हेतु उन्हें सुलभ करने की प्रक्रिया" को प्रलेखन कहते हैं।

जे. एच. शेरा (J.H. Shera) का विचार — "सन्निहित सूचना का अधिकतम अभिगम एवं उपयोगिता प्रदान करने के लिए विशिष्ट प्रकार के

अभिलिखित ज्ञान के क्रमबद्ध प्रस्तुतीकरण, सुव्यवस्था एवं सम्प्रेषण तथा सार की आवश्यक प्रविधियों के समूह" को प्रलेखन कहते हैं।

पाल ऑटलेट—"मानवीय क्रियाकलापों के सभी क्षेत्रों के सभी प्रकार के प्रलेखों को एकत्रित, वर्गीकृत एवं वितरित करने में प्रयुक्त प्रक्रिया" को प्रलेखन कहते हैं।

डॉ. एस. आर रंगनाथन—आधुनिक परिप्रेक्ष्य में डॉ. रंगनाथन की परिभाषा निम्नांकित है इसे इन्होंने निम्नलिखित पाँच सूत्रों के आधार पर स्पष्ट किया है—

(a) विशेषज्ञों द्वारा नवीनतम सूक्ष्म विचारधाराओं/सामग्रियों के उपयोग किए जाने हेतु प्रयुक्त विधियाँ तथा प्रोत्साहन,

(b) वांछित तथा विशिष्ट,

(c) विस्तृत एवं परिपूर्ण,

(d) शीघ्रातिशीघ्र, सुलभ करने की सेवा का आयोजन करना,

(e) निरन्तर तीव्रता से विकसित एवं पर्याप्त संख्या में अनेक विशिष्ट विषयों में प्रस्फुटित होने वाली नवीनतम सतत् समृद्धशील विचारधाराओं तथा सामग्रियों, जिन्हें हजारों सामयिकियों के द्वारा सम्प्रेषित एवं प्रसारित किया जाता है, की जानकारी की सेवा प्रदान करना।

उपरोक्त परिभाषाओं से यह स्पष्ट होता है कि अब प्रलेखन का क्षेत्र सीमित परिधि से बाहर हो चुका है। इसका उपयोग विशेषज्ञों/वैज्ञानिकों को नवीनतम सूक्ष्म ज्ञान की सामग्रियों तथा उनके मूल विवरण से अवगत करने हेतु प्रयुक्त एवं आयोजित किया जाता है। जिस उद्देश्य से प्रलेखन को विकसित किया गया है, उस दृष्टिकोण से इसके अनेक पक्ष और प्रक्रियाएँ हैं जिनका उपयोग सूक्ष्म ज्ञान की सामग्रियों के प्रसार, प्रवाह एवं सम्प्रेषण के लिए किया जाता है जिससे विशेषज्ञों एवं वैज्ञानिकों तथा अनुसन्धित्सुओं को वांछित सूचना प्राप्त हो सके।

प्रलेखन को "गहन वाङ्मय सूची का आयोजन एवं संकलन" (intersive bibliography building) का पर्यायवाची माना गया है। इसे **"गहन सन्दर्भ-सेवा"** का रूप एवं प्रकार भी माना जाता है। इसके अतिरिक्त इसमें अनुवाद सेवा को भी सम्मिलित किया गया है। आजकल इसके अन्तर्गत छायाचित्र के प्रलेखों (photo reproductions of document) अर्थात् 'फोटोस्टेट प्रतियों' (photostat copies) की सेवा को भी सम्मिलित किया जाता हैं। इसके अन्तर्गत ग्रन्थालय सेवा के वे क्रियाएँ आती हैं जो इस विभाग से सम्बन्धित होती हैं। यहाँ तक पुस्तकों के पुनः उत्पादन (reproduction) और समष्टि एवं सूक्ष्म कृतियों (macro and micro work) तथा सम्प्रेषण के सभी साधनों के पुनः उत्पादन को प्रलेखन का क्रियाकलाप

माना जाता है। प्रलेखन का प्रमुख कार्य वाङ्मय साधनों का निर्माण तथा क्रियान्वयन ही नहीं है अपितु इसका क्षेत्र व्यापक एवं गहन है। वाङ्मयात्मक एक सन्दर्भ-सेवा की उन विधियों से प्रलेखन कहीं अत्यधिक महत्त्वपूर्ण होता है जिनके माध्यम से पाठकों को सेवा सुलभ की जाती है। इसका प्रमुख महत्त्व सूचना पुनर्प्राप्ति (information retrieval) एवं इसकी प्रविधियों से निहित है, जिसके द्वारा ज्ञान के सभी क्षेत्रों की सूक्ष्म सामग्रियों एवं विचारधाराओं से वैज्ञानिकों, अनुसंधित्सुओं तथा विशिष्ट प्रकार के उन्नत अध्येताओं को अद्यतन एवं सुविदित तथा चैतन्य रखा जाता है।

प्रलेखन वस्तुतः वाङ्मयात्मक व्यवस्था के उन पक्षों एवं क्रियाकलापों से सम्बन्धित होता है, जो व्याख्यात्मक वाङ्मय सूचियों, सामयिकियों की विषय-विशेष एवं सामान्य अनुक्रमणिकाओं, सारांशकरण एवं सारांशकरण सेवा के उपकरणों से सम्बन्ध रखते हैं और इसके अन्तर्गत वह कार्य-प्रणाली भी आती है जो व्यवस्था क्रमबद्धता उपकरणों को प्रस्तुत करती है।

ग्रन्थालय-विज्ञान के पाँच सूत्रों के प्रभाव तथा विशिष्ट पाठकों की नवीनतम विचारधाराओं एवं सामग्रियों की सतत् माँग के कारण ग्रन्थालय क्षेत्र में नवीन सेवाओं को उपलब्ध करने हेतु नवीन विधियों, प्रविधियों तथा उपकरणों की आवश्यकता को तीव्रता से अनुभव किया गया। इस प्रकार के दृष्टिकोणों, ग्रन्थालयी क्रियाकलापों में नवीनता तथा गहनता तथा विधियों को प्रयोग में लाने की प्रवृत्ति के कारण ही प्रलेखनपद (Documentation) का उपयोग एवं प्रयोग उपकरण व प्रविधि के रूप में प्रारम्भ हुआ।

प्रलेखन की आवश्यकता (Necessity for Documentation)—कुछ ऐसी प्रमुख आवश्यकताएँ होती हैं जिनके परिणामस्वरूप प्रलेखन के विविध आयामों को उद्देश्यपूर्ण ढंग से विश्लेषित, सुनियोजित व क्रमवार किया जाता है। प्रलेखन की आवश्यकता विभिन्न क्षेत्रों में बढ़ रही है। इसके कुछ क्षेत्रों को आगे वर्णित किया जा रहा है।

(1) सामाजिक आवश्यकता एवं बाध्यता (Social Need and Pressure)—डॉ रंगनाथन की यह मान्यता है कि प्रलेखन में तीव्रता हेतु प्रमुख कारक सामाजिक कारक है। इसके कारण ही परिमाण के आधार पर इसकी जरूरतों व आवश्यकताओं को महत्त्व दिया जाने लगा। कुछ समय पहले से ही एक बुद्धिजीवी एवं शैक्षिक वर्ग व्यक्तिगत रूप से शोध सम्बन्धी कार्य करता रहा है। यह व्यक्तिगत बौद्धिक प्रयास किसी सामाजिक आवश्यकता एवं माँग के कारण नहीं किया जाता

था। परन्तु आजकल सामाजिक, राजनीतिक, राष्ट्रीय एवं अन्तर्राष्ट्रीय विकास एवं प्रगति तथा समृद्धि के लिए अनुसंधान कार्य को आवश्यक माना जाने लगा है। आज के युग में अनुसंधान शैक्षणिक एवं बौद्धिक क्रियाकलाप का क्षेत्र नहीं रहा, बल्कि राष्ट्र के आर्थिक, सामाजिक, औद्योगिक, वैज्ञानिक तथा सर्वांगीण विकास का एक अति आवश्यक साधन एवं क्रियाकलाप माना गया है, जिसके अभाव में प्रगति की सम्भावना कम रहती है। वर्तमान समय में शोध व अनुसंधान कार्यों का प्रमुख प्रयोजन मानवीय आवश्यकताओं व विभिन्न प्रकार की सामाजिक समस्याओं को समाप्त करना है।

इस प्रकार की अवधारणा विकसित एवं विकासशील देशों में सामाजिक बाध्यता के कारण प्रचलित है। सूचना की आवश्यकता व उपयोगिता मात्र इसलिए नहीं है कि वह अनुसंधान में सहयोग प्रदान करती है अपितु इसलिए भी है कि वह शोध को सार्थक व सफल भी बनाती है। इससे विगत समय में क्या किया गया है? उसका विवरण तो ज्ञात ही होता है, साथ ही दिशा विधि का ज्ञान होता है इससे समय श्रम बंधन का सदुपयोग भी होता है।

वर्तमान समय में सूचना एक संसाधन के रूप में क्रियान्वित है जिसकी भौतिक, आर्थिक, मानवशक्ति (manpower) तथा प्राविधिक संसाधनों (Technical resources) के साथ किसी देश एवं समाज के विकास के लिए परमावश्यकता होती है। विशेष प्रकार से यह आवश्यकता वैज्ञानिक, प्राविधिक तथा इनसे सम्बन्धित क्षेत्रों की सूचना की होती है। सभी स्तरों एवं क्षेत्रों में नीति-निर्धारणकर्ताओं (policy-makers) के लिए उपयुक्त एवं वास्तविक निर्णय लेने हेतु सूचना अत्यंत उपयोगी तत्त्व की भूमिका निभाती है।

सूचना तकनीकी के विकास के कारण वर्तमान समय में प्रसार वितरण, संग्रह तथा क्रियाओं का महत्त्व काफी बढ़ गया है। परिणामतः प्रलेखन को इस दृष्टि से अधिक सशक्त एवं आवश्यक मानकर प्रायः सभी देशों में प्रलेखन-केन्द्रों की स्थापना की गई है। सूचना की प्राप्ति का माध्यम प्रलेखन एवं इसके कार्य हैं। इसके लिए संगठन स्थापना व सुव्यवस्था हेतु यूनेस्को ने भरपूर प्रयास किया है।

(2) अनुसंधान-क्रियाकलापों का सुसंगठित एवं सुनियोजित कार्यक्रम एवं प्रयास—आजकल अनुसंधान कार्य एवं क्रियाकलाप बौद्धिक एवं व्यक्तिगत शैक्षणिक उपलब्धियों की अपेक्षा समस्याओं के निदान, सामाजिक, आर्थिक, औद्योगिक तथा राष्ट्रीय प्रगति के उद्देश्य के आयोजित एवं संचालित किए जाते हैं। इस दृष्टि से अब सुनियोजित एवं सुसंगठित रूप से अनुसंधान कार्य सम्पन्न किए जाते हैं। आजकल मानवीय समस्याओं एवं आवश्यकताओं तथा औद्योगिक विकास और

राष्ट्रीय प्रगति तथा सुरक्षा की दृष्टि से मौलिक अनुसंधानों की अपेक्षा व्यावहारिक अनुसंधान (Applied Research) पर अधिक ध्यान दिया जा रहा है। भारत ने अनुसंधान क्षेत्र में इतना कार्य किया है कि विश्व में महाशक्ति रखने वाले देशों की श्रेणी में आ गया। तृतीय विश्व में वैज्ञानिक तथा प्रौद्योगिकी अनुसंधान में भारत प्रथम स्थान रखता है।

विश्व के अनुसंधान में अग्रणी 25 देशों में भारत का स्थान 8वां है। किसी भी शोध हेतु यह बहुत अनिवार्य होता है कि सूचनाओं का संकलन पर्याप्त मात्रा में हो। तृतीय देशों द्वारा प्रकाशित 16,000 अनुसंधानों में लगभग 8,000 अनुसंधान मात्र भारत के अभिलेख हैं। इससे स्पष्ट होता है कि इस क्षेत्र में भारत ने आशातीत प्रगति की है, जिससे न अतीत में किस प्रकार का कार्य कैसे सम्पन्न किया गया है, उसका क्या निष्कर्ष रहा है, किन-किन विधियों को अपनाया गया है, आदि की जानकारी प्राप्त होती है, बल्कि मार्गदर्शन भी प्राप्त होता है। अनेक प्रकार की आधार सामग्रियों (Data) का तथा अन्यत्र किस प्रकार के कार्य किस उद्देश्य से किए जा रहे हैं, उनका भी विवरण ज्ञात होता है।

सतत् नई प्रकार की सूचनाओं को इसीलिए वैज्ञानिक तलाशते हैं कि उन्हें शोध व अविष्कार हेतु विलंबित जानकारी मिलती है। यह कार्य प्रलेखन के क्रियाकलापों से स्थानीय, राष्ट्रीय तथा अन्तर्राष्ट्रीय स्तर पर आयोजित एवं सम्पन्न किया जाता है। परिणामतः अनुसंधान के प्रत्येक क्षेत्र में प्रलेखन सेवा को महत्त्वपूर्ण माना गया है तथा यह बल दिया गया कि प्रलेखन के कार्यों को संपादित करने के प्रयोजन से आयोजन व केन्द्रों की स्थापना की जाए।

(३) ज्ञान का विस्फोट एवं सूचना उद्योग की वृद्धि (Explosion of Knowledge and Expansion of Information Industry)—चित्रात्मक लिपि होने के कारण पूर्व काल में न तो भाषा को सरलता से समझा जा सकता था तथा न ही विचारों की अवधारणाओं को लिपिबद्ध किया जा सकता था। परन्तु स्पष्ट भाषा विकास के बाद इन विचारों को लिपिबद्ध करना सरल हो गया। कागज एवं मुद्रण कला तथा प्रौद्योगिकी के कारण सम्प्रेषण के क्षेत्र में क्रान्ति हुई है और ज्ञानार्जन तथा ज्ञान के प्रसार को लोकतांत्रिक अवसर प्राप्त हुआ। इन आविष्कारों से न केवल ज्ञान-प्रसार तथा सम्प्रेषण में सुविधा प्राप्त हुई, बल्कि नवीन ज्ञान की जानकारी सुलभ होने से उसका सदुपयोग करने में भी सुविधा प्राप्त हुई है, जो मुद्रण कला एवं प्रौद्योगिकी की बड़ी भारी देन है। वास्तविकता यह है कि इस विश्व में पुस्तकीय व समाचार पत्रों के आँकड़े पूरी तरह चौंकाने वाले हैं एक सर्वेक्षण से यह तथ्य सामने आया कि प्रति सेकेण्ड 260 से अधिक पुस्तकें व 4500 से भी अधिक समाचार पत्र

प्रकाशित होते हैं। यूनेस्को के अनुसार 6 लाख से अधिक नवीन आख्याएँ प्रति वर्ष प्रकाशित की जाती हैं, जिनकी 80 लाख से अधिक प्रतियां मुद्रित की जाती हैं। अनुमान है कि विश्व में प्रति वर्ष प्रकाशित होने वाली सामयिकियों की संख्या एक लाख पचास हजार के लगभग है।

चयनित विशिष्ट पत्रिकाओं में विश्वविख्यात सामयिकी निर्देशिका 'उलरिच इन्टरनेशनल पिरियाडिकल्स डायरेक्टरी' (Ulrich's International Periodicals Directory, 1988-89) में नियमित तथा अनियमित 111,000 सामयिकियों को तालिकाबद्ध किया गया है। इसमें 184 देशों के 61,000 प्रकाशकों द्वारा प्रकाशित पत्रिकाओं का उल्लेख है। सीरियल्स डायरेक्टरी (Serials Directory, 1986 U.S.A.) में 113,000 धारावाहिक एवं सामयिकियों को तालिकाबद्ध किया है। "डायरेक्टरी ऑफ पिरियाडिकल्स पब्लिशिड इन इण्डिया" (Directory of Periodicals Published in India by Sood, 1988) में 5000 धारावाहिकों एवं समायिकियों को तालिकाबद्ध किया गया है। विश्व में प्रकाशित की जाने वाली सामयिकियों एवं धारावाहिक प्रकाशनों की संख्या 1 1/2 लाख के लगभग है, और वैज्ञानिक पत्रिकाओं की संख्या 50,000-60,000 के बीच है। सूक्ष्म शोध सामग्रियों का संकलन ही इन प्रमुख पत्रिकाओं का कार्य है।

सन् 1985 में 132,000 सारांशों को प्रकाशित किया गया तथा बायोलॉजिक अब्स्ट्रैक्ट्स (Biological Abstracts) में 100 देशों की 9000 सामयिकियों की सामग्रियों को सारांशबद्ध किया जाता है। सन् 1987 में 235,000 सारांशों का प्रकाशन किया गया। सोवियत संघ में विश्व 115 देशों की 22,000 वैज्ञानिक एवं प्राविधिक शोध-पत्रिकाओं को विनिती (VINITI) में सारांशकरण हेतु उपयोग में लाया जाता है। प्रतिवर्ष इन्डेक्स मेडिकस (Index Medicus) में 225 शोध-पत्रिकाओं में प्रकाशित सामग्रियों को अनुक्रमणिकाबद्ध किया जाता है। विगत वर्ष 150,000 आलेखों को तालिकाबद्ध किया गया था। लाइब्रेरी एण्ड इनफारमेशन अब्स्ट्रैक्ट्स (LISA) में 30 भाषाओं के 60 देशों के 550 ग्रन्थालय एवं सूचना विज्ञान की पत्रिकाओं के आलेखों को सारांशबद्ध किया जाता है।

प्रतिवर्ष 25,000 से 63,000 वैज्ञानिक पत्रिकाओं में अनुमानतः 30 लाख आलेखों का प्रकाशन एक प्रभावशाली तथ्य है। केमिकल अब्स्ट्रैक्ट्स (Chemical Abstracts) प्रति वर्ष लगभग 90,000 आलेखों को सारांशबद्ध करता है। सन् 1986 में 474,429 सारांशों का प्रकाशन इसमें किया गया था, इसमें 1400 रसायन विज्ञान, रसायन-प्रौद्योगिकी तथा इससे सम्बन्धित धारावाहिक प्रकाशनों की सामग्रियां को सारांशबद्ध किया जाता है, जो 150 देशों में प्रकाशित होता है। इसी प्रकार

फीसिक्स अब्स्ट्रैक्ट्स (Physics Abstracts) में 3000 शोध-पत्रिकाओं तथा अन्य धारावाहिक प्रकाशनों को सारांशबद्ध किया जाता है। प्रलेख का महत्त्व इस लिए भी बढ़ता गया कि समय के साथ-साथ वैज्ञानिक व प्रविधिक पत्रिकाओं का प्रकाशन किया जाता था यदि उनकी जानकारी एवं अभिज्ञान सरलतापूर्वक सम्भव न हो तो ऐसे बहुमूल्य तथा उपयोगी प्रलेख, आधार-सामाग्रियां (Data), पेटेन्ट (Patents) तथा मानक (Standards) अनुपयुक्त एवं अदृश्य रह जाएंगे और उनका उपयोग अनुसंधान एवं विकास के लिए करना असम्भव हो जाएगा, जब तक कि उन्हें संग्रहीत, प्रक्रियाबद्ध एवं प्रसारित तथा प्रवाहित करने की सुव्यवस्था न की जाए। वैज्ञानिकों, विशेषज्ञों तथा गहन अध्ययनकर्ताओं के पास समयाभाव होता है और उनका समय भी बहुमूल्य होता है।

सामग्रियों से संबंधित सूचना प्रदान करने का कार्य डाकूमेन्टालिस्ट (Documentalist) का होता है। नवीनतम ज्ञान की सामग्रियां अर्थात् सूक्ष्म-विचारधाराएँ तथा सामग्रियां आलेखों के रूप में हजारों शोध-पत्रिकाओं तथा धारावाहिक प्रकाशनों में प्रकाशित एवं निहित होती हैं, उनकी विशेषज्ञों तथा अनुसंधानकर्ताओं को पूर्ण जानकारी प्राप्त नहीं हो पाती। ब्रैडफोर्ड (S.C. Bradford) ने यह अनुमान लगाया था कि लगभग 15,000 विद्वत् एवं शोध-पत्रिकाओं (Learned periodicals) में प्रति वर्ष 750,000 उपयोगी शोध-आलेख प्रकाशित होते हैं। प्रलेखन को व्यवस्थित करने के लिए विभिन्न मानकों यथा संक्षिप्ततीकरण, सूचीवार क्रमबद्धता व छाया चित्र इत्यादि को अपनाया जाता है।

अतः प्रलेखन तथा इसके अनेक पक्षों के माध्यम से ही विशाल प्रकाशनों के इस संसार से विशेषज्ञों को सुपरिचित एवं अवगत कराया जा सकता है। प्रलेखन के माध्यम से विशेषज्ञों तथा अनुसन्धित्सुओं के समक्ष नवीन शोधों तथा सामयिक निरीक्षणों का विवरण अल्पतम समय में प्रस्तुत हो जाता है, जिससे उनके समय की बचत होती है और वांछित जानकारी भी प्राप्त हो जाती है।

सूचना एवं प्रलेखन केन्द्रों की ऐतिहासिकता

पुस्तकालय सूचना एवं प्रलेखन में यूनेस्को का योगदान

यह संयुक्त राष्ट्र संघ की एक प्रमुख संस्था है। सन् 1946 में इस संस्था की स्थापना की गई थी जिसका कार्यालय पेरिस में स्थापित है। यूनेस्को संयुक्त राष्ट्र संघ की चौदह सुसंगठित एजेन्सियों में से एक सशक्त एवं पर्याप्त सक्रिय एजेन्सी है।

इसका विशिष्ट कार्यक्षेत्र शैक्षणिक, वैज्ञानिक तथा सांस्कृतिक क्रियाकलापों को प्रोत्साहित, विकसित तथा उन्नत करना है।

पुस्तकालय एवं सूचना सेवाएं

पुस्तकालय, सूचना तथा प्रलेखन सेवाओं एवं अभिलेखागारों की स्थापना, विकास एवं क्रियान्वयन करने में यूनेस्को का योगदान विशेष उल्लेखनीय एवं प्रशंसनीय है, जो इस प्रकार है–

(1) प्रलेखन एवं ग्रन्थालय सेवाओं का सैद्धान्तिक पक्ष एवं स्वरूप–प्रलेखन एवं ग्रन्थालय सेवाओं को एक नवीन दिशा तथा सैद्धान्तिक आधार प्रदान करने के लिए यूनेस्को के घोषणापत्र में सार्वजनिक ग्रन्थालयों के उद्देश्यों, आकारों तथा स्थापना की नवीन पद्धतियों का विशेष उल्लेख किया गया है, जिनके आधार पर इन सेवाओं का आयोजन किया जाना चाहिए।

सामूहिक पुस्ताकाय (Public Libraries)–सन् 1950 की अवधि में अविकसित देशों में सार्वजनिक ग्रन्थालयों की स्थापना के क्षेत्र में यूनेस्को ने अनेक प्रशंसनीय प्रयास किए हैं।

दिल्ली में दिल्ली पब्लिक लाइब्रेरी (Delhi Public Library) को एक परीक्षण परियोजना (pilot project) के रूप में स्थापित करने में एक प्रशंसनीय योगदान रहा है, जो आजकल दक्षिणी-पूर्व एशिया का विशालतम एवं सर्वाधिक व्यस्त सामूहिक एवं सार्वजनिक पुस्तकालय है। ऐसे पुस्तकालयों की नाइजीरिया (Nigeria) में एनूगु तथा कोलम्बिया (Columbia) में मेडलिन (Medellin) में स्थापना कर यूनेस्को ने सार्वजनिक ग्रन्थालयों की उपयोगिता को अधिक महत्त्व एवं समर्थन प्रदान किया है और सदस्य-राष्ट्रों में इनकी स्थापना एवं विकास को ओर प्रोत्साहित एवं अग्रसित किया है। शिक्षा के उपकरण के रूप में पुस्तकालयों का प्रयोग–सन् 1971 में आयोजित पनामा सेमीनार में शैक्षणिक प्रलेखन एवं सूचना पर विचार-विमर्श करते हुए ज्ञानार्जन एवं सीखने की नवीन अवधारणा को मान्यता प्रदान की गई, जिसमें अध्यापन की विधियों-प्राविधियों तथा अध्यापन-ज्ञानार्जन में अध्यापकों एवं छात्रों द्वारा प्रयुक्त उपकरणों में ग्रन्थालयों के उपयोग को महत्त्वपूर्ण माना गया।

इस परिप्रेक्ष्य में सेमीनार में जिन सिद्धान्तों को मान्यता प्रदान की गई, उनका अनुप्रयोग यूनेस्को/यू.एन.डी.पी. प्रोग्राम के माध्यम से पैरगुवे (Paraguay) में किया जा रहा है।

इस प्रयोग का अनुसरण करने से ग्रन्थालयों तथा शिक्षण प्रलेखन सेवाओं का दृष्टिकोण एवं विचारधारा सम्पूर्ण रूप से बदल गई है क्योंकि इन दोनों की शिक्षण-प्रशिक्षण की गतिविधियों को एक विशिष्ट हिस्सा कहा गया है।

विश्वविद्यालय एवं विशिष्ट ग्रंथालय (University and Special Libraries)—इस सन्दर्भ में यूनेस्को विभिन्न रूप की निरन्तर गतिविधियों एवं प्रक्रियाओं का आयोजन करता रहा है, जैसे—सेमीनार एवं संगोष्ठियां, प्राविधिक सहायता मिशन (technical assistance mission), अनुदान, अनेक प्रकार के प्रकाशन आदि। इनका लक्ष्य सदस्य-राष्ट्रों के विश्वविद्यालयी एवं विशिष्ट ग्रन्थालयों की सेवाओं को उन्नयन एवं सक्रिय तथा कुशल बनाना रहा है। परिणामतः ग्रन्थालयों के लक्ष्यों, कार्यों, विश्वविद्यालयी क्रियाकलापों एवं जीवनधारा में उनका स्थान एवं भूमिका, अनेक प्रकार की सेवाओं के आयोजन में अनेक प्रकार की विधियों का उपयोग एवं अनुसरण तथा उनके आर्थिक प्रावधान की आवश्यकताओं के क्षेत्र में एक नवीन दिशा प्राप्त हुई है।

पेन्ना (Carlos Victor Penna) की कृति "प्लानिंग ऑफ लाइब्रेरी एण्ड डाक्यूमेन्टेशन सर्विसेज" में इसका विवेचन किया गया है। विशिष्ट पुस्तकालयों को सुदृढ़ एवं सक्रिय बनाने के दृष्टिकोण से क्षेत्रीय सेमीनारों तथा राष्ट्रीय प्रलेखन केन्द्रों तथा राष्ट्रीय सूचना प्रणालियों के आयोजनों एवं स्थापना पर यूनेस्को ने पर्याप्त योगदान किया है। इस दिशा में कोलम्बो, उगाण्डा, काहिरा में अन्तर्राष्ट्रीय सेमीनारों का आयोजन किया गया है। विशिष्ट ग्रंथालयों के विकास के लिए क्षेत्रीय सेमीनारों का भी आयोजन किया गया है।

अन्तर्राष्ट्रीय सहयोग (International Cooperation)—अन्तर्राष्ट्रीय सहयोग के क्षेत्र में यूनेस्को तथा इन्टरनेशनल काउन्सिल ऑफ साइन्टिफिक यूनियन्स (International Council of Scientific Unions—ICSU) के सम्मिलित अध्ययन के आधार पर यूनिसिस्ट (UNISIST—United Nations International Science of Information on Science and Technology) की स्थापना वैज्ञानिक एवं प्राविधिक सूचना के अन्तर्राष्ट्रीय सहयोग के लिए एक सतत् अन्तर-राजकीय कार्यक्रम (inter-governmental programme) के रूप में कही गई थी। इसका प्रमुख एवं विशिष्ट उद्देश्य सहयोग के जगत में प्रचालित अवधारणाओं को समन्वय करना, वैज्ञानिक एवं प्राविधिक सूचना के विकास के लिए एक योजक का कार्य करना, सूचना प्रणालियों को आन्तरिक रूप से सम्बद्ध करने की स्थिति को उत्पन्न करना तथा विश्व के सूचना-संसाधनों के अभिगम (access)

को सरल एवं क्रियान्वित करना रहा है। यूनिसिस्ट के क्षेत्र के अन्तर्गत मुख्यतः विज्ञानों, व्यावहारिक विज्ञानों, अभियांत्रिकी, प्रौद्योगिकी की सूचना प्रणालियों को सम्मिलित किया गया है। लेकिन अन्य विषयों के क्षेत्रों को भी इसमें सम्मिलित किए जाने का लक्ष्य है। इसकी स्थापना का अन्तिम लक्ष्य है—स्वैच्छिक सहयोग के आधार पर सूचना सेवाओं का एक विस्तारशील नेटवर्क।

क्षेत्रीय पुस्तकालय (National Libraries)—यूनेस्कों ने क्षेत्रीय पुस्तकालयों के प्रबन्धन और उपयोगिता की तरफ विशेष ध्यान केन्द्रित किया है। नेशनल इनफॉरमेशन सिस्टम (NATIS) के अन्तर्गत राष्ट्रीय ग्रन्थालयों की भूमिका महत्त्वपूर्ण मानी गई है। राष्ट्रीय वाङ्मयात्मक उत्पादनों के संग्रह, अधिग्रहण तथा संरक्षण, प्रकाशनों के अन्तर्राष्ट्रीय विनिमय (international exchange of publications) तथा सामयिक एवं पूर्वव्यापी राष्ट्रीय वाङ्मय सूचियों के संकलन का माध्यम राष्ट्रीय संग्रहालय ही है। राष्ट्रीय वाङ्मय सूचियों के संकलन पर यूनेस्को ने अधिक जोर दिया है। अन्तर्राष्ट्रीय स्तर पर प्रकाशनों के विनियम हेतु यूनेस्को ने नियम बनाये हैं। वाङ्मय सूचियों के संकलन हेतु यूनेस्को ने इफ्ला के सहयोग से महत्त्वाकांक्षी परियोजना सार्वभौमिक वाङ्मयात्मक नियंत्रण (UBC) को आरम्भ किया है। अन्तर्राष्ट्रीय सहयोग के लिए यूनेस्को ने राष्ट्रीय ग्रन्थालयों को अधिक महत्त्वपूर्ण माना है।

यूनिसिस्ट की कार्यप्रणालियां (Activities of UNISIST)--यूनिसिस्ट की प्रमुख कार्य प्रणालियाँ निम्नवत हैं :

1. राष्ट्रीय अथवा क्षेत्रीय सूचना नीतियों एवं आवश्यक साधनों के विकास हेतु आवश्यक कदम उठाना।

2. सूचना स्थानान्तरण/संप्रेषण के संस्थागत तथा आवश्यक साधनों को उन्नयन एवं सशक्त तथा सक्रिय करने हेतु आवश्यक कदम उठाना।

3. आगामी सूचना नेटवर्क के नियोजन एवं प्रचालन के लिए आवश्यक विशिष्टीकृत मानव संसाधनों को विकसित करना।

सूचना सेवाओं के आयोजन में यूनेस्को के अन्य कार्यक्रम—यूनेस्को की सूचना सेवाओं के क्षेत्र में विभिन्न गतिविधियाँ हैं, जो निम्नवत हैं—

1. NATIS—एकीकृत राष्ट्रीय सूचना प्रणालियों को विकसित करने के लिए यूनेस्को के ग्रन्थालय, प्रलेखन तथा अभिलेखागार विभाग (UNESCO'S Department of Libraries, Documentation and Archives) ने "राष्ट्रीय इनफारमेशन सिस्टम" (National Information System—NATIS) को प्रोत्साहित किया है। नोटिस क्रियाकलापों के अन्तर्गत जैसे—(i) राष्ट्रीय सूचना के

नियोजन पर अन्तरिम अध्ययन, (ii) क्षेत्रीय सम्मेलनों का आयोजन, (iii) राष्ट्रीय प्रलेखन, ग्रन्थालय तथा अभिलेखागारों के नियोजन तथा स्थापना पर सम्मेलनों का आयोजन आदि सम्मिलित हैं। सन् 1974 के दौरान पेरिस में इस सन्दर्भ में एक सम्मेलन सम्पन्न किया जा चुका है।

2. SPINES—यूनेस्को के विज्ञान प्रखण्ड ने यूनिसिस्ट के कार्यक्रमों के साथ सूचना नीतियों तथा विज्ञान नीतियों की सूचना व्यवस्था हेतु "साइन्स एण्ड टेक्नालाजी पॉलीसीज इनफारमेशन एक्सचेन्ज सिस्टम" (Science and Technology Policies Information Exchange System—SPINES) की स्थापना को प्रस्तावित किया है।

3. साफ्टवेयर पैकेज की सूची (Inventory of Software Packages)—सूचना प्रसार की गतिविधियों तथा प्रविधियों में सहायक "साफ्टवेयर पैकेज" की सूची भी यूनेस्को द्वारा यूनिसिस्ट के सूचना कार्यक्रम योजना के अन्तर्गत तैयार की गई है। इसके अन्तर्गत 50 से अधिक "साफ्टवेयर" पैकेजों को तालिकाबद्ध किया गया है।

4. विश्व पुस्तक कांग्रेस (World Book Congress)—अन्तर्राष्ट्रीय पुस्तक वर्ष (International Book Year—1982) की दसवी वर्षगांठ पर यूनेस्को ने एक विशाल पुस्तक कांग्रेस का आयोजन सन् 1982 में किया, जिसका विषय "टुवार्डस ए रीडिंग सोसाइटी" (Towards Reading Society) था। इसमें पुस्तकों की गरिमा को दृष्टिगत रखते हुए निम्नांकित प्रकरणों पर विचार किया गया—

(i) पुस्तकों का अन्तर्राष्ट्रीय प्रसारण, प्रवाह एवं वितरण तथा पुस्तकों के विकास में यूनेस्को की भूमिका।

(ii) राष्ट्रीय पुस्तक नीति।

(iii) पुस्तकों के भावी कार्यक्रम पर आधुनिक प्रौद्योगिकी प्रभाव एवं मुद्रित शब्दों की चुनौतियां।

(iv) अन्तर्राष्ट्रीय पुस्तक वर्ष (1972) के दस वर्ष पश्चात् की अखिल विश्व पुस्तकीय स्थिति।

5. यूनेस्को सूचना सेवाएं एवं राष्ट्रीय विकास—सन् 1978 में UNESCO एवं COSTED का एक मिश्रित सम्मेलन बंगलौर में हुआ, जिसमें वैज्ञानिकों, आयु विज्ञान के विशेषज्ञों, सूचना विशेषज्ञों एवं सार्वजनिक संचार विशेषज्ञों ने भाग लिया। इस बैठक की पृष्ठिभूमि हेतु विकास के क्षेत्र में वैज्ञानिक एवं प्रौद्योगिकी सूचना के अनुप्रयोग का पांच देशों—भारत, श्रीलंका, मलाया, तान्जिया और कास्टारिका, का सर्वेक्षण किया गया।

जिन सूचनाओं को परामर्शदाताओं ने व्यक्त किया उसके अन्तर्गत अन्य तथ्यों के अलावा यह स्वीकार किया गया कि अविकसित राष्ट्रों में वैज्ञानिक एवं प्रौद्योगिकीय सूचना सेवाएं अपर्याप्त हैं। अतः यह संस्तुति की गई कि ग्रामीण समुदाय एवं क्षेत्रों की विशिष्ट आवश्यकताओं की पूर्ति के लिए सूचना प्रदान करने हेतु इसे सशक्त रूप से पुनर्गठित करना चाहिए। वैज्ञानिक सूचना के सम्प्रेषण एवं प्रसार की दृष्टि से विकासशील देशों में अनेक समस्याएं हैं।

उपयुक्त सूचना तथा सम्प्रेषण की उपयुक्त विधि को अपनाने की भी समस्या है। इन चुनौतियों से निपटने के लिए वांछित सूचना सेवा की आयोजना सम्बन्धी बैठक का मुख्य उद्देश्य समस्याओं को निश्चित करने तथा वांछित सूचना सेवाओं के आयोजन हेतु राष्ट्रीय व नियोजन निकायों, अभिकरणों तथा यूनेस्को एवं COSTED को आवश्यक संस्तुति प्रस्तुत करना रहा है, जिससे राष्ट्रीय विकास तथा इसके कार्यक्रमों को सफल बनाया जा सके।

6. सामाजिक विज्ञानों के क्षेत्र की सूचनाप्रद गतिविधियाँ—इस क्षेत्र की सूचना तथा प्रलेखन सेवाओं को सुदृढ़ एवं मजबूत बनाने के लिए यूनिसिस्ट के कार्यक्रमों में इसे सम्मिलित किया गया है। सामाजिक एवं मानव विज्ञानों की सूचना प्रणालियों के लिए तथ्यात्मक सामाग्रियों को स्वतः प्रस्तुत करने की प्रक्रिया को भी विकसित किया जा रहा है। यूनेस्को की अन्तर्राष्ट्रीय पत्रिकाओं में सामाजिक विज्ञानों के क्षेत्रों की सूचना सुलभ की जाती है, जो सामाजिक-आर्थिक, विकास, जनसंख्या, पर्यावरण की गुणात्मक स्थिति, शिक्षा, संस्कृति, वैज्ञानिक मानव संसाधन से सम्बन्धित सूचना-विवरण प्रस्तुत करती है।

यूनेस्को के प्रयोजकत्व में अन्तर्राष्ट्रीय सामाजिक विज्ञान प्रालेखन समिति की स्थापना सन् 1950 में की गई। इसके आधार पर प्रमुख चार वार्षिक वाङ्मय सूचियों—राजनीति विज्ञान, अर्थशास्त्र, समाजशास्त्र तथा सांस्कृतिक मानवशास्त्र का प्रकाशन "इन्टरनेशनल बिब्लिोग्राफी ऑफ दी सोसल साइन्सेज" (International Bibliography of the Social Sciences) के आख्यान्तर्गत प्रारम्भ किया गया है। यह समिति इस क्षेत्र की अन्य संस्थाओं, संगठनों एवं संघों के सहयोग से सूचना प्रसार की गतिविधियों को सक्रिय करने का प्रयास करती है।

7. सामान्य सूचना कार्यक्रम एवं यूनेस्को (General Information Programme and UNESCO)—सन् 1976 में इस कार्यक्रम की स्थापना यूनेस्को के 19वें अधिवेशन के सामान्य सभा में की गई थी। इसी सम्मेलन में यूनेस्को के अल्पकालिक कार्यक्रम—1977-82 (Medium-Term Programme) को भी

स्वीकृति प्रदान की गई थी। इसमें इस संगठन की सभी गतिविधियों के साथ ही साथ सूचना के विनिमय एवं स्थानान्तरण को भी सम्मिलित किया गया है। राष्ट्रीय, क्षेत्रीय एवं अन्तर्राष्ट्रीय स्तरों पर सूचना प्रणालियों के विकास तथा प्रोत्साहन हेतु सूचना नियोजन एवं नीतियों को सूत्रबद्ध करने हेतु चार प्रकार के उद्देश्यों को इसमें निर्धारित किया गया है।

इस कार्यक्रम की स्थापना के तहत विशिष्ट चार क्षेत्रों में कार्यविधियों को सक्रिय करने पर जोर दिया गया है, जो अल्पकालिक योजना के उद्देश्यों के अनुकूल हैं।

प्रमुख क्षेत्र

1978 के 20वें अधिवेशन में सामान्य सूचना कार्यक्रम में प्रमुख पाँच क्षेत्र निश्चित किये गये हैं जो निम्नलिखित हैं–

(i) उपभोगकर्ताओं एवं सूचना विशेषज्ञों का प्रशिक्षण एवं शिक्षण आयोजित करना आदि,

(ii) सूचना अवसंरचना के विकास में योगदान,

(iii) सूचना व्यवस्था के लिए प्रसारण की विधियों, मानकों एवं मानदण्डों का प्रोत्साहन,

(iv) राष्ट्रीय, क्षेत्रीय तथा अन्तर्राष्ट्रीय स्तर पर सूचना नीतियों तथा योजनाओं की सूत्रबद्धता तथा प्रोत्साहन,

(v) शिक्षा, संस्कृति, सम्प्रेषण एवं संचार तथा प्राकृतिक एवं सामाजिक विज्ञानों के क्षेत्र की विशिष्ट सूचना प्रणालियों का विकास।

8. शोधकर्ताओं का शिक्षण तथा प्रशिक्षण कार्यक्रम (User's Education and Training Programme)–सामान्य सूचना कार्यक्रम के अन्तर्गत यूनेस्को द्वारा उपयोगकर्ताओं के प्रशिक्षण का जो कार्यक्रम यूनिसिस्ट के तत्त्वावधान में प्रारम्भ किया गया था, वह क्रमवत चल रहा है। इस कार्यक्रम की प्रकृति को भी निश्चित किया गया है जो शोधकर्ताओं को सार्वजनिक तौर पर प्रशिक्षण प्रदान करने के कार्यक्रमों के प्रयासों से सम्बद्ध है। अतः (i) इन अध्येताओं की स्वयं की सूचना आवश्यकता को मान्य करने; (ii) इन आवश्यकताओं का निर्धारण एवं सूत्रबद्धता; (iii) सूचना सेवाओं का सार्थक एवं कौशलपूर्ण उपभोग, तथा (iv) उपलब्ध सेवाओं का मूल्यांकन, आदि करने में जो कार्यक्रम सहायक सिद्ध होते हैं, उन्हें प्रशिक्षण के उद्देश्यों एवं कार्यों के अन्तर्गत सम्मिलित किया गया है।

9. भारत में यूनेस्को की केमिकल अब्स्ट्रैक्ट्स एस.डी.आई. परियोजना (UNESCO'S CAN/SDI Project in India)—भारत में यूनेस्को की मदद से "CAN/SDI" ''साफ्टवेयर'' स्थापित किया गया है। वाङ्मयात्मक सामग्री को डेटावेस के रूप में "Chemical Abstracts Condensates" को चुना गया है। इसके लिए भारतीय तकनीकी संस्थान (IIT), मद्रास में IBM 370/155 कम्प्यूटर स्थापित किया गया है। चयनात्मक सूचना प्रसार सेवा के आयोजन के लिए इस परियोजना को प्रारम्भ किया गया है। इसे पर्याप्त सफलता एवं लोकप्रियता प्राप्त हुई है।

10. प्रलेखन के शोध में अन्तर्राष्ट्रीय सूचना पद्धति (International Information System on Research in Documentation—ISORID)—यूनेस्को ने एफ.आई.डी. (FID) के सहयोग से अन्तर्राष्ट्रीय सूचना पद्धति की स्थापना की। इसका उद्देश्य प्रलेखन तथा ग्रंथालयों आदि के क्षेत्र में किए गए कार्यों तथा अनुसंधानों की सूचना का संग्रह तथा विश्लेषण तथा उनको प्रसारित करना है।

यूनेस्को सचिवालय में इसके द्वारा निम्नांकित आयोजन किया जाता है—

(1) शोध परियोजनाओं तथा प्रतिवेदनों की एक केन्द्रीय सूचना, संचिका (2) शोध प्रतिवेदनों का संग्रहालय।

राष्ट्रीय सूचना स्थानान्तरण केन्द्रों (National Information Transfer Centres) द्वारा प्रदान किए विवरणों की केन्द्रीय सूचना संचिका को सूचना तथ्य-सामग्री के रूप में व्यवस्थित किया जाता है। इसके द्वारा निम्नांकित सेवाओं—(i) शोध प्रतिवेदन की सूचना प्रदान करना; (ii) शोध प्रतिवेदनों की प्रतियां सुलभ करना; (iii) शोध परियोजनाओं की सूचना प्रदान करने का आयोजन करना है।

इसके अलावा सामयिक चेतना सेवा, संचयी अनुक्रमणिका सेवा तथा अनुरोध करने पर सूचना पुनःप्राप्ति सेवा का आयोजन किया जाता है।

11. यूनेस्को के महत्त्वपूर्ण एवं उपयोगी प्रकाशन—निम्नांकित प्रकाशन पर्याप्त सूचनाप्रद एवं उपयोगी हैं जिनके प्रकाशन का आयोजन यूनेस्को द्वारा किया जाता है—

(i) Inter-governmental Conference on Scientific and Technological Information for Development (UNISIST II).

(ii) Index Translation—विश्वस्तरीय अनुवाद की सूचना का महत्त्वपूर्ण प्रलेख जो एक उपयोगी तालिका है।

(iii) UNESCO Journal of Information Science, Librarianship and Archives Administration—अब समाप्त कर दिया गया है।

(iv) UNISIST Reference Manual for Machine-Readable Description of Research Projects and Institutions, Prepared by Dierick and Hopkinson under UNESCO contract.

(v) World Guide to Library Schools and Training Courses in Documentation, 1981.

(vi) Informatics : a Vital Factor in Development. UNESCO'S Activities in the field of Informatics and its Application, 1980.

12. शिक्षाशास्त्रीय प्रलेखन केन्द्र (Pedagogical Documentation Centre)–पश्चिमी गोलार्द्ध में क्यूबा के शिक्षा मंत्रालय के सहयोग से युनेस्को क्षेत्रीय केन्द्र ने सन् 1959 में एक शिक्षाशास्त्रीय प्रलेखन केन्द्र की स्थापना की है, जिसके प्रमुख कार्यों को निम्नलिखित पंक्तियों के अन्तर्गत स्पष्ट किया जा सकता है–

(i) लैटिन अमेरिका के क्षेत्र की अभिरुचि एवं आवश्यकता से सम्बन्धित शिक्षाशास्त्रीय समस्याओं एवं विषयों पर अनुसंधान करना;

(ii) शिक्षाशास्त्र तथा सम्बन्धित विज्ञानों के क्षेत्र में सूचना का संग्रह तथा व्यवस्था करना;

(iii) लैटिन अमेरिका के देशों को शिक्षा के क्षेत्र में सूचना सेवाओं का आयोजन करना;

(iv) शिक्षा के क्षेत्र के प्रकरणों एवं प्रमुख विषयों पर वाङ्मयात्मक सूचना प्रदान करना;

(v) तकनीकी सहायता मिशन, लैटिन अमेरिका के नेशनल कमीशन फार यूनेस्को तथा यूनेस्को विशेषज्ञों को सूचना सेवा सुलभ करना।

पुस्तकालय सूचना सेवा तथा इन क्षेत्रों से जुड़े यंत्रों विधियों, प्रविधियों, प्रशिक्षणों एवं शिक्षण में यूनेस्को की भूमिका पर्याप्त महत्त्वपूर्ण एवं विशेष उल्लेखनीय तथा प्रशंसनीय है।

इन्टरनेशनल फेडरेशन ऑफ लाइब्रेरी एसोसिएशन्स एण्ड इन्स्टीट्यूशन्स (IFLA)

"इन्टरनेशनल कांफ्रेस ऑफ लाइब्रेरियन्स एण्ड बुक लवर्स नाम का एक सम्मेलन, प्रांग में सन् 1926 ई. में आयोजित किया गया, जो ग्रंथालयों एवं पुस्तक

प्रेमियों के लिए आयोजित किया गया था। सम्मेलन में राष्ट्रीय ग्रन्थालय संघों के प्रतिनिधियों की एक अन्तर्राष्ट्रीय समिति (International Committee Representative of National Library Associations) गठित करने का प्रस्ताव पारित किया गया, ब्रिटिश लाइब्रेरी एसोसिएशन के सम्मेलन (British Library Association Conference) में–जो सन् 1927 में एडिनबर्ग में सम्पन्न हुआ–15 देशों के संघों के प्रतिनिधियों ने इन्टरनेशनल लाइब्रेरी एण्ड बिब्लियोग्राफिकल कमेटी के नाम से एक समिति का गठन किया।

इस सीमित का सम्मेलन सन् 1930 में स्टाकहोम में सम्पन्न हुआ, जिसमें इसके नाम को परिवर्तित कर इन्टरनेशनल फेडरेशन ऑफ लाइब्रेरी एसोसिएशन्स (IFLA) रखा गया। इसके बाद सन् 1976 से दूसरा नाम "इण्टरनेशनल फेडरेशन ऑफ लाइब्रेरी एसोसिएशन्स एण्ड इन्स्टीट्यूशन्स रख दिया गया जिसका मुख्यालय हेग में स्थापित है। इफ्ला एक विदेशी, स्वतंत्र एवं अशासकीय संघ है। यह अपनी प्रमुख गतिविधियों के फलस्वरूप दिन-प्रतिदिन फलता-फूलता एवं उन्नति करता जा रहा है। इसके सदस्यों की संख्या भी अब एक हजार से अधिक है और इसमें 100 देशों से अधिक राष्ट्रों का प्रतिनिधित्व है। ग्रन्थालयों के संघों, ग्रन्थालयों से सम्बन्धित संघों एवं समान संस्थाओं को इसकी सदस्यता प्रदान की जाती है। एक संस्थागत संघ के रूप में इसका पंजीकरण नीदरलैण्ड्स में किया गया है और इसका मुख्य कार्यालय हेग (Hague) में है।

इफ्ला के उद्देश्य

इफ्ला के निम्नवत उद्देश्य हैं–

1. विदेश स्तर पर एवं प्रक्रियाओं के क्षेत्र में जिस प्रकार एवं माध्यम से ग्रन्थालयीकला (Librarianship) का प्रतिनिधित्व सम्भव हो सकता है, उसके लिए संगठन अथवा निकाय प्रदान करना।

2. विदेश स्तर पर एवं प्रक्रियाओं के क्षेत्र में सांख्यिकीय संकलन एवं संग्रह, वाङ्मयात्मक आधार-सामग्रियों को अभिलेखबद्ध एवं सम्प्रेषित करना, ग्रन्थालयों की सामग्रियों का संरक्षण एवं परिरक्षण (conservation and preservation) आदि के कार्य को विकसित करना, प्रोत्साहित करना तथा इनके लिए मार्गदर्शिका तैयार करना।

3. पुस्तकालय एवं सूचना-सेवा की गतिविधियों के सम्पूर्ण क्षेत्रों के अन्तर्गत विदेशी अवबोध, सहयोग, बातचीत, शोध तथा प्रगति पर बल देना।

4. कर्मियों की निरन्तर एवं सतत् शिक्षा को सुदृढ़ एवं शक्तिशाली बनाना।

पुस्तकालय से सम्बन्धित सम्पूर्ण राष्ट्रों को सदस्यता देकर इफ्ला इन उद्देश्यों को पूरा करने के लिए सहयोग करता है। इन उद्देश्यों का मूल लक्ष्य इन क्रियाकलापों में सार्वभौमिकता तथा समानता स्थापित करना है। अपने उद्देश्यों की पूर्ति के लिए इफ्ला अन्य संगठनों एवं संस्थाओं–अन्तरशासकीय एवं अशासकीय (inter-governmental and non-governmental) संगठनों के साथ अपना सहयोग प्रदान करता है।

इफ्ला का संगठनात्मक स्वरूप (Organisational Pattern of IFLA)–सन् 1976 में इफ्ला के संगठनात्मक स्वरूप दो इकाइयों में संगठित कर दिया गया है–

(1) अन्तर्राष्ट्रीय कार्यालय एवं कार्यक्रम (International Offices and Programmes)।

(2) विभाग (Divisions), उपविभाग (Sections) एवं राउण्ड टेबल्स (Round Tables)।

इफ्ला के उपविभाग वस्तुतः दूसरी प्रमुख व्यावसायिक इकाइयां (professional units) हैं। 27 उपविभागों तथा 7 राउण्ड टेबलों को सात विभागों में संगठित किया गया है। कुछ उपविभाग ग्रन्थालयों के प्रकारों–सार्वजनिक पुस्तकालय, राष्ट्रीय पुस्तकालय, विश्वविद्यालयी पुस्तकालय, बाल पुस्तकालय आदि से सम्बन्धित हैं। अन्य उपविभाग पुस्तकालय के क्रियाकलापों, जैसे–प्रसूचीकरण, संरक्षण, वाङ्मय सूचियों, विदेशी लेन-देन एवं विनिमय, मानकीकरण, आदि से सम्बन्धित हैं।

प्रत्येक उपविभाग सम्बन्धित क्षेत्र के कार्यक्रमों के आयोजन हेतु स्वयं आवश्यक कदम उठाते हैं। क्षेत्रीय गतिविधियों एवं प्रक्रियाओं का विभाग एक अलग विभाग है जो उन्नतिशील राष्ट्र के पुस्तकालयों से जुड़े कार्यक्रमों को सम्पन्न करता है।

इफ्ला के व्यावसायिक कार्यक्रमों के आयोजन एवं व्यवस्था हेतु दो व्यावसायिक इकाइयों का गठन किया गया है।

इन्टरनेशनल आफिस फॉर यू.बी.सी. के द्वारा सार्वभौमिक वाङ्मयात्मक नियंत्रण के क्षेत्र में प्रत्येक कार्यों का आयोजन किया जाता है। प्रकाशनों की सार्वभौमिक सुलभता के कार्यक्रम (Programme of Universal Availability of Publications) का निर्देशन इफ्ला आफिस फॉर यू.ए.पी. (IFLA Office for UAP) करता है। इफ्ला आफिस फॉर इन्टरनेशनल लेन्डिंग (IFLA Office for International Lending) एक दूसरी व्यावसायिक इकाई है। अन्तर्राष्ट्रीय अदान-प्रदान

के कार्यक्रमों को क्रियाशील बनाने के अतिरिक्त यह इकाई यू.ए.पी. (UAP) के कार्यक्रमों में सहायता प्रदान करती है।

इफ्ला का अन्तर्राष्ट्रीय "मार्क" कार्यक्रम (IFLA International MARC Programme) यंत्रेण पठनीय प्रसूची से सम्बन्धित है। इफ्ला का यह संगठनात्मक स्वरूप इसके अनेक कार्यक्रमों एवं उद्देश्यों के अनुसार है। इसकी एक महापरिषद् (General Council) है, जो सदस्य-संघों के प्रतिनिधियों की सभा है। इसकी एक कार्यकारी परिषद् है, जिसका एक अध्यक्ष होता है तथा छः उपाध्यक्ष होते हैं। उपविभागों के सचिव एवं अध्यक्ष भी होते हैं।

मध्यावधि कार्यक्रम (Medium Term Programme—MTP)–इफ्ला के दीर्घकालीन एवं व्यापक कार्यक्रम (long-term programme) सन् 1963 में लाइब्रेरीज इन दी वर्ल्ड निर्मित किया गया था और व्यावसायिक कार्यक्रमों के क्षेत्र में इसे परिदर्शिका के रूप में सन् 1975 तक प्रयोग में लाया जाता रहा। सन् 1974 में यह प्रस्ताव किया गया कि यदि इफ्ला के कार्यक्रमों के प्रलेख इसकी व्यावसायिक गतिविधियों को आयोजित करने हेतु पंचवर्षीय अवधि के लिए प्रस्तुत किए जाएं तो वे अति उपयोगी सिद्ध होंगे। अतः विकास दल ने इफ्ला के कार्यक्रम साधारण एवं अल्पकालिक कार्यक्रम प्रलेख प्रस्तुत किए।

सन् 1975 में प्रलेख के इस स्वरूप को परिषद् ने मान्यता दे दी और सन् 1976 में इसे प्रकाशित कर दिया गया। 1976-80 तक इफ्ला के कार्यों एवं कार्यक्रमों के लिए एक मार्गदर्शिका एवं आधार के रूप में एम.टी.पी. (MTP) का प्रयोग किया जाता रहा। सन् 1980 में द्वितीय एम.टी.पी. 1981-85 तक के लिए तैयार किया गया।

विस्तृत कार्यक्रम (Major Programmes)—इफ्ला के माध्यम से अल्प अवधि कार्यक्रमों के अलावा ऐसे विस्तृत एवं व्यापक कार्यक्रमों को भी संचालित किया गया जिनका प्रसार क्षेत्र विस्तृत है।

सन् 1971 में इफ्ला ने एक विशिष्ट नीति 'सार्वभौमिक वाङ्मयात्मक नियन्त्रण' (UBC) को अंगीकार किया है। यू.बी.सी. का लक्ष्य सुसंगत वाङ्मयात्मक अभिलेखों के विनिमय एवं प्रयोग को प्रोत्साहित तथा प्रचलित करना है। "वाङ्मयात्मक नियन्त्रण" के लक्ष्य की पूर्ति के लिए ग्रन्थात्मक विवरण (bibliographical descriptions), तथा चरण (choice) एवं शीर्षकों के स्वरूप के मानकीकरण पर अधिक जोर दिया गया है।

इफ्ला का क्षेत्र

इफ्ला–यू.बी.सी. कार्यक्रम के इस दृष्टिकोण के अन्तर्गत इसके प्रमुख चार क्षेत्र हैं जो इस प्रकार हैं–

1. शीर्षकों के स्वरूपों का मानकीकरण (Standardization of Forms of Headings),

2. अन्तर्राष्ट्रीय मानक ग्रन्थात्मक विवरण (International Standard Bibliographical Description—ISBD),

3. राष्ट्रीय वाङ्मय सूचियों का उन्नयन (Improvement of National Bibliographies),

4. यंत्रेण पठनीय वाङ्मयात्मक अभिलेखों का मानकीकरण (Standardization of Machine-readable Bibliographical Records)।

प्रकाशनों की सार्वभौमिक सुलभता (Universal Availability of Publication—UAP)–इस कार्यक्रम का मुख्य लक्ष्य हैं–आर्थिक, सामाजिक, शैक्षणिक तथा व्यक्तिगत विकास एवं उन्नयन के क्षेत्र में एक आवश्यक तत्त्व तथा सामग्री के रूप में जब कभी और जहाँ कहीं भी उपयोगकर्ताओं/अध्येताओं द्वारा अनुभव किए जाने पर सभी प्रकार की प्रकाशित सामग्रियों का जहाँ तक सम्भव हो, उनको उपलब्ध होना चाहिए। अर्थात् सभी प्रकार की पठनीय सामग्रियाँ विश्व के कोने-कोने में मानव की अन्य आवश्यकताओं की भाँति सुलभ होनी चाहिए।

प्रकाशित एवं छुपी वस्तुओं में श्रृव्य-दृश्य वस्तुएं तथा मुद्रित वस्तुएं जिसके अन्तर्गत सूचना साहित्य और पत्रिकाओं से आलेख आदि प्रमुख हैं, को सम्मिलित किया गया है। इसके अन्तर्गत प्रलेखों के संरक्षण, संग्रह तथा प्रसार के कार्य में संलग्न सभी प्रकार की संस्थाएं तथा सभी प्रकार की सूचना, ग्रन्थालय एवं अभिलेखागार की सेवाएँ विशेष रूप से सम्मिलित हैं।

इस उद्देश्य को पूरा करने के लिए इफ्ला का यह प्रोग्राम राष्ट्रीय स्तर से लेकर स्थानीय स्तर तक सभी अवस्थाओं में नवीन सामग्री के प्रकाशन से लेकर अन्तिम प्रतियों को सुलभ करने की जितनी प्रतिक्रियाएँ एवं स्थितियां हैं, उनमें सुधार एवं उन्नयन करने के लिए प्रारम्भ किया गया है। यू.ए.पी. (UAP) का यह एक उत्तम लक्ष्य है कि किसी भी प्रलेख की सूचना का जो उन्नत अभिगम (improved access) है, वह प्रलेखों की प्राप्ति के लिए उन्नत अभिगम का कार्य करने में सक्षम होना चाहिए। अर्थात् सार्वभौमिक वाङ्मयात्मक नियन्त्रण के उपकरण सुचारू रूप से निर्मित किए जाने चाहिए, जिससे वांछित सामग्री की पूर्ण सूचना प्राप्त हो सके।

यू.ए.पी. की अवधारणा का बीजारोपण सिद्धान्त : सन् 1973 में हुआ था और इस कार्यक्रम को क्रियान्वित करने हेतु आवश्यक क्रियाकलापों को निश्चित तथा विकसित करने हेतु सन् 1973 में एक विषय-निर्वाचन समिति (Steering Committee) का गठन किया गया। इस प्रकार सूचना एवं सूचनाप्रद प्रलेखों को सार्वभौमिक रूप से उपलब्ध होने एवं किए जाने के क्रियाकलापों को आयोजित करने का यू.ए.पी. का कार्यक्रम एक उल्लेखनीय प्रयत्न है।

अन्तर्राष्ट्रीय मार्क कार्यक्रम एवं अन्तर्राष्ट्रीय मार्क कार्यालय परियोजना (International MARC Programme and the Project for an International MARC Office)—यंत्रेण पठनीय प्रसूची (Machine-readable Catalogue—MARC) की महत्ता का अनुभव करते हुए इफ्ला की कार्य परिषद् ने अन्तर्राष्ट्रीय मार्क विकास (International MARC Development) की आवश्यकता को अनुभव किया और कार्यक्रम प्रबन्ध समिति की स्थापना सन् 1979 में की गई। इफ्ला ने अन्तर्राष्ट्रीय मार्क कार्यक्रम तथा अन्तर्राष्ट्रीय मार्क कार्यालय की स्थापना का दायित्व स्वीकार किया।

क्षेत्रीय कार्यक्रम (Regional Activities)—क्षेत्रीय कार्यक्रमों के लिए एक विशेष विभाग—क्षेत्रीय कार्यक्रम विभाग (Division of Regional Activities) स्थापित किया गया है। इस विभाग का कार्यक्षेत्र उन्नतिशील राष्ट्रों के सम्पूर्ण प्रकार के पुस्तकालयों से जुड़ा है। इसके तीन उपविभाग हैं—पहला अफ्रीका, दूसरा एशिया तथा तीसरा लैटिन अमेरिका एवं कैरीबियन के देशों में इफ्ला के कार्यक्रमों को क्रियान्वित करते हैं।

इफ्ला यूनेस्को तथा अन्य संस्थानों की मदद से, सेमीनार, प्रशिक्षण आदि का आयोजन करता है जिससे तृतीय विश्व के लोग लाभान्वित हो सकें। इसके साथ ही इफ्ला के सामान्य सम्मेलनों से भी इन्हें सम्बद्ध किया जाता है। तृतीय विश्व (Third World) के युवा-ग्रन्थालयियों को विशेष प्रशिक्षण प्रदान करने हेतु पश्चिमी यूरोप में अवसर प्रदान करता है।

इफ्ला की निम्नांकित क्षेत्रीय परियोजनाएं अपना विशेष महत्त्व रखती हैं—

1. लोक एवं सार्वजनिक पुस्तकालय की नीतियों पर सेमीनार का आयोजन करने हेतु सहायता प्रदान करना।

2. एशिया के क्षेत्रों में सुलभ किए जाने वाले पाठ्यक्रमों हेतु ग्रन्थालय एवं सूचना विज्ञान के पाठ्यक्रमों का संग्रह तैयार करना।

3. एलीपा (Experienced Library and Information Personnel in Asia and Oceania) के डेटाबेस का उपयोग एवं अद्यतन करना।

4. अफ्रीका में बालकों एवं नवयुवकों कं लिए ब्रेल पुस्तकों (Braille book) को तैयार करने हेतु एक इकाई की स्थापना करने की सम्भावना का अध्ययन करना।

पुस्तकालियों की दशा (Status of Librarians)—इफ्ला की अवधारणा के अनुसार पुस्तकालय एवं सूचना सेवा का विकास तभी सम्भव है जब पुस्तकालय कौशल और विज्ञान को विदेशी स्तर पर एक व्यापारिक प्रकृति का विषय स्वीकार किया जाए तथा इसे एक महत्त्वपूर्ण दर्जा प्रदान किया जाए। इस उद्देश्य की पूर्ति हेतु अनेक परियोजनाओं—ग्रन्थालयियों के व्यावसायिक दायित्व की परिभाषा तथा अभिप्राय, तथा व्यावसायिक योग्यताओं/अर्हताओं की अन्तर्राष्ट्रीय मान्यता आदि के माध्यम से सम्पन्न कर रहा है। अल्पकालिक कार्यक्रमों में भी इस दिशा में ध्यान दिया जा रहा है।

इफ्ला के विशिष्ट प्रकाशन (Publications of IFLA)—इफ्ला के विशिष्ट एवं महत्त्वपूर्ण प्रकाशन निम्नलिखित हैं—

(1) IFLA Journal—त्रैमासिक।

(2) IFLA Statutes and Rules of Procedure.

(3) Divisional and Sectional Newsletters.

(4) International Cataloguing (Quartely Bulletin of UBC office).

(5) International Standard Bibliographic Descriptions. (ISBD-M).

(6) IFLA Annual—इफ्ला के वार्षिक सम्मेलनों की कार्यवाहियों, आलेखों के सारांश, वार्षिक प्रतिवेदन।

(7) IFLA Medium-Term Programme 1981-85, comp. by professional Board of IFLA.

(8) International Stardard Bibliographic Descriptions (ISBD-S).

(9) World Directory of Administrative Libraries.

(10) World Directory of Map Collection.

(11) IFLA Directory—द्विवर्षीय प्रकाशन, सदस्यों एवं अधिकारियों की तालिका, अनेक प्रकार के प्रकाशनों की तालिका आदि इसमें प्रकाशित की जाती है।

इफ्ला पुस्तकालय एवं सूचना-सेवा के जगत में एक विदेशीय संगठन के रूप में सराहनीय कार्य कर रहा है तथा विभिन्न प्रक्रियाओं के आयोजन से इस व्यवसाय को सशक्त एवं सक्रिय, सम्मानित तथा उपयोगी बनाने का प्रयास स्थानीय स्तर से लेकर अन्तर्राष्ट्रीय स्तर पर कर रहा है।

रक्षा वैज्ञानिक सूचना एवं प्रलेखन केन्द्र (DESIDOC)

वैज्ञानिक सूचना ब्यूरो की स्थापना भारत के प्रतिरक्षा अनुसंधान एवं विकास संगठन के द्वारा की गई है। यह प्रतिरक्षा मंत्रालय के अनुसंधान एवं विकास कार्य में लगे अभिकरणों एवं वैज्ञानिकों के सहयोग हेतु प्रतिरक्षा से सम्बन्धित वैज्ञानिक एवं तकनीकी सूचनाओं का संग्रह करता है तथा इन सूचनाओं को उन तक संप्रेषित करता है। सन् 1967 में ब्यूरो को पुनर्गठित किया गया और इसको प्रतिरक्षा वैज्ञानिक सूचना एवं प्रलेखन केन्द्र (Defence Scientific Information and Documentation Centre—DESIDOC) नाम दिया गया और इसके दायित्व एवं कार्य क्षेत्र को विस्तृत कर दिया गया।

प्रतिरक्षा वैज्ञानिक सूचना का प्रलेखन केन्द्र सन् 1970 से प्रतिरक्षा अनुसंधान एवं विकास संगठन में एक संस्था में रूप में कार्यरत है। इसका एक स्वतन्त्र निदेशक है। डेसीडॉक मेटकाफ हाउस (Metcalfe House, Delhi) दिल्ली में स्थित है। वैज्ञानिकों द्वारा जितने भी प्राविधिक प्रस्तुतिकरण भारत सरकार के प्रतिरक्षा मंत्रालय, नई दिल्ली को दिए जाते हैं, उनमें डेसीडॉक की सेवाओं तथा क्रियाकलापों का उल्लेख होता है। प्रतिरक्षा अनुसंधान एवं विकास संगठन के मुख्य कार्यालय द्वारा जितने भी प्राविधिक एवं वैज्ञानिक प्रलेखों का प्रकाशन किया जाता है उनमें डेसीडाक की सेवाओं का वर्णन उन सभी सूचनाओं के प्रसाद कार्य में होता है।

लघु उद्योग राष्ट्रीय प्रलेखन केन्द्र (SENDOC)

लघुउद्योग विस्तार प्रशिक्षण केन्द्र हैदराबाद में स्थित है। इसी के अन्तर्गत सन् 1971 में लघु उद्योग राष्ट्रीय प्रलेखन केन्द्र की स्थापना की गई। उसे सेन्डाक (SENDOC) के नाम से भी जाना जाता है। सेन्डाक लघु उद्योगों के प्रबन्धकों, अभिकरण प्रशिक्षणों तथा परामर्शदात्री संगठनों की सूचना आवश्यकता की पूर्ति का कार्य करता है।

लघु उद्योग राष्ट्रीय प्रलेखन केन्द्र के उद्देश्य (Objectives of SENDOC)

लघु उद्योग राष्ट्रीय प्रलेखन केन्द्र की स्थापना के निम्नवत उद्देश्य हैं।

(1) दूसरे राष्ट्रीय संगठनों तथा संस्थानों के सूचना-क्रियाकलापों के साथ समन्वय तथा सहयोग स्थापित करने के लिए एक राष्ट्रीय केन्द्र के रूप से सक्रिय रहना तथा अन्य देशों के इस प्रकार के केन्द्रों के साथ सम्पर्क स्थापित करना।

(2) लघु उद्योगों के प्रौद्योगिकी एवं प्रबन्धकों के विकास एवं उन्नयन के लिए उपयोगी एवं सहायक प्रलेखों, आधार-सामग्रियों (data) तथा अन्य प्रकार के आवश्यक सूचनात्मक विवरणों का संग्रह करना, सुरक्षित रखना तथा उनका समन्वय करना।

(३) लघु उद्योगों के प्रबन्ध एवं विकास के क्रियाकलापों में संलग्न संगठनों तथा व्यक्तियों के लिए सूचना का प्रसार एवं वितरण करना।

सेन्डाक लघु उद्योगों के प्रोत्साहन एवं विकास से सम्बद्ध अभिकरणों के लिये सूचना प्रसार एवं वितरण केन्द्र के रूप में कार्य करता है। अतः यह लघु उद्योगों के विकास के सभी पक्षों–प्रबन्ध, उत्पादन, कार्मिक वित्तीय स्थिति, विपणन, प्रौद्योगिकी, प्रविधियां एवं कौशल, यंत्र एवं उपकरण, शासकीय एवं संस्थागत कार्यक्रम एवं नीतियां, सांख्यिकी आधार सामग्रियां, जैसे–उद्योगों के प्रकार, क्षमता, उत्पादन, नियति, रोजगार तथा पूंजी निवेश आदि से सम्बन्धित सूचना संग्रहण करके उनकों प्रक्रियाबद्ध कर वितरित करता है। सेन्डाक व्यापारिक एवं वित्तीय संस्थाओं व बैंकों तथा विकास अभिकर्ताओं के समाचार विवरणों के संग्रह का भी कार्य करता है इसके प्रसारों के संकलन 30,000 से अधिक हैं और 6000 से अधिक अन्य प्रकार के प्रतिवेदनों को संग्रहीत किया गया है। सम्बन्धित विषयों-क्षेत्रों की दृष्टि से सेन्डॉक एक हजार से अधिक शोध-पत्रिकाओं को नियमित रूप से मंगवाता है। व्यापारिक साहित्य के अतिरिक्त प्राविधिक प्रतिवेदनों एवं टिप्पणियों को भी सेन्डॉक संकलित करता है। सेन्डॉक व्यापारिक एवं वित्तीय संस्थाओं व बैंकों तथा विकास अभिकर्ताओं के समाचार विवरणों के संग्रह का भी कार्य करता है।

विदेश में सूचना एवं प्रलेखन सेवाएं (ABROAD)

प्रलेखन-सेवा का जन्म 19वीं शताब्दी में वैज्ञानिक ज्ञान की पिपासा का सूचना-प्रसार के माध्यम से सन्तुष्ट करने में हुआ। प्रारम्भ में प्राकृतिक विज्ञान के वैज्ञानिकों एवं अनुसंधानकर्ताओं ने उस सेवा को आगे बढ़ाने में क्रान्तिगत रूप से अथक प्रयास किया। बाद में स्वेच्छा से प्राप्त अन्तर्राष्ट्रीय सहयोग एवं धन ने इसके विकास में महत्त्वपूर्ण भूमिका निभाई। उस समय विशिष्ट प्रकार की प्रलेखन विधियों की आवश्यकता भी अनुभव नहीं की जा रही थी। 20वीं सदी के प्रथम चरण में प्रलेखन की विशिष्ट विधियों का भी प्रयोग होने लगा, लेकिन इसका आन्तरिक विकास 20वीं सदी के द्वितीय चरण में ही हुआ। इसकी व्यवस्था के लिए आर्थिक संसाधनों को उपलब्ध एवं सुदृढ़ करने के लिए यूनेस्को (UNESCO) तथा संयुक्त

राष्ट्र संघ की अन्य एजेन्सियों (United Nations Agencies) की भूमिका महत्त्वपूर्ण रही है। अनेक विकासशील देशों में राष्ट्रीय संगठनों की स्थापना के माध्यम से प्रलेखन के क्रियाकलापों को अधिक सक्रिय बनाने का प्रयास किया गया।

प्रलेखन की अनेक विधियों एवं प्रविधियों को अधिक महत्त्व दिया गया, जिससे इस दिशा में भी पर्याप्त प्रगति हुई। वैज्ञानिकों अथवा प्रलेखन के परिणामों के उपयोगकर्ताओं के वैयक्तिक प्रयासों की अपेक्षा सुसंगठित संगठनों के प्रयासों से प्रलेखन कार्य का भविष्य अधिक सशक्त एवं गतिशील होने लगा। जनसंख्या में तीव्र गति से हो रही वृद्धि से उत्पन्न आवश्यकता भी प्रलेखन-सेवा के क्रामिक विकास का कारण बना। प्रलेखन सेवा के अन्तर्राष्ट्रीय स्तर पर उद्‌गम एवं विकास को निम्नलिखित शीर्षकों में विवेचित किया जा सकता है।

1. रायल सोसाइटी इन्डेक्स (Royal Society Index)—प्रलेखन के क्षेत्र में द्वितीय प्रयास "रायल सोसाइटी इन्डेक्स" के जन्म को मानते हैं। सन् 1855 में अपनी एक बैठक में ब्रिटिश एसोसिएशन फॉर दी एडवान्समेंट ऑफ साइन्स (British Association for the Advancement of Science) ने गणित एवं भौतिकी के क्षेत्र की सामग्रियों की एक प्रसूची को "Catalogue of Philosophical Memoirs" आख्या के अन्तर्गत प्रस्तुत करने का निर्णय लिया। इस कार्य को रायल सोसाइटी ने सन् 1858 में प्रारम्भ किया। इस प्रसूची में प्राकृतिक विज्ञानों के सम्पूर्ण क्षेत्र के साथ जीवविज्ञानों के क्षेत्र को सम्मिलित करने हेतु इसे और विकसित किया गया। लेकिन व्यावहारिक विज्ञानों को इसमें सम्मिलित नहीं किया गया। अनुसंधित्सुओं तथा विशेषज्ञों को शुद्ध विज्ञान के क्षेत्र की प्रगति से सुविदित रखने के लिए यह उपयोगी सिद्ध हुई इस प्रलेखन-तालिका को "Catalogue of Scientific Papers 1800-1900" की आख्या से जाना जाता है। जिसे प्रथम व्यापक एवं विस्तृत प्रलेखन तालिका होने का श्रेय प्राप्त है।

2. Chemisches Zentralblatt—"फमस्यिुटिसेज सेन्ट्रालब्लॉट" को प्रलेखन के क्षेत्र का प्रथम प्रयास मानते हैं। जिसकी स्थापना सन् 1830 में की गई थी। यह रसायन एवं प्रौद्योगिक के क्षेत्र से सम्बन्धित प्रलेखन का प्रयास है। कालान्दर में इसकी आख्या परिवर्तित कर "Chemisches Zentralblatt" कर दी गई।

3. ब्रूसेल्स इंस्टीट्यूट—अन्तराष्ट्रीय स्तर पर प्रलेखन के क्षेत्र में वाङ्मयात्मक का प्रयास वेल्जियम के हेनरी ला फोन्टेन एवं पाल अेटले द्वारा सन् 1895 में किया गया। उन्होंने विश्व वाङ्मयात्मक केन्द्र (World Bibliographical Centre) की स्थापना हेतु इसी वर्ष बेल्जियम के ब्रूसेल्स नगर में अन्तर्राष्ट्रीय वाङ्मय सम्मेलन

(International Bibliographical Conference) का आयोजन किया। इस सम्मेलन के परिणामस्वरूप इन्टरनेशनल इंस्टीट्यूट ऑफ बिब्लियोग्राफी की स्थापना की गई। इस संस्था के नाम में क्रमशः परिवर्तन होता रहता है। सन् 1938 से इसे इन्टरनेशनल फेडरेशन फॉर डाकूमेन्टेशन (FID) के नाम से जाना जाता है। इस संस्था ने विश्व वाङ्मय सूची तैयार करने में उल्लेखनीय प्रयास किया है।

4. इन्डेक्स कैटालॉग ऑफ सर्जन जनरल्स लाइब्रेरी (Index Catalogue of Surgeon General's Library)—यह प्रलेखन तालिका अपनी विशालता एवं व्यापकता के कारण प्रलेखन के क्षेत्र में बहुत महत्त्वपूर्ण मानी जाती है। यह एक ही ग्रन्थालय की सामग्रियों की तालिका है, जिसे "Index Catalogue of Surgeon General's Office of the United States" की आख्या से जाना जाता है। सन् 1880 में इसे इस ग्रन्थालय के सर्जन-ग्रन्थालयी डॉ. बिलिंगस (John Shaw Billings) ने प्रारम्भ किया था। यह एक व्यक्ति का विस्तृत और गहन प्रयास था, जिसे 50 खण्डों से अधिक अंकों में प्रकाशित किया गया था। इनके प्रकाशन पर अनुमानतः 50 लाख रुपयों से अधिक व्यय किया गया था। विख्यात ग्रन्थालय प्रेमी कारनेगी द्वारा उसके प्रकाशन में बहुत आर्थिक मदद दी गई थी।

5. इन्टरनेशनल कैटालॉग ऑफ साइंस्टिफिक लिटरेचर (International Catalogue of Scientific Literature)—सन् 1894 में रायल सोसाइटी द्वारा एक समिति का गठन किया गया। इसका उद्देश्य 20वीं सदी की सामग्रियों की एक बड़ी प्रलेखन-तालिका प्रस्तुत करना था। साथ ही 19वीं सदी की वाङ्मय सूची को इससे सम्बद्ध रखना था। परिणामतः "International Catalogue of Scientific Literature" का जन्म हुआ।

विज्ञान के मुख्य सात क्षेत्रों में इसके द्वारा वर्गीकृत अनुक्रमणिका का प्रकाशन सन् 1901 से सन् 1914 तक हुआ। जिसे सन् 1914 से समाप्त कर दिया गया। क्योंकि स्वेच्छा से प्राप्त आर्थिक सहायता से अन्तर्राष्ट्रीय प्रलेखन तालिका को प्रस्तुत कर प्रकाशित करना सम्भव नहीं था। इसकी समाप्ति का एक दूसरा कारण भी था। इसमें स्वेच्छा से ही वैज्ञानिकों द्वारा संलेखों को प्रदान किया जाता था, जो अधिक सुविधाजनक सिद्ध नहीं हो सका, जिससे अन्तर्राष्ट्रीय स्तर की इस प्रलेखन तालिका को सफलता प्राप्त नहीं हुई।

6. कॉनसिलिम बिब्लियोग्रॉफिकम (Concilium Bibliographicum)—प्रलेखन के क्षेत्र में "कॉनसिलियम बिब्लियोग्राफिकम" का प्रादुर्भाव 19वीं शताब्दी में हुआ, जो सन् 1895 से सन् 1940 तक पर्याप्त लोकप्रिय रही है। प्राणिकी

(Zoology) के क्षेत्र में प्रलेखन सेवा को कार्यान्वित करने हेतु फील्ड (Herbert Havland Field) ने यूरोप के प्राणिकी विशेषज्ञों एवं ग्रन्थालयियों से 1892-95 की अवधि में विस्तृत विचार-विमर्श करने के पश्चात् इसे प्रारम्भ किया था। इसके परिणामस्वरूप इन्टरनेशनल कांग्रेस ऑफ ज्यूलॉजी (International Congress of Zoology) द्वारा ज्यूरिख (Zurich) में, "Central Bureau of Zoology and Comparative Anatomy" की स्थापना की गई। पत्रकों पर डेसीमल क्लासीफिकेशन के अनुसार यह वाङ्मय सूची तैयार की जाती थी।

सन् 1908 तक कॉनसिलियम बिब्लियोग्रॉफिकम ने लगभग 150 लाख पत्रकों को वितरित किया था। सन् 1921 में फील्ड में मृत्यु के पश्चात् सकफेलर फाउन्डेशन ने पांच वर्षों तक इसकी सहायता की। लेकिन सन् 1940 में आर्थिक सहायता के अभाव में यह समाप्त हो गई।

20वीं सदी के नवीन प्रयास

अन्तर्राष्ट्रीय स्तर पर प्रलेखन के प्रयासों के असफल होने पर 20वीं सदी में राष्ट्रीय स्तर पर प्रलेखन के अभिकरण संगठित होने लगे। इस अवधि में प्रलेखन-सेवा की पूर्ति की दृष्टि से सारांशकरण एवं अनुक्रमणिकाकरण पत्रिकाओं का विज्ञान के क्षेत्रों में अधिकाधिक प्रकाशन किया जाने लगा। विद्वत् परिषदों तथा व्यापारिक उद्देश्य से अन्य संगठनों द्वारा बड़ी संख्या में सारांशकरण पत्रिकाओं का प्रकाशन प्रारम्भ किया गया।

द्वितीय विश्व युद्ध के पश्चात् बढ़ती सामाजिक आवश्यकताओं के कारण सूचना एवं प्रलेखन सेवा की आवश्यकता महसूस हुई। यूनेस्को तथा इन्टरनेशनल काउन्सिल ऑफ साइन्टिफिक यूनियन्स (ICSU) ने सम्मिलित रूप से विश्व की सारांशकरण पत्रिकाओं का समन्वय किया। और समाज विज्ञान के क्षेत्र को भी लाभान्वित करने का प्रयास किया है। साथ ही, विकासशील देशों में राष्ट्रीय प्रलेखन केन्द्रों की स्थापना करने हेतु सहयोग एवं प्रोत्साहन दिया है। इसके द्वारा विश्व के अनेक देशों में प्रलेखन के क्रियाकलापों को बहुमुखी विकास के उद्देश्य से सशक्त किया गया है। यूनेस्को ने इस दिशा में उल्लेखनीय प्रयास किया है।

इन्टरनेशनल फेडरेशन फॉर डाकूमेन्टेशन (FID)

हेनरी ला फोन्टेन (Henri La Fontaine) तथा पाल ओटलेट (Paul Otlet) द्वारा अन्तर्राष्ट्रीय वाङ्मय सूची की स्थापना का निर्णय लेने का प्रमुख कारण बौद्धिक

क्रियकलापों व सामाजिक विकास को अधिक बढ़ावा देना था। सन् 1985 में बेल्जियम के ब्रूसेल्स नगर में एक अन्तर्राष्ट्रीय वाङ्मय सूची सम्मेलन का आयोजन किया गया, जिससे इस प्रयास को एक दिशा मिली।

सन् 1924 में इसे पुनर्जीवित किया गया। इसके संविधान में परिवर्तन कर एक संघात्मक अन्तर्राष्ट्रीय संगठन का रूप दिया गया और पांच राष्ट्र इसके सदस्य बनाए गये। सन् 1931 में इसके पूर्व नाम को परिवर्तित कर इन्टरनेशनल इन्स्टीट्यूट ऑफ डाकूमेन्टेशन (International Institute of Documentation) कर दिया गया, जिसे पुनः सन् 1938 में वर्तमान नाम 'इन्टरनेशनल फेडरेशन फॉर डाकूमेन्टेशन (International Federation for Documentation—FID) दिया गया।

इस संस्थान ने सन् 1918 तक अन्तर्राष्ट्रीय वाङ्मय सूची का निर्माण एवं संकलन पत्रकों पर किया। लेकिन प्रथम विश्व युद्ध के प्रारम्भ होने के कारण यह कार्य स्थगित कर दिया गया। स्थगन के समय तक इस वाङ्मय सूची के अन्तर्गत 150 लाख संदर्भों का विवरण प्रस्तुत किया जा चुका था। संस्थान का कार्य विशिष्ट प्रकरणों पर संदर्भों को उपलब्ध करना भी था। फलतः इस कार्य को करने हेतु सार्वभौमिक ग्रन्थालय की आवश्यकता का भी अनुभव किया गया। उस समय सन्दर्भों का संकलन कार्य वैज्ञानिक स्वेच्छा से किया करते थे। अतः इसके समक्ष अनेक कठिनाइयां उत्पन्न होने लगीं। यह विशाल एवं बौद्धिक श्रम का कार्य मात्र उत्साह से ही सम्पन्न नहीं किया जा सकता था। प्रथम विश्वयुद्ध ने इस संस्था को निष्क्रिय बना दिया। इसके कार्यालय को भी ब्रूसेल्स (बेल्जियम) से हटा कर हेग (हालैण्ड) में स्थापित किया गया। लेकिन इसके संघात्मक रूप को बनाये रखा गया। मूलतः इसका यूरोपीय देशों तक ही सीमित होने का प्रमुख कारण इसकी अन्तर्राष्ट्रीयता थी। एफ. आई. डी. ने द्वितीय विश्व युद्ध के बाद पुनः प्रयास करके अपने कार्यों का संचालन करना शुरू किया। अन्य अन्तर्राष्ट्रीय संघों–संयुक्त राष्ट्र संघ (United Nations), यूनेस्को (UNESCO), एफ. ए. ओ. (FAO) आई. एल. ओ. (ILO), विश्व स्वास्थ्य संगठन (WHO) आई. सी एस. यू. (ICSU) ने इसे मान्यता प्रदान की।

प्रलेखन के लिए मानकों को तैयार करने हेतु इन्टरनेशनल स्टैण्डर्ड्स आर्गनाइजेशन (ISO) ने इसे सहयोग एवं सहायता प्रदान की। यह माना गया कि एफ. आई. डी. (FID) की गतिविधियाँ प्रलेखन का दृष्टि से प्रमुखतः यू. डी. सी. (UDC) के विकास तथा प्रचार तक ही सीमित हैं। अतः प्रलेखन के अन्तर्राष्ट्रीय क्षेत्र में इसका प्रभाव एवं महत्त्व क्षीण होता जा रहा है। परिणामतः इसने प्रलेखन के अन्य पक्षों एवं

क्रियाकलापों की ओर भी ध्यान दिया। सारांशकरण सेवाओं, व्यावसायिक प्रशिक्षणों तथा प्रलेखों के छायाचित्रों को प्रस्तुत करने के लिए इसने कार्यदलों को संगठित किया। इसका सन् 1952 से सतत् भारत इन्सडॉक का सदस्य रहा। इसके पहले से ही डॉ. एम. आर. रंगनाथन को इसके वर्गीकरण के सामान्य सिद्धान्त (IFD/CA) के कार्य को करने हेतु एफ. आई. डी. के साथ सम्बद्ध किया गया था।

दीर्घ विधि नीतियों के प्रस्तुतीकरण हेतु सन् 1958 में वाशिंगटन में एक व्यापक आयोजन हुआ। जिसे सन् 1959 में वारसा-सम्मेलन (Warsaw Conference) में स्वीकृत किया गया। इसकी प्रमुख संस्तुतियों में–इसकी गतिविधियों को पर्याप्त विस्तृत करना, सदस्यों की संख्या को बढ़ाना, पश्चिमी यूरोप के अतिरिक्त अन्य क्षेत्रों में इसके भाग लेने की क्षमता को विकसित करना, इसे अधिक प्रभावशाली एवं उपयोगी बनाना आदि मुख्य थीं। इस सम्बन्ध में अनेक कदम उठाए जा चुके हैं। क्षेत्रीय आधार पर प्रतिनिधित्व प्रदान किया गया है। अमेरिका एवं एशिया में क्षेत्रीय कार्यालय स्थापित करने का प्रस्ताव भी है।

प्रलेखन तथा इससे सम्बन्धित अनेक क्रियाकलापों में अन्तर्राष्ट्रीय सहयोग के क्षेत्र में एफ. आई. डी. की भूमिका प्रशंसनीय है। सन् 1954 में इसके 21 राष्ट्रीय सदस्य थे, जिनकी संख्या अब 79 हो गई है। 82 देशों की 390 संस्थाएं इससे सम्बद्ध हैं। अन्तर्राष्ट्रीय सदस्यों की संख्या 7 है।

एफ. आई. डी. के लक्ष्य व कार्यक्रम

इस संस्थान का प्रमुख कार्य अन्तर्राष्ट्रीय सहयोग, अध्ययन व शोध के आधार पर सूचना विज्ञान से सम्बन्धित सभी संगठनों व पद्धतियों को प्रोत्साहन प्रदान करना है।

सूचना-विज्ञान एवं सूचना-प्रणालियों से सम्बन्धित संस्थाओं, संगठनों एवं व्यक्तियों को अन्तर्राष्ट्रीय स्तर पर समूहबद्ध कर एफ. आई. डी. विचारों एवं अनुभवों के विनिमय के लिए अन्तर्राष्ट्रीय मंच प्रदान करता है और व्यक्तियों व संस्थाओं में स्थापित करता है।

यह सूचना विज्ञान से संबंधित वह संघ है जो अन्तर्राष्ट्रीय व्यवस्था से संबद्ध है। एफ. आई. डी. के प्रमुख कार्यक्षेत्र वरीयता के अनुसार अग्रलिखित हैं।

(a) सूचना-विज्ञान का सैद्धान्तिक एवं भाषाशास्त्रीय आधार।

(b) सूचना का प्रक्रियाकरण एवं प्रायोगिकी।

(c) सूचना के उपयोगकर्ताओं एवं विशेषज्ञों का प्रशिक्षण एवं शिक्षण।
(d) सूचना प्रणाली तथा नेटवर्क अभिकल्प तथा व्यवस्था।
(e) सूचना आवश्यकता तथा उपयोगकर्ताओं की प्रवृत्तियों में समन्वय रखना।

संगठनात्मक स्वरूप

FID द्वारा गठित किए गए प्रमुख आयोग निम्नवत हैं–
1. FID/CAF Commission for Africa;
2. FID/CLA Commission for Latin America;
3. FID/CAD Commission for Asia and Oceania.
प्रत्येक आयोग के अपने अलग-अलग कार्यक्रम हैं।

कुछ समितियाँ अपने गठन की प्रणाली का निर्धारण स्वयं करती हैं। सूचना विभाग में ऐसी समितियाँ निम्नवत हैं–

(1) FID/ET (शिक्षण एवं प्रशिक्षण समिति)–प्रलेखन एवं सूचना-विज्ञान के प्रशिक्षण की समस्याओं तथा प्रकरणों एवं विधियों का अध्ययन तथा अनुसन्धान आयोजित करती है।

(2) FID/TD सूचना एवं प्रलेखन की पारिभाषिक पदावली (Terminology of Information and Documentation)–पारिभाषिक पदों की सिद्धान्त विधियों, समस्याओं तथा स्थिति के क्षेत्र में अनुसन्धान का आयोजन यह समिति करती है।

(3) FID/IM सूचना सांख्यिकी (Informetrics)–सूचना-विज्ञान में सांख्यिकी के अनुप्रयोग के लिए अन्तर्राष्ट्रीय मंच संस्थापित कर विधियों एवं साधनों का मूल्यांकन करना इस समिति का कार्य है।

(4) FID/PD–पेटेन्टों की सूचना तथा प्रलेखन की यह समिति पेटेन्टों की सूचना के उपयोग को प्रोत्साहित करने का कार्य करती है।

(5) FID/II उद्योग सूचना (Information for Industry)–उद्योगों में उपयोगी सूचना की आवश्यकता के निर्धारण हेतु अन्तर्राष्ट्रीय मंच संस्थापित कर विधियों एवं साधनों का मूल्यांकन आदि का कार्य समिति करती है।

(6) FID/RI–सूचना-विज्ञान के सैद्धान्तिक आधारों का विकास तथा इसका अन्य वैज्ञानिक विषयों के साथ सम्बन्ध एवं प्रभाव का अध्ययन इस समिति द्वारा किया जाता है।

(7) FID/SD—सामाजिक विज्ञान के प्रलेखन की समिति इस क्षेत्र की सूचना तथा प्रलेखन सेवाओं को प्रोत्साहित करती है।

(8) FID/CR (वर्गीकरण-अनुसन्धान)—यह वर्गीकरण एवं अनुक्रमणिकाकरण के क्षेत्र में अनुसन्धान हेतु प्रयोजन, व्यवस्था तथा प्रोत्साहन का कार्य करती है।

(9) FID/CCC (केन्द्रीय वर्गीकरण समिति)—इसकी यूनिवर्सल डेसीमल क्लासीफिकेशन की 30 संशोधन-समितियां हैं, जो इस वर्गीकरण योजना का संशोधन, विकास निरीक्षण तथा प्रचालन करती है।

अनुसंधान विभक्तिकरण

वर्गीकृत अनुसंधान समिति सामान्यतः समस्यात्मक प्रश्नों के निदान के परामर्श हेतु राष्ट्र को अन्तर्राष्ट्रीय अवसर उपलब्ध करता है। "Third International Study Conference on Classification Research" 1975 में बम्बई में आयोजित कि गई। इस तृतीय सम्मेलन का प्रमुख विषय "Ordering System for Global Information Network" था। इसमें 50 शोध निबन्धों को प्रस्तुत किया गया, जो वर्गीकरण के नवीन सैद्धान्तिक विकासों, अन्तर्राष्ट्रीय नेटवर्क में वर्गीकरण की भूमिका तथा विधियां, सूचना-प्रणालियों पर आधुनिक प्रौद्योगिकी का प्रभाव, वर्गीकरण तथा सूचना प्रक्रियाकरण में भाषा-वैज्ञानिक अनुसन्धान से सम्बन्धित थे। समिति के "इन्टरनेशनल क्लासीफिकेशन" पर एक शोध-पत्रिका निकालने तथा वर्गीकरण अनुसन्धान में रंगनाथन पुरस्कार प्रदान करने की स्वीकृति भी प्रदान की। केन्द्रीय वर्गीकरण समिति ने UDC के संशोधन का कार्य भी प्रारम्भ कर दिया है।

यू. डी. सी. एवं यंत्रीकरण उपसमिति ने जूरिख (Zurich), फ्रेंकफर्ट (Frankfurt) तथा कोपेनहेगन में कार्यरत केन्द्रों को सहायता से यू. डी. सी. की सम्पूर्ण अनुसूची की यंत्रेण पठनीय संचिका तैयार की है। एफ. डी. आई. ने "कम्प्यूटर एण्ड यू. डी. सी. एडीकेड ऑफ प्रोफेस—1963-73" को प्रकाशित किया है, जिसमें 15 देशों की प्रयोगात्मक एवं क्रियाशील प्रणालियों की वाङ्मय सूची के आधार पर व्यापक आख्या प्रस्तुत की है। यू. डी. सी. के संशोधनों तथा विस्तार को प्रति वर्ष प्रकाशित भी किया जाता है। "वर्गीकरण अनुसन्धान" विषय पर सन् 1982 में FID/CR ने जर्मनी के आगसबर्ग में एक अन्तर्राष्ट्रीय सम्मेलन का आयोजन किया। इसका विषय सार्वभौमिक वर्गीकरण (Universal Classification) था।

इस सम्मेलन के समापन सत्र में 22 संस्तुतियों को स्वीकार किया गया जिसमें वर्गीकरण के भावी अनुसन्धान की प्रवृत्तियों को एक रणनीति के रूप निम्नवत सन्दर्भों में सम्पन्न करने की अनुमतिं दी।

(1) वर्गीकरण अनुसन्धानकर्ताओं की हठवादिता;
(2) सार्वभौमिकता;
(3) वर्गीकरण विज्ञान की वैज्ञानिक स्थिति;
(4) नवीन प्रौद्योगिकी को दृष्टिगत रखते हुए वर्गीकरण के प्रकरणों पर कार्य करना।

विकासशील देशों में प्रलेखन

विकासशील देशों की समिति द्वारा "FID DC News" के प्रकाशन का प्रयोजन इन देशों से प्रलेखन संबंधित प्रक्रियाओं की जानकारी रखना था। "Function and Organisation of National Documentation Centre in Developing Country" के "1973 FID/DC" के प्रतिवेदन को यूनेस्को ने प्रकाशित किया है। इससे अनेक प्रकार की जानकारियाँ प्राप्त होती हैं।

शिक्षण कार्यक्रम

कुछ ऐसे भी मंच होते हैं जो व्यावसायिक होते हैं। इन्हीं व्यावसायिक श्रेणियों में शिक्षण एवं प्रशिक्षण भी होते हैं। प्रशिक्षण कार्यक्रम को प्रोत्साहित एवं निर्देशित करने की दृष्टि से समिति ने दो सामयिक आलेखों "Future Main Trends of Information Systems and Their Implications for Secialization of Information Personnel" को प्रकाशित किया है। एफ. आई. डी. सचिवालय ने "Syllabus for a Documentation Course" "1972 French Course" के अंग्रेजी भाषान्तर को भी प्रकाशित किया है।

पारिभाषिक पदावली : भाषाविज्ञान

सूचना की पारिभाषिक पदावलियों, सूचना-सिद्धान्त के मूल पाठकों की त्रुटियों के विश्लेषण तथा पद्धतियों और सूचना क्षेत्र की प्रौद्योगिकी गतिविधियों आदि पर FID/LD के सामयिक कार्यक्रमों में "Linguistics in Documentation—Current Abstracts" पत्रिका एवं संख्यात्मक भाषा विज्ञान पर वाङ्मय सूची का संकलन तथा प्रलेखों की भाषा का अभिज्ञान आदि को सम्मिलित किया गया है।

उद्योग सूचना

उद्योग सूचना समिति द्वारा प्रस्तुत सूचना अधिकारियों एवं प्रबन्धकों के प्रशिक्षण की मार्गदर्शिकाएं अभी यथावत् चल रही हैं, जबकि टेक्निकल जनरल्स फार इण्डस्ट्रीज'' के प्रकाशन को समाप्त कर दिया गया है। सूचना मुद्रा का मूल्यांकन प्रारम्भ किया गया है।

इस समिति द्वारा प्रस्तुत–"Selected Reading on Information for Industry", तथा "National Referral Service for Industry" को सन् 1975 में प्रकाशित किया गया।

सन् 1982 में इस समिति की 22वीं बैठक में निम्नलिखित तथ्यों पर ध्यान दिया गया–(1) राष्ट्रीय उद्योग परामर्श (referral) सेवाएं; (2) सूचना अधिकारियों का प्रशिक्षण; (3) उन्नयन एवं प्रगति के लिए सूचना व्यवस्था; (4) सूचना संसाधन प्रबन्ध एवं व्यवस्था; क्षेत्रीय निर्देशिका आदि विषयों की प्रगति एवं सक्रियता पर विचार किया गया।

अनुसन्धान

सूचना सिद्धान्त अनुसन्धान समिति (FID/RI) ने ऐसी परियोजनाओं को प्रारम्भ किया है, जिससे विज्ञान तथा प्राविधिक सूचना के विकास का अनुमान विश्व के प्रलेखीय सूचना के प्रवाह, वर्तमान स्थिति तथा सूचना विज्ञान के सिद्धान्तों के सर्वेक्षण का मूल्यांकन हेतु लगाया जा सके। यह शोध के क्षेत्र में प्रमुख भूमिका अदा करता है।

यंत्रीकरण

सन् 1976 में मैक्सिको में एफ. आई. डी. के कांग्रेस अधिवेशन में यंत्रीकरण समिति (FID/TMO) द्वारा प्रस्तुत कार्यक्रमों पर विचार किया गया। इस समिति के अन्तर्गत जिन कार्यक्रमों को रखा गया, उनमें–वाङ्मयात्मक विवरणों के विनिमय के मानक, यंत्रीकृत सूचना-प्रणालियों द्वारा ''टेलीकमनिकेशन'' सुविधाओं में ''साफ्टवेयर'' और ''हाईवेयर'' का अनुप्रयोग शामिल है।

एफ. आई. डी. के प्रमुख प्रकाशन

1. एफ. आई. डी. कुछ प्रमुख धारावाहिकों का प्रकाशन करता है जो निम्नवत हैं–

(1) FID,

(2) FID Directory 1981-82,

(3) International Forum of Information and Documentations (Quarterly),

(4) F&D Projects in Documentation and Librarianship (Bimonthly).

2. एफ. आई. डी. द्वारा प्रकाशित मोनोग्राम निम्नलिखित हैं–

(1) Computers and the UDC : A decade in Progress, 1963.

(2) Criteria of the Quality of Information System and Processes, 1981.

(3) Guide to Agricultural Information Sources in Asia Oceania, 1980.

(4) Current Issues and Trends in Education and Training for Information Works in Developing and Developed Countries, 1981.

इस प्रकार यह स्पष्ट होता है कि International Federation For Documentation (F.I.D.) शोधकर्ताओं हेतु विभिन्न प्रकार का सहयोग प्रदान करता है।

राष्ट्रीय सामाजिक विज्ञान प्रलेखन केन्द्र

राष्ट्रीय सामाजिक विज्ञान प्रलेखन केन्द्र (NASSDOC) की स्थापना सन् 1970 में भारतीय सामाजिक विज्ञान अनुसंधान (Indian Council of Social Science Reserch ICSSR) द्वारा की गई। इसका मुख्यालय नई दिल्ली में फिरोजाबाद रोड पर स्थापित किया गया। इसका प्रमुख लक्ष्य इन्डॉक द्वारा प्रस्तावित कार्यों को गति प्रदान करना था।

प्रारम्भ में इसे सोशल साइन्स डाकूमेन्टेशन सेन्टर की संज्ञा दी गई है। भारतीय सामाजिक विज्ञान अनुसंधान परिषद् (ICSSR) एक स्वायत्तशासी संस्था (Autonomous Organisation) है, जिसकी स्थापना सन् 1969 में भारत सरकार द्वारा की गयी थी। इसका मुख्य लक्ष्य एवं कार्य सामाजिक विज्ञानों के क्षेत्र में अनुसंधानों के क्रियाकलापों को प्रायोजित एवं प्रोत्साहित करना है। सामाजिक विज्ञानों के सूचना-प्रसार हेतु प्रलेखन के कार्य एवं सेवा का आयोजन करती है, जो नासडॉक के माध्यम से सम्पन्न होता है।

विनीती

द्वितीय विश्व युद्ध के पश्चात् सोवियत रूस (USSR) में प्रलेखन सेवा को महत्त्वपूर्ण माना जाने लगा था। साथ ही अनावश्यक अन्वेषण तथा अध्ययन में श्रम, समय तथा धन को नष्ट होने से बचाने एवं देश के अनुसंधानिक शक्ति को सुरक्षित एवं अनुरक्षित रखने हेतु प्रलेखन को महत्त्व दिया गया। अतः सन् 1952 में विनीती (All Union Institute for Scienific and Technical Information—VINITI की स्थापना की गई। विनीती ने सन् 1953 से अपनी सेवाओं तथा क्रियाकलापों को प्रारम्भ किया। विनीती का अपना एक विशाल कार्यालय एक पृथक भवन में है, इसका संग्रह भी विशालतम है। सन् 1959 में वहां के कार्यकर्ताओं की संख्या 1,800 थी। लेकिन वर्तमान में इसकी संख्या 23,000 है जिसमें सूचना विशेषज्ञ, सारांशकरण, अनुवादक, सामान्य विशेषज्ञ तथा अन्य प्रकार के कर्मचारियों को पर्याप्त स्थान दिया गया है।

सोवियत संघ के सहयोग से इसकी स्थापना का कार्य प्रारंभ किया गया था। इस अवधि में सूचना केन्द्रों की स्थापना की गई और सारांशकरण पत्रिकाओं (Abstracting Journals) को प्रकाशित किया गया। सन् 1943 में एक प्रमुख सूचना केन्द्र के रूप में "फेरास मेटल इनफारमेशन इन्स्टीट्यूट" (Ferrous Metal Information Institute) की स्थापना की गई। सूचना सेवा एवं प्रसार की व्यवस्था में सोवियत संघ में वास्तविक प्रगति सन् 1930–सन् 1953 की अवधि में हुई। इस अवधि में विनीती (All Union Institute of Scientific and Technical Information—VINITI), "ऑल यूनियन साइन्टिफिक एण्ड टेक्निकल इनफारमेशन सेन्टर (All Union Scientific and Technical Information Centre) तथा अन्य प्रमुख अखिल क्षेत्रीय (All Unions Services), एवं नवीन विषय-विशेष अभिमुखी, दर्जनों क्षेत्रीय सूचना केन्द्रों, हजारों शोध ब्यूरो/केन्द्रों की स्थापना सूचना सेवा व्यवस्था के लिए की गई।

सूचना कार्यों की सफलता हेतु यह अति आवश्यक है कि शासकीय विभागों का सहयोग लिया जाए परिणामतः सोवियत संघ के मंत्रालयों से सहयोग लिया गया। और सभी वैज्ञानिक एवं प्रौद्योगिकी सूचना संगठनों एवं निकायों को संवैधानिक आधार प्रदान किया गया है। सन् 1966 से सूचना सेवाओं का नेटवर्क अधिकृत रूप से "State Science and Technology Information System" के नाम से जाना जाने लगा है।

राजकीय सूचना-प्रणाली के अन्तर्गत सूचना सेवाओं की व्यवस्था उनकी प्रकृति एवं स्तर के अनुसार तीन श्रेणियों में विभक्त है–(a) अन्तर-विषय क्षेत्रीय वैज्ञानिक एवं प्राविधिक सूचना संस्थाएं/केन्द्र, (b) विशिष्ट विषय-अभिमुखी केन्द्र (Branch-Oriented Central), (c) अखिल संघीय (All-Union)। इस विभाजन से राज्य की सूचना प्रणाली का स्पष्टीकरण होता है, जिसमें वैज्ञानिक एवं प्राविधिक सूचना का संग्रह प्रक्रियाकरण तथा संचार एवं सम्प्रेषण नियमानुसार तथा व्यावहारिक दृष्टि से किए जाने की व्यवस्था की गई है। सूचना की कठिनाइयों के कारण क्षेत्रीय सूचना सेवाओं के नेटवर्क की स्थापना की गई है, जो देश के सभी औद्योगिक केन्द्रों में कार्यरत है। इसके अतिरिक्त विषय-विशेष से सम्बन्धित विज्ञान एवं प्रौद्योगिकी सूचना केन्द्रों की केन्द्रीय सूचना संस्थाओं के साथ ही साथ सोवियत संघ के सभी प्रमुख शहरों में स्थापित किए गए हैं। राज्य विज्ञान एवं प्रौद्योगिकी सूचना प्रणाली (State Science and Technology Information Systems) को अत्यधिक विकसित तथा समुन्नत बनाने के लिए सोवियत संघ की मंत्री परिषद् की विज्ञान एवं प्रौद्योगिकी की राज्य समिति (State Committee on Science and Technology of the Council of Ministers of the USSR) तथा मंत्रालय एवं शासकीय विभागों द्वारा अनेक प्रयास किए गये। इतना ही नहीं अपितु इसके लिए प्रयास भी किए जा रहे हैं।

विनीति का कार्य क्षेत्र

विनीती का कार्यक्षेत्र मुख्यतः सोवियत संघ तथा विदेशों में प्रकाशित वैज्ञानिक तथा प्राविधिक साहित्य को प्रक्रियाबद्ध करने से सम्बद्ध है और ऐसी कृतियों के आधार पर सारांशकरण पत्रिका का प्रकाशन करना है। विनीती अन्य प्रकार की सूचना सेवाओं का भी आयोजन करती है। विनीती अनुसंधान एवं प्रयोगों के अभिकल्प कार्यों तथा क्रियाकलापों का पंजीकरण करने का दायित्व भी पूर्णतः से अवगत करने का सक्रिय प्रयास करती है। राज्य सूचना-प्रणाली की सूचना संस्थाएं एवं केन्द्र सूचना के कार्य को सम्पन्न करते हैं, जिसमें केन्द्रीय सूचना-संस्थान के रूप में यह एक प्रमुख व उपयोगी केन्द्र है। विनीती के अन्तर्गत प्रति वर्ष विश्व के 115 देशों की 63 भाषाओं की वैज्ञानिक एवं प्राविधिक शोध-प्रत्रिकाओं तथा धारावाहिकों की 22,000 आख्याएँ तथा 800 पुस्तकें संग्रह की जाती हैं। इस सूचना को प्रक्रियाबद्ध किया जाता है और इन सामग्रियों से विवरणात्मक सूचना को प्राप्त कर पत्र-अनुक्रमणिकाओं (Card indexes) के रूप में प्रस्तुत किया जाता है

तत्पश्चात् उनकी संचिकाएं तैयार कर प्राकृतिक विज्ञानों तथा प्रौद्योगिकी तथा अन्य सूचनात्मक प्रकाशनों की सामग्रियों का एक साथ सारांशकरण पत्रिका के रूप में विनीती द्वारा प्रकाशन किया जाता है। विशेषज्ञों तथा वैज्ञानिकों को आवश्यकतानुरूप से सभी सूचनाएं प्राप्त होती हैं। जिनकी उन्हें आवश्यकता होती है।

यूनिसिस्ट

यूनिसिस्ट एक अन्तर्राज्यीय विज्ञान सम्बन्धी एवं प्रौद्योगिकी के सूचना क्षेत्र से सम्बन्धित सहकारितापूर्ण कार्यक्रम है जो आई.सी.एस.यू. (International Council of Scientific Unions) अर्थात् यूनेस्को एवं अन्तर्राष्ट्रीय वैज्ञानिक संघ परिषद् के अन्तर्गत कार्य करता है। इसका मुख्य लक्ष्य विश्व की सूचना सामग्री एवं संसाधनों के प्रयोग हेतु सम्बद्ध करने के लिए प्रणाली को प्रोत्साहित करना है। 58 सदस्य राष्ट्रों में 86 यूनिसिस्ट समितियां तथा राष्ट्रीय केन्द्र कार्यरत हैं।

यूनिसिस्ट की पृष्ठभूमि

"वर्ल्ड साइन्स इनफारमेशन सिस्टम" जिसे 'यूनिसिस्ट' कहते हैं, की स्थापना हेतु 'यूनेस्को' के मुख्य कार्यालय पेरिस में सन् 1971 में सम्मेलन आयोजित किया गया। यह अपने प्रकार का पहला सम्मेलन था। इसमें 85 राष्ट्रीय सदस्यों का प्रतिनिधित्व करने हेतु 326 प्रतिनिधियों, 40 अन्तर-राजकीय एवं अराजकीय संगठनों ने भाग लिया। इस सम्मेलन का एक विशेष उद्देश्य सूचना प्रसार के क्षेत्र में व्याप्त कठिनाइयां, जैसे—उपयुक्त एवं गुणात्मक साहित्य चयन एवं संक्षिप्तीकरण, भाषा का वरण, पारिभाषिक पदावली, विशिष्ट प्रकार के मानव संसाधनों का प्रशिक्षण एवं शिक्षण, अन्तर्राष्ट्रीय मानकों का विकास एवं उपयोग तथा अनेक प्रकार की सूचना प्रणालियों का निराकरण करना भी रहा है।

इस सम्मेलन का मुख्य लक्ष्य विश्व-प्रणाली की स्थापना की सम्भावना के सम्बन्ध में यूनेस्को तथा वैज्ञानिक संघों की अन्तर्राष्ट्रीय परिषद् (ICSU) के सम्मिलित अध्ययन के परिणामों पर विचार करना और इसकी स्थापना हेतु संस्तुति करना था।

यूनिसिस्ट की स्थापना (Establishment of UNISIST)

सर्वप्रथम सन् 1964 में 13वें विज्ञान एवं विश्व मामलों पर आयोजित सम्मेलन में जो कि कार्लोवी वेरी, चेकोस्लोवाकिया (13th Conference on Science and

World Affairs, 1964, Karlovy Vary, Chekoslovakia) में हुआ था, यह बताया गया कि वर्तमान सारकण सेवाएं तथा यांत्रिक संकेतन एवं अनुक्रमणीकरण पद्धतियां पृथक-पृथक रूप से कार्य कर रही हैं और एकरूप में संग्रहीत सूचना को दूसरे रूप में संग्रहीत सूचना के साथ स्वतंत्र रूप से विनिमय नहीं कर पा रही हैं। इसलिए सम्मेलन ने अनुशंसा की कि सूचना के संग्रह तथा पुनर्प्राप्ति के एकीकृत को विकसित करने हेतु अविलम्ब आवश्यक कदम उठाये जाएं।

विभिन्न प्रकार के वैज्ञानिकों तथा दूसरे अनुसंधान व शोधकर्ताओं हेतु इसकी आवश्यकता को अनिवार्य समझा गया। यूनेस्को एवं अन्तर्राष्ट्रीय वैज्ञानिक संघ परिषद् तथा यूनेस्को, जिन्हें इस कार्य हेतु सर्वाधिक उपर्युक्त समझा गया, को वैज्ञानिक व तकनीकी सूचना के संचार को अन्तर्राष्ट्रीय रूप देने हेतु आवश्यक कार्यवाही करने के निर्देश दिए गए। इक्सू के सन् 1966 में बम्बई में सम्पन्न हुए 11वें सम्मेलन का प्रमुख लक्ष्य विश्व के विज्ञान से सम्बन्धित क्षेत्र में समस्त सूचना के संग्रह व पुनर्प्राप्ति में विभिन्न कार्यों के मध्य समन्वय स्थापित करना था। लगभग इसी समय यूनेस्को द्वारा विभिन्न संस्थाओं एवं विशेषज्ञों के अनुरोध पर अन्तर्राष्ट्रीय स्तर पर वैज्ञानिक एवं तकनीकी प्रलेखन तथा सूचना के स्थानान्तरण में सुधार हेतु संचालित ढाँचे सम्बन्धी प्रस्ताव पर विचार करने के लिए एक सम्मेलन यूनेस्को के मुख्यालय पेरिस में 4-8 अक्तूबर, 1971 में आयोजित किया गया।

यूनेस्को के इस सम्मेलन में 85 राष्ट्रों के 326 प्रतिनिधियों तथा अन्तर्राजकीय स्तर के 40 प्रतिनिधियों ने अपनी भागीदारी ज्ञापित की। इस सम्मेलन का मुख्य लक्ष्य विश्व विज्ञान सूचना पद्धति की स्थापना की सम्भावना के सम्बन्ध में यूनेस्को तथा अन्तर्राष्ट्रीय वैज्ञानिक संघ परिषद् (ICSU) के सम्मिलित अध्ययन के परिणामों पर विचार करना और इसकी स्थापना हेतु संस्तुति करना था। इस सम्मेलन में यूनेस्को के लिए 18-23 सदस्यीय संचालन समिति के चुनाव का भी सुझाव पारित किया गया जिसका कार्य यूनेस्को के कार्यक्रमों पर निगरानी करना तथा आवश्यकता पड़ने पर दीर्घकालीन योजना (Long-term plan) की सीमाओं के अन्तर्गत प्राथमिकताओं में परिवर्तन करना था। यदि वैज्ञानिक वतकी की सूचना के सम्बन्ध में ध्यान दिया जाए तो स्पष्ट होता है कि यूनेस्को तथा इक्सू (I.C.S.U) में विशेष एकरूपता है।

अतः दोनों संगठनों के श्रम ने अनावश्यक दुरुपयोग को रोकने के लिए सन् 1967 में 13 सदस्यीय यूनेस्को/इक्सू केन्द्रीय समिति (UNESCO/ICSU Central Committee) का गठन हेरिस बाउन की अध्यक्षता में किया गया ताकि विश्व विज्ञान सूचना पद्धति की सम्भावना का अध्ययन संयुक्त रूप से किया जा

सके। लगभग चार वर्षों के अध्ययन के बाद सन् 1970 में एक प्रतिवेदन "UNISIST– Study Report on the Feasibility of a World Science Information System" प्रकाशित किया गया। इस प्रतिवेदन की रूपरेखा सन् 1971 में प्रकाशित की गई। ये दोनों प्रलेख सूचना स्थानान्तरण की मुख्य समस्याओं एवं उनके आधुनिक समाधनों सम्बन्धी महत्त्वपूर्ण सूचनायें देते हैं।

इस प्रतिवेदन में इसी प्रकार की विश्व विज्ञान सूचना पद्धति की सम्भावना व्यक्त की गई। यह सूचना पद्धति वर्तमान एवं भावी सेवाओं के स्वैच्छिक सहयोग पर आधारित लचीला तन्त्र (Flexible network) है। इसके समस्त कार्यक्रमों में किसी का प्रतिरोध नहीं है। अतः यूनिसिस्ट न तो लोचदार संस्था है और न ही यह पूर्वकल्पित उच्च स्तरीय ढाँचे के मानक से प्रभावित है। परिणामतः यह विश्व को पारदर्शी सूचना प्रदान करने में पूरी तरह समर्थ नहीं है। यह विश्व के वैज्ञानिकों के मध्य सूचना के स्वतन्त्र विनिमय की पुरानी परम्परा का आधुनिक प्रस्तुतीकरण है। यूनिसिस्ट को वैज्ञानिक सूचना के विकास में उत्प्रेरक की तरह कार्य करने तथा वर्तमान में सहयोग की दिशाओं को समन्वित करने हेतु लचीले कार्यक्रम की तरह नियोजित किया गया है।

यूनिसिस्ट एक विशाल केन्द्र नहीं है और न ही उच्चस्तरीय तन्त्र है, बल्कि विकासशील सेवाओं के तन्त्र के लिए आवश्यक स्वैच्छिक सहयोग को बढ़ावा देने हेतु एक कार्यक्रम है, जिसका उद्देश्य लचीली तथा शिथिलतापूर्वक जुड़ी हुई सूचना सेवाओं का तन्त्र स्थापित करना है। प्रारम्भ में यह केवल विज्ञान, अभियांत्रिकी तथा प्रौद्योगिकी के क्षेत्र में ही कार्यरत था, इसके महत्त्व को देखते हुए सन् 1975 में समाज विज्ञान को भी इसमें पर्याप्त महत्त्व दिया गया।

नाटिस (NATIS) की अवधारणा का विकास सन् 1975 में यूनेस्को द्वारा ही किया गया था। नाटिस व यूनिसिस्ट दोनों के कार्यक्रम में कुछ द्विरावृत्ति को ध्यान में रखते हुए, सन् 1976 में यूनेस्को के 19वें सामान्य सम्मेलन में नाटिस को यूनिसिस्ट के साथ मिलाने की अनुशंसा की गई। फलस्वरूप दोनों के विलय (Merger) से एक नये कार्यक्रम 'सामान्य सूचना कार्यक्रम/यूनिसिस्ट-II' (PGI/Unisist-II) का प्रादुर्भाव हुआ।

यूनिसिस्ट की उपलब्धियां

फरवरी 1977 को विभाजक रेखा मानते हुए यूनिसिस्ट की उपलब्धियों को अध्ययन की सुविधा हेतु दो वर्गों में विभक्त किया गया इसका प्रथम पक्ष : 1971-76

यूनिसिस्ट के रूप में है तथा द्वितीय पक्ष : सन् 1977 के आगे पीजीआई/यूनिसिस्ट-II के रूप में है।

यूनिसिस्ट की गतिविधियाँ

यूनिसिस्ट के रूप में इसकी गतिविधियां मुख्यतया इस प्रकार हैं।

इस अवधि में यूनिसिस्ट द्वारा विकासशील देशों के सूचना कर्मचारियों के प्रशिक्षण पर विशेष बल दिया गया। यूनेस्को के वैज्ञानिक एवं प्रौद्योगिकी सूचना एवं प्रलेखन विभाग का यूनिसिस्ट प्रशासकीय कार्यालय के रूप में उपयोग किया गया तथा सचिवालय से सम्बन्धित सहायता प्रदान किये जाने का प्रमुख कारण संचालन परिषद् व परामर्श समिति की बैठकों को सफल बनाना था। सदस्य राष्ट्रों को सूचना एवं प्रौद्योगिकी के क्षेत्र में सूचना सामग्री सेवाओं के समन्वयन हेतु राष्ट्रीय सूचना विज्ञान तन्त्र (Networks) के विकास में सहायता प्रदान की गई। इस दौरान सूचना सिद्धातों पर कई राष्ट्रीय एवं क्षेत्रीय स्तरों पर संगोष्ठियों का आयोजन किया गया।

इन्सडॉक द्वारा भी क्षेत्रीय वैज्ञानिक सूचना सेवाओं पर एक संगोष्ठी का आयोजन किया गया। इसी प्रकार कई अन्तर्राष्ट्रीय एवं अशासकीय संघों जैसे इक्सू, आईसीए, इफला, आईएसओ एवं एफआईडी ने कई प्रकार की शैक्षिक व प्रलेखीय सहायता प्रदान की। परिणामस्वरूप इन संस्थाओं के द्वारा प्रशिक्षण कार्यक्रमों को संचालित किया जा सकता है। सामयिक प्रकाशनों के नियंत्रण हेतु तथा इसकी पंजिका का उद्यतन रखने हेतु फ्रांस सरकार के सहयोग से अन्तर्राष्ट्रीय आवधिक प्रकाशन आधार सामग्री पद्धति (International Serials Data System–ISDS) की स्थापना पेरिस में की गई। वियना में यूनिसिस्ट इन्टरनेशनल इन्फोरमेशन सेन्टर फार टर्मिनोलॉजी (INFOTERM) तथा वारसा (Warsa) में अंग्रेजी के अतिरिक्त वहां अन्य भाषा पर्याय शब्दकोश (Non-English Language Thesaurus) के निर्माण में सहायता प्रदान की। इसमें में वी.एस.ओ. ने सकारात्मक कार्य किया है। सूचना के हस्तान्तरण सम्बन्धी कार्य जैसे सारकरण, अनुक्रमणीकरण एवं अनुवाद सेवाओं, सूचना केन्द्रों व आधार सामग्री केन्द्रों व विशिष्ट ग्रन्थालयों की स्थापना की गई ताकि अन्तर्राष्ट्रीय स्तर पर इन संस्थाओं के उत्पादनों का उपयोग सम्भव हो सके। इस हेतु सूचना विश्लेषण केन्द्र की कार्यकारी समूह की बैठक सन् 1975 में हुई तथा वैज्ञानिक सम्पादन, अनुवाद, प्रायोगिक आंकड़ों का रख-रखाव आदि से सम्बन्धित कई प्रशिक्षण कार्यक्रमों का आयोजन किया गया। कई ग्रन्थों का भी प्रकाशन किया गया।

इक्सू/कोडाटा (ICSU/CODATA) के सहयोग से सन् 1974 में सम्भाव्यता अध्ययन (Feasibilility Study) किया गया तथा सन् 1976 में पेरिस में वर्ल्ड डाटा रैफरल सेन्टर की प्रयोगिक तौर पर स्थापना की गई। सूचना वैज्ञानिकों तथा उपयोगकर्ताओं के शिक्षण एवं प्रशिक्षण यूनिसिस्ट की एक प्रमुख प्राथमिकता रही है। यूनिसिस्ट की शिक्षण व प्रशिक्षण नीति के विकास हेतु जनवरी 1975, मई 1976 तथा 1978 में शिक्षण एवं प्रशिक्षण नीति कार्यक्रम समिति की बैठकें हुईं। यूनिसिस्ट ने सन् 1977 में हस्तपुस्तिका की उपयोगिता को महत्त्वपूर्ण मानते हुए इसका प्रकाशन किया।

यूनिसिस्ट के प्रमुख प्रकाशन (Publications of UNISIST)–एजुकेशन एन्ड ट्रेनिंग ऑफ यूजर्स ऑफ साइन्टिफिक एण्ड टेक्निकल इन्फोरमेशन : यूनिसिस्ट गाईड फार टीचर्स (Education and Training of Users of Scientific and Technical Information : UNISIST guide for Teachers)

यूनिसिस्ट न्यूज लेटर, 1972

इनके अतिरिक्त यूनिसिस्ट द्वारा कई अध्ययन प्रतिवेदन एवं विनिबन्ध (Monographs) प्रकाशित किये गये हैं।

सारांशतः हम कह सकते हैं जब से यूनिसिस्ट की स्थापना हुई है तभी से उसकी सेवाओं में सतत वृद्धि हो रही है। यूनिसिस्ट के सिद्धान्तों एवं अनुसंधानों के ज्ञान का अन्य क्षेत्रों में भी प्रयोग हो रहा है। पीजीआई कार्यक्रम के अन्तर्गत अभिलेख एवं पुरालेख प्रशासन कार्यक्रम (Records and Archives Management Programme) की स्थापना की गई। नोटिस की अनुशंसाओं के अन्तर्गत पीजीआई ने राष्ट्रीय संरचना (National infrastructure) हेतु समन्वय व योजनाओं की प्रगति की है, इफला के सहयोग से अन्तर्राष्ट्रीय ग्रन्थपरक नियन्त्रण (UBC) ग्रन्थालयों, प्रलेख एवं पुरालेखत्व (Archives) के क्षेत्र में प्रशिक्षण तथा विद्यालय, विश्वविद्यालय एवं राष्ट्रीय ग्रन्थालयों के विकास हेतु विभिन्न प्रकार के आवश्यक कार्य किए हैं।

भारत में सूचना एवं लेखन सेवाएँ

प्रलेखन क्षेत्र में वृद्धि होने का कारण विभिन्न क्षेत्रों में परिवर्तित अनुसंधान तथा शोध प्रणाली है। इसके विकास व संवर्द्धन हेतु विभिन्न प्रकार से प्रयास ही नहीं किये गये अपितु इसके विकास हेतु विभिन्न प्रकार की संस्थाएँ भी स्थापित की गई।

इन क्रियाकलापों के क्षेत्र में सन् 1784 में रायल एशियाटिक सोसाइटी ऑफ बंगाल (Royal Asiatic Society of Bengal) की स्थापना उल्लेखनीय है। सन् 1800 में ट्रिगनोमेट्रिक सर्वे (Trigonometric Survey) और क्रमशः बोटनिकल सर्वे ऑफ इंडिया (1889), ज्यूलोजीकल सर्वे ऑफ इंडिया (1916), ज्यूजियॉलोजिक सर्वे (1851) की स्थापना वैज्ञानिक क्रियाकलापों, सर्वेक्षण एवं अनुसंधान के क्षेत्र में अन्य महत्त्वपूर्ण प्रयास हैं। वैज्ञानिक कियाकलापों एवं अनुसंधान के परिणामों एवं निष्कर्षों को प्रसारित करने और वैज्ञानिकों को अवगत रखने के लिए सन् 1832 में "Journal of the Royal Asiatic Society of Bengal" का प्रकाशन प्रारम्भ किया गया, महाभारत के प्रकाशन के क्षेत्र में इसका प्रथम प्रयास था।

अनुवाद सेवा का प्रारंभ

वर्तमान समय में शिक्षा क्षेत्र में विभिन्न प्रकार की आवश्यकताएं बढ़ रही हैं। इसकी पूर्ति हेतु शोध संस्थाओं व केन्द्रों में कार्यरत अनुसंधानकर्ताओं की आवश्यकताओं को ध्यान में रखते हुए अनुवाद सेवा के लिए आवश्यक सुविधाओं पर ध्यान दिया गया। ग्रन्थालयों की व्यवस्था से अधिक महत्त्वपूर्ण अनुवाद सेवाओं को माना जाने लगा। अतः इस संस्थाओं में कार्यरत एवं नियुक्त किए जाने वाले ग्रन्थालियों के लिए विदेशी भाषाओं का ज्ञान होना भी आवश्यक माना जाने लगा, जिससे शोधकर्ताओं को अनुवाद सेवा सुलभ की जा सके।

सन्दर्भ-सेवा का प्रादुर्भाव

भारत में सर्वप्रथम सन्दर्भ सेवा का प्रारम्भ मद्रास विश्वविद्यालय में किया गया; जिसका श्रेय वहां के तत्कालीन विश्वविद्यालयी ग्रन्थालयी डॉ. एस. आर. रंगनाथन को है, जिन्होंने इसे ग्रन्थालय-सेवा की पराकाष्ठा माना है। सन् 1928 में मद्रास विश्वविद्यालय में सर सी. वी. रमन का एक व्याख्यान "Properties of Liquids" पर आयोजित किया गया। इस व्याख्यान के सन्दर्भ में उस वर्ष की भौतिकी की पत्रिकाओं का अवलोकन किया गया जिसमें यह पाया गया कि इससे संबंधित 60 आलेख सूचना एवं प्रलेखन से सम्बद्ध थे। जिसमें एक आलेख "रमन इफेक्ट" (Raman Effect) पर था। इसकी एक प्रलेखन तालिका (documentation list) "रमन इफेक्ट" की आख्यान्तर्गत तैयार की गई और सायंकाल श्रोताओं में इसे वितरित कर दिया गया।

यह एक प्रकार की ऐसी प्रथम वाङ्मय सूची थी जो विशेष रूप से उन्हीं लोगों के लिए थी जो विशेषज्ञ तथा इस प्रकार की पाठ्य-सामग्री को महत्त्व देते थे। इसके पूर्व प्रलेखन सारणी अस्तित्त्व में नहीं थी। सन् 1931 में मद्रास विश्वविद्यालय के ग्रन्थालय में जिस सन्दर्भ विभाग की स्थापना की गई उसका प्रमुख लक्ष्य प्रबुद्ध पाठकों हेतु सुव्यवस्थित व क्रमबद्ध रूप से आवश्यक प्रलेखों व कृतियों को उपलब्ध कराना था। इस विभाग में वाङ्मयात्मक तालिकाएं भी विशिष्ट एवं महत्त्वपूर्ण विषयों पर तैयार की जाती थीं। कुछ समय बाद इस सन्दर्भ सेवा की उपादेयता महत्त्वपूर्ण साबित हुई। परिणामतः पुस्तकों तथा अन्य सामग्रियों की पुनर्व्यवस्था एवं आंकलन की आवश्यकता पड़ने लगी। इस पृथक विभाग की स्थापना से पाठकों को व्यक्तिगत रूप से सहायता एवं मार्गदर्शन करने के लिए कर्मियों को एक विशेष दिशा प्राप्त हुई तथा वाङ्मयात्मक समस्याओं को सुलझाने के लिए अधिकाधिक समय दिया जाने लगा। डॉ. रंगनाथन द्वारा मद्रास विश्वविद्यालय के ग्रंथालय से प्रारम्भ की गई यह वाङ्मय सेवा सुव्यवस्थित एवं क्रम प्रलेखन की जन्मदात्री है। उन्होंने अपनी कृति "सन्दर्भ-सेवा" (Reference Service, 1940) में सन्दर्भ एवं प्रलेखन सेवा के सैद्धान्तिक पक्षों की विवेचना की है, जो सम्भवतः इस दिशा में पहला भारतीय प्रयास है।

भारत में प्रमुख प्रलेखन कार्य संस्थान

भारत में कुछ प्रमुख प्रलेखन कार्य संस्थान हैं जो शोधार्थियों को विशेष सामग्री प्राप्त करने में सहायता प्रदान करते हैं। उनको बिंदुगत रूप से स्पष्ट किया जा रहा है।

1. इन्डस्ट्रियल बिब्लियोग्राफी (Industrial Bibliography)—द्वितीय विश्वयुद्ध के पश्चात् भारतीय उद्योगों की उन्नति करने हेतु उन पर विशेष ध्यान देने की आवश्यकता का अनुभव किया गया। भारत सरकार ने व्यावहारिक क्षेत्रों में प्राविधिक सूचना प्रदान करने तथा उद्योगों की गतिविधियों का सर्वेक्षण करने हेतु एक ब्यूरो की स्थापना की और (Bibliography of Industrial Publications published in India) का प्रकाशन किया गया। इसके अन्तर्गत अनेक प्रकार के उद्योगों पर प्रकाशित आलेखों की एक वाङ्मय सूची प्रस्तुत की गई इसी के परिणामस्वरूप औद्योगिक अनुसंधान परिषद् की स्थापना हुई।

2. मेडिकल पिरियाडिकल्स (Medical Periodicals)—वर्तमान समय में ऐसी भिन्न प्रकार की पत्रिकाओं का प्रकाशन होता है जो आयुर्विज्ञान का सारांशीकरण करती हैं तथा चिकित्सकों हेतु जानकारियाँ प्रदान करती हैं। भारतीय

आयुर्विज्ञान की पत्रिकाओं के सारांशों का महत्त्व न होने के कारण ही अनेक भारतीय आयुर्विज्ञान की पत्रिकाओं में विदेशी पत्रिकाओं में प्रकाशित आलेखों के सारांशों को प्रकाशित किया जाता है।

3. वन अनुसंधान संस्थान (Forest Research Institute)—देहरादून में स्थित वन अनुसंधान संस्थान में सुव्यवस्थित एवं सुसंगठित रूप से प्रलेखन सेवा आयोजन की जाती थी, जिसके लिए अनेक विभागों के शोधार्थी पृथक-पृथक इस कार्य को करते थे। इसमें यह व्यवस्था है कि वन विभाग से संबंधित जो भी आलेख पत्रिकाओं के प्रकाशित होते हैं उनको सारणीबद्ध रूप से अनुक्रमणिका में रखते हैं। अनुक्रमणिकाओं को क्रमबद्ध रूप से आंकलित करने हेतु एक विशेष वर्गीकरण योजना भी तैयार की गई, जिसे "ऑक्सफोर्ड सिस्टम ऑफ क्लासीफिकेशन ऑफ फारेस्ट्री" में सम्मिलित किया गया था। परिषद् का प्रथम कार्य आर्थिक उत्पादनों (economic products) की शब्दावली का प्रकाशन है, जो विभिन्न खण्डों में उपलब्ध है। इस संकलन हेतु सम्बन्धित विषय-क्षेत्र के सभी वैज्ञानिक आलेखों की अनुक्रमणिका तैयार की जाती है, जिसे अद्यतन रखा जाता है।

4. इन्डियन साइन्स अब्स्ट्रैक्ट्स (Indian Science Abstracts)—इण्डियन साइंस अब्स्ट्रैक्ट्स के विभिन्न प्रकार के लघु व सूक्ष्म प्रलेखों को नियमित करने का कार्य 'नेशनल इस्टीट्यूट ऑफ साइन्सेज ऑफ इण्डिया (National Institute of Sciences of India) का है, जिसने सन् 1935 से इण्डियन साइन्स अब्स्ट्रैक्ट्स का प्रकाशन प्रारम्भ किया था। यह वस्तुतः भारत में प्रकाशित वैज्ञानिक आलेखों की एक व्याख्यात्मक वाङ्मय सूची (Annotated Bibliography) थी। कालान्तर में इसमें उन भारतीय आलेखों को भी सम्मिलित किया जाने लगा, जो विदेशी पत्रिकाओं में प्रकाशित किए जाते थे तथा जिनकी विषय-सामग्री भारतीय होती थी। 1940 में इस प्रकाशन को समाप्त करने का कारण इसमें विभिन्न प्रकार की विसंगतियां हैं।

5. केन्द्रीय सिंचाई बोर्ड (Central Board of Irrigation)—सन् 1936 से यह प्रलेखन क्षेत्र का एक वित्तीय आयाम है। इस अवधि में केन्द्रीय सिंचाई बोर्ड ने अपनी सारांशकरण पत्रिका "Quarterly Bulletin" का सुसंगठित रूप से प्रकाशित करना प्रारम्भ किया था। इसका प्रकाशन अब "Irrigation Abstracts" की आख्या का केन्द्रीय जल एवं शक्ति आयोग (Central Water and Power Commission) द्वारा किया जाता है। इसमें प्रति वर्ष 2500 से अधिक सारांशों का प्रकाशन किया जाता है।

द्वितीय विश्वयुद्ध के बाद की स्थिति (Post-war Development)—यह ऐसा समय था जब अनुभव किया गया कि विज्ञान क्षेत्र में शोधालयों के विकास हेतु नेटवर्क की स्थापना अनिवार्य हो गई थी। इस तथ्य व आवश्यकता को देखते हुए विभिन्न प्रकार की शोध सम्बन्धी संस्थाओं की स्थापना की गई। इससे वैज्ञानिक अनुसंधान के क्रियाकलापों को पर्याप्त प्रोत्साहन प्राप्त हुआ। अतः क्षेत्र में सक्रिय एवं व्यापक प्रलेखन सेवा की आवश्यकता को तीव्रतापूर्वक अनुभव किया गया। (INSDOC) की स्थापना प्रलेखन केन्द्र के रूप में इसलिए की गई कि समस्त शोधर्थियों को किसी प्रकार की समस्या न हो।

वैज्ञानिक अनुसंधानों को प्रथम व द्वितीय पंचवर्षीय योजनाओं में पर्याप्त महत्त्व दिया गया। अनेक शोध-संस्थाओं की स्थापना एवं विकास हुआ जो पूरे देश में नेटवर्क की भांति फैले हैं। इनका कार्य-क्षेत्र मुख्यतः व्यावहारिक विज्ञान एवं प्रौद्योगिकी रहा है। शोधकर्ताओं एवं विशेषज्ञों को वांछित सूचना प्रदान करने हेतु प्रलेखन सेवा को स्थानीय स्तर पर विकसित करने पर अधिक ध्यान दिया गया है उद्योगों में भी प्रलेखन सेवा को उपयोगी पाया गया। औद्योगिक संस्थाओं के विशिष्ट संगठनों तथा प्रतिष्ठानों में प्रलेखन सेवा को सूचना आवश्यकता की दृष्टि से विकसित किया जाने लगा। परिणामतः ATIRA, Indian Jute Central Committee, Indian Central Cotton Committee, Associated Cement Company, National Building Organisation, National Productivity Council इत्यादि संस्थाओं ने प्रलेखन सेवा के शोध कार्यों को सफल बनाने हेतु स्थापित किया, ताकि अनुसंधान कार्य सफल हो सके।

भारतीय राष्ट्रीय प्रलेखन केन्द्र

इन्सडॉक (Indian National Scientific Documentation Centre) अर्थात् भारतीय राष्ट्रीय वैज्ञानिक प्रलेखन केन्द्र ऐसी वैज्ञानिक प्रलेखन सेवा से संबंधित संस्था है जो इन्सडॉक, वैज्ञानिक एवं औद्योगिक अनुसंधान परिषद् (CSIR) के सूचना समूहों के प्रमुख घटकों में से है। इसकी स्थापना यूनेस्को (UNESCO) की सहायता से सन् 1952 में की गई। प्रारम्भ में एक संघटक इकाई के रूप में इन्सडॉक राष्ट्रीय भौतिकी प्रयोगशाला, नई दिल्ली (NPL) के प्रशासनिक नियंत्रण में रहा है। आवश्यकताओं को ध्यान में रखते हुए सन् 1963 ई. में इन्सडॉक को पूरी तरह से स्वतन्त्र व स्वायत्तशासी बना दिया। इससे इसके कार्य क्षेत्र का विस्तार हुआ है।

इसके अन्तर्गत कम्प्यूटर पर आधारित सूचना क्रियाकलाप, राष्ट्रीय विज्ञान ग्रन्थालय का गठन, सूचना-विज्ञान में नियमित रूप से पूर्णकालिक प्रशिक्षण तथा इन्सडॉक के सभी विषयों में अल्पकालिक प्रशिक्षण के कार्यक्रमों को सम्मिलित किया गया है। इसके तीन क्षेत्रीय केन्द्र—बंगलौर, कोलकता तथा चेन्नई में स्थापित किए गए हैं, जिनका कार्य उस क्षेत्र के सूचना-साधनों का सर्वेक्षण एवं उपयोग करने के साथ ही उस क्षेत्र की सूचना की आवश्यकता की पूर्ति करना है।

वैज्ञानिक संघों की अन्तर्राष्ट्रीय परिषद (I.C.S.U)

विभिन्न देशों के वैज्ञानिकों में पारस्परिक सहयोग बना रहे इसके लिये यह आवश्यक था कि भू चुम्बकीय विशेषज्ञों तथा भू गणितज्ञों एवं खगोल शास्त्रियों का अन्तर्राष्ट्रीय समूहीकरण की प्रक्रिया को 19वीं शताब्दी के प्रारम्भ में किया गया। इस क्षेत्र में International Council of Scientific Unions–I.C.S.U. ने महत्त्वपूर्ण भूमिका निभाई। इसके साथ ही सन् 1900 में इन्टरनेशनल एसोसिएशन ऑफ एकेडमीज (International Association of Acadmics) ने तत्कालीन अनेक अकादमियों को सम्बद्ध करने का विशेष प्रयास किया।

अनेक क्षेत्रों एवं प्रमुख विषयों के वैज्ञानिकों का एक अन्तर्राष्ट्रीय संघ सर्वप्रथम सन् 1919 में ब्रूसेल्स (बेल्जियम) में इन्टरनेशनल रिसर्च काउन्सिल (International Research Council) के नाम से स्थापित किया गया। सन् 1931 में इसे समाप्त कर दिया गया और इसके स्थान इन्टरनेशनल काउन्सिल ऑफ साइन्टिफिक यूनियन्स (ICSU) की स्थापना की गई। इसकी स्थापना का प्रमुख उद्देश्य विशेषज्ञों व वैज्ञानिकों का सहयोग देना था।

अन्तर्राष्ट्रीय संगठनों के सम्बन्ध

सन् 1934 में परिषद् ने 'आर्गानाइजेशन फॉर इन्टेलेक्चुयल कोऑपरेशन ऑफ दी लीग ऑफ नेशन्स" (Organisation for Intellectual Coperation of the League of Nations) के साथ अपना सम्बन्ध स्थापित किया था। लेकिन सन् 1939 में द्वितीय विश्व युद्ध के कारण इस सम्बन्ध में बाधाएं उत्पन्न हो गईं। इसके महत्त्व व उपादेयता को ध्यान में रखते हुए सन् 1947 में यूनेस्को ने एक प्रत्यक्ष अनुबंध स्थापित किया।

सन् 1966 में परिषद् की 11वीं सामान्य सभा की बैठक मुम्बई में सम्पन्न हुई, जिसमें प्रमुख संस्तुति यह की गई कि एक समिति का गठन अन्तर्राष्ट्रीय

विज्ञान सूचना प्रणाली (World Science Information System) की सम्भावना को निश्चित करने के लिए किया जाए। परिणामतः परिषद् एवं यूनेस्को की एक संयुक्त समिति अन्तर्राष्ट्रीय सूचना प्रणाली (UNISIST) की स्थापना की गई।

परिषद् का विकास

विगत छह दशकों की अवधि में परिषद् 12 राष्ट्रीय सदस्यों तथा चार अन्तर्राष्ट्रीय वैज्ञानिक संघों के एक संगठन से विकसित एवं सशक्त होकर आज 72 राष्ट्रीय सदस्यों एवं 18 अन्तर्राष्ट्रीय वैज्ञानिक संघों का एक प्रमुख एवं विशाल संगठन बन गया है। एक अराजकीय संगठन के रूप में विज्ञान की प्रगति एवं विकास में अपना संशक्त योगदान देने हेतु बिना किसी राजनीतिक उद्देश्य के, वैज्ञानिकों की सहायता प्राप्त करना इसका प्रमुख उद्देश्य रहा है।

इन्टरनेशन कॉउन्सिल ऑफ साइन्टिफिक यूनियन्स अब्स्ट्रैक्टिंग बोर्ड (International Council of Scientific Unions Abstracting Board—ICSUAB)—विज्ञान एवं प्रौद्योगिकी से सम्बन्धित साहित्य के सारांशकरण की समस्याओं का अध्ययन करने हेतु यूनेस्को तथा "ICSU" के संयुक्त आयोग के विस्तार के रूप में इन्टरनेशनल कॉउन्सिल ऑफ साइन्टिफिक यूनियन्स अब्स्ट्रैक्टिंग बोर्ड (ICSUAB) की स्थापना सन् 1452 में की गई। इस बोर्ड का मुख्य कार्य वैज्ञानिक एवं प्रौद्योगिकी सारांशकरण एवं अनुक्रमणिकाकरण सेवाओं का एक अन्तर्राष्ट्रीय मंच स्थापित कर विश्व के वैज्ञानिकों तथा अभियंताओं (Engineers) के मध्य सार्वजनिक सूचना के प्रवाह को विकसित करना है।

वैज्ञानिक एवं प्राविधिक क्षेत्र के उपोगकर्ताओं को लाभान्वित करने की दृष्टि से यह बोर्ड एकमात्र अन्तर्राष्ट्रीय संगठन है, जो द्वितीयक सूचना सेवाओं तथा मौलिक प्रकाशकों, ग्रन्थालय एवं प्रलेखन समुदाय और प्रसार एवं तथ्यात्मक सामग्री के केन्द्रों को समन्वित करता है।

राष्ट्रीय विज्ञान एवं प्रौद्योगिकी सूचना तन्त्र

वर्तमान युग वैज्ञानिक उपलब्धियों से परिपूर्ण है। इन उपलब्धियों के पीछे मनुष्य की जिज्ञासु प्रवृत्ति एवं परिस्थितिजन्य जरूरतें हैं, जिनके द्वारा उन्होंने विविध प्रकार के अनुसन्धान किए। यह बात मुख्यतः ध्यान देने योग्य है कि वैज्ञानिक उपकरणों का उपयोग द्वितीय विश्व युद्ध (1939-1945) से अत्यधिक मात्रा में प्रारम्भ हो चुका है। वर्तमान में साहित्य और सूचना क्षेत्र ने अभूतपूर्व क्रांति को जन्म दिया

है। लेकिन इन उपलब्धियों का मनुष्य से उचित तालमेल न बैठ पाने के कारण जटिलताओं को जन्म दिया है। इन जटिलताओं को संज्ञान में लेकर यूनेस्को (UNESCO) के आह्‌वान पर विभिन्न राष्ट्रों ने अपने देश में राष्ट्रीय सूचना तंत्र को स्थापित किया।

हमारा देश भी इसे अनदेखा नहीं कर सका और सूचना आवश्यकताओं की पूर्ति एवं प्रसार हेतु अपनी पांचवीं और छठी पंचवर्षीय योजनाओं में राष्ट्रीय सूचना तन्त्र की स्थापना के लिए प्रावधान किया। परिणामस्वरूप गत दो दशकों में विभिन्न विषय एवं विषय शाखाओं में राष्ट्रीय सूचना प्रणालियों का प्रादुर्भाव हुआ और अनेक विषय एवं प्रस्तावों को स्वीकृति प्रदान की गई। इन्हीं राष्ट्रीय सूचना प्रणालियों में से विज्ञान एवं प्रौद्योगिकी के क्षेत्र में, राष्ट्र में स्थापित प्रथम तन्त्र है–'निसात'। भारत सरकार ने राष्ट्र की उन्नति को ध्यान में रखकर वैज्ञानिक अनुसंधान कार्यों हेतु विस्तृत सूचना तंत्र स्थापित करने की बात स्वीकार की। फलस्वरूप उसने सूचना आवश्यकताओं की पूर्ति एवं प्रसार के लिए प्रलेखन एवं सूचना सेवाओं के एक सुदृढ़ राष्ट्रीय तन्त्र की आवश्यकता पर पहली बार सन् 1971 में गम्भीरता से विचार किया और देश में राष्ट्रीय सूचना सेवाओं की स्थापना हेतु अगस्त में ही यूनेस्को (UNESCO) से अनुरोध किया गया कि वह 'भारतीय राष्ट्रीय वैज्ञानिक प्रलेखन केन्द्र' (INSDOC) नई दिल्ली को परामर्श देने के लिए अल्पकालिक प्रतिनिधि मण्डल भेजे। मार्च, अप्रैल 1972 में यूनेस्को द्वारा पीटर लेजर (Peter Lazer) को भारत भेजा गया, जिन्होंने सर्वेक्षण के पश्चात् विज्ञान और प्रौद्योगिकी हेतु व्यापक राष्ट्रीय योजना की रूपरेखा प्रस्तुत की। तब तक भारत सरकार भी चुप नहीं रही और सूचना तन्त्र की स्थापना के कार्य को शीघ्र सम्पन्न करने के उद्देश्य से उसने अक्तूबर 1971 में विज्ञान एवं प्रौद्योगिकी राष्ट्रीय समिति (NCST) नामक एक शिखर समिति का गठन किया जिसे राष्ट्रीय विज्ञान एवं प्रौद्योगिकी के लिए पंचवर्षीय एवं दीर्घकालीन दोनों प्रकार की योजनाएं तैयार करने और उन्हें निरन्तर अद्यतन बनाये रखने का कार्य सौंपा गया। इस समिति ने पंचवर्षीय योजना (1974-79) को ध्यान में रखकर विज्ञान एवं प्रौद्योगिकी हेतु पाँच वर्षों के लिए योजना निर्मित की।

विभिन्न क्षेत्रीय योजनाओं के निर्माण के लिए समिति द्वारा अनेक नामिकाओं (Panel) व कार्यकारी समूहों की नियुक्ति की गई। इन नामिका समूहों में एक नामिका समूह सूचना क्षेत्र से सम्बन्धित था। सन् 1973 में इस नामिका समूह ने अपने प्रतिवेदन में विज्ञान एवं प्रौद्योगिकी विभाग (DST) के अधीन एक वैज्ञानिक एवं प्रौद्योगिकी के राष्ट्रीय सूचना तन्त्र (संक्षेप में जिसे निसात NISSAT कहा गया)

की स्थापना की अनुशंसा की। अतः राष्ट्रीय महत्त्व की इस प्रणाली को पांचवीं पंचवर्षीय योजना (1974-79) में प्रस्तावित विज्ञान एवं प्रौद्योगिकी योजना के अन्तर्गत सम्मिलित कर निसात की स्थापना का शुभारम्भ सन् 1975 में कर दिया गया और पद्धति के विस्तार का परीक्षण सूचना विशेषज्ञों एवं क्षेत्रीय प्रतिनिधियों के परामर्श कर किया गया। फलस्वरूप जून 1977 में अधिकारिक रूप से योजना आयोग, वित्त मंत्रालय, विज्ञान एवं प्रौद्योगिकी विभाग द्वारा मूल्यांकन के पश्चात् इसे लागू कर दिया गया।

इस कार्यक्रम की मुख्य विशेषता यह है कि यह उपलब्ध सूचना सेवाओं एवं सुविधाओं पर निर्भर है। राष्ट्र में वैज्ञानिक सूचना के क्षेत्र में विद्यमान विभिन्न कार्यरत संस्थाएं इसके अन्तर्गत सम्मिलित की गई हैं। आवश्यकतानुसार वर्तमान वैज्ञानिक सूचनाओं में विस्तार तथा उपेक्षित क्षेत्रों में नये केन्द्रों की स्थापना इस कार्यक्रम का एक पहलू है। कार्यक्रम में विज्ञान एवं प्रौद्योगिकी के समस्त विषय यथा—आणविक विज्ञान, कृषि, चिकित्सा, जन स्वास्थ्य, सुरक्षा विज्ञान आदि सम्मिलित हैं।

अन्तर्राष्ट्रीय नाभिकीय सूचना तन्त्र

इनिस (INIS) अर्थात् International Nuclear Information System वह संस्था है जो आणुविक विज्ञान तथा प्रौद्योगिकी के क्षेत्र में कार्य करती है। इसकी स्थापना अप्रैल 1970 में संयुक्त राष्ट्र संघ की अन्तर्राष्ट्रीय परमाणु ऊर्जा एजेन्सी (International Atomic Energy Agency—I.A.E.A) ने की। इसका मुख्यालय आस्ट्रिया की राजधानी वियना में है।

इनिस की ऐतिहासिक पृष्ठभूमि (Historical Background)—संयुक्त राज्य अमेरिका तथा सोवियत संघ के सहयोग से सन् 1962 में अन्तर्राष्ट्रीय परमाणु ऊर्जा एजेन्सी ने नाभिकीय सूचना तंत्र की स्थापना की रूपरेखा तैयार की। सन् 1968 में अन्तर्राष्ट्रीय कार्यकारी समूह (International Working Group) ने इस योजना को मूर्तरूप देने के लिए प्रारम्भिक रूपरेखा तैयार की। इसको सन् 1969 में अन्तर्राष्ट्रीय परमाणु ऊर्जा द्वारा मान्यता प्रदान की गई। सन् 1969 में ही भारत सहित 20 देशों ने इनिस की स्थापना हेतु अपना सहयोग प्रदान किया तथा अप्रैल 1970 में इनिस ने अपना कार्य प्रारम्भ कर दिया। इसका प्रथम निर्गत (Output) इनिस एटमइन्डेक्स (INIS Atomindex) मासिक रूप में प्रकाशित किया गया। सितम्बर 1973 में इनिस एटमइन्डेक्स में एक विषय सूची (Subject Index) का प्रतिपादन किया गया। सन् 1975 में इनिस एटमइन्डेक्स में क्रमिक

सारकरण तथा इनिस मैग्नेटिक टेप में 'मशीन सुवाच्य (Machine Readable Abstract) शुरू किया गया। सन् 1978 में प्रयोगात्मक इनिस/एग्रिस (Experimental INIS/AGRIS) की स्थापना की गई। इस प्रकार इनिस का विकास होता गया।

इनिस की अवधारणा (Concept of INIS)–इसकी स्थापना के समय किसी भी प्रकार के आधार नहीं मिल सके जिसका प्रमुख कारण इसके पूर्ण अन्तर्राष्ट्रीय स्तर पर किसी भी प्रकार के सूचना तंत्र का न होना है। अतः अब अन्तर्राष्ट्रीय कार्यकारी समूह (International Working Group) ने इनिस के स्वरूप तथा कार्य पर अपनी रूपरेखा तैयार की तो यह उनके सामने एक बहुत ही चुनौतीपूर्ण कार्य था कि इसका ढांचा, रूपरेखा, स्वरूप आदि को किस प्रकार से तैयार किया जाए। इनिस का मुख्य कार्य नाभिकीय तथा प्रौद्योगिकी के क्षेत्र में सूचना का विनिमय करना है। यह इस बात पर भी विशेष बल देता है कि सदस्य देशों के नाभिकीय तथा प्रौद्योगिकी के क्षेत्र में हो रहे शोध आदि से सम्बन्धित साहित्य में किसी प्रकार की द्विरावृत्ति (Duplication) की स्थिति न बने।

इसकी स्थापना मुख्यतः अन्तर्राष्ट्रीय सहयोग पर निर्भर थी। अन्तर्राष्ट्रीय सूचना तन्त्र के अन्तर्गत अपने आप में यह इस प्रकार का संस्थान है जिनमें निवेश (Input) तथा निर्गत (Output) दोनों को विकेन्द्रीकृत (Decentralized) किया गया है। विभिन्न सदस्य देशों से सूचना एकत्रित की जाती है तथा उस सूचना को पुनः सदस्य देशों में व्यवस्थित रूप से वितरित किया जाता है। इस संस्था के जो कार्य केन्द्रीय होते हैं वे वियना में ही सम्पन्न होते हैं। वहां पर रूपान्तरण, जांच, मिलान (Merging) तथा आंकड़ों के प्रस्तुतीकरण (Data processing) का कार्य किया जाता है।

सम्पूर्ण नाभिकीय साहित्य को सम्मिलित करने हेतु यह केन्द्रीकृत प्रक्रिया बहुत आवश्यक थी। विकेन्द्रीकृत पद्धति में किसी प्रकार का विघ्न तथा गैर वैज्ञानिक तरीके से कार्य न हो, इसके लिए प्रत्येक सदस्य देश अपने देश में उत्पन्न होने वाले सम्पूर्ण नाभिकीय साहित्य को एकत्रित करने के लिए सम्पर्क अधिकारी (Liason Officer) नियुक्त करता है। इस सम्पर्क अधिकारी की यह जिम्मेदारी होती है कि वह अपने देश में उत्पन्न सम्पूर्ण नाभिकीय साहित्य को एकत्रित करे तथा इनिस मुख्यालय, वियना को प्रस्तुत करे। इस सम्पर्क अधिकारी का कार्य सिर्फ सूचना एकत्रित करना ही नहीं है, बल्कि इनिस निर्गत (INIS output) को अपने वैज्ञानिकों, इंजीनियरों आदि में वितरित करना भी है। अतः हम कह सकते हैं कि इनिस की अवधारणा विज्ञान विषय से सम्बन्ध रखने वाली एक सुदृढ़ अवधारणा है।

इनिस के उद्देश्य

इनिस के प्रमुख उद्देश्य विश्व स्तर पर प्रकाशित आणविक साहित्य का अनुक्रमणीकरण तथा सारकरण करना, अन्तर्राष्ट्रीय स्तर पर प्रलेख सूचना पुनर्प्राप्ति सेवा प्रदान करना, शोध परिणामों के प्रभावकारी उपयोग के लिए सहयोगी देशों को शीघ्र सूचनाएं प्रदान करना, सूचनाओं की प्राप्ति के लिए विकेन्द्रकरण की नीति का पालन करना तथा सूचना संचार के लिए वियना स्थित केन्द्र की सेवाओं का उपयोग करना, कम्प्यूटर उपयोग के लिए मानक निर्धारित करना तथा नियम बनाना और 'मशीन-पठनीय-सूचना' सेवा (Machine Readable Information Service) प्रदान करना है।

स्वरूप (Structure)—किसी भी संस्था का ढांचा कार्यशील होना चाहिए। एक व्यवस्थित ढांचा कार्यशील ढांचे से घनिष्ठता से जुड़ा हुआ होता है। यदि सम्पूर्ण ढांचा वैज्ञानिक स्वरूप में है तो उससे उत्पादन तथा सेवाओं में किसी प्रकार का अवरोध पैदा नहीं होगा। अतः इस संस्था के सन्दर्भ में हम कह सकते हैं कि उसका अपना एक सम्पूर्ण तन्त्र (Network) बना हुआ है जिसमें ग्रन्थियां (Nodes) एक-दूसरे को सूचित करती रहती हैं। (Nodes) राष्ट्रीय, क्षेत्रीय या अन्तर्राष्ट्रीय स्तर की हो सकती हैं। प्रत्येक स्थानीय ग्रन्थी केन्द्र (Local node centre) पर एक इनिस सम्पर्क अधिकारी (INIS Liason Officer) होता है। यह सम्पर्क अधिकारी ही अपने देश की नाभिकीय तथा प्रौद्योगिकी से सम्बन्धित सम्पूर्ण साहित्य को एकत्रित करके केन्द्रीय ग्रन्थी (Central node) (जो कि इनिस-सचिवालय है) के पास भेजता है।

इस प्रकार केन्द्रीय ग्रन्थी से प्राप्त सम्पूर्ण सूचना/सामग्री अपने पाठकों तक इन्हीं स्थानीय ग्रन्थी केन्द्रों द्वारा पहुँचायी जाती है। इसमें विभिन्न प्रकार की ग्रंथियाँ जुड़ी होती हैं, जिससे इस तंत्र की गतिशीलता बनी रहती है। तकनीकी कार्यकारी समूह (Technical Working Group) संचालन सम्बन्धी कार्यों के लिए प्रायः मिलते रहते हैं। वर्ष में सामान्य कार्य विधि तथा तकनीकी मामलों के लिए सभी इनिस-सम्पर्क-अधिकारियों की एक बैठक बुलाई जाती है। इस बैठक के माध्यम से इनिस के सचिव तथा संबंधित अधिकारियों के मध्य समन्वय स्थापित करने में सहायता मिलती है। ऐसा होने से बहुत-सी तकनीकी समस्याओं आदि का तुरन्त समाधान मिल जाता है। इसी बैठक में नीतिगत मामलों (Policy matters) पर सलाहकार समिति द्वारा विचार-विमर्श किया जाता है। यह सलाहकार समिति एजेन्सी के महानिदेशक (Director General) को सलाह देती है तथा एक

निश्चित समयावधि पर इनसे मिलती रहती है तथा नवीनीकरण के साथ-साथ समायोजन के तथा प्रवृत्तियों का सत्यापन सामान्य दिग्विन्यास में परिवर्तित करती हैं।

उपर्युक्त सभी समूह तथा समितियां इनिस तन्त्र को अद्यतन बनाने, समायोजित करने तथा सुधार के लिए सहायता करती हैं। इसके साथ प्रवृत्तियों (Trends) का सत्यापन सामान्य दिग्विन्यास (General orientation) में परिवर्तित करती हैं।

सदस्यता (Membership)—सन् 1983 के आंकड़ों के अनुसार 67 राष्ट्रीय तथा 14 अन्तर्राष्ट्रीय स्तर की संस्थाएं इसकी सदस्य हैं। इन सदस्यों राज्यों के द्वारा एक वर्ष में लगभग 75,000 से अधिक मदों का निवेश किया जाता है।

सम्मिलित किये जाने वाले विषय (Subject Coverage)—इस क्षेत्र में वे सभी साहित्यशीलता होते हैं जो नाभिकीय विज्ञान से संबंध रखते हैं, चाहे वह किसी भी स्वरूप में प्रकाशित हुए हों इन स्वरूपों में प्राथमिक प्रलेखों के सभी स्वरूप—सामयिक प्रकाशनों, रिपोर्ट्स, सम्मेलन में प्रस्तुत पत्रों (Conference papers), लेखों आदि को सम्मिलित किया जा सकता है। इसके आंकड़े वैज्ञानिक संस्थाओं, औद्योगिक, प्रायोगिक, सरकारी संस्थाओं, शोध संस्थानों, विश्वविद्यालय यहां तक वैज्ञानिकों और शोधकर्ताओं से व्यक्तिगत रूप से भी एकत्रित किये जाते हैं। इसमें सरकारी प्रलेखों, राष्ट्रीय योजनाओं, बजट अनुमानों आदि को भी सम्मिलित किया जाता है। इसके कुछ वर्गीकृत प्रलेख होते हैं, जैसे—सरकारी गोपनीय रिपोर्ट आदि को सम्मिलित नहीं किया जाता है। इसके विषय क्षेत्र के अन्तर्गत उच्च ऊर्जा नाभिकीय विधियां, इंजीनियरिंग एवं प्रौद्योगिकी नाभिकीय विधि, उच्च भौतिक ऊर्जा, नाभिकीय भौतिकी, रसायन पदार्थों और धातुओं, भू-विज्ञानों, सामान्य भौतिकी, न्यूट्रान, व्यावहारिक जीव विज्ञानों (Applied life sciences), दवाओं में नाभिकीय साधन आदि को सम्मिलित किया जाता है।

इनिस सन्दर्भ शृंखला (INIS Reference Series)—इनिस के अपने 19 प्रलेख हैं, जिन्हें इनिस सन्दर्भ शृंखला के नाम से जाना जाता है। इनको इनिस के मानकों तथा नियमों (INIS Standards and Rules) के नाम से भी जाना जाता है। ये मानक तथा नियम मुख्य रूप से इनिस निवेश (INIS Preparation) के काम आते हैं। इसी कारण इसका निर्गत (Output) भी इस सन्दर्भ शृंखला के कारण स्वतः ही मानकीकृत हो जाता हैं।

इनिस के प्रमुख प्रलेख निम्नवत हैं—

आई.ए.ई.ए. इनिस 1	इनिस :	वर्णनात्मक सूचीकरण नियम
आई.ए.ई.ए. इनिस 2	इनिस :	वर्णनात्मक सूचीकरण नमूने

आई.ए.ई.ए. इनिस 3	इनिस :	विषय श्रेणियाँ तथा क्षेत्र विवरण
आई.ए.ई.ए. इनिस 4	इनिस :	सारकरण जमा करवाने सम्बन्धी निर्देश
आई.ए.ई.ए. इनिस 5	इनिस :	देशों तथा अन्तर्राष्ट्रीय संस्थाओं के लिये पारिभाषिक शब्दावली तथा संकेतांक
आई.ए.ई.ए. इनिस 6	इनिस :	सहकरण प्रविष्टियों की तथा रिपोर्ट संख्या निर्धारण की प्राधिकृत सूची
आई.ए.ई.ए. इनिस 7	इनिस :	चुम्बकीय तथा छिद्रित पेपर टेप कोड तथा चरित्र सेट
आई.ए.ई.ए. इनिस 8	इनिस :	पेपर टेप विशिष्टिकरण तथा रिकार्ड ग्रन्थाकार मैग्नेटिक टेप
आई.ए.ई.ए. इनिस 9	इनिस :	मैग्नेटिक टेप विशिष्टीकरण तथा रिकार्ड ग्रन्थाकार
आई.ए.ई.ए. इनिस 10	इनिस :	चयनीय अ-रोमन चरित्र के लिए ट्रान्सलिटरेशन नियम
आई.ए.ई.ए. इनिस 11	इनिस :	जर्नल आख्याओं के लिये प्राधिकृत सूची
आई.ए.ई.ए. इनिस 12	इनिस :	अनुक्रमणीकरण पुस्तिका
आई.ए.ई.ए. इनिस 13	इनिस :	कोश
आई.ए.ई.ए. इनिस 13 (F)	इनिस :	कोश (फ्रेंच भाषा में)
आई.ए.ई.ए. इनिस 13 (G)	इनिस :	कोश (रशियन भाषा में)
आई.ए.ई.ए. इनिस 14	इनिस :	कम्प्यूटर प्रोग्रामों का विवरण
आई.ए.ई.ए. इनिस 15	इनिस :	वर्णनात्मक सूचीकारों के लिये स्वयं-अध्यापन पुस्तिका
आई.ए.ई.ए. इनिस 16	इनिस :	विषय अनुक्रमणीकरण नभूने
आई.ए.ई.ए. इनिस 17	इनिस :	स्टेयर्स पर पहला कदम
आई.ए.ई.ए. इनिस 18	इनिस :	इनिस तथा एग्रिस के लिये पूर्वाभि-मुखीकरण कार्यक्रम पुस्तिका
आई.ए.ई.ए. इनिस 19	इनिस :	ओ.सी.आर. निवेश निर्देश

7

माइक्रोफोर्म का उद्‌भव एवं विकास

अधुनातन शोध प्रणालियों के विकसित होने तथा सूचना क्षेत्र में बहुआयामी परिवर्तन के कारण सूचनाओं में निरंतर वृद्धि हो रही है। सूचक की उपयोगिता के कारण यह जरूरी हो गया था कि इसके लिए यंत्रों का आविष्कार किया जाए। इस दिशा में वैज्ञानिकों ने माइक्रोफोर्म प्रणाली को विकसित करने पर विशेष बल दिया। माइक्रोफोर्म का सर्वप्रथम उपयोग एक ब्रिटिश वैज्ञानिक जोन बेन्जामिन डान्सर ने 1939 में 20 प्रलेखों की 1/8 आकार की प्रतिकृति जो सामान्य माइक्रोस्कोप की सहायता से पढ़ी जा सकती थी को बनाकर किया। प्रारम्भिक चरण में माइक्रोफोर्म को एक अद्‌भुत एवं विलक्षण वस्तु ही माना जाता रहा। तत्पश्चात् इसका उपयोग दुर्लभ पाण्डुलिपियों की प्रतिलिपि तैयार कर उन्हें हमेशा के लिये सुरक्षित बनाने हेतु पुस्तकालयों के क्षेत्र में उपयोग होने लगा। 50 के दशक के अन्त तक पुस्तकालय विज्ञान में माइक्रोफोर्म का उपयोग न केवल दुर्लभ पाण्डुलिपियों को सुरक्षित प्रतिलिपि बनाने के लिये अपितु पुस्तकालय के विभिन्न क्षेत्रों में इसका उपयोग किया जाने लगा।

1960 के पश्चात् माइक्रोफोर्म तकनीकी में तीव्र गति से प्रगति हुई जिसके परिणामस्वरूप कम खर्चीले और बेहतर क्षमता वाले उपकरणों का विकास हुआ और इनका उपयोग पुस्तकालय तथा सूचना तकनीकी में विस्तृत रूप से होने लगा। 60 के दशक में ही 8mm की सूक्ष्म फिल्मों पर सूक्ष्म प्रतिकृतियों का व्यावहारिक उपयोग होने लगा लेकिन यह उपयोग सीमित था। वर्तमान समय में 35mm साइज का

उपयोग किया जाता है। इसका एक कारण यह भी है कि पुस्तकालय एवं सूचना विज्ञान सेवा में इससे सम्बन्धित उपकरण आसानी से उपलब्ध हैं। सम्पूर्ण विश्व में फोटोग्राफी हेतु इसी साइज का उपयोग किया जाता है। एक अन्य कारण यह भी है कि सामान्यतया उपलब्ध उपकरणों से इसी साइज को आसानी से पढ़ा जा सकता है।

यद्यपि प्लेट फिल्म एवं अन्य साइज की फिल्मों को भी विशेष उपकरण की सहायता से आसानी से पढ़ा जा सकता है लेकिन वे विशेष उपकरण आसानी से उपलब्ध नहीं हैं। प्लेट फिल्म सामान्यतया 16mm अथवा कम साइज की 9 × 6 इंच की फिल्म पर विशेष कैमरों की सहायता से काम में लाई जाती है। ये सुविधा 35mm की फिल्म पर 3 × 5 कैटलॉग कार्ड साइज द्वारा ली जा सकती है। बाद में फोटोग्राफिक विशेषज्ञों ने पाया कि इस साइज की पारदर्शी उतनी नहीं है जितनी पारदर्शी आवश्यक है। 60 के दशक में ही 4 × 6 के माइक्रोफोर्म उपलब्ध हुए लेकिन ज्यादा लागत के कारण इनका उपयोग केवल सरकारी कार्यों में ही किया जाता था।

1970 के पश्चात् सूक्ष्म प्रकाशन का कार्य भी प्रारम्भ हो गया जिसने इलेक्ट्रॉनिक प्रकाशन को नई दिशा प्रदान की। माइक्रोफोर्म में कैटलॉग कार्ड की प्रतियाँ तैयार की जा सकती हैं। इसके द्वारा तैयार की गई प्रतियाँ कम से कम स्थान घेरती हैं। पुरानी ज्ञान सामग्रियों, आलेखों, प्रलेखों, पाण्डुलिपियों की प्रतियों को तैयार कर उन्हें उपयोग हेतु सुरक्षित रखने की यह एक उत्तम विधि है।

माइक्रोफोर्म की विशेषताएँ

पुस्तकालय के क्षेत्र में माइक्रोफोर्म की विभिन्न विशेषताएँ हैं, जिन्हें नीचे स्पष्ट किया जा रहा है–

1. सूक्ष्म प्रतिकृति की स्वच्छता अर्थात् मूलाकृति की कितनी साफ प्रतिकृति निगेटिव में आती है एवं निगेटिव से उसकी पोजीटिव बनती है। पोजीटिव प्रिन्ट ही ज्यादा उपयोगी एवं स्थाई है क्योंकि नेगेटिव गर्मी से प्रभावित होते हैं एवं उसको नुकसान होने की सम्भावना रहती है।
2. सूचनाओं की सघनता जो किसी भी माइक्रोफोर्म की प्रति इकाई पर एकत्रित की जा सकती है। जितनी mm की फिल्म होगी उतनी ही सूचना उस पर एकत्रित की जा सकती है।
3. सूक्ष्म प्रतिकृतियों के प्रकाशीय बदलाव के गुण उस फिल्म में उपयोग में लाये गये रसायनों पर निर्भर करते हैं।

माइक्रोफोर्म के प्रकार

पाठकों की आवश्यकताओं को देखते हुए एवं सूक्ष्म प्रतिकृतियों की उपयोगिता के अनुसार कई तरह के माइक्रोफोर्म उपलब्ध हैं। इनकी भण्डारण क्षमता एवं गुण-अवगुण अलग-अलग हैं लेकिन प्रत्येक की अपनी महत्ता है। माइक्रोफोर्म के निम्न प्रकार हैं–

1. माइक्रोफिश

माइक्रोफिश सीट की तरह होती है एवं इसमें कई सूक्ष्म प्रतिक्रियाएं होती हैं। सामान्यतया इसका साइज 3 × 5 से 5 × 8 इंच होता हैं। एक मानक के अनुसार इसका साइज 4 × 6 इंच होता है। इसमें 60 से 98 पेज 1 : 20 के सूक्ष्मीकरण के हिसाब से आते हैं।

माइक्रोफिश मुद्रित सामग्रियों/पाण्डुलियों का छायांकित पुनरोत्पादन है जिसे सिल्वर हैलाइड फिल्म से तैयार किया जाता है। जिस प्रकार माइक्रोफिल्म को पढ़ने हेतु माइक्रोफिल्म रीडर की आवश्यकता होती है उसी प्रकार इनको पढ़ने हेतु माइक्रोफिश रीडर की आवश्यकता होती है।

माइक्रोफिश निम्न कारणों से बहुत उपयोगी है–

1. आसानी से वांछित सूचना तक पहुंचा जा सकता है।
2. आसानी से एक स्थान से दूसरे स्थान पर लगाया जा सकता है।
3. कागज में मुद्रण की तुलना में माइक्रोफिश अधिक मितव्ययी होता है।
4. उपयोग सुविधाजनक है।

2. माइक्रोफिल्म

फिल्म निर्माण का यह प्रथम माइक्रोफोर्म था। यह फिल्में 8mm से 105mm चौड़ाई एवं 100 फीट लम्बाई में सामान्यतया उपलब्ध होती हैं। इन्हें रोल फिल्म भी कहा जाता है। यह कैसेट में उपलब्ध होती हैं ताकि इन्हें धूल आदि से बचाया जा सके। इस तरह की फिल्मों पर सूक्ष्मता का अनुपात 10:24 है। हालांकि यह सबसे आसान एवं उपलब्ध तरीका है लेकिन इसमें निम्न कमियाँ हैं–

1. चूंकि फिल्म लगातार लम्बाई में समेटी हुई होती है। अतः जो सूचनाएँ प्राप्त करनी होती हैं। उन्हें इस फिल्म को लगातार देखने के बाद ही प्राप्त किया जाता

है अर्थात् यह ज्ञात होने के बाद भी कि वांछित सूचना किस भाग में है, के बाद भी फिल्म को उतनी ही लम्बाई तक खोलना पड़ेगा और समेटना पड़ेगा।

2. फिल्म के उपयोगकर्ता द्वारा बार-बार उपयोग करने से यह खराब हो जाती है।

3. जैकेट माइक्रोफिल्म

रोल फिल्म के छोटे टुकड़े काट कर प्लास्टिक के जैकेट में जिसमें एक अथवा ज्यादा खाने होते हैं उनमें फिल्म के इन टुकड़ों में लगा दिया जाता है। इनमें 16mm अथवा 35mm की फिल्म पर उतारे गये माइक्रोफिल्म काम में लिये जाते हैं तथा इन्हें माइक्रोफिश की तरह काम में लाया जा सकता है।

4. माइक्रोओपेक

फोटोग्राफिक पेपर के दोनों तरफ विभिन्न प्रलेखों की प्रतिलिपि होती है। जिसे बिना किसी उपकरण की सहायता से पढ़ा जा सकता है लेकिन इसकी प्रतिलिपि तैयार नहीं की जा सकती है। लेकिन आजकल इनका उपयोग नहीं किया जाता और इसका स्थान माइक्रोफिल्म और अल्ट्राफिश ने ले लिया है।

5. अल्ट्राफिश

अल्ट्राफिश में 90% के अनुपात में सूक्ष्मीकृत प्रतिकृतियाँ होती हैं। 3000 से 5000 माइक्रो इमेज का भण्डारण इसके अन्तर्गत किया जा सकता है।

6. एप्रेटर कार्ड्स

यह भी एक तरह की माइक्रोफिश ही है जो पचण्ड कार्ड फारमेट में लगी रहती है। इसमें अधिकतर इंजीनियरिंग से सम्बन्धित ड्राइंग, नक्शे, पेटेन्ट इत्यादि होते हैं। इस कार्ड का उपयोग कम्प्यूटर द्वारा बनाये गये प्रतिवेदन को संग्रहीत करने में भी होता है। इसके किनारों पर उपलब्ध प्रलेखों के बारे में सूचना अंकित की जा सकती है।

माइक्रोफोर्म का महत्त्व

माइक्रोफोर्म की उपयोगिता एवं महत्त्व को कुछ शीर्षकों द्वारा स्पष्ट किया जा सकता है–

1. माइक्रोफोर्म और कम्प्यूटर मीडिया—माइक्रोफोर्म सूचनाओं के भण्डारण एवं प्रसारण का एक माध्यम है। इसमें सूचनाओं को संग्रहीत करके एक स्थान से दूसरे स्थान पर आसानी से ले जाया जा सकता है। इन्हीं सामान्य कारणों के कारण माइक्रोफोर्म की तुलना सूचनाओं के संग्रहण, भण्डारण एवं प्रसारण के अन्य माध्यमों जैसे पेपर प्रिन्ट कम्प्यूटर एवं इलेक्ट्रॉनिक मीडिया से की जा सकती है। माइक्रोफोर्म कम लागत व कार्य विधि के कारण सूचनाओं के भण्डारण एवं प्रसारण में विशेष महत्त्व रखता है।

2. माइक्रोफोर्म की उपयोगिता—ज्ञान के भण्डारण एवं प्रसारण के अन्य माध्यमों से माइक्रोफोर्म अपनी कम लागत एवं अन्य निम्न कारणों से बेहतर है--

1. माइक्रोफोर्म को कम स्थान की आवश्यकता होती है।
2. प्रलेखों की किसी भी प्रकार की क्षति से सुरक्षा।
3. भण्डारण की लागत में कमी।
4. प्रलेखों की अनुकृतियाँ आसानी से एवं कम समय में तैयार हो जाती हैं।
5. सूचनाओं के विवरण में कमी।
6. प्रलेख फाइल को नवीनतम करने के खर्च में कमी।
7. सम्पूर्ण विश्व में इसी तरीके को उपयोग में लिये जाने की सुविधा।

3. माइक्रोफोर्म एक संगठनात्मक उपकरण है—प्रलेखों एवं सूचनाओं को छोटी जगह में संग्रहीत करने एवं उन्हें तुरन्त पुनः प्राप्ति एवं जल्दी ही उनकी प्रतिलिपि तैयार करने में यह एक उपकरण के समान कार्य करता है। आपस में रिकार्ड करने की सुविधा एवं उपयोग में पाठक एवं कर्मचारियों के लिये आसान व्यवस्था देने के कारण माइक्रोफोर्म आज एक महत्त्वपूर्ण स्थान पुस्तकालय एवं सूचना विज्ञान संगठन में रखता है।

कम्प्यूटर की हार्ड डिस्क से माइक्रोफिल्म एवं पेपर प्रिन्ट तैयार करने अथवा पेपर प्रिन्ट से माइक्रोफिल्म हार्ड डिस्क पर सूचनाओं को आसानी से बहुत कम समय में एवं कम लागत से तैयार करने की क्षमता के कारण माइक्रोफोर्म का उपयोग तेजी से बढ़ता जा रहा है।

4. मितव्ययी—माइक्रोफोर्म की उपयोगिता सूचना एवं पुस्तकालय क्षेत्र में दूरगामी लागत में कमी हेतु आवश्यक है। इसको प्रयोग में लाना भी बहुत आसान है। यही नहीं, प्रकाशन के क्षेत्र में भी माइक्रोफोर्म का उपयोग आसान है एवं साथ ही कम लागत पर प्रलेख उपलब्ध कराने से भी पुस्तकालय के क्षेत्र में इसका महत्त्व है।

5. माइक्रोफोर्म संचार माध्यम के रूप में—माइक्रोफोर्म अपने गुणों के कारण संवाद हेतु पेपर एक पत्र की तरह सूचनाओं के आदान-प्रदान हेतु प्रकाशन एवं संवाद हेतु संगठन में किसी भी अन्य माध्यम के बराबर महत्त्व एवं क्षमता रखता है एवं कम्प्यूटर आधारित सूचनाओं का उपयोग तेजी से बढ़ता जा रहा है। कम्प्यूटर आधारित जानकारियों को कोम की सहायता से माइक्रोफोर्म अन्य विधियों से आसानी से बदला जा सकता है लेकिन प्रकाशक कार्य हेतु माइक्रोफोर्म के कुछ विशिष्ट कार्य हैं जो निम्नवत हैं—

1. पुस्तकालयों हेतु पुस्तकों एवं पत्रिकाओं के साथ-साथ सूक्ष्म प्रकाशन हेतु।
2. विशेष कार्यों एवं पाण्डुलिपियों के सूक्ष्म प्रकाशन कार्य हेतु।
3. पेपर फार्म में पूर्व प्रकाशित सूचनाओं को पुनः प्रकाशित करने हेतु।
4. पुराने समय के समाचार पत्र एवं पत्रिकाओं में पुनः प्रकाशन विशेष रूप से पुस्तकालय एवं सूचना विज्ञान हेतु तथा कम स्थान में विशाल पत्रिकाओं के भण्डारण हेतु।

6. माइक्रोफोर्म कम्प्यूटर निर्गत माध्यम के रूप में—कम्प्यूटर में निवेशित किये गये विभिन्न आंकड़ों का मानव द्वारा पढ़ी जा सकने वाली भाषा में प्रकाशन नहीं हो पाने के कारण कम्प्यूटर की उपयोगिता काफी सीमित हो गई। लेकिन माइक्रोफोर्म की सहायता से इन कमियों को दूर किया जा सकता है।

7. भण्डारण हेतु माइक्रोफोर्म—माइक्रोफोर्म का मुख्य उपयोग इसकी सूक्ष्म जगह में विशाल भण्डारण क्षमता ही रहा है। विभिन्न प्रकार के भण्डारण हेतु उचित माध्यम माइक्रोफोर्म है, ये निम्न हैं—

1. माइक्रोफोर्म का नवीनतम एवं सबसे ज्यादा उपयोग आटोमेटिक स्टोरेज और पुनः प्राप्ति हेतु जहाँ विशाल फाइलें कम्प्यूटर द्वारा बनाई जाती हैं।
2. पुरातन महत्त्व के विशेष रूप से वह प्रलेख जिनकी सुरक्षा की दृष्टि से भी महत्त्व होता है, का भण्डारण कम लागत एवं फाइलिंग सुविधा तथा उच्च स्तरीय सूचना क्षमता कराने की क्षमता के कारण माइक्रोफिलिंग को अन्य किसी भी तरीके के भण्डारण माध्यम से वरीयता दी जाती है।
3. बैकिंग व्यवसाय एवं इंजीनियरिंग की गोपनीयता एवं सुरक्षा के कारण इन व्यवसायों में माइक्रोफोर्म का उपयोग लगातार बढ़ता जा रहा है।

माइक्रोफोर्म के गुण

माइक्रोफोर्म के प्रमुख गुण निम्नलिखित हैं—

1. माइक्रोफोर्म की गई प्रतियाँ कम लागत में तैयार की जा सकती हैं तथा उनका उपयोग विभिन्न स्थानों पर किया जा सकता है।

2. दुर्लभ प्रलेखों को हमेशा के लिये सुरक्षित रखने का यह एक आसान तरीका है।
3. माइक्रोफोर्म के संस्करण कभी भी आउट ऑफ प्रिन्ट नहीं होते हैं।
4. पुस्तकालयों में दुर्लभ, महंगे एवं मरम्मत के लिये अयोग्य प्रलेखों को होने वाले नुकसान से बचाया जा सकता है।
5. ये पुस्तकों की अपेक्षा कम खर्चीली होती हैं।
6. माइक्रोफोर्म की प्रतियाँ तैयार करना बहुत आसान होता है।
7. बांडिंग की समस्या अपने आप समाप्त हो जाती है।
8. स्थान की बचत होती है।
9. यह दृढ़ एवं टिकाऊ होते हैं।

माइक्रोफोर्म की समस्याएँ

माइक्रोफोर्म की निम्नांकित समस्याएं या सीमाएँ हैं–

1. सूचीकरण कार्य हेतु विशिष्ट तकनीकी की आवश्यकता होती है।
2. रख-रखाव हेतु विशेष व्यवस्था की आवश्यकता होती है।
3. पुस्तकालयों में माइक्रोफोर्म के उपयोग हेतु ज्यादा स्थान की जरूरत होती है।
4. यदि माइक्रोफोर्म या उसका उपकरण दोनों में से कोई भी एक घटिया होने पर उसका प्रिन्ट भी घटिया प्राप्त होगा।
5. उपयोगकर्ता इन्हें पसन्द नहीं करता क्योंकि इसमें विभिन्न तथ्यों को रेखांकित करने की सुविधा नहीं है।
6. हालांकि माइक्रोफोर्म स्थान की बचत करती है किन्तु इसे पढ़ने के लिये जिन उपकरणों का उपयोग किया जाता है वह काफी स्थान घेरते हैं।
7. इसके उपयोग के लिये विशिष्ट उपकरणों की आवश्यकता होती है।

8

ग्रन्थालयों की नेटवर्क प्रणाली का उद्भव एवं विकास

यद्यपि प्रकाशनों के द्वारा विभिन्न प्रकार की सूचनाएँ प्राप्त होती रहती हैं, परंतु शोध तथा नवीन आविष्कारों का क्षेत्र इतना अधिक बढ़ गया है कि बिना नेटवर्किंग प्रणाली के सूचनाएँ पूरी तरह से प्राप्त नहीं की जा सकतीं। कभी-कभी तो यह तथ्य भी सामने आता है कि विभिन्न प्रकार से सम्पन्न ग्रन्थालय भी अध्येयताओं की विषय-वस्तु से सम्बन्धित समस्या का समाधान नहीं कर पाता। अनेक सार्वजनिक ग्रन्थालयों में सन्दर्भ-सेवा की उत्तम व्यवस्था भी नहीं होती है। प्रायः ऐसा भी होता है कि अनेक प्रश्नों के उत्तर व्यवस्था भी नहीं होती है। प्रायः ऐसा भी होता है कि अनेक प्रश्नों के उत्तर लाइब्रेरी ऑफ कांग्रेस, हार्डवर्ड, कैम्ब्रिज, कैलीफोर्निया, ऑक्सफोर्ड तथा कोलकाता विश्वविद्यालयीन ग्रन्थालयों से प्राप्त नहीं हो पाते हैं। समस्या को सुलझाने के लिए यह अनुभव किया गया है कि स्थानीय, क्षेत्रीय, राष्ट्रीय तथा अन्तर्राष्ट्रीय स्तरों पर सभी प्रकार के ग्रन्थालयों में पारस्परिक रूप से सहयोग (Co-operation) स्थापित किया जाए, जिससे सभी ग्रन्थालयों के ज्ञान-संसाधनों (Information resources) का उपयोग किया जा सके। अतः ज्ञान सामग्रियों के संगठित क्षेत्र व सुदृढ़ व्यवस्था पद्धति के आधार पर ही सूचना संसाधनों व स्रोतों को अपनाया जाना चाहिए, जिसको पारस्परिक सहयोग एवं समर्थन मिलता रहे। ऐसा सभी सम्भव हो सकता है जब विश्व के सभी राष्ट्रों के ग्रन्थालय एक समन्वित ढंग से एक नेटवर्क (Coordinated network) के रूप में कार्यरत हो सकें। लेकिन

इसके वास्तविक स्वरूप एवं प्रणाली के सम्बन्ध में अभी तक अन्तिम निर्णय नहीं किया जा सका है जो सूचना के व्यापक नेटवर्क की स्थापना हेतु प्रस्तुत की जा सके। इस प्रकार की व्यवस्था आर्थिक साधनों, विचारधाराओं, पारस्परिक सहयोग तथा प्रौद्योगिकी विकास एवं उपकरणों पर अधिक निर्भर करती है। विभिन्न प्रकार की संगठनात्मक व्यवस्था के बाद भी सहयोग की कटिबद्धता आवश्यक होती है।

नेटवर्क का अर्थ—जब दो अथवा दो से अधिक ग्रन्थालय अपने संसाधनों की साझेदारी की स्थापना कर, पाठ्य-सामग्रियों/सूचना सामग्रियों के अधिग्रहण कार्यक्रम को विकसित करने तथा अपने अनुभवों को संगठित रूप से एकत्रित कर उसका उपयोग करने का निर्णय लेते हैं तो इस कार्यक्रम को सहकारिता (Cooperation or cooperative) कहते हैं। सहकारी सेवा का आशय ग्रंथालय सहकारिता है जिसे नीचे उल्लेखित किया जा रहा है—

(1) स्थानीय, क्षेत्रीय तथा राज्यीय संकलन अधिकाधिक विशिष्ट एवं चयनात्मक होगा। उपयोगी ज्ञान की सूचना-सामग्रियों एवं स्रोतों पर अपेक्षाकृत क्षणिक सामग्रियों के, अधिक जोर दिया जाएगा।

(2) आर्थिक स्थिति एवं संसाधनों की दृष्टिगत रखते हुए परिवर्तन विकासात्मक होना चाहिए।

(3) ग्रंथालयों की पारस्परिक निर्भरता विशेष नहीं होगी अपितु सामान्य स्थापना प्रत्येक सहकारी इकाई की निर्भरता सापेक्ष होगी। उपयोगकर्ता ग्रंथालय का पूर्ण उपयोग करते रहेंगे। परन्तु सम्बन्धित ग्रंथालय सूचना आवश्यकताओं की व्यवस्था सामान्य रूप से करेगा। विशिष्ट प्रकार की आवश्यकता की पूर्ति अन्य इकाइयों अथवा उच्च्व स्तरीय इकाइयों के द्वारा किए जाने का प्रयास किया जाएगा।

सर्वप्रथम सन् 1998 में ग्रन्थालय की सहकारिता को महत्त्वपूर्ण बताते हुए संयुक्त राज्य अमेरिका ने इसकी स्थापना की। सन् 1956 में अमेरिका में ग्रंथालय सेवा अधिनियम (Library Services Act, 1956) तथा अमेरिका लाइब्रेरी एसोसिएशन (ALA Public Library Service or Standard) से व्यापक सेवा इकाइयों/प्रणालियों की स्थापना पर जोर दिया गया जिससे एक लाख से अधिक जनसंख्या वाले स्थानों को समुचित ग्रंथालय-सेवा सुलभ की जा सके। यह एक प्रकार से सहकारिता का ही उदाहरण है। 1957-64 में इस अधिनियम के अधीन ग्रामीण क्षेत्रों के 400 लाख नागरिकों को लाभान्वित करने के लिए सार्वजनिक ग्रंथालय सेवा को आयोजित करने में सहकारिता को सक्रिय बनाने में सफलता प्राप्त की गई। सभी प्रकार के ग्रंथालयों में सहकारिता को स्थापित करने हेतु अधिक जोर दिया गया

जिससे सभी प्रकार के अध्येताओं की आवश्यकता की पूर्ति की जा सके। वर्तमान समय में एक राष्ट्रीय व्यवस्था के रूप में ग्रन्थालय सेवा अपना कार्य संचालित कर रहा है।

नेटवर्क की अवधारणा—वर्तमान समय में नेटवर्क एक ऐसी नवीन अवधारणा है जो विभिन्न प्रकार से ग्रन्थालयों के क्रियाकलापों को सम्पन्न होने में सहयोग प्रदान करता है। अनुबन्ध (contract) होता है और शुल्कों की अनुसूची भी होती है। यहां तक कि अनेक सदस्य-ग्रंथालयों के प्रयासों को समन्वित करने के लिए एक केन्द्रीय सीमिति भी होती है। भौगोलिक सीमाओं की दृष्टि से किसी भी नेटवर्क में प्रायः किसी शहरी क्षेत्र, किसी स्थानीय क्षेत्र, राज्य अथवा अनेक राज्यों के ग्रन्थालय सम्मिलित हो सकते हैं। साझेदारों के क्रियाकलापों एवं उद्देश्यों की दृष्टि से नेटवर्क मात्र विशिष्ट प्रकार एवं उच्च स्तर तथा संकलन विशेष तक ही सीमित हो सकता है। यद्यपि यह ग्रंथालयों विशेष तक ही सीमित नहीं होता है।

काट्ज (William A. Kata) का विचार—नेटवर्क का ग्रंथालयों के परिप्रेक्ष्य में अभिप्राय यह होता है कि औपचारिक अथवा अनौपचारिक व्यवस्था प्रणाली जिसमें मुख्यतः सूचना एवं संसाधनों के विनिमय के माध्मय से ग्रंथालय एक-दूसरे के साथ पारस्परिक रूप से सहयोग करने के लिए उदधृत होते हैं।

मेट्ज (T. Johi Metz) का विचार—विगत दशकों में ग्रन्थालय नेटवर्क प्रणाली की परिघटना का जो आविर्भाव हुआ है, वह वस्तुतः ग्रन्थालयों द्वारा मात्र स्थानीय उपयोगकर्ताओं को ग्रन्थालय सेवा एवं सुविधाओं को उपलब्ध करने की धारणा में एक परिवर्तन लाना है, जो एक राष्ट्रीय सूचना संसाधन प्रणाली की स्थापना तथा व्यवस्था की ओर उन्मुख है। इसमें कम्प्यूटर के उपयोग की भी धारणा निहित है, जिसके अभाव में ग्रन्थालयों द्वारा सहकारी व्यवस्था का अनुसरण करने के लिए जिन आन्तरिक आकारों में परिवर्तनों की आवश्यकता होती है, वह सम्भव नहीं हो सकता है।

इसे निम्न दो भागों में नीचे वर्णित किया जा रहा है—

(1) सूचना नेटवर्क अथवा इलेक्ट्रॉनिक नेटवर्क—यह प्रणाली अधिक औपचारिक है।

इनका पारस्परिक अन्तर औसत उपयोगकर्ता की दृष्टि से कम उपयोगी है। नेटवर्क को किसी भी नाम से भी जाना जाए, लेकिन इसका लक्ष्य एक होता है—उपयोगकर्ता को उन्नत एवं समुचित सेवा प्रदान करना। दोनों प्रकार के नेटवर्क के भेद को लेमान्ट (Bridget L. Lamont) ने स्पष्टीकरण निम्नवत तरीके से किया है—

"नेटवर्क के नियोजन एवं समन्वय में कार्यरत व्यक्तियों के सम्बन्धों तथा कार्यकौशल पर वस्तुतः दोनों प्रकार के नेटवर्क निर्भर करते हैं। लेकिन इलेक्ट्रॉनिक नेटवर्क मुख्यतः यंत्रीकृत क्रियाकलापों से अधिक सम्बन्धित होता है। जैसे—आदान-प्रदान प्रणालियां तथा वाङ्मयात्मक डेटाबेस, जबकि परम्परागत नेटवर्क के अन्तर्गत ग्रन्थालयी तथा उपयोगकर्ता के सम्बन्धों तथा ग्रन्थालय एवं सूचना विज्ञान के क्षेत्र में कार्यरत व्यक्तियों के कार्यकौशल एवं क्षमता को उन्नत बनाने के प्रशिक्षण-कार्यक्रमों को अधिक महत्त्व दिया जाता है।

नेटवर्क की कोई भी परिभाषा अभी तक इस रूप में नहीं स्पष्ट की गई जिसे सभी लोगों का पूर्व समर्थन प्राप्त हो। यद्यपि इसमें जो कर्मी एवं संस्थाएं सक्रिय हैं, उन्हें ज्ञात है कि इसमें क्या किया जाना चाहिए। मरक्यूसन (Barbara Markuson) के अनुसार सर्वप्रथम "नेटवर्क" पद का प्रचलन 1965 में सहकारिता के एक दूसरे नाम एवं उद्देश्य के परिप्रेक्ष्य में प्रारम्भ हुआ था।

(2) परम्परागत अथवा लोक नेटवर्क—यह कम औपचारिक तथा अधिक प्रचलित प्रणाली है।

नेटवर्क के महत्त्वपूर्ण कार्यक्रम—नेटवर्क के प्रमुख कार्यक्रम निम्नवत हैं—

(1) अन्तर-ग्रंथालय आदान-प्रदान पाठ्य-सामग्रियों के अधिग्रहण, प्रसूचीकरण आदि के लिए विशेष रूप से सतत् एवं शीघ्रातिशीघ्र अभिगम हेतु स्तरीय एवं मानक वाङ्मयात्मक प्रणाली।

(2) उच्चकोटि की प्रशासनिक प्रणाली एवं व्यवस्था जो नेटवर्क प्रणाली को उन्नत एवं विकासशील होने में सहायक सिद्ध हो सके। इसके लिए आवश्यक आर्थिक साधनों की भी आवश्यकता है।

(3) शीघ्र एवं द्रुतगामी सेवा हेतु टेलीफोन से लेकर कम्प्यूटर तक की उच्चकोटि की प्रौद्योगिकी का अनुप्रयोग जो प्रत्येक इकाई को सम्बद्ध करती है।

(4) सम्पूर्ण व्यवस्था प्रणाली तथा किसी भी ग्रन्थालय में उपलब्ध संसाधनों को अधिकाधिक उपयोग किए जाने की प्रबल भावना एवं बोधगम्यता।

(5) ग्रन्थालयों की पारस्परिक रूप से सहयोग प्रदान करने की स्वीकृति एवं प्रयास।

(6) पाठ्य-सामग्रियों तथा अन्य उपकरणों के अधिग्रहण, संग्रह तथा प्रत्याहरण के लिए समन्वित प्रयाय।

कॉरबिन (John Corbin) ने नेटवर्क के मुख्य कार्यक्रमों को स्पष्ट करते हुए कहा कि—ग्रन्थालयों की सहकारिता एवं नेटवर्क मात्र अमेरिका में ही प्रचलित नहीं

है बल्कि अन्य देशों में भी अनुसरण होता है। अन्तर्राष्ट्रीय स्तर पर इसका उदाहरण इन्टरनेशनल फेडरेशन ऑफ लाइब्रेरी एसोसिएशन्स एन्ड इन्स्टीट्यूशन्स (IFLA) है, जो सार्वभौमिक ग्रन्थालय नियंत्रण, सार्वभौमिक रूप से प्रकाशनों की सुलभता तथा यंत्रीकरण आदि को नियमित रूप से प्रोत्साहित कर रहा है। इसकी आवश्यकता को ध्यान में रखते हुए यूनेस्को ने इस दिशा में महत्त्वपूर्ण प्रयास किया। साझेदारी में सम्मिलित केन्द्रों के मध्य प्रत्यक्ष रूप से सामग्रियों का विनिमय अथवा स्थानान्तरण, जैसे—"इन्टरलाइब्रेरी लोन", "फोटोकापिंग" सेवाएं, पारस्परिक रूप से सामग्रियों के आदान-प्रदान का अनुबन्ध, सन्दर्भ एवं रिफल सेवाएं, कुरियर सेवाएं, फिल्मों का आदान-प्रदान, सामग्रियों के संकलन की प्रसूचियां, पाठ्य-सामग्रियों एवं संसाधनों को विकसित करने में सहयोग एवं सहकारिता, सहकारी संकलन, जन सम्पर्क तथा उपयोग एवं आन्तरिक प्रचलन हेतु सूचना तथा सामग्रियों को प्रक्रियाबद्ध करना एवं प्रसूचीकरण और केन्द्रित प्रक्रियाओं में सहयोग और सहकारिता स्थापित करना आदि सहकारिता तथा नेटवर्क के प्रमुख क्रियाकलाप हैं।

परम्परागत नेटवर्क—परम्परागत नेटवर्क एक ऐसी सेवा प्रणाली है, जिसके लिए विविध संगठन पद्धतियों को अपनाया गया है। सेवा सुलभ करने के क्षेत्र एवं उद्देश्य भी भिन्न-भिन्न प्रकार के अपनाए जाते हैं। भौगोलिक विभाजन की दृष्टि से निम्नलिखित प्रणालियाँ अपनाई गई हैं—

(1) शहरी तथा मेट्रोपोलिटन नेटवर्क

(2) क्षेत्रीय तथा राज्य नेटवर्क

(3) संघ

(4) अमेरिका में इस प्रकार की नेटवर्क प्रणाली के अतिरिक्त तीन संघीय ग्रंथालय लाइब्रेरी ऑफ कांग्रेस, नेशनल लाइब्रेरी ऑफ मेडिसिन तथा नेशनल एग्रीकल्चरल लाइब्रेरी सभी ग्रंथालयों तथा नेटवर्कों को अपनी सेवाएं सुलभ करती हैं। इसके अतिरिक्त 100 से अधिक संघीय सूचना कार्यक्रम (Federal information programmes) सक्रिय रूप से कार्यरत हैं, जो अनौपचारिक राष्ट्रीय नेटवर्क के अंग माने जाते हैं। सन्दर्भ सेवा को उन्नत एवं सक्रिय बनाने की दृष्टि से 1964 में अमेरिका में मेट्रोपोलिटन नेटवर्क के रूप में न्यूयार्क मेट्रोपोलिटन रिफ्रेन्स एन्ड रिसर्च एजेन्सी (Metro) की स्थापना की गई थी। इसमें नौ ग्रंथालय प्रणालियाँ कार्यरत हैं। इसके अतिरिक्त "अरबन इनफारमेशन नेटवर्क" (Urban Information Network—URBIN) भी इस क्षेत्र में सक्रिय हैं।

अनौपचारिक नेटवर्क के प्रमुख उद्देश्य निम्नवत हैं–

(1) अनेक प्रकार के सर्वेक्षण तथा अध्ययनों को सम्पन्न करना, वाङ्मय सूचियों तथा निर्देशिकाओं का प्रकाशन करना तथा सूचना के क्षेत्र में व्यवस्था स्थापित करना।

(2) अनौपचारिक बैठकों में ग्रंथालयों को एक ही प्रकार की समस्याओं तथा अभिरुचियों से सम्बन्धित विचारों तथा अनुभवों का विनिमय तथा विमर्श का अवसर प्रदान करना।

अमेरिका में क्षेत्रीय तथा राज्य नेटवर्क की स्थापना ग्रन्थालयों की शोध सामग्रियों की सुविधा प्रदान करने हेतु किया गया है, जिसमें सार्वजनिक, विश्वविद्यालयी एवं महाविद्यालयी ग्रन्थालयों को सम्मिलित किया गया है। 1977 में 50 राज्यों में समन्वित सहकारिता तथा नेटवर्क के कार्यक्रम संचालित किए गए हैं, जिससे नियंत्रण, ग्रन्थालयों का ओहियो कालेज लाइब्रेरी सेन्टर (OCLC) से सम्पर्क, मार्क का प्रक्रियाकरण (MARC Tapes Processing), सन्दर्भ सेवा को उन्नतशील बनाना आदि कार्य हो सके। इसकी उपयोगिता को आवश्यक समझते हुए 360 संघों के ग्रन्थालयों का नेटवर्क सन् 1976 में स्थापित किया गया। परिणामतः इस क्षेत्र का विकास त्वरित गति से होता रहा।

सूचना नेटवर्क

कम्प्यूटर द्वारा आयोजित सन्दर्भ सेवा, प्रसूचीकरण तथा यंत्रीकरण की अन्य उपलब्धियों में विशेष परिवर्तन होने के प्रमुख कारण ग्रन्थालय सेवा तथा मूल सिद्धान्तों का परिवर्तनीय स्वरूप है।

ग्रन्थालय नेटवर्क के विकास एवं सक्रियता की दृष्टि से ''ऑनलाइन कम्प्यूटर' (online computer) का योगदान विशेष रूप से उल्लेखनीय है। इससे सभी प्रकार के ग्रन्थालयों से पारस्परिक सम्पर्क स्थापित कर उनके सभी संसाधनों को किसी भी स्थान पर उपयोगार्थ हेतु व्यवस्थित किया जा सकता है। वर्तमान समय के विकासशील शैक्षिक परिवर्तन के बाद भी सभी देशों में ऑनलाइन कम्प्यूटर की व्यवस्था नहीं की जा सकी है।

द्वितीय प्रकार का नेटवर्क एक ऐसा नेटवर्क है जिसे सूचना नेटवर्क की संज्ञा दी जाती है। जिससे कम्प्यूटर की प्रौद्योगिकीय क्षमता पर आधारित कम्प्यूटर द्वारा प्रचालित कार्यक्रमों का आयोजन किया जाता है। इस प्रकार के नेटवर्क में जिन सेवाओं की व्यवस्था की जाती है–वे केन्द्रीय प्रसूचीकरण, संघ तालिकाएं (Union lists), त्वरित अन्तर-ग्रन्थालय आदान-प्रदान, 'ऑनलाइन' अनुक्रमणिकाएं एवं सारांश हैं। सूचना नेटवर्क के क्षेत्र में अमेरिका में ओहियो के क्रियाकलाप विशेष प्रशंसनीय हैं।

1971 से ओ. सी. एल. सी. प्रणाली 'ऑनलाइन' का उपयोग कर रही है, जो यंत्रीकरण के क्षेत्र में अद्वितीय स्थान रखती है। 'मार्क' प्रारूप एवं वितरण सेवा (MARC format and distribution service) की स्थापना के पश्चात् ओ. सी. एल. सी. को अधिक महत्त्वपूर्ण माना गया है। इसका सर्वाधिक उपयोग किया जाता है और अधिग्रहण, प्रसूचीकरण तथा आदेश के लिए सर्वाधिक यंत्रीकरण प्रणाली को विकसित किया गया है। यह राष्ट्रीय सहकारिता प्रसूचीकरण प्रणाली का प्रथम एवं सर्वोत्तम प्रयास है। इसके 4000 सदस्य हैं और इसमें भाग लेने वाले ग्रन्थालयों में 5000 टर्मिनल की स्थापना की गई।

अन्तर्राज्यीय नेटवर्क (Interstate Network)

नेटवर्क प्रणाली के क्षेत्र में Telecommunication तथा Computer ने अभूतपूर्व सहयोग प्रदान किया है। अमेरिका में 1970 में ऐसी प्रणाली का विकास बड़ी तीव्र गति से हुआ है। आजकल–MIDLNET तथा NELINET तथा अन्य प्रणालियां अधिक सक्रिय हैं।

बैलाट्स (BALLOTS—Bibliographical Automation of Large Library Operation Using a Time-Shared System)

ओ.सी.एल.सी. प्रसूचीकरण नेटवर्क के रूप में प्रारम्भ किया गया था, जो इस क्षेत्र में सन्दर्भ कार्य हेतु अति महत्त्वपूर्ण माना जाता है। बैलाट्स का भी उद्देश्य वही रहा है तथापि दोनों में भेद है। 1977 से पूर्व यह प्रणाली स्टैनफोर्ड विश्वविद्यालय तक सीमित थी। लेकिन अब इसका क्षेत्र बढ़ा दिया गया है।

इसके प्रमुख कम्प्यूटरीकृत कार्य निम्नलिखित हैं–

(1) आदेश देना,

(2) प्राप्त करना,

(3) बिना अधिग्रहण आदेश से प्राप्त सामग्रियों का अभिलेख,

(4) मांग करना तथा निरस्त करना,

(5) प्रसूचीकरण,

(6) प्रसूचीकरण के अभिलेखों का संरक्षण,

(7) तैयार की गई सामग्रियों का वितरण,

(8) सन्दर्भ कार्य एवं आयोजन, एवं

(9) स्थायी खोज का आयोजन।

उपरोक्त प्रक्रियाएं पूरी तरह से यंत्रीकृत हैं।

राष्ट्रीय सूचना प्रणाली—अमेरिका में एक प्रकार की राष्ट्रीय नेटवर्क प्रणाली के अभाव में अनेक प्रकार की राष्ट्रीय सूचना प्रणालियां अथवा नेटवर्क अनेक स्तरों पर कार्यरत हैं। वैज्ञानिक एवं प्राविधिक समुदाय की 60 संघीय वैज्ञानिक प्राविधिक सूचना के कार्यक्रम सक्रिय रूप से नेटवर्क की तरह काम कर रहे हैं। राष्ट्रीय स्तर पर मेडलाइन (MEDLIND) तथा मेडलार्स (MEDLARS) की भूमिका का उल्लेख किया जा चुका है।

निम्नलिखित तीन राष्ट्रीय सूचना नेटवर्क अलग-अलग रूप से महत्त्वपूर्ण हैं—

(1) प्रत्यक्ष रूप से सूचना न प्रदान कर नेशनल रिफल सेन्टर फॉर साइन्स एण्ड टेक्नालॉजी (National Referral Centre for Science and Technology) सूचना स्रोतों तथा उपयोकर्ताओं को सम्बद्ध करता है।

(2) उपयोगकर्ताओं का पर्याप्त सूचना अमेरिका में राष्ट्रीय ग्रन्थालयों—National Library of Medicine, Library of Congress तथा National Agriculture Library से प्राप्त होती है, जिसका आयोजन इनके द्वारा किया जाता है।

(3) विशिष्ट सूचना केन्द्रों, सूचना पुनर्प्राप्ति प्रणालियों, चयनात्मक सूचना प्रसार सेवाओं, सूचना विश्लेषण केन्द्रों आदि से विविध प्रकार की विशिष्ट प्रकार की सूचनाएं प्रदान की जाती हैं, जो संघीय एजेन्सियों के रूप में सक्रिय हैं। डेटाबेसों, अनुक्रमणिकाओं तथा सारांशों को भी इनके द्वारा तैयार किया जाता है।

इस प्रकार की राष्ट्रीय सूचना प्रणालियां अन्य ग्रन्थालयों एवं सूचना केन्द्रों को सूचना व्यवस्था तथा यंत्रीकरण प्रणाली में मार्गदर्शन प्रदान करती हैं और उनके पूरक का भी कार्य करती हैं।

राष्ट्रीय ग्रन्थालय

अभिगम हेतु नेटवर्क के रूप में केन्द्रीय सूचना स्रोतों से संबंधित राष्ट्रीय ग्रन्थालय (LC, Medicine and Agriculture) की भूमिका अद्वितीय रही है। यंत्रीकरण के पूर्व लाइब्रेरी ऑफ कांग्रेस प्रसूची पत्रकों का वितरण कर सीमित नेटवर्क सेवा प्रदान करती थी। इसके अतिरिक्त परामर्श, वाङ्मयात्मक एवं अन्य सन्दर्भ सेवा आयोजित करती रही है। लाइब्रेरी ऑनलाइन (Subject Content Oriented Retriever for Processing Information Online—SCORPIO) 'डेटाबेस'

की उत्तम विशिष्ट प्रकार की सेवा है। 100,000 सन्दर्भ-स्रोत जो अधिनियम एवं वैधानिक शोध प्रलेख हैं, डेटाबेस के रूप में एकत्रित किए गए हैं। ऐसे केन्द्रों की स्थापना तीन दशकों पूर्व उद्योगों एवं शासकीय विभागों में भी गई थी। ऐसे केन्द्रों में नेशनल टेक्निकल इनफारमेशन सर्विस (National Technical Information Service—NTIS) अमेरिका में अपना विशिष्ट स्थान रखती है।

नेशनल रिफ्रल सेन्टर फॉर साइन्स एण्ड टेक्नोलॉजी

लाइब्रेरी ऑफ कांग्रेस द्वारा व्यवस्थित नेशनल रिफ्रल सेन्टर फॉर साइन्स एण्ड टेक्नोलॉजी (NRC) एक निर्देशिका की भांति एक केन्द्र है जिसका उद्देश्य उत्तर प्रदान करना नहीं है, बल्कि ऐसे ग्रन्थालयों तथा व्यक्तियों/विशेषज्ञों को ज्ञात करना है जो प्रश्नों का उत्तर प्रदान कर सकते हैं।

एन. आर. सी. के कार्य

नेशनल रिफ्रल सेंटर फॉर साइन्स एण्ड टेक्नोलॉजी द्वारा किए जाने वाले प्रमुख कार्य निम्नवत हैं–

(1) विज्ञान एवं प्रौद्योगिकी क्षेत्रों के सभी महत्त्वपूर्ण सूचना-स्रोतों को ज्ञात एवं निश्चित करना तथा उन्हें सूचीबद्ध करना जिसमें उनकी उपयोगिता का उल्लेख करना; इसमें सामाजिक विज्ञानों को भी सम्मिलित किया गया है।

(2) खोज करने वाली संस्थाओं अथवा जिज्ञासुओं को उनकी आवश्यकतानुसार उपलब्ध सूचना-स्रोतों से अवगत करना; चुने हुए क्षेत्रों के सूचना संसाधनों की निर्देशिकाएं तथा तालिकाएं प्रकाशित करना।

(3) वास्तविक अनुभवों के आधार पर राष्ट्र के वैज्ञानिक तथा प्राविधिक नेटवर्क के पारस्परिक सम्बन्धों का निरीक्षण करना।

1975 के बाद से यह व्यवस्था बनाई गई कि निर्देशिकाओं के पठन का स्वरूप यंत्रेण हो जिन्हें नेटवर्क जिसे 'नेशनल रिफ्रल सेन्टर मास्टर फाइल' (NRCM) कहते हैं, के माध्यम से उपयोग में लाया जाता है। इसमें 12,000 संगठनों एवं संस्थाओं को तालिकाबद्ध किया गया है जिनसे सूचना प्राप्त हो सकती है। इसकी मुद्रित निर्देशिका "A Directory of Information Resources in the United States" छः खण्डों में प्राप्त की जा सकती है।

नेशनल टेक्निकल इनफारमेशन सर्विस (NTIS—Dept. of Commerce)–अमेरिका में अधिकांश संघीय एजेन्सियां तथा शासकीय विभाग

सूचना को एक उत्पादन तथा महत्त्वपूर्ण वस्तु मानते हैं। 'NTIS' तथा तीन राष्ट्रीय ग्रन्थालय इस प्रकार की धारणा वाले प्रमुख केन्द्र हैं। 'NTIS' एक सूचना विश्लेषण केन्द्र है। यह चयनात्मक सूचना प्रसार सेवा भी है। इसके प्रकाशन सदर्भ-कृतियां हैं। इसके द्वारा "Government Reports Announcement (GRA)" का प्रकाशन किया जाता है, जो 1946 से पाक्षिक प्रकाशन के रूप में निकल रहा है।

इसमें "Government Report Index" भी सम्मिलित होता है जो 1965 से पाक्षिक प्रकाशन के रूप में निकल रहा है। 225 शासकीय संगठनों के वैज्ञानिक एवं प्राविधिक प्रतिवेदनों के अंकों के सारांशों को जी. आर. ए. (GRA) में प्रकाशित किया जाता है। समाज विज्ञान एवं व्यावहारिक विज्ञानों के भी कुछ प्रलेखों को इसमें सम्मिलित किया जाने लगा है। 60,000 सारांशों को प्रतिवर्ष इसमें प्रकाशित किया जाता है। विज्ञान एवं प्रौद्योगिकी के 25 प्रमुख विषयों को इसमें सूचनाबद्ध किया जाता है। 1964 से इसे 'डेटाबेस' के रूप 'ऑनलाइन' पर सुलभ किया गया है, जिसे पाक्षिक अवधि में निकाला जाता है। इसमें 450,000 संदर्भों का उल्लेख है। इसके डेटाबेस की नौ शब्दानुक्रमणिकाएं (thesaurus) हैं।

राष्ट्रीय अनुवाद केन्द्र (National Translation Centre—NTC)

अनुवाद का महत्त्व दिन-प्रतिदिन बढ़ रहा है। परिणामस्वरूप राष्ट्रीय अनुवाद केन्द्र की स्थापना की गई। विज्ञानों, सामाजिक विज्ञानों तथा मानविकी में अन्तर्राष्ट्रीय अभिरुचि के विकास, अमेरिका के विश्वविद्यालयों में क्षेत्रीय अध्ययन एवं अनुसंधान की सक्रियता, तथा अंग्रेजी भाषा के अतिरिक्त अन्य-भाषाओं की सामग्रियों की अनुक्रमणिकाओं एवं सारांशकरण सेवाओं के माध्यम से जानकारी के कारण अनुवादों की आवश्यकता को अधिक अनुभव किया जाने लगा है। विज्ञान के क्षेत्र में इसकी सर्वाधिक मांग की जा रही है।

अंग्रेजी के अतिरिक्त 90% आयुर्विज्ञान साहित्य का प्रकाशन छः भाषाओं—जर्मन, फ्रेन्च, जापानी, इटैलियन, स्पैनिश तथा रशियन में होता है। वर्तमान समय में सन्दर्भ एवं प्रलेखन सेवा की आवश्यकता के परिणामस्वरूप विशेष शोध ग्रन्थालयों को आवश्यक माना जाता है। एन. टी. सी. (NTC) एक क्रमबद्ध उपागम प्रस्तुत करता है। 1946 में इसकी स्थापना की गई थी, जिससे 1968 में जॉन केशर लाइब्रेरी में स्थानान्तरित कर दिया गया। यह एक रिफ्रल सेन्टर (Referral Centre) के रूप में सक्रिय है। यह एक महत्त्वपूर्ण कार्य अनुवाद सेवा उपलब्ध कराने वाले संस्थान की सूचना देता है और अनुदित कृतियों की फोटोकापी भी सुलभ करता है। इसके

संकलन में 250,000 अनुदित प्रलेखों का संग्रह है, जिन्हें माइक्रोफिल्म (microfilm) के रूप में प्रस्तुत किया गया है। प्रतिवर्ष 10,000 प्रलेखों का अनुवाद संकलित किया जाता है। क्या अनुवाद किया है, इसका भी अभिलेख इस केन्द्र में उपलब्ध है।

इस प्रकार के 5 लाख प्रलेखों का विवरण तैयार किया गया है। ट्रान्सलेशन रजिस्टर इन्डेक्स (Translation Register Index) जिसका प्रकाशन 1967 से मासिक अवधि में किया जा रहा है, के माध्यम से ऐसी कृतियों का वाङ्मयात्मक नियंत्रण रखा जाता है।

राष्ट्रीय नेटवर्क एवं इसकी कार्य प्रणाली

विभिन्न जटिलताओं के कारण राष्ट्रीय स्तर पर सूचना संबंधी नेटवर्क विकसित करने का कार्य काफी दुष्कर होता है। सम्भावना न रहते हुए भी इसकी स्थापना की आशा की जा सकती है। लेकिन जिस प्रणाली को नेटवर्क के लिए स्थापित एवं संचालित करना सरल है—वह है स्थानीय, क्षेत्रीय तथा राज्य प्रणाली जिसे अन्तर-राज्य नेटवर्क से सम्बद्ध किया जा सकता है। इसे राष्ट्रीय स्तर पर कार्यरत सूचना नेटवर्क से पुनः सम्बद्ध किया जा सकता है। इस प्रकार राष्ट्रीय स्तर के नेटवर्क की कल्पना की जा सकती है। नेटवर्क की भिन्नताओं का भी एक लाभ है। इससे व्यवस्था तथा सेवाओं को सक्रिय एवं सुगम बनाया जा सकता है अन्यथा नौकरशाही के कारण अव्यवस्था उत्पन्न होने लगती है। अमेरिका में "नेशनल कमीशन आन लाइब्रेरीज एण्ड इनफारमेशन साइन्स" ने 1975 में विभिन्न स्तरों एवं प्रकारों के नेटवर्क को मान्यता प्रदान की है।

राष्ट्रीय नेटवर्क की प्रमुख संस्तुतियां

इस आयोग ने अनेक संस्तुतियां की हैं, जो नेटवर्क के लिए अति आवश्यक माना गई हैं। इसकी प्रमुख संस्तुतियां निम्नवत हैं—

(1) पूरे राष्ट्र के लिए प्रमुख संकलन स्थापित करना;
(2) नेटवर्क के लिए केन्द्रित सेवा स्थापित करना;
(3) मानकों को विकसित करना, जिसमें ग्रन्थात्मक मानक, 'सॉफ्टवेयर' एवं 'हार्डवेयर मानक, तथा एक समान 'माइक्रोग्राफिक्स' (micrographics) तथा 'रिप्रोग्राफीं, (reprography) आदि सम्मिलित हैं;
(4) विकास एवं अनुसंधान को प्रोत्साहित करना;

(5) टेलीकमूनीकेशन के लिए नवीन पद्धतियों का उपयोग करना;
(6) कम्प्यूटर का उपयोग सभी आवश्यक प्रक्रियाओं के लिए करना तथा इसके अधिकाधिक उपयोग के लिए प्रयास करना;
(7) अन्तर्राष्ट्रीय एवं राष्ट्रीय सहकारिता को प्रोत्साहित करना।

भारत में सूचना एवं ग्रन्थालय नेटवर्क की स्थापना

सन् 1988 में यू. जी. सी (University Grants Commission) ने सूचना एवं ग्रन्थालय नेटवर्क की स्थापना की जिसे 8वीं पंचवर्षीय योजना (1990-1995) की अवधि में पूर्णतः कार्यशील बनाने योग्य किया गया। इस नेटवर्क की योजना की प्रोजेक्ट रिपोर्ट "Development of an Information and Library Network Report of the Inter Agency Working Group" के आख्या के अन्तर्गत 1988 में प्रकाशित की गई है, इसमें इस नेटवर्क प्रणाली के स्वरूप को स्पष्ट किया गया है।

इस नेटवर्क में 170 विश्वविद्यालय एवं विश्वविद्यालय स्तरीय संस्थाओं, 500 महाविद्यालयों तथा 200 अनुसंधान एवं विकास संस्थाओं (Research and Development Institutions) को ग्रन्थालय यंत्रीकरण में सहायता प्रदान की जाएगी। जिस नेटवर्क प्रणाली की स्थापना करने का प्रस्ताव किया गया है उसे संक्षिप्त नाम 'INFLIBNET' से जाना जाता है जो ग्रन्थालयों तथा वाङ्मयात्मक सूचना केन्द्रों (Bibliographical information centres) का कम्प्यूटर सम्प्रेषण नेटवर्क (Computer Communication Network) है।

पुस्तकालय एवं सूचना नेटवर्क के उद्देश्य

पुस्तकालय एवं सूचना के प्रमुख उद्देश्य निम्नवत हैं–

(1) यह एक बहुमुखी सेवा प्रणाली नेटवर्क है, जो प्रसूची आधारित सेवाएं, डेटाबेस सेवाएं, प्रलेखों को प्रदान करने की सेवाएं, संकलन का विकास एवं सम्प्रेषण सेवाएं सुलभ करने की व्यवस्था करेगा।

(2) यह एक प्रमुख एवं व्यापक राष्ट्रीय प्रयास है, जिसका कार्य सूचना स्थानान्तरण एवं अभिगम की क्षमता को उन्नत बनाना है जो विद्वता एवं बौद्धिकता, ज्ञानार्जन/विद्या, अनुसंधान एवं शैक्षणिक क्रियाकलापों में सहायक सिद्ध होते हैं।

(3) यह एक सहकारी नेटवर्क है, जिसका कार्य संसाधनों को संगठनात्मक रूप से संग्रहीत, साझेदारी तथा अधिकाधिक अनुकूल करने तथा विश्वविद्यालयी तथा

अनुसंधान एवं विकास संगठनों की व्यवस्था प्रणाली में ग्रन्थालयों तथा सूचना केन्द्रों की सुविधाओं एवं सेवाओं को सक्रिय बनाने में योगदान करना है।

(4) देश में ग्रन्थालयों तथा सूचना केन्द्रों को कम्प्यूटर तथा सम्प्रेषण प्रौद्योगिकी के अनुप्रयोग से आधुनिकीकरण करने का यह एक प्रमुख कार्यक्रम है।

(5) इस नेटवर्क, जिसे 'INFLIBNET' कहते हैं, में उच्च शिक्षा के सभी विषयों की सभी संस्थाएं, अनुसंधान एवं विकास संस्थाएं तथा राष्ट्रीय संगठन/संस्थाएं जैसे–CSIR, ICMR, DRDO, ICAR, ICSSR, AICTE, DAE, DOT, DOE तथा इन्दिरा गांधी नेशनल सेन्टर फॉर आर्टस आदि भाग लेंगे।

यह नेटवर्क एक बहुमुखी (versatile) एवं एकीकृत ग्रन्थालय एवं सूचना प्रणाली (integrated library and information system) है तथापि, यह अनेक स्तरों पर कार्य करेगी। जैसे–राष्ट्रीय, क्षेत्रीय, संभागीय (sectoral) तथा स्थानीय।

वर्तमान समय में विभिन्न प्रकार की संस्थाओं के सहयोग से ग्रन्थालयों की यह नेटवर्क प्रणाली सतत विकसित हो रही है। विश्वविद्यालय अनुदान आयोग यू.जी. सी. (U.G.C.—University Grants Commission) इसके विकास हेतु विभिन्न प्रयास कर रहा है।

पुस्तकालय एवं सूचना प्रणाली

सूचनाओं का क्षेत्र निश्चित रूप से अपरिमित होता जा रहा है। वस्तुतः शिक्षा में नवीन प्रणालियों के उदय के कारण इस क्षेत्र में और भी बढ़ोत्तरी हो गई है। आज लगभग विश्व के सम्पूर्ण राष्ट्रों में प्रत्येक वर्ष करोड़ों रुपये शोध एवं उन्नति की गतिविधियों पर लगाये जा रहे हैं, जिसमें संयुक्त राज्य अमेरिका अपना विशिष्ट स्थान रखता है। उन्नतिशील राष्ट्रों के अन्तर्गत शोध एवं विकास को राष्ट्रीय प्रगति का आधार माना जा रहा है और सूचना को महत्त्वपूर्ण राष्ट्रीय संसाधन माना गया है जिसे राष्ट्रीय नीतियों–आर्थिक, वैज्ञानिक प्रौद्योगिकी तथा सामाजिक विकास एवं प्रगति का भी आवश्यक साधन माना गया है। परिणामतः ऐसे क्रियाकलापों पर पर्याप्त धन व्यय किया जा रहा है। लेकिन अनुसंधान एवं विकास के कार्य तभी अधिक सफल सिद्ध होंगे, जब ग्रंथालयों एवं सूचना सेवा प्रणालियों की सुव्यवस्था हो जो वस्तुतः राष्ट्रीय सूचना प्रणाली एवं ग्रन्थालय नीतियों पर अत्यधिक निर्भर करता है। जिस तरह पुस्तकालय की उन्नति एवं विकास हेतु पुस्तकालय अधिनियम का होना अति आवश्यक है उसी तरह सर्वश्रेष्ठ सूचना सेवा के लिए इससे जुड़ी नीति की भी जरूरत है।

समाज के जिस स्वरूप का विकास हो रहा है, वह है–"सूचना उन्मुख समाज" (information intense society)। ऐसी भी कल्पना की जा रही कि "कागज विहीन समाज" (paperless society) का भी अभ्युदय हो रहा है। अतः ग्रन्थालयों की व्यवस्था प्रणाली की धारणा, कार्य पद्धति, संगठन एवं व्यवस्था, संचालन एवं सेवाओं की पुरानी मान्यताओं के स्थान पर नवीन मान्यता प्रदान की जा रही है और नवीन दृष्टिकोण विकसित हुए हैं। आजकल सर्वत्र एवं सार्वभौमिक रूप से ज्ञान के प्रसार एवं स्थानान्तरण तथा उसे उपयोग हेतु सुरक्षित रखने के लिए ग्रन्थालयों को एक आवश्यक सामाजिक संस्थान माना गया है।

कोई भी समुदाय, संस्था, संगठन तथा प्रतिष्ठान बिना किसी ग्रंथालय-व्यवस्था के पूर्ण नहीं माना जाता है। भारत ने यह आवश्यक एवं महत्त्वपूर्ण माना है कि वैज्ञानिक, तकनीकी एवं आर्थिक उन्नति उपलब्ध करने हेतु पुस्तकालय प्रबन्धन पद्धति को नया रूप प्रदान करना और सूचना सेवा हेतु एक महत्त्वपूर्ण योजना बहुत जरूरी है। भारत सरकार ने यह स्वीकार किया है कि ग्रन्थालय व्यवस्था का आधुनिकीकरण करना एक सूचना उन्मुख समाज को विकसित करना है। जब तक सूचना तथा ज्ञान का उपयोग करने का जो व्यापक अन्तर विकसित एवं विकासशील देशों में है उसे दूर नहीं किया जाएगा, तब तक विकासशील देशों का सूचना के उपयोग पर प्रभुत्व बना रहेगा। सूचना की क्रांति में सक्रिय भूमिका का निर्वहन न कर पाने वाले देशों के पीछे रहने की संभावना है।

राष्ट्रीय विकास के सम्बन्ध में भारत सरकार ने अपनी अनेक राष्ट्रीय नीतियों तथा नियोजन प्रलेखों (national policy and planning documents) में सूचना के महत्त्व एवं प्रभाव का उल्लेख किया है।

भारत में पुस्तकालय नेटवर्किंग

भारत में संसाधन सहभागिता के उद्देश्य से पुस्तकालयों की नेटवर्किंग की आवश्यकता 1980 के दशक में तब अनुभव की गई थी जब इस दिशा में विकसित देशों द्वारा की गई भारी प्रगति देखी गई। पुस्तकालय एवं सूचना विज्ञान पर योजना आयोग के एक 'कार्यदल', जिसके अध्यक्ष. डॉ. एन. शेषागिरी थे, ने पुस्तकालय सेवाओं के आधुनिकीकरण के लिए और सातवीं योजना काल में पुस्तकालय प्रणालियों को परस्पर जोड़ने की सिफारिश की थी।

निस्सात ने सन् 1985 में सी. एस. आई. आर. के महानिदेशक की अध्यक्षता में एक बैठक आयोजित की थी। इस बैठक की सिफारिशों में से एक

थी कोलकाता में साइंस एण्ड टेक्नोलॉजी लाइब्रेरी की स्थापना करना और इस शहर में पुस्तकालय स्वचालन और नेटवर्किंग को बढ़ावा देना। सी. एम. सी. लिमिटेड को निस्सात ने कलकत्ता पुस्तकालय नेटवर्क पर व्यवहार्यता प्रतिवेदन तैयार करने के लिए नियुक्त किया। यह प्रतिवेदन सन् 1989 में पूरा हुआ और प्रकाशित किया गया। इसी बीच जनवरी 1988 में निस्सात के समर्थन से इण्डिया इण्टरनेशनल सेंटर, नई दिल्ली ने पुस्तकालय नेटवर्क पर, इस केन्द्र की एक परियोजना के रूप में, कार्य करना शुरू कर दिया था। सोसायटीज रजिस्ट्रेशन अधिनियम के अंतर्गत जुलाई में इसका एक संस्था के रूप में पंजीकरण किया गया।

पुस्तकालय सेवा और सूचना विज्ञान के आधुनिकीकरण पर डॉ. शेषागिरी की अध्यक्षता में गठित कार्यदल की सिफारिशों ने सूचना तथा पुस्तकालय नेटवर्क अर्थात् इनफ्लिबनेट के लिये मार्ग प्रशस्त किया। इनफ्लिबनेट के ऊपर सन् 1989 में प्रतिवेदन प्रकाशित हुआ। सन् 1991 में इनफ्लिबनेट ने अपना काम शुरू कर दिया। इसी बीच चेन्नई, पुणे, मुम्बई और बंगलौर जैसे शहरों में अन्य नेटवर्कों की स्थापना के बारे में प्रस्तावच रखे गये। इसलिये कैलिबनेट, डेलनेट और इनफ्लिबनेट के अलावा पुस्तकालय नेटवर्क किसी न किसी रूप में मुम्बई, बंगलौर, चेन्नई, पुणे और अहमदाबाद में भी प्रांरभ किये गये।

प्रमुख भारतीय पुस्तकालय नेटवर्क

हालाँकि भारत में पुस्तकालय नेटवर्किंग का कार्य विलम्ब से आरम्भ हुआ, लेकिन निस्सात द्वारा इस क्षेत्र में अपेक्षित सहयोग प्रदान किया गया जिसके फलस्वरूप स्थानीय एवं क्षेत्रीय नेटवर्कों का विकास हो सका। राष्ट्रीय स्तर पर भी इस दिशा में काफी प्रयास किये गये। इसके कुछ निम्नलिखित पुस्तकालय नेटवर्क हैं–

एडिनेट

अक्तूबर 1994 में अहमदाबाद शहर के समीपवर्ती क्षेत्रों के पुस्तकालयों का नेटवर्क निस्सात के सहयोक से स्थापित किया गया। यह गुजरात विश्वविद्यालय के अतिथि गृह के प्रांगण में स्थित है। इसका मुख्य उद्देश्य सदस्य पुस्तकालयों के मध्य संसाधन सहभागिता, सूचना का सम्प्रेषण एवं उनके पुस्तकालयों में

उपलब्ध प्रलेखों की केन्द्रीय सूची निर्माण करना है। पुस्तकालय कर्मचारियों के साथ-साथ यह उपयोक्ताओं के लिए भी लाभदायक है।

उद्देश्य–

(i) पुस्तकालयों के सदस्यों के बीच सहकारिता की भावना को प्रोत्साहित करना।

(ii) आर्थिक, वैज्ञानिक तथा तकनीकी सूचना प्रणाली को प्रभावशाली एकीकृत नेटवर्क में स्थापित करना।

(iii) सहभागी पुस्तकालयों के मध्य संसाधन सहभागिता को संघ सूची के निर्माण से प्रबन्धन प्रदान करना जिसमें पुस्तकें, धारावाहिक आदि सामग्री भी सम्मिलित है।

(iv) सूचनाओं तथा प्रलेखों के विनिमय हेतु क्षेत्रीय, राष्ट्रीय और अन्तर्राष्ट्रीय नेटवर्कों, पुस्तकालय सूचना तथा प्रलेखन केन्द्रों के द्वारा समन्वय स्थापित करना।

(v) सदस्य पुस्तकालयों को सूचना के चयन, संग्रहण तथा प्रसार हेतु तकनीकी निर्देश प्रदान करना।

(vi) संबंधित क्षेत्र की परियोजना, विशेषज्ञों एवं संस्थानों को विकसित करना।

(vii) समस्त सदस्य पुस्तकालयों को सूचना के उपयोग हेतु प्रशिक्षण देना तथा तत्संबंधी चेतना का विकास करना।

(viii) सूचना संसाधनों का प्रयोक्ताओं की आवश्यकताओं के अनुरूप विकास करना।

(ix) पुस्तकालय एवं सूचना केन्द्रों तथा विशिष्ट सूचना की खोज करने वालों की सहायता करना।

पुस्तकालय से संबंधित सेवाएँ–

* ऑनलाइन सूचनाएँ
* अन्तर्पुस्तकालय आदान
* फोटोकापी सेवाएँ
* सामयिक अभिज्ञता सेवाएँ
* सूचना सेवाएँ

अन्य सेवाएँ–

* इन्टरनेट सेवाएँ
* निर्देशिकाओं का प्रकाशन

बोनेट

इसकी स्थापना निस्सात द्वारा मुम्बई स्थित पुस्तकालयों के लिए की गई थी। इसे अरनेट से भी विशेष सहयोग प्राप्त है। यह कम्प्यूटरीकरण की तुलना में अन्तर्पुस्तकालय कार्यों में विशेष सक्रिय है। सदस्य पुस्तकालय स्वयं अपने पुस्तकालयों का स्वचालन तथा नेटवर्किंग करते हैं तथा एक दूसरे के अनुभव का लाभ उठाते हैं। बोनेट पुस्तकालय स्वचालन तथा नेटवर्किंग पर प्रशिक्षण कार्यक्रम आयोजित करता है अरनेट द्वारा अनेक अन्तर्राष्ट्रीय डेटाबेसों के अभिगम की सुविधा सदस्यों को प्रदान की गई है। बोनेट पुस्तकालय डेटाबेसों को अनुसंधानकर्ताओं को उपलब्ध कराने में भी सहायक है।

कैलिबनेट

निस्सात द्वारा इसकी स्थापना सी.एम.सी. को व्यावहारिक प्रतिवेदन देने के उद्देश्य से की गई थी। व्यवहार्यता प्रतिवेदन के अनुसार कैलिबनेट को 40 पुस्तकालयों का नेटवर्क बनाया जाना था और इसे दो अवस्थाओं में विकसित करना था। निस्सात ने कैलिबनेट के लिये इनग्रेस 502 पर आधारित सॉफ्टवेयर पैकेज मैत्रेयी को विकसित करने के लिये धन उपलब्ध कराया। सी. एम. सी. लिमिटेड द्वारा इस पैकेज को विकसित किया गया।

'मैत्रेयी' सॉफ्टवेयर पैकेज का उपयोग करने वाले विभिन्न भागीदार पुस्तकालयों द्वारा तैयार किये गये मशीन पठनीय डेटा की कुल मात्रा के बारे में विवरण फिलहाल उपलब्ध नहीं है। ऐसा लगता है कि कैलिबनेट इन्टरनेट का अभिगम उपलब्ध करा रहा है और सीडी-रोम डेटाबेस खोज सुविधा प्रदान कर रहा है। कैलिबनेट ने भागीदार पुस्तकालयों में उपलब्ध पुस्तकों के लिये संघ सूची बनाना शुरू कर दिया है या नहीं, इसका पता अभी नहीं लग पाया है।

कलकत्ता में कैलिबनेट द्वारा पुस्तकालयों के संसाधन सहभागिता नेटवर्क को विकसित नहीं किया जा सका है। कैलिबनेट की पूरी तस्वीर स्पष्ट नहीं हो पायी है तथा कलकत्ता के पुस्तकालयों द्वारा संसाधन सहभागिता क्रियाकलाप में मदद करने के लिये इसके द्वारा विकसित मूल्यायोजित उत्पादों का पूर्ण विवरण अभी सामने आना बाकी है। उसके बाद ही इसकी उपलब्धियों को वास्तव में समालोचनात्मक रूप में मूल्यांकित किया जा सकेगा।

डेलनेट

सबसे पहले भारतीय अन्तर्राष्ट्रीय केन्द्र के नेतृत्व में डेलनेट नेटवर्क की स्थापना की गई। इसने जनवरी 1988 में दिल्ली में स्थित पुस्तकालयों के लिये संसाधन सहभागिता व नेटवर्किंग पर विचार-विमर्श का आयोजन किया। इस सभा में दिल्ली के पुस्तकालयों के लिये नेटवर्क की स्थापना की संभावनाओं का अध्ययन करने के लिये एक समिति का गठन किया गया। निस्सात ने सीएमसी लिमिटेड के द्वारा व्यावहारिक अध्ययन की व्यवस्था की एवं इस उद्देश्य के लिये धन उपलब्ध कराया।

यह 1988 में आई.आई.सी. तथा निस्सात की संयुक्त परियोजना के रूप में स्थापित हुआ। आरम्भिक अवस्था में निस्सात ने इस नेटवर्क के कार्यान्वयन के लिये 1992 तक तकनीकी तथा वित्तीय सहायता प्रदान की। अब यह डवलपिंग लाइब्रेरी नेटवर्क कहलाता है। सोसाइटी पंजीकरण अधिनियम, 1960 के अंतर्गत डेलनेट सोसाइटी का पंजीकरण किया गया है।

डेलनेट के उद्देश्य—इसके कुछ प्रमुख उद्देश्य इस प्रकार हैं—

* सूचना का संकलन, संग्रहण एवं प्रसारण तथा प्रयोक्ताओं को कम्प्यूटर आधारित सेवाएँ प्रदान कर, पुस्तकालयों का नेटवर्क विकसित कर पुस्तकालयों के मध्य संसाधन सहभागिता को प्रोत्साहित करना,

* सदस्य पुस्तकालयों को सूचीकरण, डेटाबेस सेवाएँ, निर्गम, अधिग्रहण, पत्र-पत्रिका नियंत्रण, ऑन लाइन सेवाएँ, हार्डवेयर एवं सॉफ्टवेयर के चयन आदि के लिये पथ प्रदर्शन करना,

* उपयुक्त संग्रह संवर्धन एवं अनावश्यक द्विरावृत्ति को जहां तक संभव हो रोकने के प्रयासों का समन्वयन करना,

* सूची खोज की देख-रेख तथा सुगमता प्रदान करने के लिये एक निर्देशपरक संदर्भ केन्द्र की स्थापना करना एवं सभी सहभागी पुस्तकालयों के लिये ग्रंथों, पत्र-पत्रिकाओं तथा ग्रंथेतर सामग्रियों के केन्द्रीय ऑन लाइन सूची का अनुरक्षण करना,

* हस्तचालित एवं यांत्रिक ढंग से प्रलेखों के वितरण को प्रोत्साहन एवं सुविधा प्रदान करना,

* ग्रंथों, पत्र-पत्रिकाओं एवं सामग्रियों के विशिष्ट ग्रंथपरक डेटाबेसों को विकसित करना,

* परियोजनाओं, विशेषज्ञों एवं संस्थाओं के डेटाबेस विकसित करना,

* सूचना तथा इलेक्ट्रॉनिक मेल के वितरण एवं तीव्र संप्रेषण के लिये इलेक्ट्रॉनिक तथा यांत्रिक उपकरणों का अधिग्रहण एवं अनुरक्षण,

* प्रलेखों तथा सूचना विनिमय के लिए अन्य क्षेत्रीय एवं अन्तर्राष्ट्रीय नेटवर्कों के साथ समन्वय स्थापित करना, तथा

* नेटवर्किंग तथा संसाधन सहभागिता को समर्पित समाचार-पत्र पत्रिकाओं के प्रकाशन के लिये सुलभता एवं उत्तरदायित्व ग्रहण करना। यहाँ यह उल्लेख किया जा सकता है कि डेलनेट ने भारत के पहले क्रियाशील पुस्तकालय नेटवर्क के रूप में अनेक क्रियाओं में प्रगति की है।

डेलनेट की विशेषताएँ—डेलनेट की कुछ निम्नलिखित विशेषताएं हैं—

1. इसमें 67 संस्थागत पुस्तकालय, सदस्य के रूप में (सदस्यता साल दर सात बढ़ती जा रही है) भाग ले रहे हैं।

2. सदस्य पुस्तकालयों में संसाधन सहभागिता को बढ़ावा देने के लिये अब तक डेलनेट ने निम्नलिखित निर्माण कार्य किये हैं—

(क) सदस्य पुस्तकालयों में उपलब्ध पुस्तकों की कम्प्यूटर पठनीय संघ-सूची (1868 लाख रिकॉर्ड);

(ख) पत्रिकाओं की संघ-सूची (116 पुस्तकालय);

(i) वैज्ञानिक तथा तकनीकी की संघ-सूची (7811 रिकॉर्ड),

(ii) समाज विज्ञान की पत्रिकाओं की संघ-सूची (6919 रिकॉर्ड),

(iii) मानविकी की पत्रिकाों की संघ-सूची (1178 रिकॉर्ड),

(ग) विशेषों का डेटाबेस (1200 विशेषज्ञ),

(घ) पत्र-पत्रिकाओं में प्रकाशित लेखों का डेटाबेस (50,000 रिकॉर्ड),

(ङ) पत्रिकाओं की संघ-सूची (2391 रिकॉर्ड),

(च) भाषा संबंधी प्रकाशनों का डेटाबेस (नमूने का डेटाबेस)।

3. बेसिस प्लस पर आधारित नेटवर्किंग सॉफ्टवेयर, डेल्सिस, जो ग्रंथात्मक और पूर्ण पाठ वाले लाखों रिकार्डों को रख सकता है और उनका उपयोजन कर सकता है, को डेलनेट विकसित किया है।

4. इन्टरनेट अभिगम और ई-मेल सुविधाएँ इसके सदस्यों के लिये उपलब्ध कराई गईं और इन्टनेट पर अभिगम डेलनेट के मुख्य कार्यालय द्वारा उपलब्ध हैं। साथ ही डेलनेट ने अपना होम पेज भी बनाया है। इन्टरनेट पर निम्नलिखित पते पर इसका अभिगम करना सम्भव है—

HYPERLINK http://WWW.nic अथवा http://WWW.nic.in/delnet

5. डेलनेट ने दावा किया है कि उसने भौतिक विज्ञान, चिकित्सा विज्ञान और कृषि विज्ञान के क्षेत्र में विदेशी पत्रिकाओं के अधिग्रहण में युक्तिकीकरण के द्वारा सहभागी पुस्तकालयों का लगभग 1 करोड़ रुपया बचाया है।

6. सदस्य पुस्तकालयों के कर्मचारियों के लिये डेलनेट द्वारा प्रशिक्षण कार्यक्रमों का आयोजन किया जाता है और उन्हें आधुनिक प्रौद्योगिकी के अनुप्रयोग को समझाने की व्यवस्था की जाती है।

इस प्रकार स्पष्ट होता है कि डेलनेट ने कम्पयूटर आधारित संसाधन सहभागिता क्रियाकलापों में भारत में प्रथम सफलता पाई है और यह भारत का सबसे पहला संक्रियात्मक पुस्तकालय नेटवर्क हो गया है। यह अपने क्रियाकलापों को उत्तरोत्तर बढ़ाने का प्रयत्न कर रहा है और कुछ ख्यातिप्राप्त प्रकाशनों के सहयोग से बुक्स इन प्रिंट : न्यू टाइटिल्स का एक ऑन लाइन डेटाबेस तैयार कर रहा है।

डेलनेट की सेवाएँ—एन.आई.सी. के सहयोग से डेलनेट अपने सदस्य पुस्तकालयों को निम्नलिखित सेवाएं उपलब्ध कराता है—

* इसके डेटाबेसों के लिये ऑन लाइन तथा ऑफ लाइन अभिगम,

* आईएलएल, ऑन लाइन अन्तर्पुस्तकालय के लिये अनुरोधों पर ऑन लाइन में विचार किया जाता है,

* इन्टरनेट तथा ई-मेल सेवाएँ निक द्वारा डेलनेट को उपलब्ध ई-मेल तथा इंटरनेट संयोजकता सभी सदस्य पुस्तकालयों को का मूल्य पर वितरित की जा रही हैं। अरनेट ई-मेल भी प्रदान की जा रही है,

* डेलनेट-लिस्टसर्व, इंटरनेट मेलिंग, लिस्ट, इफ्ला पर ऑन लाइन सूचना पुस्तकालय एवं सूचना विज्ञान, रोजगार, घटनाएँ तथा चिकित्सा संबंधी कतरनें,

* प्रकाशकों के नए एवं आगामी शीर्ष, पुस्तक समीक्षाएं तथा इंटरनेट से प्राप्त सामयिक अंतर्विषयों के बारे में ऑन लाइन सूचनाएँ,

* डेलनेट प्रशिक्षण कार्यक्रमों एवं कार्यशालाओं, गोष्ठियों व व्याख्यानों का आयोजन करता है,

* सदस्य पुस्तकालयों के लिये पूर्वव्यापी रूपान्तरण की सुविधा प्रदान करता है।

डेलनेट ने उपरोक्त सेवाओं के अलावा संसाधन सहभागिता के लिये नियोजित कार्यक्रम बनाया है। इस नियोजन में वे सभी बातें सम्मिलित हैं जो

कि संसाधन सहभागिता की गतिविधि को तीव्र करने के लिये प्रबल संभावनाएँ रखती हैं।

डेलनेट की सदस्य संख्या में वृद्धि इसकी सफलता की सूची है। सदस्यता में वृद्धि अनुसंधान अभिमुख तथा विशिष्ट दोनों ही प्रकार के स्थानो में अवलोकित की जा सकती हैं। शैक्षिक पुस्तकालयों के सम्बन्ध में यह उल्लेख किया जा सकता है कि अनेक विश्वविद्यालय पुस्तकालय नेटवर्क के सक्रिय सदस्य हैं, किन्तु महाविद्यालय पुस्तकालयों को अभी इस सुविधा का लाभ उठाना है।

डेटाबेसों के प्रतिशत में 2000 तथा 2001 में पर्याप्त बढ़ोत्तरी हुई है। डेलनेट स्वयं भी साफ्टवेयर विकसित करने के लिये कठिन प्रयास कर रहा है तथा इस प्रक्रिया में निम्न बातें हैं–

* डेलसिस प्लस सूचीकरण तथा पुस्तकालयों, नेटवर्क एवं सूचना केन्द्रों के संघ सूची का निर्माण आरम्भ करने के लिये बेसिस प्लस के आधार पर एकीकृत प्रमाणीय सॉफ्टवेयर का विकास करना,

* डेल सर्च यह एक ऑफ लाइन दूरस्थ डेटाबेस प्रणाली है जिसका अभिगम ई-मेल के द्वारा किया जाता है। ऐसा कहा जाता है कि दूरस्थ स्थानों में डेटाबेस अभिगम करने में यह उपयोक्ता मैत्रीपूर्ण तथा मितव्ययी हो सकेगी,

* डेल विन्डोज ग्रंथपरक डेटाबेसों एवं सूचियों के सृजन एवं पुनर्प्राप्ति के लिये यह एक उपयोगी प्रभावकारी उपकरण है,

* डेल-डॉस डेलनेट में डॉस आधार पर डेटाबेस के सृजन एवं पुनर्प्राप्ति के लिये एक पृथक् सॉफ्टवेयर का निर्माण किया है। ये सॉफ्टवेयर भारतीय तथा यूरोपीय भाषाओं में तथा जिस्ट के उपयोग में भी डेटा निवेश की व्यवस्था करने में सक्षम हैं।

उपरोक्त तथ्यों से स्पष्ट होता है कि डेलनेट तेजी से विकास कर रहा है तथा ऐसी संभावना है कि भारत के अन्य नेटवर्कों से पहले यह अपने उद्देश्य की प्राप्ति में सफल हो जायेगा तथा राष्ट्र में एक प्रभावशाली क्रियाशील नेटवर्क के रूप में परिवर्तित हो जाएगा।

9

सूचना पुनर्प्राप्ति की प्रणालियाँ तथा उनकी उपयोगिता

प्रलेख वह माध्यम है, जिसके द्वारा विभिन्न प्रकार की जानकारियाँ, अनुभव तथा सूचना प्राप्त होती है। किसी आलेख एवं प्रलेख की उपादेयता एवं उसका महत्त्व उसमें निहित ज्ञान एवं सूचना की विशेषता, नवीनता एवं प्रयोगकर्ता पर आश्रित होता है। प्रलेखों में प्रमुखतः परम्परागत सामग्रियों—पुस्तकों, पत्र-पत्रिकाओं, सामयिकियों, तथा मानकों एवं निर्धारकों (Specification) आदि को सम्मिलित किया जाता है। इनका संग्रह, ग्रन्थालयों, सूचना तथा प्रलेखन केन्द्रों में अध्येताओं के उपयोग हेतु किया जाता है। इन केन्द्रों एवं ग्रन्थालयों में उन अपरम्परागत (non-conventional) सामग्रियों का भी संग्रह किया जाता है, जिनमें ज्ञान एवं सूचना निहित होती है।

इस सन्दर्भ में यह ध्यान देने योग्य बात है कि प्रलेखों में निहित ज्ञान एवं सूचना-सामग्रियों का उपयोग तभी सम्भव है, जब इनके सम्बन्ध में जानकारी प्राप्त करने की सुविधाएं प्राप्त हों तथा उनका प्रयोग करने के ढंग मालूम हो। सम्पूर्ण सूचना का आधार संचार क्रियाओं पर आधारित होता है, जिनके अभाव में सूचना के अस्तित्त्व को ज्ञात नहीं किया जा सकता है।

सूचना पुनर्प्राप्ति किसी विधि के अनुसार संपन्न की जानेवाली एक क्रिया है। सूचना पुनर्प्राप्ति प्रणाली तथा विधि और ग्रन्थालय एवं सूचना विज्ञान पारस्परिक रूप से एक-दूसरे से सम्बद्ध हैं। सूचना पुनर्प्राप्ति एक नवीन विषय माना गया है, क्योंकि

इसके अधिकांश आधुनिक अनुप्रयोग उन अवधारणाओं पर आधारित हैं, जिनको विगत कुछ दशकों में ही सूत्रबद्ध किया गया है। यद्यपि, इसका किसी न किसी रूप में ग्रंथालय की प्रक्रियाओं में उपयोग होता रहा है। पुस्तकालय एवं सूचना के विज्ञान जगत में सूचना शब्द का प्रयोग सामान्य रूप से अप्रामाणित तथ्यों, प्राविधिक एवं विस्तृत साहित्य एवं ग्रन्थ के अन्तर्गत विद्यमान ज्ञान, अध्ययन या संख्यात्मक निरूपण तथा बुद्धि की अभिव्यक्ति के लिए किया जाता है।

सूचना के प्रमुख गुण ये हैं कि इसे प्रलेखबद्ध होना चाहिए यथा—कागज पर स्याही से उल्लिखित, फिल्मों की प्रतिमाएं, कागज के टेपों पर चिह्नों के अनुक्रम, कम्प्यूटर की स्मृति में संख्यात्मक चिह्न अथवा अन्य स्वरूपों में निहित विवरण।

विशद एवं विस्तृत असंख्य सूचना माध्यमों व सामग्रियों में से वांछित आधार सामग्री को उपलब्ध करना ही सूचना पुनर्प्राप्ति की समस्या कहा जाता है।

सूचना पुनर्प्राप्ति प्रणाली का अर्थ एवं परिभाषा

पुस्तकालय के दृष्टिकोण से सूचना के प्रयोगकर्ता को प्रश्नों के उत्तर देने या अध्ययनकर्ताओं हेतु पुस्तकालयों में किसी संग्रह/संकलन स्थानों के प्रतीकों/चिह्नों से युक्त सूचना को प्राप्त करने की प्रक्रिया को सूचना पुनर्प्राप्ति कहते हैं। सूचना पुनर्प्राप्ति विधि/प्रणाली उपयोगकर्ता के प्रश्न के विषय के प्रति जानकारी नहीं प्रस्तुत करती है बल्कि उपयोगकर्ता द्वारा माँग किए जाने वाले प्रलेखों के उपलब्ध होने का विवरण तथा सम्बन्धित प्रलेख का मुद्रित अथवा किसी अन्य अवस्था में उपलब्ध होने की जानकारी मात्र प्राप्त करने में इससे सहायता प्राप्त होती है।

सूचना पुनर्प्राप्ति एक विशद एवं विस्तृत तौर पर परिभाषावद्ध शब्द अथवा पद है। इस पद को काल्विन मूर्स ने सबसे पहले 1950 में प्रयोग में लाया था। पुस्तकालय एवं सूचना सेवा के जगत में इसकी परिभाषा को विभिन्न रूप से स्पष्ट किया गया है।

सूचना पुनर्प्राप्ति की विभिन्न विद्वानों द्वारा दी गई परिभाषाएँ निम्नवत हैं—

1. काल्विन मूर्स के अनुसार—"संग्रहीत ज्ञान में से विशिष्ट विषय के विनिर्देशानुसार वांछित सूचना को खोजकर प्राप्त करना ही सूचना पुनर्प्राप्ति कहलाता है।"

2. जे. एच. शेरा के अनुसार (J.H. Shera)—"किसी आवश्यकता के अनुकूल सम्बन्धित एवं वांछित आधार-सामग्री के उपलब्ध होने के स्थान के निर्धारण एवं उसके चयन की प्रक्रिया को सूचना पुनर्प्राप्ति कहते हैं।"

3. लैंकास्टर के अनुसार (F.W. Lancaster)–"साहित्य के खोज के क्रियाकलापों को सुविधाजनक सिद्ध करने हेतु अभिकल्पकृत एवं निर्मित किसी भी प्रणाली एवं विधि को सूचना पुनर्प्राप्ति विधि कहते हैं।"

4. हारटर के अनुसार (Staphen P. Harter)–"सूचना के सक्रिय उपयोगकर्ता तथा सूचना संग्रह के बीच दोनों को सम्बद्ध करने वाली युक्ति/प्रणाली को सूचना पुनर्प्राप्ति प्रणाली कहते हैं।" किसी भी सूचना-समस्या के लिए इस प्रणाली का उद्देश्य वांछित एवं मांग की गई सूचना-सामग्री को प्राप्त करना और अनावश्यक सामग्री को छानते (fillter) रहना है।

5. विकरी के अनुसार (B.C. Vickery)–"विषय-विशेष के विनिर्देशानुसार प्रलेखों के अभिगम एवं जानकारी में सहायक सिद्ध होने वाली युक्तियों एवं विधियों तथा इनसे सम्बन्धित प्रक्रियाओं को सूचना पुनर्प्राप्ति कहते हैं।" मानव सम्प्रेषण के क्षेत्र का सूचना पुनर्प्राप्ति एक प्रमुख एवं महत्त्वपूर्ण पक्ष है, जिसे विकरी ने बड़ा ही जटिल बताया है।

उपरोक्त परिभाषाओं पर प्रकाश निक्षेप करने से स्पष्ट होता है कि जरूरत के आधार पर सूचना को उपलब्ध करने हेतु जिन पद्धतियों एवं गतिविधियों को एकत्रित किया जाता है उसे सूचना पुनर्प्राप्ति की संज्ञा प्रदान की जाती है। इनका अभिप्राय साहित्य की खोज (literature search) के लिए अपनायी जाने वाली सभी प्रकार की प्रक्रियाओं, विधियों तथा तकनीकियों (techniques) से होता है।

सूचना पुनर्प्राप्ति भावना एवं विचारधारा को भी कहा जाता है, जो परम्परागत ग्रन्थालयों की रूपरेखा के अन्तर्गत एवं इसका बाहर की प्रणालियों एवं कार्यों में अनुप्रयोग किया जाता है। इस सन्दर्भ में मानवीय शक्ति भी एक सशक्त सूचना पुनर्प्राप्ति तंत्र है। मस्तिष्क के अनेक उत्पाद (product) मस्तिष्क के अन्तर्गत सूचना पुनर्प्राप्ति के कार्यों के साथ अभिकल्प किए गए होते हैं। पुस्तकालय के सन्दर्भ में सूचना पुनर्प्राप्ति का अर्थ किसी भी विशाल साहित्य संग्रह से वांछित एवं उपयुक्त सूक्ष्म प्रलेख (micro-document) को खोजकर निकालना है, जिसमें अभीष्ट सामग्री निहित हो और उस सूचना को उपयोगकर्ताओं को प्रदान करना है। इस प्रकार, किसी ग्रंथालय की पत्रक-प्रसूची अथवा ऑनलाइन प्रसूची उसके संकलन तथा अन्य सामग्रियां सूचना पुनर्प्राप्ति प्रणाली/विधि है।

इसी प्रकार, "केमिकल अब्स्ट्रैक्ट्स" (Chemical Abstracts), "फिजिक्स अब्स्ट्रैक्ट्स" (Physics Abstracts) तथा "बायोलॉजिकल अब्स्ट्रैक्ट्स" (Biological Abstracts) जो सारांशकरण एवं अनुक्रमणिकाकरण सामयिकियां हैं, उन्हें सूचना पुनर्प्राप्ति पद्धति के नाम से पुकार सकते हैं क्योंकि इनसे जुड़े क्षेत्रों

की छपी साहित्य-सामग्री-संग्रहण से उचित ज्ञान हासिल करने में विद्वानों, प्रयोगकर्ताओं को मदद मिलती है। मैन्युयल पुनर्प्राप्ति प्रणाली या पद्धति को सूचना पुनर्प्राप्ति प्रणाली कहा जा सकता है। तीसरे प्रकार की प्रचलित प्रणाली ''ऑनलाइन'' सूचना पुनर्प्राप्ति प्रणाली है, जो कम्प्यूटर तथा ''एसोसिएटेड हार्डवेयर'' है। जिसमें संग्रह तथा पुनर्प्राप्ति का कार्य "डेटाबेसेज" में होता है। अतः डेटाबेस पठनीय प्रारूप के अन्तर्गत प्राप्त एवं विद्यमान सूचना-संग्रह का एक रूप होता है, जो संख्यात्मक आकार (digital form) में होता है, जिसे कम्प्यूटर अथवा अन्य प्रक्रियाकरण यंत्रों से प्रक्रियाबद्ध किया जाता है।

इस प्रकार ''डेटाबेस'' वस्तुतः एक अनेक प्रकार के अभिलेखों का पृथक-पृथक संचिका होता है, जो यंत्रेण पठनीय स्वरूप में होता है। इसमें तथ्य, विवरण, आधार सामग्री, संख्यात्मक विवरण, ग्रंथात्मक उद्धरण (bibliographic citations), सारांश, पूर्ण विश्वकोशीय आलेख, पूर्ण मूलपाठ, तथा प्रतिवेदन आदि निहित एवं संग्रहीत होते हैं।

सूचना पुनर्प्राप्ति के प्रकार या स्वरूप

सामान्य तौर पर सूचना पुनर्प्राप्ति के दो भागों में वर्गीकृत किया जाता है--सूचना या आलेखों का संग्रह, सूचना का आंकलन।

रिजसवर्जन (C.J. Van Rijsbergen) ने सूचना पुनर्प्राप्ति को उनकी प्रकृति के अनुसार तीन प्रकार का निर्धारित किया है जिसे निम्नलिखित शीर्षकों के द्वारा समझा जा सकता है–

1. **विषय-वस्तु विश्लेषण**–यह प्रलेखों की विषय-वस्तुओं का वर्णन उस स्वरूप में प्रस्तुत करता है, जिसे कम्प्यूटर द्वारा प्रक्रियाबद्ध किया जा सके।

2. **सूचना का स्वरूप**–यह पुनर्प्राप्ति की युक्तियों की क्षमता एवं कार्यकुशलता को उन्नत बनाने हेतु प्रलेखों के बीच सम्बन्धों का उपयोग करने से सम्बन्धित होता है।

3. **मापन**–यह पुनर्प्राप्ति के प्रभाव एवं कार्यक्षमता के मापन एवं मूल्यांकन से जुड़ा होता है।

सूचना-विज्ञान को वैज्ञानिक आधार देने का प्रथम योगदान शैनान (Shanon) को ही जाता है इन्होंने सूचना एवं सम्प्रेषण प्रक्रिया में प्रमुख पांच तत्त्वों का समावेश विशेष रूप से बताया है जो तत्त्व निम्नलिखित हैं।

1. **स्रोत**–सूचना/संदेश का जन्मदाता।

2. संचारकर्ता व प्रसारकर्ता–जो स्वरूप का संशोधन करता है, अथवा सूचना/संदेश को संकेतांक प्रदान करता है।

3. माध्यम–जिसके द्वारा सूचना/संदेश को प्रसारित किया जाता है और जो संदेश ध्वनि उत्पन्न कर सकता है।

4. प्राप्तकर्ता–जो संदेश/सूचना को पुनः परिवर्तित अथवा संकेत को परिवर्तित करता है।

5. गन्तव्य–सूचना/संदेश का प्राप्तकर्ता।

अतः पुस्तकालय की पुस्तकें भी सूचना की प्रमुख स्रोत होती हैं जिनका उदय उनके लेखकों के मस्तिष्क में होता है और अन्ततः अनेक लम्बी शृंखलाओं से होकर ग्रंथालय तक पहुँचती हैं। वर्गीकरण तथा प्रसूचीकरण/अनुक्रमणिकाकरण प्रलेखों के प्राप्त होने पर किया जाता है, जो प्रलेखों के संकेतांक (coding) का कार्य करते हैं। इस प्रकार ग्रंथालयी "कोडिंग" (coding) का कार्य सूचना का अध्ययन करने के पश्चात् करता है। उपयोगकर्ता ग्रंथालय में विशिष्ट एवं निश्चित जानकारी अथवा सामान्य ज्ञान के साथ सामग्री की प्राप्ति के लिए आता है। निश्चित एवं विशिष्ट जानकारी की स्थिति में वह मात्र एक पुस्तक/प्रलेख के वाक्यांश (Phrase) अथवा वाक्य से संतुष्ट हो सकता है, लेकिन द्वितीय स्थिति में उसे सम्बन्धित विषय पर अनेक पुस्तकों/प्रलेखों की आवश्यकता होती है। दोनों दशाओं एवं परिस्थितियों में अध्ययनकर्ता को अपनी जरूरत को ग्रंथालयी अथवा प्रसूची/अनुक्रमणिका संचिका (index file) को सम्प्रेषित करना पड़ता है। यदि सम्प्रेषण सीधे प्रसूची का है तो उपयोगकर्ता को उसे अपनी प्रसूची/अनुक्रमणिका संचिका की भाषा में परिणत करना होता है। अनुक्रमणिका/प्रसूची की भाषा नित्य प्रति प्रयोग में लायी जाने वाली भाषा से भिन्न होती है।

सूचना पुनर्प्राप्ति प्रणाली का कार्य

सूचना पुनर्प्राप्ति अथवा सूचना संग्रहण के पाँच सोपानों में होनेवाले प्रमुख कार्य निम्नवत हैं–

1. प्रश्नों का निराकरण : अन्वेषण विधि–प्रबन्ध एवं व्यवस्था से जो कुछ उपलब्ध हो सकता है उसे उपलब्ध करना है। यह वर्णित अथवा सुव्यवस्थित ढंग से ही हो सकता है। इसमें सीमित रूप से खोजने की क्षमता निहित होती है।

2. प्रसार–इसका अर्थ, धारणात्मक, भौतिक प्रकार तथा वितरित विधि का आंकलन है।

3. अधिग्रहण—सूचना को प्राप्त करना जो ज्ञान, पुस्तक, प्रलेख, आधार-सामग्री आदि हो सकते हैं जो कम चयन प्रक्रिया होती है।

4. सूचना-प्रस्तुतीकरण—अधिग्रहणकृत सामग्रियों की एक व्यवस्था, जो किसी प्रतिनिधित्व स्वरूप अथवा आकार के अनुसार की जाती है। यह अनुक्रमणिकाकरण भाषा होती है।

5. संचिका व्यवस्था—सामग्रियों का संग्रह अथवा उनके प्रस्तुतीकरण का संग्रहण, जो वस्तुतः उनका भौतिक आंकलन होता है।

सूचना पुनर्प्राप्ति प्रणाली का मुख्य उद्देश्य सूचना की व्यवस्था उत्तम प्रकार से करना है। अतः सूचना सम्प्रेषण को प्रभावशाली एवं उपयोगी बनाने हेतु भाषा एवं संचिका (languages and files) पर अधिक जोर दिया जाता है।

प्रलेख पुनर्प्राप्ति और तथ्य पुनर्प्राप्ति

सूचना पुनर्प्राप्ति जगत में विकास एवं उन्नति के कारण संयुक्त राज्य अमेरिका एवं सोवियत संघ के अन्तर्गत इन दोनों को एक समान नहीं कहा गया है। प्रलेख पुनर्प्राप्ति पद्धति के तहत अन्ततः सम्पूर्ण प्रलेखों को प्राप्त करने में सुविधा होती है, जबकि तथ्य-पुनर्प्राप्ति प्रणाली प्रश्नों का उत्तर संख्यात्मक सूचना के प्रदर्शन के द्वारा प्रदान करती है। इसे "डाटा रिट्रीवल" (data retrieval) कहा जाता है।

सूचना संग्रहण एवं पुनर्प्राप्ति की गतिविधियां

सूचना संग्रहण एवं पुनर्प्राप्ति में विभिन्न प्रक्रियाओं का अनुसरण किया जाता है जो निम्नलिखित हैं—

1. प्रलेखों में निहित सूचना सामग्री को अभिलेखबद्ध करना—जिन आलेखों को पुस्तकालय के अन्तर्गत उपलब्ध किया जाता है उसका अध्ययन करके उन्हें विषय के अनुसार बाँट दिया जाता है। वर्गीकरण प्रक्रिया के आधार पर उनके विषय निर्धारित किए जाते हैं और उन्हें पृथक-पृथक स्थान प्रदान किया जाता है। इसके पश्चात् उनकी प्रसूची तैयार की जाती है। इस प्रकार प्रलेखों को उनके विषय एवं प्रकरणों के आधार पर अभिलेखबद्ध किया जाता है।

2. अभिलेखबद्ध सूचना का संग्रहण—सूचना को इस अवस्था में इस प्रकार से संग्रहीत किया जाता है कि प्रलेखों को पुनर्प्राप्ति के समय सरलता से खोजा जा सके।

3. प्रलेखों को समझना—सम्बन्धित आवश्यकता, समस्या तथा विषय के अनुकूल एवं उपयुक्त सूचना से युक्त प्रलेखों का अभिज्ञान करना है।

4. प्रलेखों का अभिज्ञान—संग्रह में से जिन प्रलेखों का अभिज्ञान प्राप्त हो जाता है, उन्हें सुलभ करना है।

उपयुक्त सामग्री एवं प्रलेख मालूम करने के बाद उसे सम्बन्ध से देना पड़ता है। इसके अलावा प्रलेख/सूचना की छायाचित्र-प्रति (photocopy), सूक्ष्म प्रतिलिपि (micro-copy) अथवा प्रलेख की अनुदित प्रति (translation) आवश्यकता एवं परिस्थिति के अनुसार उपलब्ध करनी पड़ती है। यदि प्रलेख किसी अन्य स्थान पर उपलब्ध है तो उसे अन्तर-ग्रन्थालय आदान (inter-library loan) के माध्यम से सुलभ करना होता है।

एम. आर. हायस्लोप (M.R. Hyslop) ने इन प्रक्रियाओं की चर्चा की है।

केन्ट द्वारा प्रतिपाद्य प्रक्रिया शृंखला

सूचना पुनर्प्राप्ति या साहित्य की खोज की जिन शृंखलाओं को निर्धारित किया है, उसे इन्होंने "इकाई प्रक्रियाओं" (Unit operations) के नाम से सम्बोधित किया है जो निम्नलिखित हैं—

1. अध्ययन—सबसे पहले प्रालेखों का अध्ययन एवं उसके अन्तर्गत विद्यमान भावनाओं एवं दृष्टिकोणों का अध्ययन किया जाता है। इन्हें खोजने की प्रक्रिया का मूलाधार माना जाता है।

2. प्रश्नों का विश्लेषण एवं खोज-कौशल का विकास—इसके अन्तर्गत प्रश्नों/समस्याओं को सुनने के पश्चात् उनके विश्लेषण के आधार पर विश्लेषक पदों का चयन किया जाता है, जिन्हें किसी खोजने की विधि के सन्दर्भ में व्यक्त कर प्रश्न तथा संचिका (file) के अभिलेख के बीच सम्बन्ध को निश्चित किया जाता है।

3. अभिलेखों अथवा स्रोत-प्रलेखों का संग्रहण—इस प्रक्रिया के तहत अभिलेखों का भौतिक स्थापन किया जाता है। अभिलेखों को मूल स्वरूप अथवा सूक्ष्म स्वरूपों में भी संग्रहीत किया जाता है।

4. अन्वेषण की शुरुआत—इस प्रक्रिया के तहत प्रलेखों के ज्ञान हेतु विभिन्न प्रक्रियाएँ की जाती हैं। जैसे—अनुक्रमणिका का अवलोकन करना, ग्रन्थ-संचिका में से वांछित प्रलेख को खोजना आदि।

5. खोजने में सहायक माध्यम द्वारा विश्लेषण के निष्कर्षों को अभिलेखबद्ध करना—इस प्रक्रिया के अन्तर्गत आलेखों के विश्लेषक पदों को अभिलेखबद्ध किया जाता है और इन पदों को वर्णित करने के लिए पत्रक (card), फिल्म अथवा अन्य अनेक साधनों का प्रयोग किया जाता है।

6. अन्वेषण के हल को बताना—इस प्रक्रिया में अभिलेखों की मूल प्रतियों अथवा प्रतिलिपियों को सुलभ किया जाता है।

7. पारिभाषिक पदावली एवं विषय शीर्षक नियंत्रण—इस प्रक्रिया के अन्तर्गत विश्लेषक पद तथा दृष्टिकोण में पारस्परिक सम्बन्ध स्थापित किया जाता है। इससे प्रलेखों के अभिज्ञान तथा निर्धारण में सहायता प्राप्त होती है, जो विश्लेषक पदों की समानता पर आधारित होता है। विश्लेषक पदों की यह समानता पारिभाषिक कोशों की परिभाषा के आधार पर निश्चित की जाती है। इनमें साम्य (uniformity) स्थापित करने तथा नियंत्रित शब्दावली हेतु विभिन्न उपस्कर अपनाये जाते हैं जो निम्नलिखित हैं—

(i) किसी स्तरीय विषय शीर्षक तालिका का उपयोग। उदाहरणार्थ—लाइब्रेरी ऑफ कांग्रेस लिस्ट ऑफ सब्जेक्ट हेडिंग्स (LC List of subject headings) तथा सीयर्स लिस्ट ऑफ सब्जेक्ट हेडिंग्स (Sear's List of subject headings)।

(ii) पर्यायवाची शब्दकोश (Thesaurus) का उपयोग।

(iii) किसी वर्गीकरण योजना की अनुसूचियों का उपयोग।

सूचना संग्रहण एवं पुनर्प्राप्ति की गतिविधियों में अभिलेखों का अध्ययन (document analysis), विषय-शीर्षक पदों (subject heading terms), अनुक्रमणिका पत्रक (index card), प्रलेखों का संग्रहण, पूछे गए प्रश्नों के आधार पर पदों/शब्दों का प्रलेखों के विषयों से मिलान करना, और अन्ततः अध्येताओं को वांछित प्रलेख सुलभ करने पर जोर देना आवश्यक चरण हैं। अभिलेखों के अध्ययन का उद्देश्य प्रमुख रूप से उनमें विद्यमान विचारधाराओं एवं दृष्टिकोणों तथा विषय-वस्तुओं, अनुक्रमणिका पदों अथवा विषय-र्शीषक पदों की अनुरूपता को निश्चित करना है। प्रस्तुतीकरण तथा निर्माण अनुक्रमणिका निर्माण में यह विशेष सहयोगी होता है।

अनुक्रमणिकाकरण एवं अनुक्रमणिकाएँ— अनुक्रमणिकाकरण का महत्त्व विशेष रूप से बढ़ गया है। इसकी प्रमुख विशेषता यह है कि इससे विषय-वस्तु को खोजने में समय बहुत ही कम लगता है। सूचना-संचार की प्रक्रियाओं को सहज एवं तीव्रगामी बनाने हेतु तथा ईष्ट सूचना को अल्पतम समय में सुलभ करने के लिए अनेक प्रकार की अनुक्रमणिकाकरण एवं सारांशीकरण विधियों को विकसित किया गया है। सूचना पुनर्प्राप्ति के क्षेत्र में अनुक्रमणिकाओं को पर्याप्त महत्त्वपूर्ण माना गया है, जिसके परिणामस्वरूप अनेक अनुक्रमणिकाओं को इस कार्य के लिए प्रयोग किया जाता है।

हिंदी का "इन्डेक्स" शब्द लैटिन भाषा के "इन्डीकेयर" (Indicare) से लिया गया है, जिसका आशय है संकेत करना/निर्देश करना (to point)। अनुक्रमणिका किसी वस्तु/प्रलेख की वह सूचना है कि वह क्या है, स्पष्ट नहीं करती है, बल्कि वहाँ कहाँ से और किससे प्राप्त और ज्ञात हो सकती है, का भी संकेत करती है। किस वांछित वस्तु के उपलब्ध होने (location) का विवरण प्रस्तुत करती है। यह किस प्रलेख में कौन-कौन नाम, विषय, स्थान आदि किस पृष्ठ पर हैं का संकेत पाठकों को करती है। अनुक्रमणिका किसी विषय विशेष, प्रकरण विशेष तथा अभिज्ञानकृत प्रलेख के मध्य एक कड़ी का कार्य करती है, जिससे दोनों एक दूसरे के पास आ जाते हैं। सूचना अध्ययन के कई विभिन्न पदों में से एक पद वर्गीकरण अथवा अनुक्रमणिकाकरण भी है। व्याख्यात्मक अनुक्रमणिका वह है जो किसी अनुक्रमणिका के कार्यों का वर्णन व व्याख्या करती है। ग्रन्थात्मक अनुक्रमणिका (Bibliographical index) में ऐसा नहीं होता है। बल्कि यह आधार-सामग्री (data) अथवा प्रलेख का सत्यापन तथा निर्धारण स्थान प्रस्तुत करती है। विषय-अनुक्रमणिका (Subject index) विषयों का विश्लेषण मौलिक पदों के रूप में करके, उन्हें क्रमबद्ध रूप में व्यवस्थित कर तथा उन पदों का संश्लेषण कर विषयों के सम्बन्ध को स्पष्ट करती है। विषय-प्रसूची और अनुक्रमणिका दोनों का लक्ष्य सामान्य रूप से एक ही जैसा होता है। लेकिन अनुक्रमणिका पर्याप्त विशिष्टता, विषय की गहनता तथा सूक्ष्मता (depth of subject) का संकेत करती है।

सामान्यतः परिभाषाबद्ध रूप में "नामों, अथवा किसी प्रलेख में उल्लिखित विषयों, अथवा प्रलेखों के किसी समूह के स्थानों के संकेत के साथ जहां उनका उल्लेख होता है, को क्रमबद्ध रूप से व्यवस्थित एवं आंकलित तालिका को अनुक्रमणिका कहते हैं।"

इनसाइक्लोपिडिया ऑफ लाइब्रेरी एण्ड इनफारमेशन साइन्स के अनुसार– "किसी संकलन में निहित पदों अथवा उससे प्राप्त अवधारणाओं की वर्गीकृत क्रमबद्ध निर्देशिका को अनुक्रमणिका कहते हैं। इन पदों अथवा प्राप्त अवधारणाओं को ज्ञात अथवा निर्धारित खोजने योग्य क्रमानुसार संलेखों के द्वारा प्रस्तुत किया गया होता है। जैसे–अनुवर्णिक, कालक्रमानुसार अथवा संख्यात्मक क्रम।"

ब्रिटिश स्टैण्डर्ड इन्स्टीट्यूट (BSI) के शब्दों में–"किसी पाठ्य-सामग्री के मूलपाठ अथवा अन्य संकलित प्रलेखीय सामग्रियों की विषय-वस्तुओं के क्रमबद्ध निर्देशिका को अनुक्रमणिका कहते हैं, जिसके शीर्षकों की शृंखलाएं अनुवर्णिक अथवा अन्य निर्धारित क्रमानुसार आंकलित होती हैं और साथ ही किस स्थान पर अनुक्रमणिकाबद्ध वस्तु उपलब्ध है का सन्दर्भ प्रस्तुत किया गया होता है।"

बिकरी (B.C. Vickery) के शब्दों में–"किसी विषय-विशेष क्षेत्र की विशाल उल्लिखित सूचना में से अपनी ईष्ट सामग्री खोजने में उपयोगकर्ता को सहायक सिद्ध होने के लिए अभिकल्पकृत उपयोगी उपकरण को अनुक्रमणिका कहते हैं।"

अनुक्रमणिका का लक्ष्य विशिष्ट अथवा मौलिक सूचना देना नहीं होता और न ही इसमें ऐसी शक्ति ही निहित होती है, इससे केवल मूल सूचना-स्रोत अथवा सूचना-स्थल को संकेत एवं मार्गदर्शन प्राप्त होता है। अतः मौलिक सूचना के स्थल एवं स्रोत को ज्ञात करने के एक उपकरण के रूप में इसका उपयोग किया जाता है। सूचना-स्रोत तथा उपयोगकर्ता के बीच एक संप्रेषण कड़ी के रूप में अनुक्रमणिका अत्यधिक सहायक सिद्ध होती है। विशेषकर, जब सूचना-संग्रह का क्षेत्र एवं आकार अधिक व्यापक एवं जटिल हो तो इसकी उपयोगिता भी अधिक बढ़ जाती है, क्योंकि मात्र अनुक्रमणिका से साहित्य की खोज में ग्रंथालय-कार्मिकों तथा शोधार्थी एवं विशेषज्ञों के समय की बचत होती है।

प्रत्येक अनुक्रमणिका के संकलन और निर्माण हेतु संलेखों को बनाने की प्रक्रिया एवं गतिविधि को अनुक्रमणिकाकरण कहा जाता है जो एक ग्रंथात्मक प्रविधि (bibliographic technique) है।

अनुक्रमणिकाकरण के अन्तर्गत विभिन्न प्रक्रियाएं अनिवार्य तौर पर अभिग्रहण की जाती है जो निम्नवत हैं–

1. प्रत्येक अभिज्ञानकर्ता के साथ ही उपलब्ध होने के स्थान की सूचना प्रदान करना, जहाँ संग्रहण के विषय-भाग स्थित हैं, जिसे जरूरत के अनुसार उसे दुबारा उपलब्ध करने में आसानी हो।

2. सूचना-सामग्रियों का संग्रहण करना।

3. निर्धारित विशेषताओं एवं मानकों के आधार पर संग्रहीत की विषय-वस्तु का विश्लेषण करना।

4. संग्रहण के विभिन्न विषयों की मांगों को समन्वित अभिज्ञानकर्ताओं को सम्बद्ध करना।

थॉमसन की अनुक्रमणिकाकरण प्रविधि

अनुक्रमणिकाकरण के लिए थॉमसन (Thomson) महोदय ने प्रमुख पाँच प्रविधियों का प्रतिपादन किया है जो निम्नलिखित हैं–

1. विचारात्मक अनुक्रमणिकाकरण—इस प्रकार की अनुक्रमणिका में किसी प्रालेख के कुछ दृष्टिकोण को अनुक्रमणिका में सम्मिलित करने हेतु विशिष्ट प्रकार से प्रयुक्त किया जाता है।

2. विशिष्ट अनुक्रमणिकाकरण—इसमें अनुक्रमणिकाकरण के लिए उपयुक्त सूचना को विशिष्ट विषय-शीर्षक प्रदान किया जाता है, जो सम्बन्धित विषय के समान विस्तार युक्त होते हैं।

3. व्यापक अनुक्रमणिकाकरण—इस प्रकार की अनुक्रमणिका में, प्रलेख के उन सभी सूचनात्मक पदों को अनुक्रमणिका में सम्मिलित किया जाता है, जिनसे सूचना पुनर्प्राप्ति की सम्भावना होती है।

4. विषय शीर्षकों की संबद्धता—प्रलेखों में वर्णित विभिन्न विचारधाराओं के बीच विषय-शीर्षक अनेक प्रकार के सम्बन्ध व्यक्त करते हैं। अतः वे अनावश्यक रूप से पर्याप्त विस्तृत हो जाते हैं।

5. समृद्धशाली अनुक्रमणिकाकरण—इसमें अनुक्रमणिकाकरण के उपयुक्त पदों (indexing terms) को उनके सापेक्ष महत्त्व के अनुसार अनुक्रमणिकाबद्ध किया जाता है। अतः इसे अधिक उपयोगी माना गया है। इसमें अनुक्रमणिकाबद्ध अवधारणाओं को सापेक्ष महत्त्व के अनुसार क्रमांक भी प्रदान किया जाता है। इसमें अत्यधिक महत्त्वपूर्ण विचारों को प्राथमिकता प्रदान की जाती है।

सूचना पुनर्प्राप्ति में अनुक्रमणिकाकरण का महत्त्व

सूचना प्राप्त करने में कम समय लगे इसके लिए यह अनिवार्य है कि अनुक्रमणिकाकरण वैज्ञानिक हो परिणामतः इसकी रचना एवं विधियों को उपयोगी बनाने पर पर्याप्त ध्यान दिया गया है। क्योंकि वांछित सूचना को प्राप्त करने में अनुक्रमणिका की कार्यकुशलता के कारण पुनर्प्राप्ति का कार्य सरल हो जाता है।

इस सन्दर्भ में अनुक्रमणिकाकरण की नवीन एवं आधुनिक विधियों का विकास किया गया है, जिनमें परम्परागत अनुक्रमणिकाकरण (conventional indexing method), तथा अपरम्परागत अनुक्रमणिकाकरण के अतिरिक्त यांत्रिक विधियां विशेष रूप से प्रचलित हैं। सूचना पुनर्प्राप्ति के लिए इनका व्यापक उपयोग सारांशीकरण एवं अनुक्रमणिकाकरण के क्षेत्र में किया जाता है। अतः इस क्षेत्र में इनकी उपयोगिता को अधिक महत्त्व दिया गया है।

अनुक्रमणिकाकरण की प्रमुख प्रणालियाँ—अनुक्रमणिकाकरण की प्रमुख प्रणालियाँ निम्नवत हैं--

प्राचीन प्रविधियां—अनुक्रणिकाकारण की जिन विधियों का उपयोग एवं प्रचलन बहुत पहले से चला आ रहा है, उसे प्राचीन या परम्परागत अनुक्रमणिकाकरण विधियां कहते हैं। इन विधियों में प्रलेखों की पूर्ण जानकारी प्रदान की जाती है, जो ज्ञात नाम "ज्ञात क्रम" (known names in known order) के सिद्धान्त पर आधारित होती हैं। इनमें विभिन्न पद जिस क्रमानुसार व्यवस्थित होते हैं, वे अनुक्रमणिकाकार तथा उपयोगकर्ता को ज्ञात होने चाहिए। इसमें अनुक्रमणिका के लिए शीर्षकों और खोजने हेतु शीर्षकों में साम्य होना चाहिए। अनुक्रमणिका की रचना तथा संकलन के समय अनुक्रमणिकाकार को उनमें समन्वय स्थापित करना पड़ता है। अतः इन विधियों को सूचना पुनर्प्राप्ति के क्षेत्र में पूर्व-समन्वित अनुक्रमणिकाकरण (Pre-coordinate Indexing) भी कहते हैं।

अनुक्रमणिकाओं की जो परम्परा प्रणालियों को नीचे वर्णित किया जा रहा है—

अनुवर्णिक विषय अनुक्रमणिकाकरण—यह विधि साधारण विधि है, जिसमें संलेखों/प्रविष्टियों का आंकलन सर्वानुवर्णों (dictionary) क्रम में व्यवस्थित किया जाता है। अनुवर्णिक अनुक्रमणिका (alphabetical index) वस्तुतः शब्दों, पदों तथा विवरणों की एक ऐसी तालिका होती है, जो प्रलेखों के विषय-वस्तु की द्योतक होती है। विषयों की जटिलताओं तथा व्यापकता के कारण अनेक संलेखों/प्रविष्टियों को इसमें समाहित करना पड़ता है, जिससे उपयोगकर्ता को ईष्ट सामग्री का विवरण ज्ञात हो सके। इसकी प्रमुख समस्या यह है कि वांछित सूचना को प्राप्त करने के लिए पृथक-पृथक वर्णमाला (alphabets) के अन्तर्गत तालिका/अनुक्रमणिका का अवलोकन करना पड़ता है। जब अनुक्रमणिकाकार और अध्येता का दृष्टिकोण पदों की दृष्टि से भिन्न होता है तो असुविधा उत्पन्न होने लगती है।

मेटकाफ (John Metcafe) ने अनुवर्णिक अनुक्रमणिका की उपयोगी एवं सुविधाजनक बताया है। इन्हीं के शब्दों में हर प्रकार की अनुक्रमणिकाकरण प्रविधियां एवं पद्धतियां सकारात्मक अथवा नकारात्मक तौर पर अनुवर्णित अवस्थाओं पर आश्रित होती हैं, क्योंकि कोई भी संख्या (number), अंकन (notation), प्रतीक (symbol) अथवा संकेत (code) किसी नाम से प्रारम्भ होता है, जिसे वर्णमाला के अक्षरों में लिखा जाता है। अनुवर्णिक आंकलन पद्धति विश्व की सबसे अधिक प्रसिद्ध एवं प्रयुक्त पद्धति है और सबसे अधिक शुद्धता पर निर्भर है।

(1) अनुवर्णिक विशिष्ट विषय अनुक्रमणिका; (2) अनुवर्णिक वर्गीकृत अनुक्रमणिकाकरण (Alphabeticoclassed indexing)।

प्रथम में विशिष्ट विषय पद/शीर्षक के अनुसार संलेखों को प्रस्तुत किया जाता है। दूसरे प्रकार में अनुवर्णिक तथा वर्गीकृत दोनों विशेषताओं का समावेश होता है। इसमें किसी विषय-विशेष के मुख्य-मुख्य भागों को चुनकर उनके अधीनस्थ विषयों को इन भागों के अन्तर्गत व्यवस्थित किया जाता है। इनको दो प्रकार से क्रमबद्ध किया जाता है। मुख्य भागों को वर्गीकृत अनुक्रम में आंकलित कर अधीनस्थ विषयों को अनुवर्णिक अनुक्रम में व्यवस्थित किया जाता है। द्वितीय प्रकार में मुख्य विषयों को वर्णानुक्रम (alphabetical order) में व्यवस्थित करने के पश्चात् अधीनस्थ विषयों को वर्गीकृत अनुक्रम में आंकलित किया जाता है। सम्बन्धित विषयों को सम्बद्ध करने के लिए प्रतिनिर्देशिकाएँ (cross reference) प्रस्तुत की जाती हैं।

वर्गीकृत अनुक्रमणिकाकरण—सूचना संग्रह एवं सूचना पुनर्प्राप्ति तथा साहित्य अन्वेषण में विषय-वर्गीकरण (Subject-classification) तथा वर्गीकृत अनुक्रमणिका का अनुसरण किया जाता है। इसमें किसी वर्गीकरण-योजना के अंकन का उपयोग किया जाता है। इसमें प्रविष्टियों/संलेखों को अंकन/वर्गांकों के क्रमानुसार आंकलित किया जाता है। इससे सम्बन्धित एवं संगोत्र विषय (Collateral subjects) एक साथ आंकलित हो जाते हैं, जो अनुवर्णिक क्रम में इधर-उधर बिखर जाते हैं। इसमें पर्यायवाची शब्दों (synonyms) तथा समानार्थी शब्दों (homonyms) की समस्या भी समाप्त हो जाती है।

शृंखला अनुक्रमणिकाकरण (Chain Indexing) डॉ. रंगनाथन की एक विशिष्ट देन है, जो प्रसूचीकरण एवं अनुक्रमणिकाकरण में अपना विशिष्ट महत्त्व रखती है। "शृंखला अनुक्रमणिका एक सकारात्मक एवं विशिष्ट अनुक्रमणिका होती है, जो वर्गीकरण पद्धति के उद्धृत शब्दावली (extracted vocabulary) पर आधारित होती है। इसमें सभी आवश्यक प्रसंग समाहित होते हैं और अनावश्यक प्रसंग से यह मुक्त होती है। इसके उपशीर्षक उच्चकोटि के क्रम निर्धारित करने वाले पद होते हैं। इसकी प्रमुख विशेषता इसका वर्गीकरण पद्धति पर आधारित होना है।

अवधारणात्मक क्रम परिवर्तित विषय अनुक्रमणिकाकरण—अवधारणात्मक क्रम परिवर्तित विषय अनुक्रमणिकाकरण प्रविधि को संक्षेप में पास्पी (POPSI) प्रविधि के नाम से सम्बोधित किया जाता है। यह बहुमुखी अनुक्रमणिकाकरण विधि है। इससे इस क्षेत्र के अनेक उद्देश्यों की पूर्ति होती है। उदाहरणार्थ विषय शीर्षकों का निर्माण एवं प्रस्तुतिकरण, विषय-निर्देश, संलेखों की उत्पत्ति एवं प्रस्तुतिकरण, अध्येता/उपयोगकर्ता के खोजने के विषय को निर्धारित करना एवं प्रलेखों की विषय-वस्तु में विचारों की अभिव्यक्ति हेतु आधार उत्पन्न करना अथवा आधार खोज

निकालना है। रंगनाथन तथा डी.आर.टी.सी. (DRTC), बंगलोर के सूचना-वैज्ञानिकों ने पॉप्सी की अवधारणा को अनुक्रमणिकाकरण के परिप्रेक्ष्य में प्रतिपादित किया है, जो यंत्रेण पठनीय प्रसूचीकरण (machine-readable cataloguing) के लिए पर्याप्त उपयुक्त है।

इसके आधार पर निर्मित विषय को संगठित एवं सुव्यवस्थित ढंग से प्रकट करने हेतु सूचीकरण एवं वर्गीकरण के वर्गों पर आधारित नहीं करना पड़ता है। तथापि, इसके लिए वर्गात्मक आधार की आवश्यकता होती है। पाप्सी शृंखला में अवधारणाओं के जो तत्त्व सम्मिलित होते हैं, वे मिश्रित विषय (Compound Subject) के भाग होते हैं। अवधारणाओं के तत्त्वों का निर्माण रंगनाथन द्वारा प्रतिपादित पांच मूलभूत श्रेणियों, आवर्तन (rounds) तथा स्तरों (levels) के आधार पर किया जाता है। इसमें अनुक्रमणिकाकरण के लिए नौ चरणों का अनुसरण किया जाता है।

पॉप्सी की शृंखला एवं स्वरूप

किसी प्रालेख के विषय का पक्ष-अध्ययन एवं विश्लेषण दृष्टिकोणों की प्रविधियों के आधार पर किया जाता है। अवधारणात्मक विधि से प्राप्त आख्या-मूलक पदों का उपयोग "फारवर्ड रेन्डरिंग मेथड (Forward Rendering Method) के माध्यम से विशिष्ट विषय-शीर्षक के प्रतिपादन के लिए किया जाता था। विशिष्ट विषय-शीर्षक के आधार पर सामान्य विषय संलेखों को प्रस्तुत किया जाता था। जिसमें प्रत्येक ईष्ट पद को प्रथम शीर्षक के रूप में चयन किया जाता था। तत्पश्चात् चक्रवत परिवर्तित क्रमानुसार (cyclic permutation) अन्य पदों को रखा जाता था। सामान्य विषय-संलेखों के माध्यम से इसमें आने वाले मात्र ईष्ट पदों से विशिष्ट विषय संलेखों का अभिगम प्राप्त होता था। प्रत्यक्ष पद अथवा पदों तथा निर्दिष्ट शीर्षकों को संकेत प्रदान करने की कठिनाई को दूर करने के लिए तिरछी खड़ी लाइन तथा पूर्ण विराम का उपयोग किया जाता था। विशिष्ट विषय शीर्षकों के अन्त में प्रारम्भ का संकेत करने के लिए यह एक साधारण युक्ति रही है।

अतः यदि किसी प्रालेख हेतु प्रमुख एवं विशिष्ट विषय का शीर्षक निम्न रूप से तय करना है–

MEDICINE, Female, Adolescent, Respiratory System, Lung, Disease, Tuberculosis, Treatment, तो इसके अनुसार सामान्य विषय संलेखों को निम्न रूप से प्रकट किया जायेगा–

Treatment./MEDICINE, Female, Adolescent, Respiratory System, Lung, Disease, Tuberculosis.

Tuberculosis, Treatment./MEDICINE, Female, Adolescent, Respiratory System, Lung, Disease.

Disease, Tuberculosis, Treatment./MEDICINE, Female, Adolscent, Respiratory System, Lung etc.

संशोधित प्रविधि

कुछ समय बाद इस प्रविधि को परिवर्तित या संशोधित कर दिया गया। अब इसमें तत्त्वों में उपयुक्त सम्बन्ध स्थापित करने हेतु सम्बन्ध-चिह्नों (relational sign) का उपयोग तत्त्वों के मध्य किए जाने का प्रावधान किया गया है। अतः वर्तमान पद्धति के अनुसार उपरांक्ति शीर्षकों का स्वरूप निम्नांकित प्रकार से प्रस्तुत किया जाएगा–

MEDICINE—(Specials) Female—Adolescent, Human body >Respiratory System > Lung; Disease—Tuberculosis; Treatment.

सामान्य विषय-संलेखों/प्रविष्टियों को उपर्युक्त स्वरूप में उपयुक्त चिह्नों के साथ अथवा निम्नांकित प्रकार से दो पंक्तियों में प्रस्तुत किया जाएगा–

MEDICINE—(Specials) Female—Adolescent, Human body > Respiratory System > Lung; Disease—Tuberculosis; Treatment.

उपर्युक्त विवरणों के आधार पर यह कहा जा सकता है कि इसमें शृंखला तथा मूल अनुक्रमणिकाकरण का लोप हो जाता है। विशिष्ट विषय का प्रत्येक संलेख पूर्ण वक्तव्य प्रतीत होता है। मात्र प्रसूची में प्रत्येक संलेख के दृष्टिकोण का भेद रह जाता है।

पॉप्सी (POPSI) तथा प्रेसिस (PRECIS) दोनों ही चक्रीय अनुक्रमणिकाएं (rolated indexes) हैं। दोनों में ही परिवर्तन (permutation) और चक्री (rotation) विधियों का उपयोग किया जाता है। शीर्षकों के पदों में प्रसंगों को सुरक्षित (preserve the contexts) रखने की युक्तियों (devices) का उपयोग किया जाता है।

पॉप्सी (POPSI) वाक्यों के पद तथा सम्बन्ध चिह्नों पर निर्भर है। शृंखलाओं में शब्द-तत्त्वों का क्रम पूर्वनिर्धारित (predetermined) होता है और अवधारणाओं के समूहों, श्रेणियों तथा सम्बन्ध प्रक्रियाओं के अनुसार उन्हें निश्चित एवं स्थापित किया जाता है। अतः उपयुक्त प्रसंग को सुरक्षित (to preserve the right context) रखने हेतु विशेष प्रकार की युक्ति की आवश्यकता होती है। विशेष प्रकार से तत्त्वों में स्थान-परिवर्तन करना होता है। यदि शृंखला में पाँच तत्त्व हैं तो तद्नुसार संलेखों को ईष्ट पद (sought term) पर निर्भर रहना पड़ता है।

पॉप्सी की दूसरी प्रविधि सामान्य रूप से क्वॉक (KWOC) विधि जैसी है प्रर्युक्त प्रसंग उपलब्ध करने हेतु प्रयोगकर्ताओं को सभी पद का हर बार अवलोकन करना पड़ता है। विस्तृत एवं लम्बी तालिकाओं में विशेष प्रकार के प्रसंगों में अवधारणाओं को निश्चित करना कठिन प्रतीत होता है।

पॉप्सी की पहली प्रविधि के अन्तर्गत सम्पूर्ण उपागम चरण एवं पद को शृंखला की निकटतम कड़ी के प्रसंग में दिखाना पड़ता है। पूर्ण प्रसंग की प्राप्ति पूर्ण शृंखला के अवलोकन करने के पश्चात् सम्भव हो पाती है, जिसके प्रारम्भ बिन्दु को तिरछी खड़ी रेखा तथा प्रथम तत्त्व (पद) को अंग्रेजी वर्णमाला के बड़े अक्षरों में संकेतार्थ दिया गया होता है। इस विधि की विशेषता यह है कि इसमें पूर्ण शृंखला की पुनरावृत्ति नहीं होती है जैसाकि द्वितीय विधि में होती है। तथापि सम्पूर्ण शृंखला का निर्माण और मूल्यांकन करने में इससे मदद मिलती है।

पॉप्सी के विषय शीर्षक का उदाहरण–

इसके प्रमुख उदाहरण निम्नवत हैं–

Economics, Steel Industry—Bokaro Steel Plant; Economic development—Foreign assistance—Russian programme. India.

India/Economics, Steel Industry>Bokaro Steel Plant; Economic development : Foreign assistance—Russian programme.

Russian programmes. India/Economics, Steel Industry>Bokaro Steel Plant; Economic development—Foreign assistance—

Foreign assisstance—Russian programme.—India Economics. Steel/Industry>Bokaro Steel Plant; Economic development.

Economic development—Foreign assistance—Russian programmes.

India/Economics, Steel Industry. Bokaro Steel Plant.

Bokaro Steel Plant; Economic development—Foreign Assistance.

Russian programmes, India/Economics, Steel Industry.

Steel Industry>Bokaro Steel Plant; Economic development.

Foreign assistance—Russian programme. India Economics.

पॉप्सी प्रविधि एक तरह से शृंखला प्रविधि की परिवर्तित एवं संशोधित अनुक्रमणिकाकरण प्रविधि है जिसे कम्प्यूटर में प्रयोग किया जा सकता है।

संरक्षित प्रासंगिक अनुक्रमणिकाकरण प्रविधि

संरक्षित प्रासंगिक अनुक्रमणिकाकरण प्रविधि को संक्षेप में प्रेसीस (PRECIS) कहा जाता है। यह विषय अनुक्रमणिकाकरण तीन वर्षों के सतत् अनुसंधान एवं परीक्षण के पश्चात् 1971 में ब्रिटिश नेशनल बिब्लियोग्राफी (BNB) की अनुवर्णिक अनुक्रमणिका को सृजित करने हेतु प्रतिपादित किया गया है। अनुक्रमणिकाकरण में प्रेसीस प्रविधि का अत्यधिक महत्त्व है। 1971 के पूर्व बी. एन.बी. में अनुवर्णिक अनुक्रमणिका/वर्ग निर्देशिका संलेखों का निर्माण करने के लिए शृंखला विधि (Chain procedure) का उपयोग किया जाता था। इसका उपयोग अपेक्षाकृत कोलन क्लासीफिकेशन (CC) के डिबी डेसीमल क्लासीफिकेशन (DDC) के साथ किया जाता था। इसके आधार पर अनुक्रमणिका निर्मित करने में अनेक बौद्धिक निर्णय लेने पड़ते थे, जो कम्प्यूटर के लिए उपयुक्त सिद्ध नहीं होते थे।

बीएनबी सम्पूर्ण ब्रिटिश प्रकाशनों के "मार्क प्रोजेक्ट" (MARC Project) के लिए मानक के रूप में एक प्रारूप बनाना चाहती थी। "मार्क" (MARC) के "मैग्नेटिक टेप" (magnetic tape) में सभी प्रलेखों तथा आलेखों का वर्गांक डी. डी.सी. अथवा लाइब्रेरी ऑफ कांग्रेस वर्गीकरण (LC) के आधार पर वर्णित किया जाता है अथवा जिससे विषयों को पूर्णतः व्यक्त करने में असुविधा होती थी। इस प्रकार के अभिलेखों को जैसे–"मैग्नेटिक टेप" सूचना के विनिमय तथा आदान-प्रदान में अन्तर्राष्ट्रीय स्तर पर महत्त्वपूर्ण साधन माना जाता है। अतः यह मान्य किया गया कि जिन अभिलेखों को इसमें सम्मिलित किया जाता है, उनका सम्पूर्ण विषय प्रस्तुत किया जाए। इस प्रकार की सामग्रियों को यंत्रेण पठनीय होने के कारण निर्देश प्रविष्टियों/संलेखों को भी मूल विषय निर्माण (basic subject formulation) से कम्प्यूटर द्वारा यंत्रवत तैयार किया जाना चाहिए।

कम्प्यूटर पर निर्भर प्रेसीस प्रविधि प्रमुख दो अभिगमों पर अत्यधिक ध्यान देती है जो इस प्रकार हैं–

प्रथम–प्रलेखों के विषयों को व्यक्त करने वाले पंक्तिबद्ध (string) शब्दों/पदों में सुनिश्चित क्रम स्थापित करना।

द्वितीय—प्रयुक्त पंक्ति के विविध प्रासंगिक शब्द (context dependent) क्रमवत होने चाहिए। अर्थात् प्रत्येक शब्द उसके पश्चात् आने वाले शब्द के पूर्ण प्रसंग को व्यक्त करना चाहिए। साथ ही इनमें पारस्परिक रूप से सम्बन्ध (one to one relation) होना चाहिए। इस तरह प्रेसीस प्रविधि अनुक्रमणिकार संलेखों/प्रविष्टियों को प्रस्तुत करने की एक अनुक्रमणिकाकरण पद्धति है, जो सैद्धान्तिक दृष्टि से उद्धरणों के क्रम तथा सन्दर्भ, अथवा अतिरिक्त संलेख क्रम के लिए उच्चकोटि के अभिगम के लिए उन्नत प्रकार की विधि प्रस्तुत करती है। आधुनिक दौर में इस प्रविधि का प्रयोग मोनोग्राफों तथा पत्रिकाओं की अनुक्रमणिकाओं के लिए किया जाता है। ब्रिटिश नेशनल बिब्लियोग्राफी (BNB), ब्रिटिश एजुकेशन इन्डेक्स (British Education Index) तथा आस्ट्रेलियन नेशनल बिब्लियोग्राफी (Australian National Bibiography) में इसका उपयोग किया जा रहा है। फिल्मों की प्रसूचियों एवं उच्च शिक्षा हेतु श्रव्य-दृश्य (audio-visual materials) की अनुक्रमणिकाओं के लिए भी प्रेसीस विधि का उपयोग किया जा रहा है। ससेक्स के सार्वजनिक ग्रन्थालयों की विषय-प्रसूचियों के लिए भी इसका उपयोग किया जा रहा है। प्रेसीस प्रविधि का परीक्षण विभिन्न अनुसन्धानात्मक योजनाओं के अन्तर्गत सम्पन्न किया जा चुका है।

इन परीक्षण परियोजनाओं के अन्तर्गत वैज्ञानिक प्रतिवेदन, साहित्य अनुक्रमणिका (index to scientific report literature), सार्वजनिक अभिलेखों की अनुक्रमणिका (index to public records), गृह आवास के मोनोग्राफों तथा सूक्ष्म प्रलेखों की अनुक्रमणिकाएं (indice to monographs and microdocuments on housing), संगीत विवरण तथा मॉनोग्राफ की अनुक्रमणिका, पर्यावरण अध्ययन की अनुसंधान परियोजनाओं की अनुक्रमणिका आदि प्रमुख हैं, जिनमें प्रेसीस पद्धति का उपयोग किया जा रहा है।

प्रेसीस अनुक्रमणिकाकरण का विकास अथवा उद्गम पक्षात्मक सूचीकरण एवं वर्गीकरण से हुआ है और यह अनुवर्णिक अनुक्रमणिकाकरण तथा वर्गीकरण में समान सम्बद्धता एवं उभयनिष्ट आधार पर अनुकरणीय उदाहरण प्रस्तुत करती है। 1963 में ब्रिटिश लाइब्रेरी एसोसिएशन का सम्मेलन सम्पन्न हुआ, जिसमें प्रचलित वर्गीकरण की सीमाओं को ध्यान में रखते हुए आधुनिक अथवा नवीन सामान्य सूचीकरण अथवा वर्गीकरण के विकास पर विचार हुआ। परिणामस्वरूप नाटो/क्लासीफिकेशन रिसर्च ग्रुप (NATO/Classification Research Group) ने अनेक परीक्षणों एवं खोजों के पश्चात् श्रेणियों की पद्धति (System of

Categories) तथा अवधारणाओं को मिलाने/सम्बद्ध करने की नियमावलियों की योजना (scheme of rules for combining individual concepts) को विकसित करने का प्रयास किया, जिसके आधार पर प्राप्त होने वाले परिणाम निम्नवत हैं—

1. शब्द सूची की सामान्य रूपरेखा अर्थात् श्रेणियों की सामान्य पद्धति (an outline Thesaurus or General System of Categories);

2. विषयों के सम्बन्ध निर्धारण—प्रचालनों का समूह (a set of relational operators for relating concepts within a subject) जो पूर्व निर्मित संचिकाकरण का क्रम निर्धारित करते हैं; तथा

(3) सुनिश्चित मानक एवं स्तरीय उद्धरण के क्रम पर आधारित तदर्थ वर्गीकरण करने की नियमावली।

अनुवर्णिक अनुक्रमणिकाकरण के प्रमुख सोपान

अनुवर्णिक अनुक्रमणिकाकरण के प्रमुख पाँच सोपान निम्नवत हैं—

1. मिश्रित विषयों को उनके अंगभूत भागों में वितरित करना;

2. इन भागों को शब्दसूची (thesaurus) में निश्चित करना और पदों/अवधारणाओं को अंकनों में परिवर्तित करना;।

3. अंगभूत भागों से प्रमुख अवधारणाओं को निश्चित करना;

4. अन्य अंगभूत भागों की भूमिका को निश्चित करना और प्रत्येक अवधारणा को प्रस्तुत करने वाले अंकनों के अंशों को निश्चित करना; तथा

5. भूमिका अदा करने वाले के संचिकाकरण मूल्य के अनुसार उन भागों/घटकों का उल्लेख प्रतीकों के रूप में क्रमबद्ध पंक्ति में करना।

इससे एक पद अनुक्रमिका का सृजन होता है। इस वर्गीकरण के जो भी कुछ गुण व अवगुण हैं उनके होते हुए भी इससे अनुवर्णिक शीर्षक अनुक्रमणिका (alphabetical index headings) की सम्भावना बढ़ जाती है।

प्रेसीस अनुक्रमणिका संलेख (PRECIS Index Entries)—प्रेसीस प्रविधि एक अनुवर्णिक विषय अनुक्रमणिकाकरण प्रविधि है, जो किसी प्रालेख की विषय-सामग्री के सम्पूर्ण संलेख बिन्दु (entry point) पर उसके सारांश (precis) को प्रस्तुत करती है और प्रसंग के अनुसार अनुक्रमणिका पदों को भी प्रदर्शित करती है। किसी भी मिश्रित विषय में निहित अवधारणाओं के द्वारा उपयोगकर्ता अनुक्रमणिका का उपयोग एवं अवलोकन कर सकता है और विषय के पूर्ण विवरण को उस संलेख बिन्दु पर प्राप्त कर सकता है। प्रत्येक अनुक्रमणिका संलेख में प्रमुख पद (lead term) तथा प्रसंग की अभिव्यक्ति करने वाले पद होते हैं, जो संलेख द्वारा प्रस्तुत एवं व्यक्त सूचना को अधिकाधिक व्यक्त करते हैं।

अतः प्रेसीस अनुक्रमणिका संलेखों के निर्माण और प्रस्तुत करने की प्रविधियों की एक प्रणाली है परन्तु यह किसी अनुक्रमणिकाकरण पद्धति की भाषा नहीं है। जिस पद्धति में नियंत्रित शब्दावलियों (controlled vocabulary) का उपयोग किया जाता है, उनमें प्रेसीस का अनुप्रयोग किया जा सकता है।

प्रेसीस के आधार पर "The Training of personnel in India's Cotton Industries."

(1) India
Cotton industries. Personnel. Training

(2) Cotton industries. India
Personnel. Training

(3) Personnel. Cotton industries. India
Training

(4) Training. Personnel. Cotton industries. India

References

(1) Asfa
See also
India

(2) Industries
See also
Textile industries

(3) Textile Industries
See also
Cotton industries

(4)

Employees	See	Personnel
Labour	See	Personnel
Staff	See	Personnel
Workers	See	Personnel
Manpower	See	Personnel

(5) Education
See also
Training

उपुर्यक्त वर्णित उदाहरणों के आधार पर यह कहा जा सकता है कि प्रत्येक संलेख के अन्तर्गत सम्पूर्ण अनुक्रमणिक पद समाहित है जिनका उपयोग प्रकरण के

उल्लेख में मिलते हैं। प्रत्येक अनुक्रमणिका पदों के माध्यम से अभिगम उपलब्ध है। प्रमुख/अग्रणीय पद के बाद में आने वाले पद ऐसे क्रम में आते हैं, जिससे विशिष्ट पदों को पहले तालिकाबद्ध कर दिया जाता है। तत्पश्चात सामान्य पदों का उल्लेख होता है। प्रत्येक संलेख में विषय-विवरण स्पष्ट हो जाता है। अनुक्रमणिका संलेख दो पंक्तियों के होते हैं।

प्रेसीस की अनुक्रमणिका पंक्ति एवं अनुक्रमणिका संलेख (From PRECIS index to Entry index)–प्रेसीस अनुक्रमणिका के सभी अनुक्रमणिका संलेखों तथा सन्दर्भों को अनुक्रमणिकाकरण पंक्ति से प्राप्त/निर्मित किया जाता है। पंक्ति के द्वारा पक्षों के वाक्यात्मक सम्बन्धों को चिन्हित किया जाता है तथा पंक्ति (string) उद्धरण क्रम (citation order) को स्थापित करती है तथा साथ ही शब्दार्थ सम्बन्धों (semantic relationship) के लिए सन्दर्भों को उत्पन्न करने के लिए क्रमबद्ध करती है। प्रत्येक अनुक्रमणिका संलेख के प्रत्येक भाग के लिए उद्धरण क्रम को स्थापित करने में पंक्ति की भूमिका महत्त्वपूर्ण होती है।

जिन सन्दर्भों अथवा विषयों को अनुक्रमणिकाबद्ध किया जाता है, उनके उद्धरणक्रम आवश्यक रूप से वाक्यात्मक सम्बन्धों से सम्बद्ध होने चाहिए। वाक्यात्मक सम्बन्ध उन सम्बन्धों को कहते हैं, जो वाक्यों से उत्पन्न होते हैं और प्रलेखों पर आश्रित होते हैं तथा स्थायी अथवा स्थिर नहीं होते हैं।

उदाहरण के लिए–सन्दर्भों के अन्तर्गत सम्पूर्ण तत्त्व अवधारणाएं निहित हैं परन्तु उनके सम्बन्धों में अन्तर पाया जाता है। यथा–(1) Assessment of the Employees by the Managers. (2) Assessment of the Managers by Employees.

वाक्यात्मक सम्बन्धों के कारण एक समान अवधारणात्मक पदों के होते हुए भी इन दोनों वाक्यांशों में भिन्नता है। प्रेसीस उद्धरण क्रम के आधार पर ही वाक्यात्मक सम्बन्धों को अभिलेखबद्ध करती है और कभी-कभी प्रत्यय (prepositions) का भी उपयोग इसमें किया जाता है। इसके आधार पर ही दो पृथक विषयों को भी उद्धरण क्रम के आधार पर ही स्पष्ट किया जाता है।

प्रमुख पद का प्रयोग करने के लिए प्रेसीस अनुक्रमणिका संलेखों से अनुक्रमणिका पंक्ति को निर्मित करने की विधि का भी परीक्षण करना आवश्यक होता है। सृजन में प्रमुख सात पदों के आधार पर जिनका वर्णन पीछे किया गया हैं "The Diagnosis of heart disease in man by electrocardiography" की निम्नलिखित अनुक्रमणिका संलेखों का निर्माण कम्प्यूटर द्वारा किया जाएगा–

(1) DIAGNOSIS. Actuse diseases. Heart. Man Electrocardiography

(2) MAN

(3) HEART. Man

(4) ACUTE DISEASES. Heart. Man

(5) ELECTROCARDIOGRAPHY. Diagnosis. Acute diseases. Heart. Man

कम्प्यूटर अपने यन्त्रेण पठनीय कौशल संकेतांकों (machine-readable manipulation codes) के साथ अनुक्रमणिका पंक्ति का अनुसरण करता है और दिये गये चरणों या पदों को संशोधित कर प्रलेखों की शृंखला को तैयार करता है। सम्पूर्ण संलेख अथवा प्रलेख के प्रमुख तीन भाग होते हैं जो इस प्रकार हैं–

(1) अग्रभाग (Lead); (2) विशेषता सूचक (Qualifier) तथा (3) प्रदर्शन (Display)।

LEAD Qualifier

Display

अनुक्रमणिकाकरण प्रक्रिया–अनुक्रमणिकाकरण के दौरान अपनायी जानेवाली प्रक्रियाएँ निम्नवत हैं–

(1) विषय का मूल्यांकन (Assessment of the subject);

(2) भूमिका सूचकों (Role operators) का निर्धारण; तथा

(3) अनुक्रमणित पदों/शब्दों का प्रासंगिक क्रमानुसार आंकलन एवं व्यवस्थापन।

भूमिका सूचकों के कार्य

भूमिका सूचकों का प्रमुख कार्य इस प्रकार होता है–

(1) यंत्रेण कौशल संकेतांकों (machine manipulation codes) का आधार निर्मित करना, जिससे अनुक्रमणिका संलेखों के आरूप तथा विराम चिह्नों को निश्चित करने में सुविधा प्राप्त हो सके।

(2) अनुक्रमणिकाकरण पदों को निश्चित करने में सहायता करना।

(3) प्रासंगिक आश्रिता को कायम रखने के लिए शीर्षक के क्रम को यथावत बनाए रखने में सहायता करना।

(4) अनुक्रमणिकाकरण को त्रुटियों से बचाना।

(5) अनेक अनुक्रमणिकाकारों द्वारा प्रस्तुत अनुक्रमणिका संलेखों में सुसंगति एवं साम्य को कायम रखना, जिससे सादृश्य एवं एक ही विषय के उद्धरण-क्रम एक ही प्रकार के हो सकें।

प्रेसीस की सफलता—इसे सबसे पहले बी.एन.बी. (BNB) में प्रयोग किया, गया परन्तु आज इस प्रणाली को विभिन्न क्षेत्रों के अन्तर्गत प्रयोग में लाया जा रहा है। आज के दौर में इस प्रणाली का प्रयोग तीस एजेन्सियाँ कर रही हैं। ब्रिटेन, आस्ट्रेलिया, मलेशिया एवं दक्षिणी अफ्रीका की राष्ट्रीय वाङ्मय सूचियों में प्रयोग किये जाने के अतिरिक्त ग्रन्थालयों में भी इसका उपयोग किया जा रहा है। इण्डियन लाइब्रेरी साइन्स अब्स्ट्रैक्ट्स (ILSA) का प्रयोग सन् 1978 से किया जा रहा है। आयसिलिक (IASLIC) इसका प्रकाशन करता है। इसमें प्रेसीस प्रणाली प्रयोग अनुक्रमणिका के प्रस्तुतिकरण हेतु किया जाता है। इसके प्रयोग किए जाने की सम्भावना को प्रेसीस मैन्यअल ने यूरोपीय तथा एशियाई भाषाओं एवं चीनी तथा सिंघली भाषाओं में भी प्रदर्शित किया है।

इन्डियन नेशनल बिब्लियोग्राफी (INB) के तमिल संचयी खण्ड में इसकी अभिव्यक्ति का आभास होता है।

इसका विवादास्पद पक्ष वाक्यांशों का उपयोग करना है, जिन्हें इकाई के रूप में स्वीकार किया जाता है। किसी भी मिश्रित पद का विश्लेषण एक केन्द्र बिन्दु तथा विभेद में किया जा सकता है। विभेद के सूचक (operator) शब्दार्थ का कार्य करते हैं, वाक्य-योजना का नहीं। यद्यपि इसके सम्बन्ध में मितव्ययिता और प्रयोग में अधिक सुविधाजनक सिद्ध होने का दावा किया जाता है, तथापि इसकी दो प्रमुख समस्याएं एवं कठिनाइयाँ हैं—

प्रथम—उपयोगकर्ता की अनुक्रमणिकाकरणों के अन्तर्गत वांछित सूचना के लिए खोज करनी पड़ती है, जो इसकी अनुक्रमणिकाकरणों की नीतियों के कारण उत्पन्न होती है। अनेक वर्गों से सम्बन्ध रखने वाले पद अनुक्रमणिकाकरणों की प्रक्रिया एवं उद्देश्य में प्रायः समस्यामूलक होते हैं। अतः प्रेसीस में ऐसी स्थिति उत्पन्न होती है।

द्वितीय—यदि पूर्व में आने वाले दृष्टांतों की जांच न कर ली जाए तो अनुक्रमणिकाकरण के उपयुक्त निर्णय लेने में विसंगतियां उत्पन्न हो जाती हैं।

प्रेसीस प्रणाली को सबसे उत्तम अनुक्रमणिकाकरण प्रविधि होने का संकल्प तो नहीं किया जा सकता है, तथापि यह एक उत्तम प्रकार की विधि है। क्योंकि अल्प समय में इसे पर्याप्त लोकप्रियता प्राप्त हुई है। इसके वर्तमान स्वरूप को प्रेसीस

द्वितीय (PRECIS-II) कहते हैं। सन् 1974 में उसे बी. एन. बी. में प्रयोग किया गया। बेकवेल (KGB Bakewell) के आधार पर पुस्तकों के वर्गीकरण अथवा अनुक्रमणिका हेतु यह एक सर्वोत्तम प्रविधि है।

प्रेसीस एवं पॉप्सी की तुलना (Precis and Popsi)—विषय अनुक्रमणिकाकरण के क्षेत्र में शृंखला अनुक्रमणिकाकरण (Chain Indexing), पॉप्सी तथा प्रेसीस तीनों ही एक अनुक्रमणिका के अन्तर्गत सभी प्रलेखों के अधिक उपयोग करने का प्रयास करती हैं।

शृंखला अनुक्रमणिकाकरण के अन्तर्गत शृंखला के चरणों के क्रम बदलाव का नियम नहीं है। बल्कि शृंखला के संलेखों को प्रस्तुत करते समय अदृश्य हो जाते हैं। परिणामतः एक ही संलेख से प्रलेख का विषय सविस्तार व्यक्त किया जाता है। शेष अन्य संलेखों/प्रविष्टियों के माध्यम से व्यापक वर्गों को प्रदर्शित किया जाता है। शृंखला पद्धति से विपरीत प्रेसीस तथा पॉप्सी दोनों ही क्रम-परिवर्तित अनुक्रमणिकाकरण पद्धतियां हैं। इनकी सभी प्रविष्टियां/संलेख विषय को विस्तारपूर्वक व्यक्त करती हैं। प्रेसीस तथा पॉप्सी में, निर्मित की जाने वाले प्रत्येक संलेख की पंक्ति (string) अथवा शृंखला के शब्दों का प्रसंग संरक्षित रहता है।

लेकिन, प्रेसीस में पदों अथवा शब्दों का क्रम प्रसंग/भूमिका सूचक चिह्नों के अनुसार निश्चित किया जाता है। पॉप्सी में यह क्रम मूलभूत श्रेणियों, अवधारणाओं एवं सिद्धान्तों के आधार पर निर्धारित किया जाता है। प्रेसीस एवं पॉप्सी के अन्तर्गत पदों का प्रसंग सुरक्षित रखने हेतु दोनों पदों का स्वरूप अनुसरित किया जाता है। शृंखला विधि मूलतः वर्गीकृत प्रसूची की अनुवर्णिक विषय-अभिगम को प्रदान करने के लिए विकसित की गई थी। इससे वर्ग-निर्देशिका संलेखों के दो उद्देश्यों की पूर्ति होती है—

प्रथम—उन सभी प्रलेखों के विषय-शीर्षक के रूप में उनका संकेत करना, जिनका विशिष्ट विषय उसी वर्ग के अन्तर्गत आता है; तथा

द्वितीय—उन विषयों की निर्देशिका का कार्य करना, जिनके विषय उसी वर्ग के सूक्ष्म भाग होते हैं। परिणामतः शृंखला विधि का आधार वर्गीकरण-पद्धति होती है, जो इसकी क्रियाशीलता के लिए आवश्यक है।

यद्यपि पॉप्सी और प्रेसीस अनुक्रमणिका के नियमों पर निर्भर जरूर हैं, तथापि इनमें किसी विशिष्ट वर्गीकरण योजना का उपयोग नहीं किया जाता है। प्रेसीस पद्धति में समूहीकरण के माध्यम से वर्गीकरण का अनुसरण किया जाता है। इसमें सभी अवधारणाओं, वस्तुओं तथा उनकी विशेषताओं को समूहीकरण कर वर्गीकरण किया

जाता है, जिससे अनुक्रमणिकाकरण हेतु पर्याप्त एवं उपयुक्त शब्दावली (thesaurus) के निर्माण करने में सुविधा हो सके। प्रेसीस के अन्तर्गत पंक्ति-परिवर्तन (rotation of the string) के प्रश्नों पर अधिक महत्त्व दिया जाता है। उपागम का दृष्टिकोण (approach point) कुछ भी हो, उपयोगकर्ता को अनुक्रमणिका में पूर्ण प्रसंग उस अवधारणा से प्राप्त किया जाता है। प्रत्येक संलेख प्रत्येक मिश्रित विषय के साथ सम्पूर्ण दृष्टिकोणों को शामिल करके संगठित एवं सुव्यवस्थित वक्तव्य प्रस्तुत करता है और प्रत्येक रूपांतरण के माध्यम से प्रत्येक तत्त्व को सुव्यवस्थित रखता है।

प्रेसीस एवं पॉप्सी दोनों ही परिवर्तित अनुक्रमणिका पद्धतियाँ हैं और दोनों परिवर्तन विधि का अनुसरण करती हैं। शीर्षक में पदों का प्रसंग दोनों में संरक्षित करने का प्रावधान है।

पॉप्सी प्रणाली में इकाई-दृष्टिकोणों को संचालित करने और उन्हें सहायक अनुक्रम के अन्तर्गत प्रकट करने हेतु दृष्टिकोणों एवं उपागमों को अपनाया जाता है। इस उद्देश्य को पूरा करने हेतु प्रेसीस में भूमिका-सूचकों (role operators) को विकसित किया गया है जिसके उद्देश्य, उपयोग एवं विशेषता को दृष्टिगत रखते हुए इनमें तथा रंगनाथन द्वारा प्रतिपादित मूलभूत श्रेणियों, वर्ग निर्देश संलेखों (Class index entries), विषयों के सम्बन्धों में समानता को ज्ञात किया जा सकता है। लेकिन प्रेसीस में जटिल प्रकार की श्रेणियों का उपयोग किया जाता है।

पॉप्सी के प्रलेखों के अन्तर्गत विभिन्न चरणों अथवा पदों के बीच वाक्य-निर्माण सम्बन्धी संयोजी चिह्नों का उपयोग किया जाता है, जबकि प्रेसीस एवं शृंखला विधि में ऐसा प्रावधान नहीं है। पॉप्सी की द्वितीय विधि क्वॉक (KWOC) की भांति है।

प्रेसीस को वस्तुतः कम्प्यूटर द्वारा विषय-अनुक्रमणिका निर्मित करने के लिए विकसित किया गया है। पॉप्सी तथा शृंखला विधि अभी तक इस दिशा में परीक्षण की प्रक्रिया में है।

मैन्युअल एवं यंत्रीकृत परा-समन्वय अनुक्रमणिकाकरण प्रविधियां—वह विधि पत्रक पर आधारित होती है जिसे अनुक्रमणिकाकरण का एक रूप भी कहा जाता है। अनुक्रमणिकाकरण प्रक्रियों के विभिन्न पक्षों, यहां तक कि पदों का चयन तथा खोजने की तर्क विधियों (search logic) में कुछ समानता एवं एक-सी विशेषताएं होती हैं। तथापि परा-समन्वय अनुक्रमणिकाओं के मैन्युअल एवं यंत्रीकृत रूपान्तर में विभेद होता है।

कम्प्यूटरीकृत व यंत्रीकृत प्रविधि से अन्वेषण कौशल और उपस्करों की उम्मीदों का क्षेत्र बढ़ जाता है। यंत्रीकृत विधियों में खोज-कौशल अधिक सरल एवं उपयोगी है, जो मैन्युअल विधि में जटिल हो जाता है। यंत्रीकृत विधियों से विशिष्ट विषयों एवं प्रकरणों के खोजने के अनेक विकल्प उपलब्ध होते हैं, जिनका जटिल पंक्ति-पदों के द्वारा उल्लेख होता है।

जिस क्षेत्र के अन्तर्गत ये पद्धतियां लागू की जाती हैं उनमें समानता नहीं होती। इनकी निर्देशिका प्रणाली की क्षमता सीमित होती है। इसमें सीमित प्रलेखों को ही अनुक्रमणिकाबद्ध किया जा सकता है और अनुक्रमणिका पदों की संख्या भी सीमित होती है। अतः यह प्रणाली पर्याप्त विशिष्ट एवं सीमित विषय-क्षेत्र अथवा सीमित प्रलेखों/सूचना के संग्रह के लिए उपयुक्त है।

अतः इसका उपयोग विशिष्ट ग्रन्थालयों, औद्योगिक ग्रन्थालयों, शोध तथा शासकीय ग्रंथालयों में अधिकतर किया जाता है। इसका उपयोग उन क्षेत्रों में होता है, जिसमें ग्रंथालयी अथवा सूचना अधिकारी उपयोगकर्ता एवं अनुक्रमणिका के मध्य व्याख्याकार का कार्य करते हैं। उपयोगकर्ताओं के द्वारा मैन्युअल परा-समन्वय अनुक्रमणिकाओं (manual post-coordinate indexes) का प्रयोग करने में असुविधा का अनुभव होता है। यंत्रीकृत परा-समन्वय अनुक्रमणिकाओं के प्रयोग के कारण मैन्युअल पद्धति का लोप होने लगा है।

सम्पूर्ण परा-समन्वय अनुक्रमणिकाकरण प्रणालियों की विभिन्न विशेषताएं बिना किसी समन्वय के इस प्रणाली को समस्यात्मक बना देती हैं। वे हैं अनुक्रमणिकाओं में दो अथवा तीन संचिकाओं को एक में सम्मिलित किया जाना।

परा-समन्वय अनुक्रमणिकाकरण प्रविधि—मरटिमर टाबे (Mortimer Taube) ने परा-समन्वय अनुक्रमणिकाकरण की कल्पना सन् 1950 में की थी। इसका प्रमुख उद्देश्य संयुक्त राज्य अमेरिका में "आर्मड सर्विसेज टेक्निकल इनफारमेशन एजेन्सी" (U.S. Armed Services Technical Information Agency) के द्वारा अधिग्रहणकृत अनुसंधान-प्रतिवेदनों के खोजने की एक विधि को विकसित करना था। यद्यपि परा-समन्वय अनुक्रमणिकाकरण पद्धति का अनुप्रयोग एवं इसकी अवधारणा 1950 से अब तक बहुत विकसित हो चुकी है, तथापि इस प्रणाली का मूल सिद्धान्त एवं सार अब भी वही है।

टाबे महोदय की मूल प्रविधि "यूनिटर्म" (Uniterm) अथवा एकात्मक अवधारणा पदों (one concept items) पर आधारित थी। जिस प्रलेख को अनुक्रमणिकाबद्ध करना होता था तो उसे सर्वप्रथम कोई परिग्रहण (accession)

संख्या अथवा क्रमिक संख्या प्रदान की जाती थी। इसके पश्चात् इसका विश्लेषण किया जाता था। इसके विषयों को किसी एक अवधारणा पदों में से एक का प्रतिनिधित्व किसी संख्या—दस अथवा बीस द्वारा प्रतिनिधित्व किया जाता था। सम्बन्धित प्रलेख की परिग्रहण संख्या को अनुक्रमणिका पदों में से प्रत्येक के अन्तर्गत संलेखबद्ध किया जाता था। खोजने वाला अनेक अनुक्रमणिका पदों के अन्तर्गत संलेखों का मिलान करता है, जिससे उसे उन प्रलेखों की पुनर्प्राप्ति हो सके, जो विभिन्न अनुक्रमणिका पदों के द्वारा प्रस्तुत किए गए होते हैं।

इस प्रविधि का एक प्रमुख गुण यह है कि सम्पूर्ण अन्वेषण की परिस्थिति में अवधारणाओं को समन्वित किया जाता है। अनेक शीर्षकों को इस प्रकार से खोजा जाता है कि उन प्रलेखों के जिनको अनेक संख्याएं प्रदान की गई होती हैं, उन्हें उस मिश्रण से चुना जा सके। परा-समन्वय अनुक्रमणिका वस्तुतः विशिष्ट प्रकार के उपकरणों (equipments) तथा संग्रहण की विधियों (Storage devices) पर आधारित होती है। टाबे की अनुक्रमणिकाएं इकाई पत्रकों (unit cards) पर आधारित थी, जो पत्रक-आधारित प्रणाली है। इस प्रणाली का अनुक्रमणिकाकरण सिद्धान्त कम्प्यूटरीकृत सूचना तथा प्रलेख पुनर्प्राप्ति के लिए भी उपयोगी है। आज के यांत्रिक वातावरण में यंत्रेण पुनर्प्राप्ति के लिए परा-समन्वय अनुक्रमणिकाकरण पद्धति का महत्त्वपूर्ण स्थान है।

परा-समन्वय अनुक्रमणिकाकरण प्रणालियों को प्रमुख रूप में दो भागों में बांटा गया है। पहला वस्तु अभिलेखों की संचिका और दूसरी पद अभिलेख संचिका।

वस्तु अभिलेखों की संचिका—इस संचिका के अन्तर्गत प्रलेखों के अभिज्ञानकर्ता/संख्या के क्रमानुसार प्रलेखों को अभिलेखबद्ध किया जाता है। प्रत्येक संलेख अथवा अभिलेख में प्रलेख से सम्बन्धित सम्पूर्ण सूचना का संग्रह होता है, जिसमें सन्दर्भ एवं अनुक्रमणिका पद भी सम्मिलित होते हैं।

पद अभिलेख संचिका—पद अभिलेख संचिका, वस्तु अभिलेख संचिका से भिन्न होती है और जो अनुक्रमणिका पदों के क्रमानुसार आंकलित एवं क्रमबद्ध होती है, जिसका प्रत्येक संलेख एक अनुक्रमणिका पद होता है और प्रलेखों का प्रतिनिधित्व उन पदों के साथ तालिकाबद्ध होता है।

वस्तु अभिलेख अनुक्रमणिकाएं—वस्तु अभिलेख अनुक्रमणिकाओं के विभिन्न जैविक स्वरूप निम्नवत हैं—

(1) पदों की तालिका

(2) प्रसूची पत्रक

(3) मारजिनल संग्रहण पत्रक
(4) फील्ड चिह्नांकित पत्रक
(5) अपरच्यूर कार्ड
(6) मैग्नेटिक कम्प्यूटर टेप।

इसकी प्रविष्टियां विशिष्ट संलेख नहीं हाती हैं। प्रत्येक शीर्षक के अधीन बहुत-से प्रलेख संलेखबद्ध होते हैं। अतः उपयुक्त एवं अनुपयुक्त अथवा अल्प उपयुक्त प्रलेखों में विभेद करना कठिन हो जाता है। इस प्रणाली के अन्तर्गत पूर्व-समन्वय अनुक्रमणिकाकरण पद्धति (Pre-coordinate Indexing System) की अपेक्षा संलेखों की संख्या अधिक होती है। यद्यपि पूर्व-समन्वय पद्धति में संलेखों की संख्या संदर्भों तथा प्रविष्टियों की संख्या पर निर्भर होती है। और अनुक्रमणिका की विभिन्न शीर्षकों की संख्या सापेक्ष रूप से कम होती है, क्योंकि वर्गीकरण की भांति, समन्वित योजना में श्रेणियों अथवा शीर्षकों की आवश्यकता अपेक्षाकृत समकक्ष परिगणनात्मक योजना से कम होती है।

किसी भी सूचना पुनर्प्राप्ति पद्धति के अन्तर्गत सफल सूचना पुनर्प्राप्ति हेतु विभिन्न संचिकाओं की विशिष्ट भूमिका होती है जो निम्नलिखित हैं–

(1) शब्दों की संचिका–जो खोज की कुंजी (Search Key) की ओर संकेत करती है;
(2) खोज की कुंजी की संचिका–जो अभिज्ञानकर्ता की ओर संकेत करती है;
(3) अभिज्ञानकर्ताओं की संचिका–जो प्रलेखों का संकेत करती है;
(4) प्रलेखों का मूल पाठ–जो आधार-सामग्री का संकेत करती है।

पद अभिलेख अनुक्रमणिकाएं–पद अभिलेख अनुक्रमिक के भौतिक स्वरूप निम्नवत हैं–

(1) पद पत्रक,
(2) ''टर्मिनल'' संख्या पत्रक,
(3) फील्ड चिह्नांकित पत्रक,
(4) डूयल डिक्शेनरीज,
(5) प्रकाशकीय संयोग पत्रक,
(6) 'एज पंच कार्ड'' तथा
(7) 'मैग्नेटिक टेप' अथवा 'डिस्क'।

पूर्व-समन्वय अनुक्रमणिकाकरण प्रविधियाँ–समस्यात्मक विषयों को समुचित दिशा देने हेतु परा-समन्वय अनुक्रमणिकाकरण समस्या का एक उपागम

(approach) है, विशेषतः उन विषयों की, जिनकी अनेक अवधारणाएं होती हैं और उनमें से सभी अभिगम बिन्दु होते हैं। पूर्व-समन्वय अनुक्रमणिकाकरण समस्या दूसरे प्रकार का उपागम है। परा-समन्वय अनुक्रमणिकाकरण की भांति पूर्व-समन्वय अनुक्रमणिकाकरण-प्रणाली में मुख्यतः अनुक्रमणिका संलेखों को पहले से ही प्रस्तुत किया गया होता है। इनको इस प्रकार से निर्मित किया गया होता है कि जटिल विषयों की सरलतापूर्वक पुनर्प्राप्ति हो सके।

अनुक्रमिणकाओं के अन्तर्गत जिन विषयों को रखा जाता है, उनकी सम्पूर्ण अवधारणाओं को समंन्वित कर दिया जाता है। लेकिन परा-समन्वय अनुक्रमणिकाकरण में ऐसा नहीं किया जाता है। अवधारणाओं का ऐसा समन्वय अथवा सम्बद्धता, जो विषयों में निहित होती है और जिन्हें अनुक्रमणिका में संलेखबद्ध किया जाता है, उन्हें अनुक्रमणिकाबद्ध करते समय मान्यता प्रदान की जाती है और बाद में निर्मित सभी अनुक्रमणिका संलेखों में रखा जाता है।

अतः पूर्व-समन्वय पर आधारित अनुक्रमणिका के संलेख उतने ही जटिल होते हैं, जितना विषय की अभिव्यक्ति के लिए अनिवार्य होता है। मिश्रित एवं समस्यात्मक विषयों की प्रकृति दोनों में एकरूपता पायी जाती है। मिश्रित अथवा जटिल विषयों में अनेक संलेखों एवं पदों की आवश्यकता होती है, जिससे उन्हें पूर्णतः व्यक्त किया जा सके जैसे–

(1) Noise form pumps used in association with microbore central heating in houses.

(2) Computerized control systems for nuclear reactors.

इनकी अनुक्रमणिका पदों की पंक्ति (String of Index Terms) निम्न रूप की होती है–

(1) Noise, Pump, Microbore Heating, Housing;

(2) Computers, Control Systems, Nuclear Reactors.

प्रत्येक प्रकरण से जुड़े प्रलेखों की पुनर्प्राप्ति कर हर पद संगठित एवं सुव्यवस्थिति उपागम प्रदर्शित करता है। पूर्व-समन्वय अनुक्रमणिकाकरण पद्धति उन अनुक्रमणिकाओं को निर्मित करती है, जिनके शीर्षकों में सभी अवधारणाएं समन्वित होती हैं। जबकि परा-समन्वय अनुक्रमणिकाकरण के अन्तर्गत अनुक्रमणिका शीर्षक मात्र अवधारणा को व्यक्त करते हैं।

अतः पूर्व-समन्वय अनुक्रमणिका के अन्तर्गत उपर्युक्त वर्णित दृष्टान्त विभिन्न प्रकार के होंगे जो निम्न हैं–

(1) Housing : Heating, Microbore : Pump : Noise.

(2) Nuclear Reactor : Control Systems : Computers.

पूर्व-समन्वय के अन्तर्गत प्रमुख प्रकार के अन्वेषण तर्कों को प्रयोग में नहीं लाया जाता है। जिस पद में वांछित विषय-सूचना की प्राप्ति की सम्भावना होती है, उपयोगकर्ता उन्हें पदों के अन्तर्गत अन्वेषण करता है। निर्देशानुसार प्रथम संलेख बिन्दु से जब तक पर्याप्त एवं उपयुक्त प्रलेखों के सन्दर्भ पुनर्प्राप्ति नहीं होते हैं उपयोगकर्ता उन्हें प्राप्त करने का प्रयास करता है। इस पद्धति में विशिष्ट प्रकार के भौतिक आरूपों को अपनाने की आवश्यकता नहीं होती है। अनेक प्रकार की ऐसी अनुक्रमणिकाएं मुद्रित होती हैं। कुछ कम्प्यूटर पर आधारित होती हैं।

'ऑनलाइन' खोज (online search) अथवा कम्प्यूटर पर आधारित सूचना पुनर्प्राप्ति विधियों में पूर्व-समन्वय अनुक्रमणिकाकरण सिद्धान्त बहुत सीमित ढंग से परिलक्षित होता है। लेकिन सारांशकरण एवं अनुक्रमणिकाकरण पत्रिकाओं, राष्ट्रीय वाङ्मय सूचियों तथा पत्रिकाओं की अनुक्रमणिकाओं में इसका प्रयोग किया जाता है। इस अनुक्रमणिकाकरण पद्धति के सिद्धान्तों का उपयोग प्रसूचियों के विषय-अनुक्रमणिकाओं के लिए भी किया जा रहा है।

पूर्व-समन्वय वर्गीकरण की समस्याएँ

पूर्व-समन्वय वर्गीकरण एवं अनुक्रमणिकाओं के अन्तर्गत प्रमुख रूप से प्रायः दो समस्याएं पैदा होती हैं, जो निम्नलिखित हैं–

1. विषयों की सुसंगतिपूर्ण अभिव्यक्ति–विभिन्न भावनात्मक शीर्षकों के उपयोग जिनके माध्यम से दृष्टिकोणों व भावनाओं को प्रस्तुत किया जाता तथा जिस क्रमानुसार अनेक अवधारणात्मक पदों को तालिकाबद्ध किया जाता, में सुसंगति (consistency) अवश्य होनी चाहिए।

उद्धरण का क्रम निर्धारित करने के पूर्व मान्य उद्धरण क्रम के सिद्धान्त को अवश्य निर्धारित करना चाहिए। अवधारणाओं तथा पदों के अनुक्रम हेतु कुछ आवश्यक नियमों/सिद्धान्तों को निर्धारित किया जाना चाहिए, जिससे सादृश्य एवं भिन्न विषयों के उद्धरण क्रम (citation orders) में सुसंगति स्थापित की जा सके।

2. गौण अवधारणात्मक सिद्धान्त–अनुक्रमणिकाओं को व्यक्त करने में यह बहुत जरूरी है कि अनुसन्धानकर्ताओं को विषयों के सिद्धान्त के लिए इस प्रकार के दृष्टिकोणों के आधार पर अवलोकन का प्रावधान होना चाहिए। निर्धारित उद्धरण अनुक्रम (citation order) में मात्र एक ही पद प्रमुख स्थान पर दृष्टिगोचर होता

है। अतः उद्धरण अनुक्रम उपयोगकर्ता उपागम के अनुरूप होना चाहिए, जिससे प्रसरण पर सूचना की पुनर्प्राप्ति सम्भव हो सके।

उपरोक्त समस्याओं का कारण एक-स्थान प्रविधि स्वरूप का होना है।

आख्या अनुक्रमणिकाएं

इस प्रकार की अनुक्रमणिकाओं के कार्य के आधार पर प्रमुख दो स्वरूप होते हैं जैसे—**प्रथम** वे जो मात्र आख्या अनुक्रमणिकाओं का उपयोग करती हैं; **द्वितीय**—वे जो मुख्यतः विषय-अनुक्रमणिकाएं होती हैं।

परम्परागत आख्या अनुक्रमणिका वस्तुतः आख्याओं (titles) की अनुक्रमणिका होती है जिसमें प्रत्येक आख्या का ग्रन्थात्मक विवरण होता है और आख्या के प्रथम शब्द के अनुसार अनुवर्णिक क्रम में उनका आंकलन होता है। ग्रन्थालयों की प्रसूचियों, वाङ्मय सूचियों तथा राष्ट्रीय वाङ्मय सूचियों में आख्या-अनुक्रमणिकाएं होती हैं। आख्या अनुक्रमणिकाएं प्रलेखों के लिए अतिरिक्त अभिगम का कार्य करती हैं। आख्या संलेख के विषय सामग्री को प्रस्तुत करती है। अतः आख्याओं पर आधारित अनुक्रमणिका उपयोगकर्ता को तालिकाबद्ध कृतियों की उपयोगिता का मूल्यांकन करने में सहायक होती है। कुछ अनुक्रमणिकाएं जो वस्तुतः आख्या अनुक्रमणिका होती हैं, वे आख्या के पदों को इस प्रकार से आंकलित कर प्रस्तुत करती हैं, जिससे उनका उपयोग विषय-अनुक्रमणिका के रूप में किया जा सके।

अतः विषय-अनुक्रमणिका के रूप में आख्या-अनुक्रमणिका का उपयोग किया जाता है। ऐसी अनुक्रमणिकाओं को कम्प्यूटर द्वारा तैयार किया जाता है। ऐसी अनुक्रमणिकाएं आख्याओं से अनुक्रमणिका पदों का चयन यंत्रों द्वारा करती है। आख्या अनुक्रमणिका कतिपय परिस्थितियों में विषय अनुक्रमणिका के कार्य को करने में पूर्व रूप से सफल नहीं होती क्योंकि आख्या से सदैव प्रलेख के विषय-वस्तु का आभास नहीं होता है। इसकी प्रमुख दो विशेषताएँ निम्नवत हैं—

(1) इनको प्रस्तुत करना सरल एवं सस्ता होता है और शीघ्रतापूर्वक इन्हें किया जा सकता है;

(2) आख्या की तालिकाओं के आंकलन मात्र से अनुक्रमणिकाएँ कम्प्यूटर से तैयार की जाती हैं, जिसमें मानव हस्तक्षेप नहीं होता है।

कम्प्यूटरीकृत सूचना संग्रह एवं पुनर्प्राप्ति प्रणालियां के सूचना 'पैकेज' (packages) 'डाटाबेसों (Databases) की विषय-वस्तुओं हेतु आख्या अनुक्रमणिकाएँ

छापने की सुविधा देती हैं। आई. बी. एम. (IBM) रिपोर्ट-अनुक्रमणिका के रूप में ऐसी अनुक्रमणिकाओं को तैयार करता है। वाङ्मय सूचियों की अनुक्रमणिका के रूप में न्यूकिलियर सेफ्टी इनफारमेशन सेन्टर (Nuclear Safety information Centre) इस प्रकार की अनुक्रमणिका को प्रस्तुत करता है।

अपरम्परागत अनुक्रमणिकाएं

सूचना प्राप्ति के विभिन्न स्वरूपों की पृथक्कता के कारण वस्तुतः अपरंपरागत अनुक्रमणिकाओं को अपनाया जाना अनिवार्य था। परिणामतः सूचना प्राप्ति में इसमें जिस अनुक्रमणिकाकरण प्रणाली को स्थान दिया गया, उसे वर्णित किया जा रहा है--

समन्वयक अनुक्रमणिकाकरण

समन्वय अनुक्रमणिकाकरण प्रणाली आलेखों को प्रमुख शीर्षकों के अनुसार उपलब्ध करने तथा उसके बाद विषय शीर्षकों में संलेखों को प्रस्तुत करने की प्रवृत्ति कटर (C.A. Cutter) के काल से प्रसूचीकारों एवं अनुक्रमणिकाकारों का ध्यान आकृष्ट करती रही है। विशिष्ट विषय-अनुक्रमणिकाओं को प्रस्तुत करने में विषयों के बहुमुखी विकास, अन्तर-विषयी अनुसंधान एवं विशिष्टीकरण तथा सूक्ष्म प्रलेखों (micro documents) के बाहुल्य के कारण अनेक कठिनाइयाँ उत्पन्न होने लगीं। प्रलेखों की संख्या इतनी बढ़ गई है कि उन्हें समन्वयात्मक प्रणाली से ही व्यवस्थित किया जाना संभव था। परिणामतः इसके लिए अनेक पदों को समन्वित (coordination) अथवा समिश्रण (combination) करने की आवश्यकता को अधिक महत्त्व दिया जाने लगा। अनुक्रमणिकाकरण भाषा (indexing language) के लिए अनुक्रमणिका पदों का समन्वय एक महत्त्वपूर्ण पक्ष समझा जाने लगा। इस प्रकार सभी अनुवर्णिक अनुक्रमणिकाकरण पद्धतियां स्वभावतः समन्वित अनुक्रमणिकाकरण पद्धति हैं। लेकिन अनुक्रमणिकाकरण की भाषा में समन्वय का अभिप्राय वस्तुतः अवधारणाओं का समन्वय (concept coodination) होता है। इसमें प्रलेखों की विषय-वस्तुओं को क्रमबद्ध रूप में प्रस्तुत एवं व्यक्त किया जा सकता है। इस प्रकार की पद्धति एवं संरचना से अनावश्यक प्रलेखों की पुनर्प्राप्ति की सम्भावना समाप्त हो जाती है।

इस प्रक्रिया के अन्तर्गत दो या दो से अधिक विचारों अथवा दृष्टिकोणों को शामिल कर एक नये विचार को व्यक्त करते हैं, जो पृथक-पृथक अवधारणाओं से

भिन्न होते हैं और उनका समन्वय भी भिन्न प्रकार का होता है। इस समन्वय को दो निम्न स्थानों पर सम्पन्न किया जा सकता है–अनुक्रमणिका संचिका (index file) को प्रस्तुत करते समय "इनपुट" (input) की अवस्था में अथवा वांछित प्रश्नों को सूत्रबद्ध (formulation of required query) करते समय "आउटपुट" (output) की अवस्था में। इन दो विधियों को पूर्व, समन्वय अनुक्रमणिकाकरण पद्धति (Pre-coordinate Indexing System) तथा परा-समन्वय अनुक्रमणिकाकरण पद्धति (Post-coordination Indexing System) कहा जाता है। विषयों का प्रस्तुतिकरण दोनों पद्धतियों में समान होता है। केवल अनुक्रमणिकाकरण की सूत्रबद्धता तथा प्रस्तुतीकरण में भेद होता है। इन दोनों पद्धतियों का पूर्व उल्लेख किया जा चुका है।

वर्तमान दौर में परा-समन्वय अनुक्रमणिकाएं कम्प्यूटरीकृत अथवा यांत्रिक प्रविधियों के माध्यम से होने लगी हैं। जिसके अन्तर्गत सांकेतिक पत्रकों का प्रयोग किया जाता है।

क्विक अनुक्रमणिकाकरण पद्धति

पाश्चात्य वैज्ञानिक सूचना सम्मेलन (International Conference on Scientific Information)। 1958 में वाशिंगटन में आयोजित सम्मेलन में क्विक (Keyword-in-context—KWIC) अनुक्रमणिकाकरण विधि अत्यन्त ध्यान आकर्षित करने वाली विधि मानी गई। इस सम्मेलन में आई.बी.एम. (IBM) के लुहन (H.P. Luhn) तथा सिस्टम डेवलपमेन्ट कारपोरेशन (System Development Corporation) के ओहलमैन (H. Ohlman) ने परिवर्तित आख्या अनुक्रमणिकाओं (Permuted title indexes) की विधियों को प्रस्तुत किया लेकिन उनकी पद्धतियाँ भिन्न-भिन्न थीं। लुहन ने आई.बी.एम. कम्प्यूटर का उपयोग कर अपनी अनुक्रमणिका का नाम क्विक (KWIC) रखा और ओहलमैन में अपनी अनुक्रमणिका में साधारण पंचड कार्ड मशीन (Punched card machine) का उपयोग किया। मैनचेस्टर पब्लिक लाइब्रेरी की प्रसूची के लिए 1856 में इसे प्रसूचीकरण नियमावली के प्रणेता अण्डेरिया क्रेस्टाडारो (Andrea Crestadoro) ने "कीवर्ड इन टाइटिल्स" (Keyword in titles) के दृष्टिकोण अथवा विचारधारा के तहत प्रतिपादित किया था।

1844 में क्रेस्टाडारो ने अनुलेखक प्रसूची (author catalogue) के साथ एक अर्ध-विषय उपागम (quasi-subject approach) के रूप में आख्याओं की

शब्दानुक्रमणिका (concordance of titles) को सम्मिलित किया था। क्विक के अन्तर्गत लुहन ने इस आख्या के प्रमुख शब्द (title catch word) उपागम को पुनः प्रचलित किया है। सन् 1960 में क्विक को प्रसिद्धि तब मिली, जब अमेरिकन केमिकल सोसायटी ने केमिकल अब्स्ट्रैक्ट्स सर्विस के अन्तर्गत केमिकल टाइटिल्स (chemical titles) के अनुक्रमणिकाकरण एवं प्रकाशन से इस विधि का उपयोग करना प्रारम्भ किया। इसकी मौलिकता यह है कि इसके निर्माण में कम्प्यूटर का उपयोग किया जाता है।

क्विक का सैद्धान्तिक आधार—लुहन महोदय ने परम्परागत अनुक्रमणिकाकरण पद्धतियों में निहित समस्याओं की वजह से इस प्रद्धति का प्रतिपादन किया। उनके आधार पर इन पद्धतियों के अन्तर्गत अनुक्रमणिकाकरण में व्यक्तिगत निर्णय अधिक प्रभावकारी होता है, क्योंकि प्रलेखों के विषय का विश्लेषण कर पदों को निर्धारित किया जाता है जो व्यक्ति के बौद्धिक स्तर एवं अनुभव पर निर्भर करता है। अतः बौद्धिक एवं अनुभवीय भिन्नता के कारण अनुक्रमणिका में सुसंगति का अभाव होने लगता है। इस कठिनाई से बचने के लिए लुहन ने यान्त्रिक विधि से क्रय परिवर्तन विधि द्वारा अनुक्रमणिका को प्रस्तुत करने की तकनीकी का विकास किया।

यह प्रविधि प्रकृति एवं स्वाभाविक भाषा पदावली पर निर्भर है। इसमें प्रलेखों की आख्याओं में प्रयुक्त महत्त्वपूर्ण शब्दों को प्रमुख शब्दों (keywords) अथवा आकृष्ट शब्दों (catchwords) के रूप में प्रयुक्त किया जाता है। जिस सिद्धान्त पर क्विक अनुक्रमणिकाएं आधारित हैं—वह प्रलेखों की आख्याओं के प्रत्येक महत्त्वपूर्ण शब्दों अथवा प्रलेखों की विषय-वस्तु के वक्तव्य (Statement) के अन्तर्गत संलेखों को प्रस्तुत किया जाता है। अतः अनुक्रमणिका वाक्यांश (index phrase) के प्रत्येक महत्त्वपूर्ण शब्द को क्रमशः अनुक्रमणिका के किनारे पर अन्य पदों के साथ उसके प्रसंग को सुयोग्य बनाये हुए रहता है। यह क्विक के आरूप से स्पष्ट हो जाएगा।

क्विक अनुक्रमणिका प्रलेखों की आख्याओं के अन्तर्गत वर्णित विशिष्ट शब्दों पर निर्भर होती है। प्रायः आख्या को प्रलेख का एक पंक्ति का सारांश माना जाता है। अतः ऐसी आशा की जाती है कि आख्या के शब्द महत्त्वपूर्ण/सारपूर्ण अथवा प्रमुख शब्द होंगे और वे प्रलेख के विषय की अभिव्यक्ति/प्रतिनिधित्व करेंगे। अतः इस विधि की सफलता आख्याओं की उपयोगिता पर आधारित होती है।

क्विक की संरचना एवं बनावट

क्विक अनुक्रमणिका शब्दानुक्रमणिकाकरण की एक नवीन पद्धति है, जो यंत्र द्वारा सृजित संशोधित आख्या अनुक्रमणिका (permutated tittle index) है। इसके आरूप में भिन्नता मिलती है। क्विक मूलतः अनुक्रमणिकाबद्ध किए जाने वाले प्रलेखों की आख्याओं में आने वाले प्रमुख शब्दों (keywords) की अनुवर्णिक तालिका है। प्रत्येक प्रलेख के लिए उतने ही अनुक्रमणिका संलेख होते हैं, जितने उसमें प्रमुख शब्द होते हैं।

क्विक अनुक्रमणिकाकरण के भाग

वास्तविक रूप से क्विक अनुक्रमणिका को तीन भागों में विभाजित किया जा सकता है जैसे—1. विशिष्ट शब्द 2. प्रसंग 3. परिचायक संकेतांक शब्द जिसे अनुक्रमणिक शब्दों के पूर्व उल्लिखित किया जाता है। खोजने हेतु अभिगम बिन्दु प्रदान करता है। क्रमशः सभी प्रमुख शब्द अनुक्रमणिका में सबसे पहले उल्लिखित किए जाते हैं और वर्णानुक्रमानुसार आंकलित होते हैं। सभी प्रलेखों की आख्याओं के समूह के सभी शब्दों के साथ अनुक्रमणिका संलेखों को तैयार एवं प्रस्तुत किया जाता है।

किनारे पर उल्लिखित सभी प्रमुख शब्दों के अतिरिक्त अनुक्रमणिका पंक्ति में आने वाले सभी पद/प्रमुख शब्द किस प्रसंग में प्रयुक्त हैं उसकी अभिव्यक्ति करते हैं। परिचायक अथवा अभिज्ञान संकेतांक जिसे अनुक्रमणिका पदों के अन्त में दाहिनी ओर लिखा गया होता है, उससे प्रलेख के उपलब्ध होने का स्थान ज्ञात होता है। निम्नांकित उदाहरण में जो “Automatic Indexing and Retrieval” आख्या है से लिया गया शब्द “Retrieval” प्रमुख शब्द है, जो किनारे पर बायीं ओर उल्लिखित है। अन्य पद प्रसंग (context) की अभिव्यक्ति करते हैं और ‘‘55’’ प्रलेख के परिचायक क्रमांक (identification number) को प्रस्तुत करता है–

RETRIEVAL/Automatic Indexing and—55

शब्दों के अपव्यय से बचने के उपाय

आख्या के सम्पूर्ण शब्द न ही विशिष्ट एवं प्रमुख शब्द होते हैं और न ही सारयुक्ता। इसके अन्तर्गत विद्यमान ऐसे पदों को निर्धारित करना अनुक्रमणिकाकरण हेतु सरल होता है। लेकिन क्विक अनुक्रमणिकाएं सामान्यतया कम्प्यूटर से तैयार

की जाती हैं और कम्प्यूटर ऐसे पदों के अन्तर को तब तक समझ नहीं सकता जब तक कि इसका संकेत न किया गया हो। अतः अभिगम बिन्दु पर आने से ऐसे पदों को रोकने के लिए कम्प्यूटर को "स्टाप लिस्ट" (stop list) प्रदान की जाती है, जो उन शब्दों की तालिका होती है जिनका अनुक्रमणिका के अभिगम बिन्दु में कोई महत्त्व नहीं होता है और जो महत्त्वपूर्ण एवं प्रचलित भी नहीं होते हैं। जैसे—आर्हिकल्स (article—a, an,), प्रत्यय (into, on, over, in, of, to) तथा अन्य महत्त्वहीन/सार रहित शब्द। इनसे प्रलेख की विषय-वस्तु का आभास नहीं होता है। अतः कम्प्यूटर ऐसे शब्दों को छोड़कर अनुक्रमणिका संलेखों को प्रस्तुत करता है।

क्विक अनुक्रमणिका का प्रारूप—इसके प्रमुख तीन भाग होते हैं जैसे—प्रमुख शब्द, प्रसंग तथा संकेतांक। आख्या के अन्त को चिह्नों (/ = अथवा अन्य चिह्न) के प्रयोग से संकेत किया जाता है। इस प्रकार प्रलेख जिसकी आख्या "Use of notes and links in Indexing" है और इसका परिचायक क्रमांक 56 है, उसके क्विक के आधार पर विभिन्न संलेख व्यक्त किये जायेंगे जो निम्नलिखित हैं—

INDEXING/Use of roles and links in	...	...	56
LINKS in indexing/Use of roles and	...	...	56
ROLES and Links in indexing/Use of	...	...	56

क्विक के पहले प्रारूप के आधार पर यह कहा जा सकता है कि अनुक्रमणिका में सफेद स्थान काफी है। अतः संक्षिप्त आख्याओं के लिए सम्बद्ध संकेतांक को खोजना कठिन हो जाता है। अतः इसका हल निकालने हेतु अनुक्रमणिका को अभिगम पंक्ति बाएं से पृष्ठ के केन्द्र में व्यवस्थित कर दी जाती है और आख्या की अनुक्रमणिका पंक्ति को पुनः वितरित कर दिया जाता है। अतः उपरांक्ति आख्या के अनुक्रमणिका संलेख इस प्रकार होंगे—

and links in	INDEXING/Use of Roles	...	...	56
of roles and	LINKS in indexing/Use	...	...	56
Indexing/Use of	ROLES and links in	...	...	56

क्विक अनुक्रमणिका के गुण

क्विक अनुक्रमणिका में विभिन्न गुण एवं विशेषताएं विद्यमान हैं जो इसके प्रयोग को महत्त्वपूर्ण बनाती हैं। वे गुण निम्नलिखित हैं—

1. अनुक्रमणिकाओं के संचयी अंक सरल होते हैं, जिसको कम्प्यूटर के प्रयोग से तैयार किया जा सकता है।

2. क्विक अनुक्रमणिका पद्धति एक सामान्य पद्धति है जो सामयिक चेतना सेवाओं के लिए सहायक होती है। यह सूचना को तीव्रगति से प्रस्तुत करती है और उपयोगकर्ता तक उसे पहुँचा देती है। परम्परागत अनुक्रमणिकाओं में ऐसी सुविधा नहीं होती है।

3. आख्या मात्र से अभिज्ञात करने वाले उपयोगकर्ताओं के लिए क्विक अनुक्रमणिकाएं अधिक सहायक सिद्ध होती हैं।

4. साधारण एवं छोटे-छोटे आन्तरिक (in-house) संकलनों तथा डेटाबेसों (databases) के लिए क्विक अनुक्रमणिकाएं उपयोगी आरूप हैं।

5. विषय-वस्तु की व्याख्या के अभाव में पूर्ण सुसंगति तथा अभिधेय बना रहता है। यदि आख्या में कोई शब्द आता है और वह अनावश्यक शब्दों की तालिका (Stop word list) में नहीं है, तो उस शब्द के अधीन संलेख प्रस्तुत किया जाएगा। भिन्न-भिन्न अनुक्रमणिकाकारों की भिन्न-भिन्न अनुक्रमणिका पदों के चयन की जो अवस्था उत्पन्न होती है वह क्विक पद्धति में उत्पन्न नहीं होती है। अतः शब्दों के चुनाव में गलती व मतभेद नहीं पैदा होता है।

6. अभिगम बिन्दु के शब्द वही होते हैं जो लेखक आख्या में उल्लेख करता है। क्योंकि लेखक विशेषज्ञ होता है। अतः उसके द्वारा चयन किए गये पद/शब्द सामयिक, प्रचलित तथा शुद्ध होते हैं। परिणामतः अनुक्रमणिका का निर्माण प्रचलित एवं अद्यतन पारिभाषिक पदावली पर आधारित होता है।

7. क्विक अनुक्रमणिकाओं के सृजन में बहुत कम प्रयत्न करने पड़ते हैं।

क्विक अनुक्रमणिका के दोष

इन अनुक्रमणिकाओं की विभिन्न दोष एवं सीमाएं होती हैं, जिसे निम्नलिखित पंक्तियों के द्वारा स्पष्ट किया जा सकता है–

1. किसी भी प्रालेख की विषय-सामग्री का वास्तविक परिणाम एवं नेतृत्व हमेशा व्याख्याओं द्वारा असम्भव होता है। कुछ आख्याएं अपेक्षाकृत सूचनात्मक होने से भ्रमग्रस्त होती हैं। आख्याओं की विषय-वस्तु को व्यक्त करने की एक सीमा होती है। सभी प्रकार की आख्याओं से अथवा संक्षिप्त आख्याओं से क्रमबद्ध विषय-वस्तु को पूर्णतः व्यक्त नहीं किया जा सकता है। मात्र मुख्य विषय की अभिव्यक्ति की जा सकती है। अतः आख्याओं पर आधारित अनुक्रमणिका प्रलेखों के सभी विषय पक्षों का अभिगम प्रदान नहीं कर सकती है।

2. क्विक की साधारणतम अनुक्रमणिकाएं आकर्षकहीन होती हैं और उनके भौतिक आकार के कारण अवलोकन करने में कठिनाई होती है। कम्प्यूटर की सामग्री पर मुद्रित अनुक्रमणिकाएं मोटी और वजनदार हो जाती हैं, जिससे असुविधा होती है।

3. एक ही प्रमुख शब्द के अन्तर्गत लम्बी-लम्बी अनुक्रमों के संलेखों को प्रस्तुत करना पड़ता है। अतः एक ही प्रमुख शब्द के अन्तर्गत अनेक पृष्ठों के संलेखों से असुविधा का अनुभव होता है।

4. क्विक अनुक्रमणिकाएं तथा इनकी अन्य प्रकार की सभी अनुवर्णिका अनुक्रमणिकाएँ होती हैं। इनकी कोई शब्द नियंत्रण शब्दावली नहीं होती है। अतः एक समान प्रकरण एवं सादृश्य पद अनुक्रमणिका में इधर-उधर बिखर जाते हैं। अतः खोजने के कौशल में इनका ध्यान रखना पड़ता है।

5. क्विक अनुक्रमणिका को मात्र सामयिक उपागम हेतु उपयोगी माना जाता है। इसे पूर्वव्यापी खोज के लिए अनुपयुक्त पाया जाता है।

प्रमुख शब्द अनुक्रमणिकाओं की भिन्नताएं

सूचना प्राप्ति में विशेष तीव्रता के कारण क्विक अनुक्रमणिकओं में विशेष सावधानियाँ रखनी पड़ती हैं, जिसके कारण विभिन्न प्रकार की समस्याएँ होती हैं। अतः इसका उपयोग सूचना/विषय विशेषज्ञों द्वारा ही किया जाना चाहिए। लेकिन क्विक अनुक्रमणिकाओं को उन्नत बनाना सरल है।

आख्या अनुक्रमणिकाओं के विभिन्न प्रारूप विशिष्ट शब्दों की अनुक्रमणिका के तौर पर प्रकाशित एवं मुद्रित स्वरूप में प्रतिपादित किये गये हैं जिसके प्रमुख प्रतिरूपों को आगे वर्णित किया जा रहा है—

क्वॉक (KWOC)—क्वॉक (keyword-out-of-Context) अनुक्रमणिका भी एक आख्या अनुक्रमणिका है, जिसमें प्रलेखों की आख्याओं से प्रमुख शब्दों (keyword) को निकाल कर शीर्षक के रूप में प्रस्तुत किया जाता है। आख्याओं तथा सन्दर्भ संख्याओं/परिचायक संख्याओं का प्रमुख शब्दों के नीचे उल्लेख किया जाता है। आख्या के प्रत्येक महत्त्वपूर्ण/सारयुक्त प्रमुख शब्द के अन्तर्गत एक संलेख प्रस्तुत किया जाता है।

क्वॉक अनुक्रमणिका शीर्षक के आधार पर विशेष परिलक्षण है। क्वाक एवं क्वॉक (KWAC and KWOC) में अधिक अन्तर नहीं होता है। क्वाक एक सामान्य पद के रूप में प्रयुक्त होता है। क्वॉक अनुक्रमणिका में जितने शब्दों को

शीर्षक हेतु अपनाया जाता है, उन्हें आख्या से निकाला जाता है। क्वॉक अनुक्रमणिकाएं के कुछ शीर्षक विशेषण पद भी होते हैं और सभी शीर्षक एक शब्द के पद होते हैं।

क्वॉक के उदाहरण

AUTOMATIC Automatic information retrieval ... 55
COMPUTER SCIENCE Introduction to computer ... 36
DATA PROCESSING Introduction to computer
Science and data processing ... 36
RETRIEVAL Automatic information retrieval ... 55

अलग संचिका के विशिष्ट शब्दों को आख्या से अलग प्रदर्शित किया जाता है। परन्तु एक लाइन अथवा पंक्ति में दोनों का वर्णन नहीं होता बल्कि विशिष्ट शब्द के नीचे इसका वर्णन किया जाता है–

AUTOMATIC Automatic information retrieval ... 55
COMPUTER SCIENCE Introduction to computer
Science and data processing ... 36
INFORMATION Automatic information retrieval ... 36

क्वाक अनुक्रमणिकाएं (KWAC)–इसका अर्थ कीवर्ड-एण्ड-कन्टेक्सट (keyword-and-context) तथा कीवर्ड-आगमेन्टेड-इन-कन्टेक्सट (Keyword-Augmented-in-context) होता है। क्वाक वस्तुतः क्वॉक की भांति एक अन्य आरूप में होता है। लेकिन सिद्धान्तः और गुण में कुछ उन्नत होता है। आख्या आधारित अनुक्रमणिकाओं में मिथ्या पुनर्प्राप्ति एक निश्चित दोष होता है। आख्याएं सदैव प्रलेखों के विषय सार को व्यक्त नहीं करती हैं। कुछ भ्रमजनक होती हैं। कुछ विषय सारगर्भित नहीं होती हैं। अतः आलेखों अथवा सारांशों से अतिरिक्त पदों का चयन कर संलेख तत्त्वों को सम्बद्ध बनाया जाता है, जिससे इस दोष को दूर किया जा सके। इसे भी क्वाक (KWAC) कहते हैं। बॉयोसिस (BIOSIS) की केमीकल बायोलॉजिकल एक्टीविटीज (Chemical Biological Activities) इस श्रेणी में आती है, जिसमें आख्याओं को अन्य आख्याओं से सशक्त बनाया जाता है, जिसका चयन अनुक्रमणिकाकार करता है।

क्लिक (Key Letter in Context—KLIC)–क्लिक पद्धति का विकास केन्ट महोदय ने किया था। प्रमुख शब्द अनुक्रमणिकाकरण पद्धति कम्प्यूटर के द्वारा प्रस्तुत की जाती है। लेकिन इससे आख्या में छटनी (truncation) करनी पड़ती है, जो अन्त अथवा प्रारम्भ में की जाती है। अतः प्रतिनिर्देशिक युक्तियों (Syndetic devices) का उपयोग करना पड़ता है।

क्ववक (Keyword with Context—KWWC)–क्ववक, क्विक का संशोधित दूसरा प्रारूप है, इसके अन्तर्गत सभी संलेख चरण या पद के साथ पूर्ण प्रसंग की पुनरावृत्ति नहीं की जाती है। प्रत्येक पंक्ति में मात्र उपयुक्त प्रसंग को प्रस्तुत किया जाता है। कभी-कभी विषय की सीमा को समाप्त करने एवं विस्तृत करने हेतु विराम चिह्नों के साथ गौण पक्ष प्रदान किया जाता है। इसे 'कीवर्ड विथ कन्टेक्सट' कहते हैं। इन्डियन साइन्स अब्स्ट्रैक्ट्स (ISA) इसका उदाहरण है।

कीटाल्फा(Key-Term-Alphabetical—KEYTALPHA)– कीटाल्फ पद्धति एक संशोधित एवं परिवर्तित विषय अनुक्रमणिका है जिसका उपयोग ओसनिक अब्स्ट्रैक्ट्स (Occanic Abstracts) में किया जाता है। प्रमुख पदों को बिना वाक्य के अगल-बगल से व्यवस्थित किया जाता है।

वाडेक्स (WADEX—Word and Author Index)–अप्लायड मेकैनिक्स रिब्यू में इस पद्धति का प्रयोग किया जाता है। इस पद्धति के तहत लेखकों के नामों को भी प्रमुख शब्द के रूप में प्रयुक्त किया जाता है और सारगर्भित/महत्त्वपूर्ण विषय-पदों के साथ इनका उपयोग किया जाता है। वाडेक्स का उपयोग पूर्वव्यापी तथा सामयिक खोजों के लिए किया जाता है। इसकी दूसरी विधि लेखक एवं प्रमुख शब्द प्रसंग (AKWIC—Author and Keyword in Context) अनुक्रमणिका भी प्रचलित है।

डबल क्विक (Double KWIC)–क्विक अनुक्रमणिका की तरह यह यंत्र कम्प्यूटर में बनायी जाने वाली अनुक्रमणिका है। एस.सी.आई. (SCI) तथा एस.एस.सी.आई. (SSCI) में प्रयुक्त परमूटर्म इन्डेक्स (Permuterm Indexes) इसी प्रकार की अनुक्रमणिका है। इसमें अनुक्रमणिका पदों का साधारण समन्वय किया जाता है। इसमें आख्या से प्रमुख शब्द को निकालकर मुख्य अनुक्रमणिका पद के रूप में मान्य किया जाता है। दूसरे पदों या चरणों को संशोधित किया जाता है, जिससे अन्य प्रमुख शब्द मुख्य अनुक्रमणिका पद के अधीनस्थ संलेख के रूप में व्यवस्थित किया जा सकें। इससे अनेक संलेख एक ही प्रलेख में करने पड़ते हैं जिन्हें किसी भी प्रमुख पद, जो आख्या में होते हैं के अन्तर्गत प्रस्तुत किया जाता है। इसके प्रत्येक संलेख में दो शब्द होते हैं। मुख्य संलेख के बिन्दुओं को अनुवर्णिक क्रम में व्यवस्थित किया जाता है और परिचायक संख्या का भी उल्लेख दाहिनी ओर किया जाता है। डबल क्विक पद्धति उपयोगकर्ताओं को अतिरिक्त आधार-सामग्री प्रदान करती है। क्विक एवं क्वाक की सुविधाएं एवं असुविधाएं इसमें भी मिलती हैं।

कार्यपद पद्धति

सन् 1953 में संयुक्त राज्य अमेरिका के मरहिमर टाबे ने "आरमूड सर्विसेज टेक्निकल इनफारमेशन एजेन्सी' (U.S. Armed Services Technical Information Agency) के द्वारा संग्रहीत विषय-वस्तुओं को संगठित एवं सुव्यस्थित करने हेतु कार्यपद प्रलेख पद्धति का प्रतिपादन किया था। इसकी सरलता तथा प्रक्रिया सुविधाजनक होने के कारण इसको पर्याप्त सफलता मिली है। इसके नाम से ही यह आभास होता है कि अनुक्रमणिका के लिए मात्र एक पद का उपयोग मिश्रित विषय सूत्रबद्धता (composite subject formulation) के स्थान पर किया जाता है। कार्यपद की प्रक्रिया के अन्तर्गत विभिन्न पद शामिल हैं। संग्रहण में प्रत्येक प्रलेख के लिए प्रारम्भ में प्रलेख प्रोफाइलों (Profiles) को तैयार किया जाता है। ज्यों-ज्यों संग्रहण में प्रलेखों का संग्रहण किया जाता है, त्यों-त्यों प्रोफाइलों की भी वृद्धि होती रहती है।

इन अभिलेखों को साधारणतः पत्रक-स्वरूप (card-form) में प्रस्तुत किया जाता है। प्रत्येक पत्रक को एक क्रमिक अनुक्रम संख्या (serial accession number) प्रदान की जाती है। अनुक्रम संख्या के अतिरिक्त प्रलेख प्रोफाइल में वाङ्मयात्मक विवरण और कुछ सूचक/विवरणात्मक पद (descriptors) भी होते हैं। संलेख की विषय-सामग्री का अध्ययन विचारों के निर्धारण, परिचायक एवं एकल के रूप में किया जाता है। तत्पश्चात् अवधारणाओं को अनुक्रमणिका पदों में परिणत किया जाता है और पद पत्रकों में शीर्षकों के रूप में उल्लेख किया जाता है जिसके लिए "यूनिटर्म" पत्रक (uniterm card) के उपरी भाग को सुरक्षित रखा जाता है। पत्रक के अन्य भाग को दस स्तम्भों में 0 से 9 तक क्रमों में निर्मित किया गया होता है, जैसे—"Personnel Management in India's ।"

इन आधारों के अन्तर्गत प्रलेख के क्रमांक को उसके अन्तिम अंक के आधार पर अंकित किया जाता है। इस प्रकार इन इकाई पद पत्रकों (unit term cards) को तैयार कर अनुवर्णिक में आंकलित कर लिया जाता है।

इस अनुक्रमणिका के माध्यम से सूचना संग्रहण एवं सूचना पुनर्प्राप्ति के लिए अनुसन्धानकर्ता द्वारा व्यक्त किये गये विषय को अलग-अलग चरणों के अन्तर्गत अध्ययन किया जाता है। इन चरणों या पदों के पत्रकों को अनुक्रमणिका के विभिन्न अवर्णों के नीचे खोजकर बाहर निकाल लिया जाता है। इन पत्रकों को एक साथ अवलोकन कर यह ज्ञात किया जाता है कि किन-किन पत्रकों की अनुक्रम संख्या सभी

पत्रकों पर अंकित है। जिस अनुक्रम संख्या का सभी पत्रकों में उल्लेख होता है, उनसे सम्बन्धित प्रलेख उपयोगकर्ता द्वारा व्यक्त किए विषय से सम्बन्धित होते हैं। अतः इस प्रणाली में इकाई पदों को समन्वित कर वांछित सूचना प्राप्त की जा सकती है।

कार्यपद पद्धति के प्रमुख लाभ

कार्य पद प्रणाली के प्रमुख लाभ निम्नवत हैं।

1. ज्यों-ज्यों प्रलेखों की संख्या में वृद्धि होती है, उसी अनुपात में नए पदों की संख्या कम हो जाती है।

2. उपयोगकर्ता अपनी वांछित विषय-वस्तु से सम्बन्धित पदों को किसी भी क्रम में अनुक्रमणिका से निकाल कर समन्वित कर सकता है। अतः उसे सम्बन्धित सामग्री को ढूंढ़ने में कठिनाई नहीं होती है।

3. यह पद्धति हर पद्धतियों की अपेक्षा एक सरल पद्धति है। इसमें अनुक्रमणिका को तैयार करने में अधिक समय नहीं लगता है।

4. यह पद्धति विशिष्ट ग्रन्थालय जहां प्रलेखों की संख्या अत्यधिक नहीं होती है, के लिए अधिक उपयोगी होती है। इसे सरलतापूर्वक संचालित किया जा सकता है।

प्रमुख समस्याएँ

इस प्रणाली की प्रमुख समस्याएँ निम्नवत हैं–

1. वांछित सामग्री की खोज में दो अवस्थाओं में खोज करनी पड़ती है–प्रलेखों की अनुक्रम संख्या की तुलना तथा तत्पश्चात् प्रलेख प्रोफाइलों में प्रलेखों की संख्या को परिणत करना।
2. क्रियात्मक तथा भौतिक आकार की सरलता के रहते हुए भी यह पद्धति समस्याओं एवं त्रुटियों से मुक्त नहीं है। पत्रकों के आकार की सीमा इसमें से एक है क्योंकि सीमित संख्या में ही प्रलेखों का उल्लेख पत्रकों में किया जा सकता है।
3. यदि संकलन की संख्या 10 हजार से अधिक है तो इसका उपयोग कठिनाई उत्पन्न करता है। पद पत्रकों को पूर्ण हो जाने पर नवीन पत्रकों को तैयार किया जाता है, जिससे खोज में समस्या उत्पन्न होने लगती है।
4. पदों के सामान्य सम्बन्धों/सजातीय सम्बन्धों का प्रदर्शन पत्रकों पर न किए जाने के कारण खोजने में कठिनाई उत्पन्न होती है।

5. सामानार्थी (Synonyms) तथा बहुवचन एवं एकवचन वाले शब्दों से भी समस्याएं उत्पन्न होती हैं।
6. किसी-किसी स्थिति में मिथ्या समन्वय (false coordination) उत्पन्न होने से भ्रम होने लगता है, जो प्रायः स्वतंत्र पदों के उपयोग के कारण होता है। बहुविषयी प्रलेखों/प्रकरणों के कारण भी ऐसी स्थिति उत्पन्न होती है।

समस्या समाधान प्रविधि

कार्यपद पद्धति की विभिन्न समस्याओं का समाधान करने के लिए विभिन्न प्रविधियों का प्रतिपादन किया गया है जो निम्न हैं–बैटेन पद्धति (Batten System of WE Batten), चयनात्मक पद्धति (Select System of C. Cordonnier)। इन्हें विभिन्न नामों से भी पुकारा जाता है यथा–"बैटेन सिस्टम", "पीक-ए-बू सिस्टम" (peek-a-boo system), "अपस्चर कार्ड सिस्टम" (aperture card system), "पीप होल कार्ड सिस्टम" (peep hole card system) तथा "आप्टिकल क्वन्सिडेन्स सिस्टम" (optical coincidence system) आदि। उपर्युक्त वर्णित इन पद्धतियों में सबसे उत्तम पद्धति आप्टिकल क्वन्सिडेन्स सिस्टम पद्धति है।

उद्धरण अनुक्रमणिकाकरण

वस्तुतः यह देखा जाता है कि किसी भी समय पुस्तकों तथा प्रलेखों की शीघ्रातिशीघ्र प्राप्त करने के लिए उद्धरण अनुक्रमणिका विशेष महत्त्वपूर्ण होती है। बहुत समय तक उद्धरणों (citations) का उपयोग इसी उद्देश्य से किया जाता था। लेकिन इनका उपयोग विगत उद्देश्यों के अतिरिक्त आजकल अनेक खोजों तथा अध्ययनों का विश्लेषण करने, प्रलेखों की उपयोगिता को निर्धारित करने, विषयों के उद्‌भव एवं विकास की जड़ों को खोजने एवं उन्नत शोध पत्रिकाओं की तालिका प्राप्त करने के लिए किया जाता है। ग्रन्थात्मक संदर्भों पर आधारित उद्धरण अनुक्रमणिकाएं उद्धरण हेतु महत्त्वपूर्ण स्थान रखती हैं जो वैज्ञानिक गतिविधि हेतु विशिष्ट पक्ष का कार्य करती हैं।

क्रमबद्ध सारणी एवं उद्धरण अनुक्रमणिकाकरण

उल्लिखित आलेखों की संगठित एवं सुव्यवस्थित क्रमबद्ध सारणी उद्धरण अनुक्रमणिका कहलाती है, जो सभी उल्लिखित अथवा उद्‌धृत की जानेवाले आलेखों की सारणी व तालिका से प्रयुक्त होती है। उद्‌धृत वादों को सन्दर्भ (reference) कहते हैं और उद्‌धृत किए जाने वाले आलेख को स्रोत (source) कहते हैं। उद्‌धृत

एवं उद्‌धृत किए जाने वाले आलेखों के मध्य विचारों/विषयों का जो समन्वय होता है उसका उपयोग इस प्रकार की अनुक्रमणिका को निर्मित करने हेतु किया जाता है। इस प्रकार उद्‌धृत आलेखों को पूर्वज (ancestors) तथा उद्‌धृत किए जाने वाले आलेखों को सन्तति माना जाता है और इस प्रकार विषयों के क्रमिक सम्बन्ध को अनुक्रमणिका के माध्यम से व्यक्त किया जाता है।

उद्धरण अनुक्रमणिका संचिका प्रबन्धन में एक नई दिशा प्रदान की है जिसके अन्तर्गत परम्परागत अनुक्रमणिकाकरण पद्धतियों की अनेक सीमाओं को दूर किया जा सकता है। यह अनुक्रमणिकाकार के बौद्धिक प्रभाव और प्रलेखों को उपयुक्त विषय-शीर्षक प्रदान करने की समस्या से मुक्त होती है। विषय शीर्षक/पद समयानुसार बदल सकते हैं।

शेपर्ड उद्धरण अनुक्रमणिका

सन् 1873 में सबसे पहले शेपर्ड ने अपने वैधानिक सन्दर्भ उपकरण शेपर्डस में उद्धरण अनुक्रमणिका की विचारधारा को प्रयोग में लाया था। अमेरिकन अधिनियम तथा विधि में 'स्टेयर डिसिस' (Stare Decisis) में पुराने निर्णयों को भावी निर्णयों के लिए उपयुक्त दृष्टान्त माना जाता है। जब वैधानिक मामलों के निर्णयों को किसी प्रलेख में उल्लेख किया जाता है तो उसकी खण्ड संख्या तथा पृष्ठ संख्या आदि के साथ उसका विवरण प्रस्तुत किया जाता है। इस प्रकार की पद्धति को अपनाकर शेपर्ड ने अपनी अनुक्रमणिका को विकसित किया।

इसकी अनुक्रमणिकाकरण पद्धति में उद्‌धृत वादों (cases) को प्रस्तुत करने में कालान्तर के वादों जहां उल्लेख किया गया के साथ प्रस्तुत किया जाता है। शेपर्डस उपकरण का प्रयोग कर अधिवक्ता को अपने वाद से जुड़े पहले के फैसलों को उपलब्ध करने में आसानी होती है। इस दृष्टि से 'शेपर्डस साइटेशन' (Shepard's Citation) सभी वादों के पूर्ण विवरण की जानकारी हेतु अधिक लोकप्रिय सिद्ध हुआ।

सन् 1950 में उपकरण अनुक्रमणिका जगत में बेल्क परियोजना ने अत्यधिक विकास किया। जान हापकिन्स वेल्क मेडिकल लाइब्रेरी (John Hopkins Welch Medical Library) के आयुर्विज्ञान साहित्य (Medical Literature) को अनुक्रमणिकाबद्ध करने के लिए इस परियोजना को प्रारम्भ किया गया था जिसके अध्यक्ष डा.लीके (C. Leakey) ने आलेखों के आलोचनात्मक समीक्षा पर जोर देते हुए अनुक्रमणिकाकरण की समस्याओं के निराकरण पर जोर दिया। इस परियोजना के एक अनुसंधानकर्ता गारफिल्ड ने (Eugene Gardfield) यह

अनुभव किया कि समीक्षा-आलेखों के सभी वाक्य उद्धरण में सम्मिलित हैं। अनुक्रमणिका विश्लेषण करते हुए यह अनुभव किया गया कि समीक्षा आलेख को अनुक्रमणिकाकरण वक्तव्यों (indexing statements) की शृंखला के रूप में समीक्षा की जानी चाहिए। सन् 1953 के दौरान इस परियोजना के सन्दर्भ में 'शेपर्डस साइटेशन' से पूर्व में सम्बद्ध अडयार (W.C. Adair) ने इस विधि का उपयोग करने का सुझाव दिया। गारफील्ड ने स्पष्ट किया कि आलेखों की समीक्षा के लिए ही यह सिद्धान्त उपयुक्त नहीं है, बल्कि वैज्ञानिक साहित्य के लिए भी इसका उपयोग लाभप्रद होगा। 1955 में गारफील्ड का एक विद्वतापूर्ण आलेख इस प्रकरण पर प्रकाशित किया गया।

जेनिटिक्स साइटेशन इन्डेक्स—1961में सम्मिलित रूप से नेशनल इन्स्टीट्यूट ऑफ हेल्थ तथा गारफील्ड के इन्स्टीट्यूट फॉर साइन्टिफिक इनफारमेशन (ISI) द्वारा 'जेनिटिक्स' (Genetics) के क्षेत्र की उद्धरण अनुक्रमणिका को संकलित तथा प्रस्तुत करने का प्रस्ताव स्वीकार किया गया। इसके अन्तर्गत विज्ञान तथा तकनीकी साइटेशन इन्डेक्स को बनाने की योजना सृजित की गई। ऐसे पाँच खण्डों का साइन्स साइटेशन इन्डेक्स (Science Citation Index) तथा एक खण्डीय 'जेनिटिक्स साइटेशन इन्डेक्स' (Genetics Citation Index) 1963 में बनाया गया।

उद्धरण अनुक्रमणिकाकरण : परिभाषा, प्रतिरूप तथा आंकलन प्रविधि

उद्धरण अनुक्रमाणिका तथ्य युक्त सामग्री है को व्यवस्थित करती है। इस प्रकार की सारणियों में लिये गये प्रालेख के बाद सम्पूर्ण लिए जाने वाले प्रालेखों को संकलित किया जाता है।

गारफील्ड (Eugene Garfield) का मानना है कि, ''उद्धरण अनुक्रमणिका उद्धृत आलेखों की क्रमबद्ध तालिका होती है, जिसमें प्रत्येक उद्धृत आलेख के साथ उद्धृत किए जाने वाले आलेखों की एक तालिका प्रदान की गई होती है। उद्धृत किए जाने वाले आलेख का अभिज्ञान उद्धरण-स्रोत से तथा उद्धृत किए गए आलेख का अभिज्ञान सन्दर्भ उद्धरण से किया जाता है। अनुक्रमणिका को सन्दर्भ उद्धरण के अनुसार आंकलित किया जाता है। कोई भी उद्धरण-स्रोत बाद में सन्दर्भ-उद्धरण सिद्ध हो सकता है।''

इस तरह उद्धरण अनुक्रमणिका इस पद्धति पर निर्भर है कि किसी लेखक की कृतियों का पहले से अभिलेखबद्ध सूचना अथवा ज्ञान के विषय में सन्दर्भ और उस क्षेत्र

में पूर्व में जो कार्य हो चुका है, उसकी जानकारी प्रस्तुत करना है। इस अनुक्रमणिका में उपयोगकर्ता को अधिक नवीनतम उद्धरणों की ओर निर्दिष्ट किया जाता है।

परम्परागत अनुक्रमणिकाओं में निहित विभिन्न समस्याओं का समाधान करने के दृष्टिकोण से उस पद्धति का उपयोग किया जाना प्रारंभ हुआ है, इसकी प्रमुख समस्या हैं—साहित्य में अत्यधिक वृद्धि होने के कारण उन पर नियंत्रण रखने में विफलता प्राप्त होना; अनुक्रमणिकाकरण एवं वर्गीकरण में अनावश्यक विलम्ब होने के कारण शोध-कार्य में पुनरावृत्ति तथा आवश्यकता की पूर्ति में कठिनाई उत्पन्न होना; तथा अन्तर्विषयी-अनुसंधान (inter-disciplinary subjects research) के कारण विशिष्ट एवं वांछित सूचना की मांग की पूर्ति करने में विफलता।

समस्या समाधान के उपाय

उपर्युक्त वर्णित उद्धरण अनुक्रमणिका की समस्या के समाधान के निम्नवत उपाय हैं—

1. कौन-कौन-से आलेख किस परिप्रेक्ष्य में प्रस्तुत एवं प्रकाशित किए जा रहे हैं;
2. किस-किस विषय पर कहां-कहां क्या प्रकाशित किया जा रहा है और कौन-कौन से विशेषज्ञ किस-किस विषय पर सक्रिय कार्य कर रहे हैं;
3. किस लेखक ने कौन-कौन-से आलेख प्रकाशित किए हैं;
4. कौन-कौन-से शोध निष्कर्षों को उपयोग में लाया जा रहा है;
5. किन-किन वैज्ञानिक आलेखों के प्रतिवाद, समीक्षाएं, समर्थन एवं आलोचना अधिक हो रही है।
6. कौन-कौन-सी पत्रिकाओं को किस-किस विषय से सम्बन्धित कर रहे हैं;
7. किस लेखक और किस आलेख को कहां-कहां से लिया गया है।

उद्धरण अनुक्रमणिका का आरूप तथा आंकलन

उद्धरण अनुक्रमणिका का सबसे प्रमुख गुण यह है कि संलेखों को उद्धृत लेखकों के नामान्तरित अनुवर्णिक क्रमानुसार आंकलित किया जाता है। प्रत्येक संलेख का विवरण निम्नवत शीर्षकों के अंतर्गत ही किया जाता है—

(1) स्रोत सामग्री (Source Item)--इसमें उद्धृत किए जाने वाले स्रोत होते हैं। इसमें उद्धृत किए जाने वाला लेखक, (कुलनाम तत्पश्चात् व्यक्तिगत नाम), प्रकाशन वर्ष, पत्रिका की आख्या, खण्ड संख्या तथा पृष्ठ संख्या का उल्लेख किया

जाता है। इसके साथ विशिष्ट प्रकार के चिह्न भी अंकित होते हैं जिनसे उद्घृत एवं उद्धरण किए जाने वाले आलेखों के बीच सम्बन्ध को व्यक्त किया जाता है।

(2) शीर्षक (Heading)—इसमें उद्धृत लेखक का नाम (कुलनाम, तत्पश्चात् व्यक्तिगत नाम), प्रकाशन का वर्ष, पत्रिका की आख्या, खण्ड संख्या तथा पृष्ठ संख्या दिए जाते हैं।

एक ही लेखक के विभिन्न आलेखों को प्रकाशित करने पर प्रकाशन के वर्षों के आधार पर संगठित एवं सुव्यवस्थित किया जाता है।

उद्धरण अनुक्रमणिका के गुण

उद्धरण अनुक्रमणिका के प्रमुख गुण निम्नवत हैं–

1. इस अनुक्रमणिका का निर्माण करने में विषय विशेषज्ञ अनुक्रमणिकाकार की आवश्यकता नहीं होती है।
2. व्यक्तिगत मूल्यांकन एवं चयन में यह उपयोगी सिद्ध होती है।
3. अस्पष्ट विषय-शीर्षकों से उत्पन्न होने वाली कठिनाइयों से मुक्त होती है।
4. इसमें आगामी खोजों में सहायता प्राप्त होती है।
5. इसमें भाषा की समस्या उत्पन्न नहीं होती है और शीघ्रतापूर्वक निर्मित की जा सकती है।
6. प्रलेखों के पारस्परिक सम्बन्धों के अभिज्ञान में सहायक सिद्ध होती है।
7. वैज्ञानिक एवं प्रौद्योगिकी पद/शब्दों के अप्रचन की समस्या उत्पन्न नहीं होती है।

उद्धरण अनुक्रमणिका के प्रमुख दोष

उद्धरण अनुक्रमणिकाकरण के प्रमुख दोष निम्नवत हैं–

1. ऐसी अनुक्रमणिकाओं में औपचारिक प्रकाशनों–पत्रिकाओं के आलेखों तथा पुस्तकों आदि को ही सम्मिलित किया जाता है। लेकिन अनौपचारिक प्रकाशन जो महत्त्वपूर्ण होते हैं, उन्हें सम्मिलित नहीं किया जाता है।
2. उपयुक्त आलेखों के चयन के अभाव में इसकी उपयोगिता कम हो जाती है। प्रायः बिना किसी पूर्व विचार एवं असावधानी से आलेखों का चयन करने से इसका महत्त्व कम हो जाता है।
3. अनुक्रमणिका से प्रायः यह स्पष्ट नहीं हो पाता कि उद्धृत एवं उद्धृत किए जाने वाले आलेखों में क्या साम्य एवं सम्बन्ध है।

4. कभी-कभी अनावश्यक आलेखों को भी उद्धृत कर दिया जाता है, जो प्रासंगिक नहीं होते हैं।

उद्धरण अनुक्रमणिका की उपयोगिता अधिक होने के कारण निम्नलिखित अनुक्रमणिकाओं को अधिक लोकप्रियता प्राप्त हुई है–(1) Science Citation Index, (2) Social Sciences Citation Index, (3) Arts and Humanities Citation Index.

आज के दौर में सूचना का प्रसार बहुत कठिन हो गया है। वस्तुतः इस जगत में उपकरणों की मदद से सूचना संग्रहण का कार्य किया जाता है। इस क्षेत्र में कम्प्यूटर ने एक नई दिशा प्रदान की है। सूचना संग्रहण एवं सूचना पुनर्प्राप्ति के जगत में जिन विभिन्न विधियों को उपयोग में लाया जा रहा है वे हैं–फिल्मोरेक्स पद्धति, रैपिड सलेक्टर, इन्डेक्स मेडिक्स, मेडलार्स, इन्ट्रेक्स, चिह्नांकित पत्रक, जेटोफोडिंग, पीक-ए-बू।

10

ग्रन्थालयों में यंत्रीकरण तथा सन्दर्भ-सेवा

आधुनिक समय में ग्रंथालयों में सूचना के साधन बढ़ रहे हैं। इस समय यंत्रीकरण तथा सूचना में सन्दर्भ सेवा की उपयोगिता न केवल बढ़ ही रही है, अपितु इसे ग्रंथालयों में शोध सामग्रियों को व्यवस्थित करने के लिए महत्त्वपूर्ण स्थान भी दिया जा रहा है। इस सन्दर्भ में वायर (Wyer) महोदय ने स्पष्ट किया है कि, "कोई भी मशीन अथवा यंत्र सन्दर्भ सेवा एवं सन्दर्भ पुस्तकालयी का स्थान ग्रहण नहीं कर सकता है वरन यंत्र एवं मशीन सन्दर्भ पुस्तकालयी को स्वयं सन्दर्भ का कार्य कौशलपूर्ण ढंग से प्रभावशाली एवं उद्देश्यपूर्ण ढंग से सम्पन्न करने में पर्याप्त सहायक सिद्ध हो सकती है। यह सन्दर्भ ग्रन्थालय का नकारात्मक सन्दर्भ सेवाओं में जो श्रम लगता है और जो निष्प्रभावी सिद्ध होने लगती है, उनसे मुक्ति दिला सकती है और इन कठिनाइयों को अल्पतम अवस्था में ला सकती है। इससे उपयोगकर्ता के सकारात्मक प्रश्नों का उत्तर देने में अधिक समय प्रदान करने का अवसर प्राप्त होता रहेगा।"

"कम्प्यूटर टेक्नालॉजी", "टेलीकम्यूनिकेशन", "सेटलाइट कम्यूनिकेशन" (Satellite Communication), मुद्रण तथा रिप्रोग्राफी (reprography) आदि के क्षेत्र का पर्याप्त विकास हो रहा है, सूचना-प्रक्रिया, प्रसारण एवं सम्प्रेषण, सूचना पुनर्प्राप्ति, सन्दर्भ एवं सूचना सेवाओं की व्यवस्था आदि में यंत्रीकरण का पर्याप्त प्रयास किया जा रहा है। सूचना एवं ज्ञान की सदियों से चली आ रही वस्तुओं में

विद्यमान एवं संग्रहण होने की अपेक्षा आज के दौर में नवीन स्वरूपों में उन्हें अभिलेखबद्ध किया जा रहा है। जैसे–डेटाबेस, "सीडी रोम" (CD-ROM), "मैग्नेटिक डिस्क", "मैग्नेटिक टेप" तथा "फ्लापी डिस्क" (magnetic Disk, magnetic tape, Floppy Disk) आदि। आधुनिक प्रौद्योगिकी विकास के कारण तथा ज्ञान-सामग्रियों को इस प्रकार से संग्रहीत करने से ऐसा आभास हो रहा है कि आने वाला युग "पेपरलेस सोसाइटी" (paperless society) कहलाएगा और कागज का स्थान अन्य सामग्रियां ग्रहण कर लेंगी।

कम्प्यूटर का अनुप्रयोग

वैश्विक स्तर पर कम्प्यूटर तकनीकी का विकास द्रुत गति से हो रहा है। परिणामतः सभी क्षेत्रों में वांछित सूचनाओं को कम समय में प्राप्त किया जाता है। वाङ्मयात्मक स्रोतों के अभाव में भी सूचना उपलब्ध हो सकती है। इसका मुख्य कारण कम्प्यूटर में संग्रह की अपार क्षमता और तीव्रगति से सूचना पुनर्प्राप्ति में सहायक सिद्ध होने की उसकी विशेषता है। मात्र एक कम्प्यूटर "टर्मिनल" लगा देने से घर-घर स्वतः सूचना सुलभ हो सकती है, जो कुछ दशकों पूर्व असम्भव था। कम्प्यूटर सूचना को नियंत्रित करने की सशक्त विधियां प्रदान करता है। इससे अत्यधिक व्यस्त ग्रन्थालियों का कार्यभार हल्का हो गया है और ग्रन्थालय सेवा पद्धति में एक क्रान्ति उत्पन्न हो गई है।

सूचना को प्रक्रियाबद्ध करने में नवीनतम विधियों एवं साधनों में कम्प्यूटर एक बड़ा ही महत्त्वपूर्ण साधन है। ग्रन्थालय सेवा का कोई भी ऐसा पक्ष नहीं है, जिसमें कम्प्यूटर सहायक सिद्ध न हो सके। पुस्तकालय प्रबन्ध एवं सेवाओं के अन्तर्गत कम्प्यूटर कहां तक महत्त्वपूर्ण एवं उपयोगी साबित हो सकता है, यह एक विचारणीय प्रश्न है। क्योंकि सन्दर्भ सेवा के परिप्रेक्ष्य में ह्वायट (E.B. Waite) ने कहा कि–"कम्प्यूटर हास्य एवं विनोद में असक्षम होता है। इसमें अन्तर्ज्ञान एवं संवेदनशीलता का अभाव होता है।" संवेदनशील के परिप्रेक्ष्य में कम्प्यूटर कहां तक उपयोगी सिद्ध हो सकता है, उसके साथ-ही-साथ अन्य क्रियाकलापों में इसके अनुप्रयोग एवं क्रियाशीलता का उल्लेख इस अध्याय में किया गया है। भारत के विभिन्न क्षेत्रों में कम्प्यूटर का प्रयोग एवं प्रशिक्षण का व्यापक वातावरण उत्पन्न किया जा चुका है। अमेरिका तथा अन्य पाश्चात्य देशों में कम्प्यूटरों की बहुलता है। ग्रंथालयों के विभिन्न कार्यों हेतु भी इनका उपयोग किया जा रहा है। ग्रंथालय व्यवस्था तथा नेटवर्क (network) के सफल सम्पादन हेतु इनकी उन्नत विधियों तथा साधनों

को विकसित किया जा रहा है। सूचना पुनर्प्राप्ति (information retrieval) के क्षेत्र में भी कम्प्यूटर अत्यधिक सफलता अर्जित कर चुका है।

सन्दर्भ-सेवा एवं कम्प्यूटर

पुस्तकालय के क्षेत्र में कम्प्यूटर के अनुप्रयोग एवं सन्दर्भ-सेवा के आयोजन में इसका महत्त्वपूर्ण योगदान इस प्रकार है–

1. सन्दर्भ वार्तालाप

कम्प्यूटर की अनेक सफलताओं एवं सेवाओं के आयोजन में अनुप्रयोग किए जाने के साथ ही साथ यह अनुभव किया गया है कि सन्दर्भ वार्तालाप की समस्या अभी तक कम्प्यूटर द्वारा हल नहीं की जा सकी है, जो वस्तुतः तत्काल एवं आमने-सामने की जाती है। "सूचना पुनर्प्राप्ति का अभिप्राय विशेष प्रकार के प्रश्नों का उत्तर देना है" (information retrieval equals finding answers to specific questions) माना जाता है। उसमें भी अभी तक कम्प्यूटर को सफलता नहीं मिली है। तथापि अमेरिका आदि देशों में इस दिशा में प्रयास किया गया है।

इन्टरेक्स (INTREX) जिसे सूचना स्थानान्तरण (information parent sheet) में संग्रहीत कर सकती है। इससे अधिक क्षमता वाली दूसरी प्रणाली भी है। प्रीसिजन इंस्ट्रूमेन्ट कम्पनी, पैलो आल्टो (Precision Instrument Co. of Palo Alto—(USA) एक ऐसी प्रणाली को विकसित कर रही है जिससे एक "लेसर बीम" (laser beam) के प्रयोग से "मेलरकोटेड टेप" (mylarcoated tape) पर सूचना को अभिलेखबद्ध किया जाएगा। इसे "Unicon" कहते हैं। इससे 44 पृष्ठों की सामग्री को एक पिन (pin) के ऊपरी नोक पर समाहित कर सकते हैं। लाइब्रेरी ऑफ कांग्रेस (Library of Congress) के सम्पूर्ण संकलन को 2400 फिट लम्बे रील के टेप (reel tape) में समाहित किया जा सकता है।

अनुक्रमणिकाकरण एवं कम्प्यूटर

विषय के अनुसार उपागम सर्वाधिक प्रचलित एवं उपयोगी होने की वजह से कम्प्यूटर द्वारा प्रस्तुत की जाने वाली उत्तम प्रकार की अनुक्रमणिकाकरण की विधियों को विकसित किया गया है। इसकी निम्नवत विधियों को नीचे दिया गया है।

1. क्विक (KWIC)–क्विक का प्रयोग केमिकल अब्स्ट्रैक्ट्स (Chemical Abstracts) के केमिकल टाइटिल्स (Chemical Titles) के लिए किया जाता है।

इस अनुक्रमणिकाकरण प्रणाली में कम्प्यूटर का उपयोग किया जाता है। आख्या अनुक्रमणिकाओं (title indexes) की पद्धति में भी कम्प्यूटर का प्रयोग अत्यधिक लोकप्रिय है।

2. पॉप्सी (POPSI)–पॉप्सी को डी.आर.टी.सी. (DRTC) द्वारा विकसित किया गया है। इसका लक्ष्य कम्प्यूटर द्वारा निर्मित अनुक्रमणिकाओं को तैयार करने में इस प्रणाली का उपयोग करना है। अनेक परीक्षणों से यह स्पष्ट हो गया है कि कम्प्यूटर द्वारा पॉप्सी का प्रयोग सरलतापूर्वक अनुक्रमणिकाओं हेतु किया जा सकता है।

3. प्रेसीस (PRECIS)–इस पद्धति का प्रयोग ब्रिटिश नेशनल बिब्लियोग्राफी में किया जाता है, जिसमें अनुक्रमणिकाकरण हेतु कम्प्यूटर का उपयोग किया जाता है। जिन अन्य वाङ्मय सूचियों में प्रेसीस का अनुसरण किया जाता है, उनमें विषय-शीर्षकों के निर्माण में कम्प्यूटर का उपयोग किया जाता है। वस्तुतः प्रेसीस को कम्प्यूटर द्वारा निर्मित अनुक्रमणिकाओं (computer-generated indexes) को तैयार करने हेतु विकसित किया गया है।

पदावली

कम्प्यूटर एवं अन्य यंत्रों के उपयोग के कारण विभिन्न पारिभाषिक पदों का विकास हुआ है। इनके कार्यों के अनुसार इनको परिभाषाबद्ध किया गया है। लेकिन कार्य एवं उद्देश्य परिवर्तनशील है जितना उनका ग्रंथालयों एवं सूचना में अनुप्रयोग परिवर्तनशील है। अतः पदों के अभिप्राय भी अनेक होते हैं।

किसी भी प्रक्रिया व प्रणाली को संचालित करने के लिए यंत्रीकरण वह प्रविधि है, जो कार्य को सरल बनाती है। नियमित कार्यों को करने हेतु कम्प्यूटर का उपयोग करने वाले को "डेटा प्रॉसेसर" (data processor) कहते हैं। उसे "सिस्टम एनलिस्ट" (System analyst) भी कहते हैं।

प्रलेखन (documentation) भी सूचना के संग्रहण का एक समुचित प्रचलित पद है, जो कम्प्यूटर तथा यंत्रीकरण के सन्दर्भ में अत्यधिक प्रयोग में लायी जाता है। प्रलेखन और "डाकूमेंटलिस्टस" (documentalists) दोनों ही परिप्रेक्ष्यों में कम्प्यूटर और यंत्रीकरण का उपयोग किया जाता है जिनका संग्रहीत सूचना की व्यवस्था में हस्तकौशल (manipulation) से संबंधित कोई व्यक्ति अथवा वस्तु दोनों ही हो सकते हैं।

1. वाङ्मय सूचियों का निर्माण—विषयानुसार प्रसूची का अवलोकन करने के श्रम की बचत करने की दृष्टि से विषय-शीर्षकों के अनुसार कम्प्यूटर द्वारा विषय वाङ्मय सूचियों/अध्ययन-सूची (reading lists) को बड़ी सरलता से तैयार किया जा सकता है।

2. नवीन अधिग्रहणकृत नवीन पुस्तकों की तालिकाएं—अधिग्रहीत नवीन कृतियों से पाठकों को अवगत करने के लिए अपेक्षाकृत उनकी तालिका टाइप करने के, कम्प्यूटर द्वारा प्रस्तुत प्रसूची से चयन कर प्रिन्ट किया जा सकता है। कम्प्यूटर टेपों से अनेक ऐसी तालिकाओं को तैयार कर वितरित किया जा सकता है।

यंत्रेण पठनीय प्रसूचीकरण

सन् 1966 में लाइब्रेरी ऑफ कांग्रेस (Library of Congress) ने एक परीक्षण परियोजना (Pilot project) यंत्रेण पठनीय प्रसूचीकरण आधार-सामग्री (machine-readable cataloguing data) को प्रस्तुत करने के लिए प्रारम्भ किया। जिसे संक्षेप में मार्क कहा जाता है। यह 1968 में समाप्त हो गई और एक स्थायी सेवा प्रारम्भ की गई, जिसे मार्क द्वितीय (MARC II) कहते हैं। इसका ग्राहक बन कर कोई भी ग्रंथालय यंत्रेण-पठनीय-प्रसूचीकरण आधार-सामग्री ''मैग्नेटिक टेप' के रूप में प्राप्त कर सकता है, जिसमें अमेरिकन तथा विदेशी प्रकाशनों का विवरण निहित होता है। वैयक्तिक एवं व्यावहारिक दृष्टिकोण से प्रलेखों के प्रसूचीकरण की व्यवस्था एक केन्द्रीय संगठन द्वारा की जाती है जो मैग्नेटिक टेपों पर आधार-सामग्रियों (data) को अभिलेखबद्ध करता है और टेपों की प्रतियां ग्रंथालयों को प्रदान करता है। मैग्नेटिक टेपों से मुद्रित प्रसूचियों को तैयार किया जा सकता है अथवा पत्रकों के रूप में प्रसूचियों को बनाया जा सकता है।

कम्प्यूटर की सहायता से वाङ्मय सूचियों को भी तैयार कर सकते हें। मार्क को नित्य-प्रति मान्यता प्राप्त हो रही है। लाइब्रेरी ऑफ कांग्रेस की सहायता से ब्रिटिश नेशनल बिब्लियोग्राफी मार्क द्वितीय को विकसित कर अनुसरण कर रही है। बी.एन.बी. ने अपनी साप्ताहिक तालिका को तैयार करने के लिए इसे संशोधित किया है। संचयी अंकों तथा मुद्रित पत्रकों को तैयार करने के लिए भी इसका उपयोग किया जा रहा है। अतः अन्तर्राष्ट्रीय स्तर पर वाङ्मयात्मक नियंत्रण हेतु मार्क का उपयोग दो विशाल राष्ट्रीय एजेन्सियां कर रही हैं।

कम्प्यूटरीकृत अन्वेषण सेवा

विशिष्ट एवं महत्त्वपूर्ण प्रकार के अन्वेषणों अथवा व्यापक अन्वेषणों हेतु कम्प्यूटरीकृत सूचना संग्रह पद्धतियां विशिष्ट होती जा रही हैं। यूरोपियन स्पेस रिसर्च ऑर्गनाइजेशन (ESRO), स्पेस डाकूमेंटेशन सर्विस (SDS) "ऑनलाइन" (On-line) सूचना पुनर्प्राप्ति प्रणाली को संचालित करता है। इसमें दूरस्थ "टर्मिनल" (terminals) के नेटवर्क स्थापित किए गए हैं। इटली के फ्रासती (Frascati) नामक स्थान पर केन्द्रीय कम्प्यूटर की स्थापना कर ESRO के सदस्य-देशों को इससे सम्बद्ध कर दिया गया है जिसमें टेलीफोन की लाइनों का उपयोग किया गया है। प्रत्येक टर्मिनल को फ्रासती के डेटाबेसों का अभिगम उपलब्ध है।

20 से 25 सितम्बर को मुम्बई में ESRIN/RECON "ऑनलाइन" दूरस्थ प्रदर्शन आयोजित किया गया, जो प्रलेखन एवं सूचना सेवाओं के क्षेत्र में एक अद्वितीय कीर्तिमान प्रयास रहा है। इस कार्यक्रम का प्रायोजन यूनेस्को/यूनिसिस्ट (UNESCO/UNISIST) द्वारा किया गया था। "टेलीकम्यूनीकेशन" (telecommunication) की सुविधाओं के परिणामस्वरूप इस प्रकार की व्यवस्था सम्भव हो पाई है। रोम के समीप फ्रासती के "ESRIN Centre" से मुम्बई को प्रदर्शन की अवधि में सम्बद्ध कर दिया गया था। इस केन्द्र के पास दर्जनों "डेटाबेस" हैं, जिसमें विज्ञान एवं प्रौद्योगिकी के 75 लाख संदर्भों को संग्रहीत किया गया है। टाटा इन्स्टीट्यूट ऑफ फण्डामेन्टल रिसर्च (मुम्बई) के "टर्मिनल" संदर्भों की खोज की गई और वांछित सूचना को मुद्रित भी किया गया। वस्तुतः यह "ऑनलाइन" सूचना पुनर्प्राप्ति प्रणाली का प्रदर्शन था।

कम्प्यूटर एस.डी.आई. सेवाएं

चयनात्मक सूचना प्रसार सेवाओं (S.D.I. Services) का आयोजन कम्प्यूटर के माध्यम से करने के लिए आधुनिक पद्धतियों को निर्मित किया गया है जिनका प्रयोग भौतिकी (physics), रसायन विज्ञान (nuclear science) आदि के क्षेत्र में किया जा रहा है। कोई भी ग्रंथालय जो इन सेवाओं के लिए "सब्सक्राइब" करता है, उसे नियमित रूप से कम्प्यूटर द्वारा तैयार पत्रकों पर अथवा कागज पर अनुक्रमणिकाएं तथा सारांश प्राप्त होते रहते हैं, जिनका उपयोग वैज्ञानिक एवं विशेषज्ञ करते रहते हैं।

दक्षिण एशिया हेतु कम्प्यूटर द्वारा आयोजित चयनात्मक सूचना प्रसार सेवा की व्यवस्था हेतु यूनेस्को/यूनिसिस्ट की परीक्षण परियोजना का आयोजन "CHEM/SDI" किया जा रहा है, जिसे चेन्नई में संचालित किया जा रहा है। यह एक प्रयोगात्मक परियोजना है जिसमें CAN/SDI "सॉफ्टवेयर" तथा CA COND ENSATES मैग्नेटिक टेपों का उपयोग किया जाता है जो डेटाबेस का कार्य करती हैं। CAN/SDI अनेक स्रोतों से सामयिक सूचना का संग्रह करती है। इस परियोजना से विकासशील देशों में कम्प्यूटर आधारित एस.डी.आई. सेवाओं का आयोजन किया जा सकता है।

अभिलेखों का यंत्रीकरण

कम्प्यूटर के द्वारा अभिलेखों को भी विकसित किया जा सकता है। यंत्रीकरण का अभिप्राय अनावश्यक टाइप का कार्य, संचिकाकरण, कार्यों में पुनरावृत्तियों आदि को रोकना है।

"सरकूलेशन रिकॉर्ड" (circulation record), पुस्तकों के अधिग्रहण का आदेश, प्रक्रियाबद्ध करने के पश्चात् उपयोग के लिए तैयार की गई पुस्तकों का अभिलेख तैयार किया जा सकता है।

कम्प्यूटर का प्रयोग सामयिकियों के अभिलेखों को निर्मित करने के लिए अत्यधिक महत्त्वपूर्ण साबित हुआ है। कम्प्यूटर की स्मृति में यह भरा होता है कि किस पत्रिका का कौन-सा अंक कब ग्रंथालय में आता है। जिस-जिस अवधि में जिन-जिन पत्रिकाओं के अंक आते हैं, उनका अभिलेख कम्प्यूटर मुद्रित कर देता है और जिनका आना शेष रह जाता है उनकी तालिका पृथक से मुद्रित हो जाती है। इस प्रकार पत्रिकाओं के विषयानुसार, भाषानुसार, आपूर्ति करने वाले के अनुसार तथा प्रकार से विवरण मुद्रित कर तैयार किए जा सकते हैं।

सन्दर्भ साधनों का यंत्रीकरण

कम्प्यूटर प्रलेखों के चुनाव तथा विभक्तिकरण में अधिक उपयोगी होता है लेकिन यह सन्दर्भ सेवा नहीं कहलाती है, लेकिन संचिकाकरण में सर्वाधिक समय की बचत इससे होती है। इसमें "प्लानिंग" तथा प्रोग्रामिंग को समुचित ढंग से आयोजित करना पड़ता है। इसके द्वारा वाङ्मय सूचियों, शब्दानुक्रमणिकाओं, तथा अनेक सन्दर्भ स्रोतों की तालिकाओं को तैयार किया जा सकता है।

पुस्तकालयों में यंत्रीकरण का उपयोग

पुस्तकालयों में यंत्रीकरण के द्वारा विशिष्ट गतिविधियों तथा कार्यों को सम्पन्न किए जाने के उदाहरण इस प्रकार हैं–

1. इन्डेक्स मेडिकस–नेशनल लाइब्रेरी ऑफ मेडिसिन, वाशिंगटन, (यू.एस.ए.) इनडेक्स मेडिकस का प्रकाशन सन् 1960 से प्रारंभ हो गया, जो आयुर्विज्ञान की विश्व की सबसे बड़ी अनुक्रमणिकाकरण सेवा पत्रिका है। यद्यपि यह राष्ट्रीय आयुर्विज्ञान का ग्रंथालय 1880 से इस विषय क्षेत्र की अनुक्रमणिकाओं तथा वाङ्मय सूचियों का प्रकाशन कर रहा है, तथापि इन्डेक्स मेडिकस एक नवीन एवं विस्तृत सेवा का प्रतिनिधित्व करता है।

इन्डेक्स मेडिकस सम्पूर्ण रूप से यन्त्र पर आधारित है तथा एक विशाल सूचना प्रणाली मेडलार्स (MEDLARS—Medical Literature Analysis and Retrieval System) का एक अंग है। इसके प्रकाशन में "फोटोकम्पोजिंग" विधि का उपयोग किया जाता है, जिससे कम्प्यूटर के द्वारा प्रति मिनट तीन स्तम्भों के पृष्ठों को छाप दिया जाता है। प्रति वर्ष 2200 वायोमेडिकल पत्रिकाओं से 175,000 आलेखों को अनुक्रमणिकाबद्ध किया जाता है। इन्हें पहले पेपट टेपों पर चिह्नांकित कर कम्प्यूटर में समाहित किया जाता है। तत्पश्चात् मैग्नेटिक टेपों में परिवर्तित कर दिया जाता है। टेपों के द्वारा अनुक्रमणिका को छापा जाता है। 3600 शब्दों को प्रति मिनट छाप कर पृष्ठों को तैयार किया जाता है।

इसके अलावा वाङ्मय सूचियों, "डिमाण्ड सर्चेज" (demand searches) एवं कम्प्यूटर टेपों को भी बनाया जाता है। विश्व में यंत्रीकरण की दृष्टि से मेडलार्स सबसे बड़ी सूचना प्रणाली एवं संग्रह है।

2. नेशनल एरोनाटिक्स एण्ड स्पेस एडमिनिस्ट्रेशन–नासा (NASA) पुस्तकालय सेवा प्रबन्धन का दूसरा उदाहरण है जिसके तहत प्रसूची पत्रक वस्तुतः मैग्नेटिक टेप हैं, तथा सरकुलेशन डेस्क (Circulation desk) टेलीफोन अथवा संयुक्त राज्य अमेरिका की डाक (mail) है। अध्येताओं तथा उपयोगकर्ताओं को जहां वे कार्यरत हैं, और जहां उन्हें सूचना प्रदान की जाती है, वहीं उनके अध्ययन कक्ष हैं। यह मात्र यंत्रीकरण की देन है। यंत्रीकरण का उपयोग अमेरिका के विश्वविद्यालयों ने भी किया गया है जिसके अन्तर्गत फ्लोरिडा एटलांटिक यूनिवर्सिटी, यूनिवर्सिटी ऑफ मिसौरी, यूनिवर्सिटी ऑफ शिकागो, मिशीगन स्टेट यूनिवर्सिटी तथा यूनिवर्सिटी ऑफ न्यू मेक्सिको आदि के ग्रंथालय प्रमुख हैं। यंत्रीकरण के अतिरिक्त कम्प्यूटर

के उपयोग की अन्य विधियों पर अन्वेषण भी किया जा रहा है। डेटरापट पब्लिक लाइब्रेरी तथा लास एन्जलिस सिटी एवं काउन्टी लाइब्रेरी में यंत्रीकरण का उपयोग किया जा रहा है।

टेलीरिफ्रेन्स

अमेरिका के अन्तर्गत टेलीरिफ्रेन्स जैसी पुस्तकालय सेवाओं का प्रचलन काफी महत्त्वपूर्ण हो गया है। टेलीरिफ्रेंस के अन्तर्गत टेलीटेक्सट (teletext), विडियोटेक्स (Videotex) तथा "केबिल टेलीविजन" (cable television) सम्मिलित किए गए हैं।

इनके माध्यम से सूचना का अवलोकन टेलीविजन के माध्यम से किया जा सकता है। उपयोगकर्ता को टेलीटेक्सट सेट पर सूचना प्राप्त होती है जो विशिष्ट प्रकार के प्रलेखों से तैयार किया जाता है। विडियोटेक्स से भी टेलीटेक्सट की भांति सूचना प्राप्त होती है। लेकिन विडियोटेक्स में सूचना को प्राप्त करने तथा संदेश को भेजने की जो सुविधा होती है, वह टेलीटेक्सट में नहीं होती है।

इनका उपयोग पुस्तकालयों के अन्तर्गत किया जा सकता है जिससे सन्दर्भ सेवा एवं सूचना प्रसार में मदद मिलती है। डेटा ट्रांसमिशन सर्विस (Data transmission service) में विडियोटेक्स का उपयोग किए जाने की सम्भावनाएँ बढ़ती जा रही हैं।

भारत में पुस्तकालयों का यंत्रीकरण

भारतीय पुस्तकालयों में भी यंत्रीकरण और नेटवर्क का उपयोग तीव्र गति से किया जा रहा है। पूर्व के दो दशकों में पुस्तकालय एवं सूचना क्रियाकलापों के क्षेत्र में कम्प्यूटर का उपयोग करने का प्रयास किया गया है। लेकिन विगत पाँच-छः वर्षों से ग्रन्थालय एवं सूचना केन्द्र अपने कार्यों तथा सेवाओं को कम्प्यूटर के माध्यम से सम्पन्न करने में सक्रिय हुए हैं। ग्रंथालयों में यंत्रीकरण के लिए निसात (NISSAT) अत्यधिक प्रोत्साहन प्रदान कर रहा है। अब माइक्रोप्रोसेसर (microprocessor) कुछ सस्ते हो गए हैं। अतः यंत्रीकरण भी सरल हो गया है। ग्रंथालय यंत्रीकरण में प्रशिक्षण भी दिया जाने लगा है।

भारत के अन्तर्गत लगभग पचास से भी ज्यादा पुस्तकालयों तथा सूचना केन्द्रों में कम्प्यूटर का प्रयोग किया जा रहा है।

कम्प्यूटर उपयोग की प्रमुख संस्थाएँ

सूचना सेवाओं की व्यवस्था तथा अन्य क्रियाकलापों के लिए कम्प्यूटर का उपयोग निम्नांकित संस्थाओं में पूर्णतः किया जा रहा है–

(1) इन्सडॉक (INSDOC),

(2) डी.आर.टी.सी. (DRTC),

(3) इन्डियन इन्स्टीट्यूट ऑफ साइन्स (बंगलौर),

(4) इन्डियन इन्सिटीट्यूट ऑफ टेक्नॉलोजी, कानपुर एवं चेन्नई,

(5) नेशनल इनफारमेटिक्स सेन्टर (NIC), नई दिल्ली,

(6) भारत एटॉमिक रिसर्च सेन्टर (BARC),

(7) टाटा इन्स्टीट्यूट ऑफ फण्डामेन्टल रिसर्च (TIFR),

(8) फिजिकल रिसर्च लेबोरेट्री (PRL), अहमदाबाद,

(9) इन्दिरा गांधी सेन्टर फार एटॉमिक रिसर्च, चेन्नई,

(10) डेसीडॉक (DESIDOC),

(11) निसात (NISSAT) के सेन्ट्रल केन्द्र–NICDAP, लखनऊ, NICLAI, चेन्नई, NICFOS, मैसूर, NICMAP, बंगलौर तथा NICRYS, चेन्नई।

इन्डियन इन्स्टीट्यूट ऑफ साइन्स, बंगलौर में यू.जी.सी. (UGC) का नेशनल सेन्टर फॉर साइन्स इनफारमेशन (NCSI) स्थापित किया गया है। यह केन्द्र कम्प्यूटरीकृत एस.डी.आई. (SDI) सेवाओं का आयोजन विदेशी डेटाबेसों से कर रहा है। जैसे–INSPEC, CA-SEARCH, BIOSIS, MATHSCI, GEOREF इसका लाभ 3000 से अधिक उपयोगकर्ता प्राप्त कर रहे हैं।

कृषि जगत में ARIC द्वारा AGRIS से तथा MEDLARS तथा POPLINE डेटाबेसों से दिल्ली में कम्प्यूटर से सेवाएं आयोजित की जा रही हैं। ICMR-NIC बायोमेडिकल इनफारमेशन सेन्टर, नई दिल्ली "ऑनलाइन" सेवाओं की व्यवस्था कर रहा है। नेशनल मेडिकल लाइब्रेरी में कम्प्यूटर का उपयोग किया जा रहा है। अनुसंधान एवं विकास (R&D) केन्द्रों तथा औद्योगिक प्रतिष्ठानों में भी ग्रंथालय एवं सूचना क्रियाकलापों के लिए कम्प्यूटर का उपयोग किया जा रहा है, जैसे–SAIL (राँची), BHEL (हैदराबाद), HMT (बंगलौर), IDL (हैदराबाद), EIL (नई दिल्ली), MECON (राँची)।

(1) National Aeronautical Laboratory, Bangalore,

(2) National Council of Applied Economic Research, New Delhi,
(3) NISTADS, (CISR), PID (CSIR), ICRISAT (हैदराबाद) आदि।
(4) Central Secretariat Library, New Delhi,
(5) Institute of Armament Technology, Pune,
(6) Bureau of Indian Standards.

डेटा नेटवर्क की स्थापना इलेक्ट्रॉनिक्स और टेलीकम्यूनिकेशन संस्थानों में भी की गई है। वाणिज्यिक कार्यों हेतु CMC, VIKRAM तथा सेटलाइट (Statellite) के माध्यम से ग्रामीण टेलीग्राफ नेटवर्क स्थापित किया गया है। "ऑनलाइन" अभिगम की व्यवस्था इनके माध्यम से सम्भव है। पुस्तकालयों के अन्तर्गत अधिग्रहण, "सिरियल कन्ट्रोल" (Serial control) प्रसूचीकरण, आदान-प्रदान, सांख्यिकीय कार्यों के लिए यंत्रीकरण किया गया है। यंत्रेण पठनीय स्वरूपों में वाङ्मयात्मक डेटाबेसों को भी तैयार किया गया है। सामयिक सूचना सेवा को भी कम्प्यूटर द्वारा प्रदान करने की व्यवस्था है। अनेक सूचना केन्द्र तथा ग्रंथालय विदेशी डेटाबेसों को प्राप्त कर रहे हैं। निसात का प्रयास इस दिशा में प्रशंसनीय है।

पुस्तकालयों के अन्तर्गत पत्रों के पूर्ण विकास पर विशेष ध्यान देना चाहिए क्योंकि यंत्रीकरण का पूर्ण रूप से प्रयोग करने से सूचना पुनर्प्राप्ति एवं सन्दर्भ-सेवा की विभिन्न समस्याओं का समाधान हो जायेगा और इसका कार्य भी सहज रूप से सम्पन्न हो सकेगा।

11

ग्रन्थालय एवं सूचना प्रणाली की राष्ट्रीय नीति

वर्तमान युग सूचना का युग है। इस युग में सूचना का विशिष्ट महत्त्व है इसके साथ-साथ यह सूचना का एक सशक्त माध्यम भी है। देश के सम्पूर्ण विकास में शोध की भूमिका सराहनीय है तथा शोध का आधारशिला सूचना है। आज लगभग विश्व के सम्पूर्ण राष्ट्रों में प्रत्येक वर्ष करोड़ों रुपये शोध एवं उन्नति की गतिविधियों पर लगाये जा रहे हैं। जिसमें संयुक्त राज्य अमेरिका अपना विशिष्ट स्थान रखता है। उन्नतिशील राष्ट्रों के अन्तर्गत शोध एवं विकास को राष्ट्रीय प्रगति का आधार माना जा रहा है और सूचना को महत्त्वपूर्ण राष्ट्रीय संसाधन माना गया है, जिसे राष्ट्रीय नीतियों—आर्थिक, वैज्ञानिक, प्रौद्योगिकी तथा सामाजिक विकास एवं प्रगति का भी आवश्यक साधन माना गया है। परिणामतः ऐसे क्रियाकलापों पर पर्याप्त धन व्यय किया जा रहा है। लेकिन अनुसंधान एवं विकास के कार्य तभी अधिक सफल सिद्ध होंगे, जब ग्रंथालयों एवं सूचना सेवा प्रणालियों की सुव्यवस्था हो जो वस्तुतः राष्ट्रीय सूचना प्रणाली एवं ग्रन्थालय नीतियों पर अत्यधिक निर्भर करता है। जिस तरह पुस्तकालय की उन्नति एवं विकास हेतु पुस्तकालय अधिनियम का होना अति ावश्यक है उसी तरह सर्वश्रेष्ठ सूचना सेवा के लिए इससे जुड़ी नीति की भी जरूरत है।

तकनीकी एवं प्रौद्योगिकी के विकास में यह स्वीकार किया जा रहा है कि आधुनिक समाज का आर्विभाव हो रहा है। वह है—"सूचना उन्मुख समाज"

(information intense society)। ऐसी भी कल्पना की जा रही कि ''कागज विहीन समाज'' (paperless society) का भी अभ्युदय हो रहा है। अतः ग्रन्थालयों की व्यवस्था प्रणाली की धारणा, कार्य पद्धति, संगठन एवं व्यवस्था, संचालन एवं सेवाओं की पुरानी मान्यताओं के स्थान पर नवीन मान्यता प्रदान की जा रही है और नवीन दृष्टिकोण विकसित हुए हैं। आजकल सर्वत्र एवं सार्वभौमिक रूप से ज्ञान के प्रसार एवं स्थानान्तरण तथा उसे उपयोग हेतु सुरक्षित रखने के लिए ग्रन्थालयों को एक आवश्यक सामाजिक संस्थान माना गया है। कोई भी समुदाय, संस्था, संगठन तथा प्रतिष्ठान बिना किसी ग्रंथालय-व्यवस्था के पूर्ण नहीं माना जाता है।

भारत ने यह आवश्यक एवं महत्त्वपूर्ण माना है कि वैज्ञानिक, तकनीकी एवं आर्थिक उन्नति उपलब्ध करने हेतु पुस्तकालय प्रबन्धन पद्धति को नया रूप प्रदान करना और सूचना सेवा हेतु एक महत्त्वपूर्ण योजना बहुत जरूरी है। भारत सरकार ने यह स्वीकार किया है कि ग्रन्थालय व्यवस्था का आधुनिकीकरण करना एक सूचना उन्मुख समाज को विकसित करना है। जब तक सूचना तथा ज्ञान का उपयोग करने का जो व्यापक अन्तर विकसित एवं विकासशील देशों में है उसे दूर नहीं किया जाएगा, तब तक विकासशील देशों का सूचना के उपयोग पर प्रभुत्व बना रहेगा। अर्थात् सूचना अभावग्रस्त देश सूचना-सम्बद्ध देशों से प्रगति एवं विकास में सदैव पीछे रहेंगे।

राष्ट्रीय विकास के सम्बन्ध में भारत सरकार ने अपने अनेक राष्ट्रीय नीतियों तथा नियोजन प्रलेखों (national policy and planning documents) में सूचना के महत्त्व एवं प्रभाव का उल्लेख किया है।

वैज्ञानिक नीति संकल्प एवं प्रौद्योगिकी नीति वक्तव्य (Scientific Policy Resolution and Technology Policy Statement)

स्वतन्त्रता के पश्चात् सन् 1958 में भारतीय प्रशासन ने वैज्ञानिक नीति संकल्प को लागू किया था और यह निश्चत किया था कि उन्नत एवं अल्प विकसित देशों के अन्तर को विज्ञान की प्रगति के माध्यम से ही दूर किया जा सकता है। इस संकल्प का मुख्य उद्देश्य वैज्ञानिक एवं प्रौद्योगिकी प्रगति को प्रोत्साहित करना था जिसमें देश का विकास निहित है।

पुस्तकालय एवं सूचना सेवा के अन्तर्गत वैज्ञानिक नीति, संकल्प के निर्देशन को निम्न पंक्तियों में स्पष्ट किया जा सकता है–

1. सामान्य रूप से, वैज्ञानिक ज्ञान की प्राप्ति तथा अनुप्रयोग से जो लाभप्रद वस्तुएं उत्पन्न होती हैं उन्हें देश के लोगों के लिए संग्रह एवं प्राप्त करना।

2. शैक्षणिक स्वतंत्रता के क्षेत्र में ज्ञान की प्राप्ति तथा प्रसार में व्यक्तिगत प्रयासों तथा कार्यों को प्रोत्साहित करना।

जनवरी 1983 में भारतीय प्रशासन के द्वारा घोषित की गयी तकनीकी एवं प्रौद्योगिकी नीति वक्तव्य से स्पष्ट होती है कि प्रौद्योगिकी पर आधारित सूचना-प्रणाली की स्थापना करनी है, जिससे उपयुक्त एवं आवश्यक प्रौद्योगिकी सूचना के संकलन एवं विश्लेषण की दक्षतापूर्ण प्रणाली उपलब्ध हो सकें।

शिक्षा की राष्ट्रीय नीति (National Policy on Education)

मई 1986 में भारत सरकार ने आधुनिक राष्ट्रीय शिक्षा नीति को उपयोग में लाने की घोषणा की है, जिसके अन्तर्गत कार्यरत ग्रंथालयों को उन्नत बनाने, नवीन ग्रन्थालयों की संस्थापना तथा सभी संस्थाओं में समुचित ग्रंथालय सुविधाओं को उपलब्ध करने पर जोर दिया गया है।

राष्ट्रीय सूचना नीति (National Information Policy)

''बैकग्राउण्ड टू इवालविंग ए नेशनल इनफारमेशन पॉलसी'' (Background to Evolving a National Information Policy) का जो प्रलेख है उनमें वास्तविक एवं उपयुक्त जनतन्त्र प्रणाली की सफलता हेतु सुचना एवं ज्ञान को अत्यधिक महत्त्वपूर्ण कहा गया है, जिससे जन-समूह को सामयिक क्रियाकलापों तथा समस्याओं जैसे—राजनीतिक, आर्थिक, सामाजिक, गणतांत्रिक, शैक्षणिक, वैज्ञानिक, प्रौद्योगिकी, औद्योगिक आदि से पूर्णतः अवगत रखना है। इस प्रसंग में, इस प्रलेख में सार्वजनिक संचार एवं सम्प्रेषण, समाचार-पत्रों, लोकसभा, आकाशवाणी, दूरदर्शन, फिल्मों, प्रेस सूचना केन्द्रों, पब्लिकेशन्स डिविजन, अनुसंधान एवं संदर्भ विभाग की भूमिका एवं योगदान को स्पष्ट किया गया है। इनको सार्वजनिक सूचना का एक महत्त्वपूर्ण साधन कहा गया है।

ग्रंन्थालय एवं सूचना प्रणाली की राष्ट्रीय नीति (National Policy on Library and Information System)

भारत सरकार ने अक्टूबर 1985 में मानव संसाधन विकास मंत्रालय को ग्रंथालय एवं सूचना प्रणाली की राष्ट्रीय नीति को निर्धारित करने के लिए प्रो.डी.पी. चट्टोपाध्याय (Prof. D.P. Chattopadhyaya) की अध्यक्षता में एक समिति का गठन किया। मई 1986 में समिति ने अपना प्रतिवेदन "National Policy on Library and Information System : A Presentation" की आख्या से प्रस्तुत किया।

राष्ट्रीय नीति को प्रभावशाली बनाने के लिए सन् 1986 में संस्कृत विभाग ने प्रो.डी.पी. चट्टोपाध्याय की अध्यक्षता में एक सक्षम समिति गणित की जिसने मार्च

1987 से कार्य करना प्रारम्भ किया और अपना कार्य मार्च 1988 में पूर्ण कर दिया। इसने निम्नांकित ग्रंथालय-प्रणालियों तथा व्यवस्था की आवश्यकता को निश्चित किया–

(1) सार्वजनिक ग्रन्थालय व्यवस्था (Public Library System); (2) शैक्षणिक ग्रन्थालय व्यवस्था (Academic Library System); (3) विशिष्ट ग्रन्थालय एवं सूचना प्रणाली (Special Library and Information system); (4) राष्ट्रीय ग्रन्थालय तथा वाङ्‌यात्मक सेवाएं (National Library and Bibliographical Services)। इसका उद्देश्य भारत के ग्रन्थालय आन्दोलन तथा सेवाओं को–(1) शिक्षा की राष्ट्रीय नीति (National Policy on Education) ; (2) ग्रंथालय आन्दोलन (Library Movement); (3) हमारे सांस्कृतिक वैभव को सुरक्षित रखने (Preservation of our Cultural Heritage) की आवश्यकता के अनुकूल बनाने का रहा है। समिति ने ग्रन्थालय एवं सूचना प्रणाली की राष्ट्रीय नीति को सूत्रबद्ध किया, जो अग्रलिखित है–

पुस्तकालय एवं सूचना सेवाएं राष्ट्रीय गतिविधियों के सम्पूर्ण क्षेत्रों में अत्यधिक महत्त्वपूर्ण है विभिन्न आधारों पर अनुकूल एवं वास्तविक निर्णय लेने की प्रक्रियाएं उपयुक्त एवं तत्काल सूचना उपलब्ध होने से सरल हो जाती हैं। उपुयक्त सूचना राष्ट्रीय विकास की गति को तीव्र कर देती है। गणतन्त्र प्रणाली की सरकारों के लिए प्रबुद्ध नागरिक शक्ति तथा सम्पत्ति माने जाते हैं और सूचना का उपयुक्त उपयोग करने से नागरिकों में गुणात्मक सुधार उत्पन्न किया जा सकता है। अतः भारत सरकार के कार्यरत ग्रन्थालय एवं सूचना प्रणाली तथा सेवाओं को समन्वित एवं उन्नत करने की आवश्यकता का अनुभव करती है और सूचना प्रौद्योगिकी के नवीनतम विकास से लाभान्वित होने के लिए राष्ट्रीय आवश्यकता की पूर्ति हेतु नवीन कार्यक्रमों को प्रारम्भ करने का प्रयास करती है।

पुस्तकालय एवं सूचना नीति के प्रमुख उद्देश्य

1. ज्ञानार्जन एवं ज्ञान-प्रसार तथा बौद्धिक स्वतंत्रता के क्षेत्र में व्यक्तिगत प्रयासों तथा क्रियाकलापों को प्रोत्साहित करना।

2. ज्ञानार्जन तथा ज्ञान के अनुप्रयोग के परिणामस्वरूप जो लाभ प्राप्त होते हैं, उन्हें देश के लोगों के लिए प्राप्त एवं संग्रह करना।

3. राष्ट्र के सांस्कृतिक वैभव को सुरक्षित रखना तथा उससे लोगों को अवगत रखना।

4. राष्ट्रीय गतिविधियों के सम्पूर्ण जगत में सूचना के संगठनों तथा सूचना

की सुलभता तथा उपयोग को सभी प्रकार के उपयुक्त साधनों के माध्यम से प्रोत्साहित करना बढ़ावा देना और संस्थापित करना।

5. क्रियाशील पुस्तकालय एवं सूचना पद्धतियों तथा सेवाओं को उन्नत एवं सुदृढ़ करना और नवीन सूचना प्रौद्योगिकी से लाभान्वित होने के लिए राष्ट्रीय आवश्यकता के अनुकूल नवीन कार्यक्रमों को प्रारम्भ करना।

6. पुस्तकालय एवं सूचनाकार्मिकों को प्रशिक्षित करने हेतु तीव्रगामी कार्यक्रमों को प्रोत्साहित एवं प्रारम्भ करना, जिससे ग्रन्थालय एवं सूचना सेवाओं का आयोजन एवं व्यवस्था हेतु योग्य कर्मी सुलभ हो सकें और ऐसी सेवाओं के लिए उनके कार्यों को महत्त्वपूर्ण मानना।

7. राष्ट्रीय अर्थव्यवस्था के सभी क्षेत्रों एवं स्तरों की सूचना आवश्यकताओं की पूर्ति के लिए ग्रन्थालय एवं सूचना सुविधाओं तथा सेवाओं को शीघ्रातिशीघ्र विकसित करने पर्याप्त 'मानिटरिंग' (monitoring) तंत्रों को स्थापित करना।

सप्तम पंचवर्षीय योजना के प्रसार (Seventh Plan Initiative)

पुस्तकालय एवं सूचना प्रसार की प्रबन्धन और जरूरत को सप्तम पंचवर्षीय योजना (1985-90) के अन्तर्गत भारत सरकार ने पूर्ण मान्यता प्रदान की है और सूचना प्रौद्योगिकी (information technology) का उपयोग करने पर जोर दिया है। "Steering Group on Science and Technology and Environment" ने अपने प्रतिवेदन में यह संस्तुति की है कि ग्रंथालय समुदाय को कम्प्यूटर के उपयोग से अवगत कराया जाय और प्रमुख ग्रन्थालय कार्य को कम्प्यूटरीकृत किया जाय। इससे यह आभास होता है कि भारत सरकार ग्रन्थालय एवं सूचना प्रणाली को समन्नत करने हेतु कटिबद्ध है।

योजना आयोग के कार्यबल का ग्रन्थालय सेवाओं एवं सूचना विज्ञान का प्रतिवेदन (Report of the Planning Commission Working Group on Modernization of Library Services and Informatics for 7 the Five Year Plan—1985-90)—

योजना आयोग ने डा.एन. शेसागिरी की अध्यक्षता में पुस्तकालय सेवाओं एवं सूचना विज्ञान के नवीनीकरण करने हेतु एक कार्य दल स्थापित किया, जिसने अपना प्रतिवेदन "Report of the Planning Commission Working Group on Modernization of Library Services and Informatics for the Seventh Five Year Plan (1985-90)" के आख्या से प्रस्तुत किया। इस प्रतिवेदन में ग्रन्थालयों को सूचना का सबसे अधिक समृद्ध एवं मितव्ययी स्रोत के रूप में की

मान्यता प्रदान की गयी है। प्रतिवेदन में यह भी उल्लेख किया गया है कि राष्ट्रीय स्तर पर यह सबसे कम समन्वित एवं नियोजित है। इस प्रतिवेदन में ग्रन्थालयों से होने वाले अप्रत्यक्ष लाभ का उल्लेख करते हुए उनका नवीनीकरण करने, कम्प्यूटर नेटवर्क, माइक्रोफिल्म, कम्प्यूटर का रिप्रोग्राफी हेतु उपयोग करने, तथा सूचना प्रौद्योगिकी की सभी विधियों एवं साधनों का उपयोग किए जाने पर जोर दिया गया है। प्रलेखन सेवा को विस्तृत बनाने तथा संकलनों को समृद्धशाली बनाने पर भी जोर दिया गया है।

शिक्षा सम्बन्धी सार्वजनिक एवं महत्त्वपूर्ण पुस्तकालयों की जरूरत एवं प्रसार तथा मानवीय साधन की आवश्यकता पर भी इस प्रतिवेदन में प्रकाश डाला गया है। सन् 2000 तक कम्प्यूटर नेटवर्क को पूर्णतः स्थापित करने पर जोर दिया गया है जिससे सभी विशिष्ट ग्रन्थालयों को एक साथ सम्बद्ध किया जा सकें।

पुस्तकालय एवं सूचना पद्धति की राष्ट्रीय नीति को राजा राममोहन राय लाइब्रेरी फाउन्डेशन तथा इन्डियन लाइब्रेरी असोशिएशन द्वारा प्रतिपादित एवं सूत्रबद्ध किए गए नीतियों का उल्लेख आवश्यक प्रतीत होता है। क्योंकि वे अत्यन्त ऐजेन्सी/संस्था को अन्तर्राष्ट्रीय एजेन्सियों से सम्पर्क एवं सहयोग स्थापित करने हेतु संगठित करना चाहिए।

इस तरह फाउन्डेशन ने हमेशा प्रत्येक स्तरों को राष्ट्रीय नीति में शामिल किया है।

इन्डियन लाइब्रेरी असोशियेशन की ग्रन्थालय एवं सूचना प्रणाली की राष्ट्रीय नीति (Indian Library Association : National Policy on Library and Information System)

फाउन्डेशन की नीति की भाँति इस नीति की अवधारणा और सुझाव, सुदृढ़ एवं क्रमबद्ध है। इसका संक्षिप्त विवरण इस प्रकार है–

(1) राष्ट्रीय पुस्तकालय एवं सूचना पद्धति प्रणाली (National Library and Information System)

पुस्तकालय एक महत्त्वपूर्ण एवं विशिष्ट राष्ट्रीय साधन है। और राष्ट्र के सम्पूर्ण उन्नति व विकास का प्रमुख आधार शिला है। अतः राष्ट्रीय ग्रन्थालय एवं सूचना प्रणाली के विकास को अधिक वरीयता प्रदान की जानी चाहिए, जिससे प्रत्येक नागरिक इनका लाभ उठा सकें।

(2) राष्ट्रीय सूचना नीति (National Information Policy)

सूचना संचार सेवा के सन्दर्भ में राष्ट्रीय पुस्तकालय सूचना नीति को निश्चित

करने की जरूरत है, जिसे निश्चित एवं सूत्रबद्ध किया जाना चाहिए। इसके लिए शासन को अधिनियम एवं नियमों को लागू करना चाहिए, जिससे सूचना आवश्यकता की पूर्ति होती रहें। इसके लिए आर्थिक, कार्मिक तथा संस्थाओं को सुलभ करने की नीति का निर्धारण किया जाना चाहिए।

भारत की राष्ट्रीय सूचना नीति को सामाजिक एवं आर्थिक नीतियों को एक अभिन्न अंग के तौर पर स्वीकार किया जाना चाहिए तथा अन्य विषयों एवं क्षेत्रों की नीतियों की भांति संविधान के अन्तर्गत इसे स्थान दिया जाना चाहिए और पंचवर्षीय योजनाओं में इसे सम्मिलित किया जाना चाहिए।

उद्देश्य (Objective)

1. मानवीय अवधारणा (Humanistic Perspective)–पुस्तकालयों को सभ्यता एवं सांस्कृतिक सम्पदा का संग्रहालय भी कहा जाता है। अतः इसके भवन का निर्माण सौन्दर्यपूर्ण एवं कार्यकारी (functional) रूप से किया जाना चाहिए।

2. पुस्तकालय : सूचना केन्द्र (Library as Information Centre)–राष्ट्रीय, ग्रन्थालय, राज्य तथा स्थानीय स्तरों पर सूचना केन्द्र का कार्य करें तथा वैधानिक सूचना, शासकीय प्रलेखों, सांख्यिकीय आधार-सामग्री (Statistical Data) तथा विकास प्रक्रिया की सूचना की सामग्रियों का निःशुल्क अभिगम प्रदान करें।

3. पुस्तकालय मानक (Library Standards)–कम से कम ग्रन्थालय सेवाओं का मानक पूरे देश के लिए निर्धारित किया जाना चाहिए और 6/1/2 प्र. श. राष्ट्रीय, राज्य तथा स्थानीय बजट का भाग ग्रन्थालय सेवा के लिए व्यय किया जाना चाहिए।

सूचना आवश्यकताएं (Information Needs)

1. विद्यालय पुस्तकालय (School Library)–नेशनल काउन्सिल ऑफ एजूकेशनल रिसर्च एण्ड ट्रेनिंग (NCERT) इन पुस्तकालयों की स्थापना एवं व्यवस्था की रूपरेखा तैयार करे और राज्य सरकारों विद्यालय पुस्तकालयों की स्थापना में उनको लागू करें और सभी स्कूलों के ग्रन्थालयों के लिए मानक निर्धारित करें। विद्यालय पुस्तकालयों सामुदायिक केन्द्र का भी कार्य करें।

2. शिक्षा नीति (Educational Policy)–आधुनिक राष्ट्रीय शिक्षा नीति में 14 वर्ष के बालकों हेतु निःशुल्क एवं अनिवार्य शिक्षा व्यवस्था को लागू करने पर जोर दिया गया है। व्यावसायिक शिक्षा पर भी इसके अन्तर्गत प्रावधान किया गया है। अतः प्रौढ़ शिक्षा हेतु उपयुक्त एवं पर्याप्त पुस्तकालय सुविधा सुलभ की जानी चाहिए।

3. सूचना संतुष्टि (Information satisfaction)–पुस्तकालय सेवाओं का प्रमुख उद्देश्य उपयोगकर्ता की संतुष्टि होना चाहिए। अतः पुस्तकालय की व्यवस्था तथा सेवा आयोजन उपयोगकर्ता की संतुष्टि को दृष्टिगत रखते हुए किया जाना चाहिए।

4. मानसिक स्वतंत्रता (Intellectual Freedom)–मानसिक स्वतन्त्रता की धारणा को पुस्तकालयों को अपनाना चाहिए और सूचना के अभिगम पर कोई रोक नहीं होना चाहिए, जैसा कि भारतीय संविधान में प्रावधान किया गया है।

विधिकरण (Legislation)

1. राष्ट्रीय पुस्तकालय अधिनियम (National Library Act)–वर्तमान शिक्षा की आवश्यकता के सन्दर्भ में संशोधित एवं बदलावशील पुस्तकालय की आवश्यकता की पूर्ति हेतु राष्ट्रीय पुस्तकालय अधिनियम लागू किया जाना चाहिए तथा राज्यों में भी पुस्तकालय अधिनियम पूरक के रूप में पारित किया जाना चाहिए।

2. पुस्तकालय एवं सूचना विज्ञान का राष्ट्रीय आयोग (National commission on Libraries and Information Science)–उपर्युक्त वर्णित राष्ट्रीय उद्देश्यों को पूरा करने के लिए पुस्तकालय एवं सूचना विज्ञान का राष्ट्रीय आयोग का गठन किया जाना चाहिए जिससे प्रमुख कार्य निम्नलिखित होने चाहिए–

(i) पुस्तकालय एवं सूचना सेवा के परिप्रेक्ष्य में राष्ट्रीय, राज्य, स्थानीय, सार्वजनिक एवं व्यक्तिगत एजेन्सियों को परामर्श देने को अधिकृत करना।

(ii) आधुनिकतम तकनीकी की यंत्रों का प्रयोग करने में सहायक सिद्ध होना।

(iii) पुस्तकालयों के द्वारा सूचना आमोद-प्रमोद अथवा मनोरंजन और ज्ञान का अभिगम प्रदान करने हेतु सार्वजनिक ग्रंथालयों की स्थापना एवं विकास में योगदान करना।

(iv) सम्बन्धित क्रियाकलापों एवं पुस्तकालय विज्ञान का प्रतिवेदन संसद को प्रस्तुत करना।

(v) राष्ट्रीय नीतियों को लागू करने हेतु शासन को परामर्श देना।

(vi) सूचना आवश्यकताओं का अध्ययन एवं सर्वेक्षण करना, जिसमें विशेष रूप से आर्थिक, सामाजिक, सांस्कृतिक दृष्टि से पिछड़े एवं विकलांगों की आवश्यकता पर अधिक ध्यान देना।

(vii) पुस्तकालय एवं सूचना माध्यमों के महत्त्व का मूल्यांकन करना।

(viii) राष्ट्रीय पुस्तकालय एवं सूचना आवश्यकता की पूर्ति हेतु तथा

सम्बन्धित क्रियाकलापों को समन्वित करने के लिए रूपरेखा तथा योजनाएं विकसित करना।

स्वैच्छिक संस्थाएं (Voluntary Organisations)

वाणिज्यिक एवं स्वैच्छिक संस्थाएं पुस्तकालय आन्दोलन को सुदृढ़ एवं शक्तिशाली तथा प्रोत्साहित करने में विशिष्ट भूमिका का निर्वहन करते है। उन्हें उनके कार्यों को सम्पन्न करने हेतु आर्थिक सहायता प्रदान करनी चाहिए।

डाक मूल्य (Postal Rates)

सूचना के स्वतन्त्र विस्तार के लिए पुस्तकालयों को उपलब्ध होने वाली डाक मूल्यों में छूट प्रदान किया जाना चाहिए।

आकार तथा संगठनात्मक व्यवस्था (Structure and Organisation)

1. अधिकृत प्रलेखों के निक्षेपागार (Depositories of Official Documents)–राज्य एवं केन्द्रीय सरकारों के अधिकृत प्रकाशनों के निक्षेपागार राज्यों की राजधानी में संस्थापित करना चाहिए तथा जिला स्तर पर भी इसकी व्यवस्था होनी चाहिए।

2. राष्ट्रीय वाङ्मयात्मक केन्द्र (National Bibliographical Centre)–राष्ट्रीय ज्ञान उत्पाद की संग्रहण विभिन्न कम्पनियों के वांङ्यात्मक क्रियाकलापों को समन्वित करने, वांङमयात्मक अनुसंधान करने, तथा शेधार्थियों को वांङमयात्मक नियंत्रण रखने के लिए एक राष्ट्रीय वांङमायात्मक केन्द्र की स्थापना की जानी चाहिए जो एक रिफ्रल केन्द्र (referral centre) का भी कार्य करें।

3. प्रलेख वितरण पद्धति (Document Delivery System)–प्रत्येक नवीन सूचना सेवाएं प्रालेख विवरण पद्धति पर निर्भर होती है, जिसमें प्रलेखों की प्रतियां प्रदान की जाती हैं। अतः प्रलेखों की वितरण प्रणाली को सशक्त बनाना चाहिए।

4. राष्ट्रीय नेटवर्क (National Network)–ग्रंथालयों तथा सूचना केन्द्रों का राष्ट्रीय नेटवर्क अनेक प्रणालियों का होना चाहिए–(i) राज्य पुस्तकालय पद्धति, (ii) राष्ट्रीय पुस्तकालय पद्धति, (iii) सार्वजनिक पुस्तकालय पद्धति, (iv) शैक्षणिक पुस्तकालय पद्धति, (v) अनुसंधान पुस्तकालय, तथा (vi) शासकीय पुस्तकाय (Government libraries)।

5. शिखर पुस्तकालय (Apex Libraries)–इसको पुस्तकालय के तौर पर डा. रंगनाथन् द्वारा परिकल्पित राष्ट्रीय पुस्तकालय की तीन श्रेणियां होनी चाहिए–नेशनल कापीराइट लाइब्रेरी, नेशनल डारमेट्री लाइब्रेरी तथा नेशनल सर्विस लाइब्रेरी।

6. सार्वजनिक पुस्तकालय (Public Libraries)—यह पुस्तकालय एक सामाजिक संस्था है। सार्वजनिक संचार तथा शिक्षण, साक्षरता कार्यक्रम, पौढ़ शिक्षा की दृष्टि से केन्द्रीय राज्य, जिला, नगर तथा ग्राम ग्रन्थालयों की स्थापना की जानी चाहिए।

7. युवक पुस्तकालय (Youth Libraries)—राष्ट्रीय विकास वे नवयुवकों की भूमिका को दृष्टिगत रखते हुए राष्ट्रीय युवक ग्रन्थालय प्रणाली की स्थापना की जानी चाहिए जिसके साथ केन्द्रीय स्तर पर एक राष्ट्रीय युवक ग्रंथालय होना चाहिए। ऐसे ग्रंथालयों का कार्य सामुदायिक केन्द्र का भी होगा।

8. अभिलेखागार पुस्तकालय (Archival Libraries)—परम्परागत आलेखों, वैयक्तिक एवं सार्वजनिक प्रलेखों, पाण्डुलिपियों आदि को सांस्कृतिक महत्त्व की दृष्टि से सुरखित रखने एवं संग्रह करने पर अधिक जोर दिया जाना चाहिए तथा राष्ट्रीय एवं राज्य स्तर पर इनके अभिलेखागार ग्रंथालय होने चाहिए।

सूचना तकनीकी (Information Technology)

1. सूचना प्रबन्ध प्रणाली (Information Management System)—पाठकों एवं उपयोगकर्ताओं के विश्वसनीयता स्थापित करने के लिए सम्पूर्ण प्रकार के पुस्तकालयों में नवीन सूचना प्रबन्धन की तकनीकों एवं प्रविधियों का उपयोग करने पर जोर दिया जाना चाहिए और अनेक प्रकार की सेवाएं जैसे--सूचना के रिपैकेज, एस.डी.आई. (SDI), सामयिक चेतना सेवा (CAS), रिफ्रल सेवा आदि का आयोजन किया जाना चाहिए। कम्प्यूटर एवं माइक्रोप्रोसेसर का उपयोग, छायाचित्रों की सुविधा आदि सुलभ किया जाना चाहिए।

2. क्षेत्रीय तथा अन्तर्राष्ट्रीय सहयोग (Regional and International Coorperation)—राष्ट्रीय पुस्तकालय प्राविधि को विदेशीय नेटवर्क को विकसित करने का एक अंग माना जाएगा और सम्प्रेषण हेतु अन्तर्राष्ट्रीय मानकों का अनुसरण किया जाएगा।

3. राष्ट्रीय केन्द्र (National Centre)—उच्च कोटि की शिक्षा, अनुसंधान तथा शैक्षणिक स्तर को उठाने की दृष्टि एक ग्रंथालय एवं सूचना विज्ञान का राष्ट्रीय अनुसंधान एवं शिक्षा केन्द्र (National Centre for Education and Research in Library and Information Science) स्थापित किया जाना चाहिए।

4. पुस्तकालय शिक्षा (Library Education)—पुस्तकालयों सूचना केन्द्रों के प्रबन्धन हेतु मानवीय स्रोतों को पूरा करने के लिए विशिष्ट प्रकार के प्रशिक्षण की व्यवस्था होनी चाहिए और समय-समय पर इसकी समीक्षा होनी चाहिए।

5. पुस्तकालयों का स्थान (Status of Libraries)–ग्रन्थालयियों को शैक्षिक स्थान एवं सम्मान दिया जाना चाहिए और इनके वेतन तथा अन्य सुविधाएं विश्वविद्यालयों, महाविद्यालयों, स्कूल के शैक्षणिका कर्मियों के समान होनी चाहिए।

6. उपयोगकर्ता का प्रशिक्षण (User Education)–उपयोगकर्ताओं के प्रशिक्षण कार्यक्रम तथा ग्रंथालयों के उपयोग के कार्यक्रमों के माध्यम से ग्रंथालयों के प्रति एक सामान्य चेतना जाग्रत कर इसकी उपयोगिता बढ़ाना चाहिए। स्थानीय समुदाय के नेताओं को ग्रंथालय प्रबन्ध से सम्बद्ध करना चाहिए।

कार्यान्वयन (Implementation)

सम्पूर्ण क्षेत्रों में पुस्तकालय सेवा देने हेतु कम से कम मानदण्डों को तय किया जायेगा तथा उसे सचालित किया जायेगा। सेवाओं की मानिटरिंग के लिए उपयुक्त व्यवस्था की जाएगी।

यद्यपि उपर्युक्त वर्णित नीतियों को लागू कर दिया जाय तो निश्चय सूचना एवं संदर्भ सेवा को न केवल प्रोत्साहन प्राप्त होगा बल्कि अनेक समस्या का समाधान भी तुरन्त होता रहेगा।